김주호 인문철학총서 62

세상 모든 철학의 통합에 관하여

| 철학자를 위한 철학 |

통합사유철학강의 2 − 철학의 통합

이 책은 철학 역사 2,500년 사상을 통합하는 연구 논문이다. 32개 인류 전체 철학 사상을 존재-반존재, 의지-반의지, 인식-반인식, 3개의 사유 축이 만드는 8개의 공간 속에 재배치했다. 이 논문을 통해, 우리가 모두 왜 무한히 소중하며 왜 다르지 않은지, 무엇을 위해 살아야 하며 무엇을 해야 하는지, 어떻게 세상을 극복하고 어떻게 삶을 편안히 바라볼 수 있는지, 그 논리적, 합리적 근거와 함께, 짙은 안개가 조금 걷혀 멋진 언덕으로 가는 길이 살짝 드러나기를 기대한다.

목 차 (1)

목 차 (2)

---

*논거에 사용한 8개의 철학 공간 (p.403)

서론, 철학의 구조

철학을 하나로 통합한다는 것은 방대한 과제이다. 철학의 기원은 자연철학의 탈레스에서 시작하여, 엘레아학파의 헤라클레이토스와 제논, 플라톤학파의 소크라테스·플라톤·아리스토텔레스, 원자론의 데모크리토스, 견유학파의 디오게네스, 스토아철학의 키케로·세네카·마르쿠스 아우렐리우스, 회의론의 섹스토스 엠피리쿠스, 스콜라철학의 아퀴나스와 오컴으로 이어진다.

근대에 이르러 합리주의 철학의 데카르트·스피노자·라이프니츠, 경험론의 로크·흄·베이컨, 관념론의 칸트·헤겔·쇼펜하우어, 실용주의의 존 듀이, 유물론의 마르크스와 엥겔스, 심리학적 전환을 이끈 융과 프로이트가 등장하였다. 현대에는 실존주의의 키르케고르·니체·하이데거·사르트르·후설·카뮈, 포스트모더니즘의 푸코, 과학철학의 콰인과 아인슈타인 등이 더해져 철학사의 지형은 더욱 복잡해졌다.

이러한 수많은 사조와 철학자들의 사유를 하나의 체계로 통합한다는 발상은 급진적으로 보일 수 있으며, 전통적으로 특정 사상가나 한 철학적 전통만을 연구해 온 학자들로부터는 무모하다는 비판을 받을 만하다. 그러나 이 책은 그러한 비판을 감수하고자 한다.

철학의 본질적 과제는 진리 탐구이다. 진리에 대한 논의가 지루하고 무익하다고 평가되기도 하지만, 여전히 철학적 사유는 "진리란 무엇인가, 신은 무엇인가, 영혼은 존재하는가, 시간은 무엇인가, 인간에게 자유가 가능한가, 우리는 행복할 수 있는가"와 같은 근본적 물음으로 귀결된다.

칸트는 『순수이성비판』에서 경험과 증명으로 확인할 수 없는 사유는 철학적 논의의 대상이 될 수 없다고 보았고, 비트겐슈타인은 『논리철학논고』에서 논리적으로 명확히 서술할 수 없는 것에 대해서는 침묵해야 한다고 주장했다. 이와 같이 우리 철학은 인간의 가장 근본적 질문에 답을 제시하지 못하고 회피하거나 침묵했다. 그렇다면 어떻게 철학은 실용적이고 흥미로운 학문이 될 수 있겠는가.

만일 철학적 사유가 통합될 수 있다면, 칸트와 몇몇 철학자들이 배제했던 영역, 그리고 현대 언어철학자들이 무의미하다고 보았던 순수 이성 한계 너머 세계에 접근할 가능성이 열릴 것인가. 만일 그렇다면 철학이 지닌 잠재력은 무한할 것이다. 이제 감추어진 문을 열고 본 연구, 새로운 철학의 문으로 진입할 것을 제안한다.

우선, 물(物, 대상)은 존재와 반존재로 구성된다. 존재는 실존적 실재를 의미하며, 반존재는 존재 속에 은폐된 허상적 차원을 가리킨다. 따라서 물 (物) 의 세계는 존재와 반존재가 이루는 선형적 구조를 형성한다.

또한 힘은 의지와 반의지로 구성된다. 의지는 자유로운 운동을 의미하고, 반의지는 자유롭지 못하며 억압된 힘을 지시한다. 힘의 세계는 의지와 반의지가 대립적으로 구성하는 선형 세계를 이룬다.

마지막으로 앎은 인식과 반인식으로 구분된다. 인식은 드러난 앎이며, 반인식은 은폐된 앎이다. 따라서 앎의 세계 역시 인식과 반인식이 대칭을 이루는 선형적 구조를 형성한다. (문헌1: 김주호 [통합사유철학강의])

니체와 같은 위대한 철학자는 존재를 통해 진리에 접근하였고, 쇼펜하우어는 의지를 통해 진리에 다가섰으며, 데카르트 등 합리주의 철학자는 인식만이 진리에 도달할 수 있다고 주장하였다. 이처럼 상이한 철학적 입장은 모두 인류 사상사에서 중요한 성과이지만, 서로 충돌하는 듯 보인다. 그렇다면 우리는 누구의 주장을 신뢰해야 하는가? 철학이 복잡하고 난해하게 여겨지는 이유는 바로 이러한 이질적 관점들의 충돌에 있다. 그 결과 철학은 일반 대중에게서 멀어질 수밖에 없었다.

그렇다면 이처럼 분열되고 난해하게 보이는 철학의 역사를 단순히 연대기적으로 나열하는 것에 그치지 않고, 보다 체계적으로 정리할 방법은 없는가? 시간적 순서를 넘어 모든 철학을 일목요연하게 배열할 수 있는 방법은 없는가? 본서는 바로 이러한 물음에 답하기 위하여 철학적 사유 공간을 3차원적 구조로 배치하는 방식을 제안한다.

진리를 구성하는 사유 공간은 세 가지로 분류된다. 즉, 선형 사유 세계, 평면 사유 세계, 공간 사유 세계이다. 그중 선형적 세계는 사유 공간의 기본 좌표를 이루며, 서로 대칭적인 구조를 가진다. 이는 아홉 개의 기본 〈선형 사유 세계〉로 세분된다.

[제1~3 선형] 존재– 반존재 선형 세계 (존재 세계, 반존재 세계, 존재 –반존재 세계)

[제 4~6 선형] 의지‐반의지 선형 세계 (의지 세계, 반의지 세계, 의지‐반의지 세계)

[제 7~9 선형] 인식‐반인식 선형 세계 (인식 세계, 반인식 세계, 인식‐반인식 세계)

평면적 세계는 크게 〈수평 평면 세계〉와 〈수직 평면 세계〉로 구분된다.

먼저, 〈수평 평면 세계〉는 다음과 같이 네 가지 평면으로 구성된다.

[제 1 평면] 의지‐존재 평면 세계

[제 2 평면] 의지‐반존재 평면 세계

[제 3 평면] 반존재‐반의지 평면 세계

[제 4 평면] 반의지‐존재 평면 세계

다음으로, 수직 평면 세계는 인식 평면 세계와 반인식 평면 세계로 나뉜다.

〈인식 수직 평면 세계〉

[제 5 평면] 존재‐인식 평면 세계

[제 6 평면] 의지‐인식 평면 세계

[제 7 평면] 반존재‐인식 평면 세계

[제 8 평면] 반의지‐인식 평면 세계

〈반인식 수직 평면 세계〉

[제 9 평면: 존재‐반인식 평면 세계

[제 10 평면] 의지‐반인식 평면 세계

[제 11 평면] 반존재‐반인식 평면 세계

[제 12 평면] 반의지‐반인식 평면 세계

따라서 평면 사유 세계는 총 12개의 평면으로 구성된다.

공간적 세계는 인식 공간 세계와 반인식 공간 세계로 구성된다.

〈인식 공간 세계〉

[제 1 공간] 존재‐의지‐인식 공간 세계 (사유 표출 공간)

[제 2 공간] 반존재‐의지‐인식 공간 세계 (실체 상실 공간)

[제3 공간] 존재-반의지-인식 공간 세계 (진리와 가치에 대한 무력 공간)
[제4 공간] 반존재-반의지-인식 공간 세계 (허무적 니힐리즘 공간)

〈[반인식] 공간 세계〉
[제5 공간] 존재-의지-반인식 공간 세계 (인식 잠재 공간)
[제6 공간] 반존재-의지-반인식 공간 세계 (숨겨진 개별 질서 공간)
[제7 공간] 존재-반의지-반인식 공간 세계 (실체적 무의식 공간)
[제8 공간] 반존재-반의지-반인식 공간 세계 (분열 공간)

이와 같이 공간 사유 세계는 총 여덟 개의 사유 공간으로 구성된다. 이를 인식 관점에서 분류하면 인식 공간과 반인식 공간으로 양분되며, 의지 관점을 기준으로는 의지 공간과 반의지 공간으로, 존재 관점을 기준으로는 존재 공간과 반존재 공간으로 크게 구분할 수 있다.

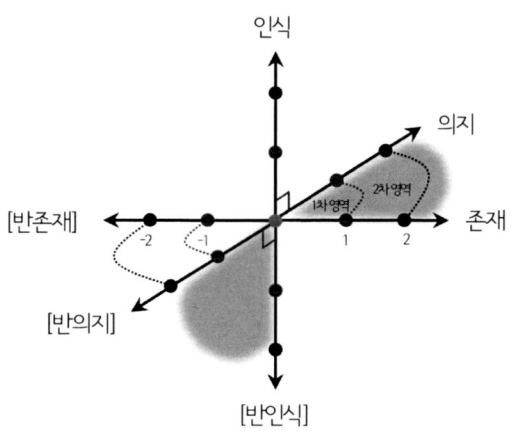

3차원 통합사유철학 공간

　　각 영역은 인간 일반의 지적 능력에 따라 일상적 사유로 도달할 수 있는 1차 사유 영역과, 부단한 사유 작용의 결과로 도달할 수 있는 2차 사유 영역으로 구분된다. 통상 이 두 영역 사이의 경계는 (문헌2: 김주호 [존재 [나]에 대하여]) '존재 [나]'에 대한 제3의 탄생(사유의 급진적 확대, 자기 철학의 탄생)을 통해 허물어지며, 이로써 사유 공간은 크게 확장된다. 1차 영역과 2차 영역을 기준으로 공간을 더욱 세분하여 재배치할 경우, 사유 공간은 총 64개의 세부 소공간으로 분류된다.

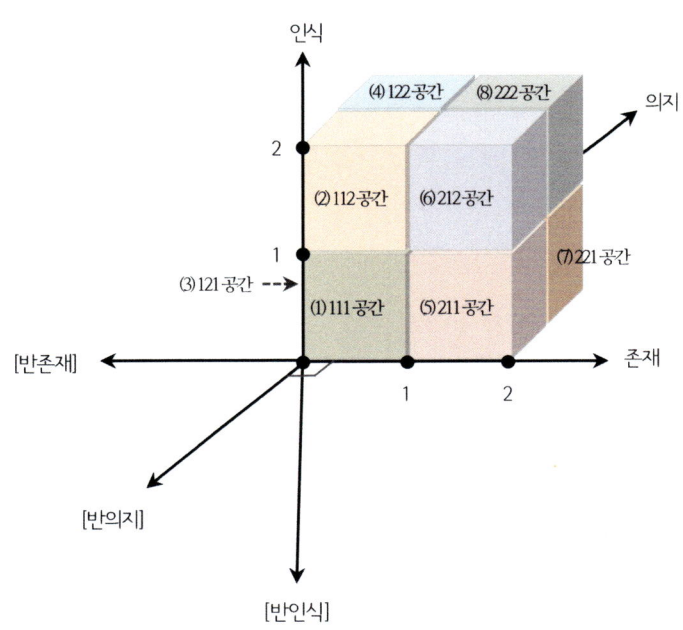

3차원 통합사유철학 64개 세부 소공간

예를 들어, [제1 사유 공간], 즉 존재–의지–인식 공간은 다음과 같이 8개의 세부 소공간으로 분류된다.

(1) [1차 존재–1차 의지–1차 인식 공간] → 111 공간
(2) [1차 존재–1차 의지–2차 인식 공간] → 112 공간
(3) [1차 존재–2차 의지–1차 인식 공간] → 121 공간
(4) [1차 존재–2차 의지–2차 인식 공간] → 122 공간
(5) [2차 존재–1차 의지–1차 인식 공간] → 211 공간
(6) [2차 존재–1차 의지–2차 인식 공간] → 212 공간
(7) [2차 존재–2차 의지–1차 인식 공간] → 221 공간
(8) [2차 존재–2차 의지–2차 인식 공간] → 222 공간

이와 같이 각 사유 공간에는 8개의 세부 소공간이 포함되므로, 전체 철학적 사유 체계는 총 64개의 세부 철학 소공간으로 구성된다. (그림 참조)

본 연구에서 논거 되는 32개 철학 사상과 그에 속하는 모든 철학자의 주장은 그 명확성이 불분명할 경우, 저자의 주관적 해석을 일부 적용하여 인용되었고, 같은 철학자라도 그의 저서 내용에 따라 다수 철학 공간에 포함되어 있음을 밝혀 둔다. 예를 들어, 니체는 제1 공간(실존주의), 제3 공간(염세주의), 제5 공간(상대주의)에 위치하고, 플라톤은 제1 공간(보편주의), 제2 공간(관념주의, 이상주의)에 분류된다. 본 연구는 '철학자를 위한 철학'이다. 난해한 해석과 분석을 포함한다. 읽기 쉽도록 부드러운 윤문이 고려되지 않았고, 따라서 일반교양 서적처럼 그 뜻과 의미가 읽는 즉시 전달되지 않을 수 있다.

1장. 제1 통합철학사유공간 (존재-의지-인식 공간)

사유 표출 공간

이곳은 자신의 첫 번째 현존(現存)*이 살고 있는 세계로

무언가를 만들고 이루려고, 생각하고 계획하는 공간이다.

(실존주의 철학, 실증주의 철학, 보편주의 철학, 분석(언어논리) 철학, 계몽주의 철학)

---

*현존: 본질적 존재에 대립하는 구체적·개별적 존재

제1 통합철학사유공간의 개요

(문헌3: [통합사유철학강의], p25, p253~274)

[제1 공간] 존재-의지-인식 공간 세계 (사유 표출 공간)

이 책의 목적은 자신의 삶을 자유롭게 통합적으로 사유할 수 있도록 돕는데 있다. 공간 세계는 네 개의 인식 공간 세계와 네 개의 [반인식] 공간 세계로 이루어진다.

"존재를 의지하고 있음을 인식"하는 세계를 [제1 사유 공간], 곧 존재-의지-인식 공간이라 부른다. 그렇다면 우리는 전체 여덟 개의 사유 공간을, 혹은 그중 일부라도 동시에 통합적으로 사유할 수 있을까? 그러나 인간은 사유의 본질적 한계로 인해 두 개 이상의 공간 세계를 한 번에 병행하여 사고하기 어렵다. 이 때문에 우리는 사유의 제약, 다시 말해 사유의 부자유를 경험하게 된다. 그 이유는 대칭적인 두 사유를 동시에 붙잡아 둘 수 없기 때문이다. 다른 공간적 사유를 하기 위해서는 반드시 사유의 전환이 필요하다. 하지만 일단 전환이 이루어지고 나면, 그 이동은 자유롭고 제한이 없다.

존재-의지-인식 공간 세계는 [실체적], [자의적], [의식적] 성격의 사유 세계를 구성하며, 인간의 사유 대부분은 이 공간 속에서 이루어진다. [제1 사유 공간]은 인간의 사유가 외부로 드러나는 자리로서, 흔히 외면적으로 표출되는 자아를 형성한다. 다시 말해, 어떤 실체에 대한 의지와 인식의 경향을 통해 자신을 대표적으로 드러내는 공간이다. 그래서 이를 '사유 표출 공간'이라고 부를 수 있다.

인간은 동물과 크게 다르지 않게, 존재 곧 실체에 대한 단순한 의지로도 삶의 세계에 만족하려는 경향이 있다. 이 때문에 인간은 자신의 세계를 평면화하며, 이러한 평면화의 성향이 곧 사유의 자유를 제한하는 근본적인 원인이 된다. 실체를 오직 의지의 관점으로만 파악할 경우, 삶의 세계를 '의지화된 존재'로만 규정하는 오류에 빠지게 되는 것이다. 이렇게 의지화된 실체(존재)로 구성된 평면 세계는 사유의 운동성을 급격히 제한하며, 인간은 결국 평면적이고 본능적인 사유에 스스로를 가두게 된다.

그렇다면 우리는 이와 같은 평면적 본능으로부터 어떻게 벗어날 수 있을

까? 앞서 언급했듯이, 제한된 사유의 구속 상태에서 벗어남은 인식을 통한 사유의 전환을 통해 가능하다. 인식화를 통해 인간은 자신이 실체를 의지하고 있음을 자각하게 되며, 그로써 실체와 의지의 원리를 사유하고 자신의 평면적 사유를 공간화함으로써 사유의 자유를 획득할 수 있다. 사유의 공간화를 통해 우리는 끊임없이 반복되는 사유 공간의 확대를 경험하게 되는데, 이는 삶의 공간화 과정을 통해 자신이 속해 있던 평면 세계를 조망할 수 있게 되기 때문이다.

이 지점에서 한 가지 근본적 의문이 제기된다. 그렇다면 공간 세계 전체에 대한 조망은 가능한가? 만약 그것이 가능하다면, 인간은 자기 자신에게 한층 더 많은 자유를 부여할 수 있을 것이다. 그러나 평면 위에서 공간 전체를 조망할 수 없듯이, 주체 사유 공간과 객체 사유 공간으로 이분된 삶 속에서 사유하는 주체 역시 공간 전체를 조망할 수 있는 가능성을 확보하기는 어렵다.

들판의 꽃을 보며 아름답다고 느끼는 것은 존재와 의지—즉 감성적 의지—에 근거한 평면적 사고이다. 반면, 꽃이 아름답게 느껴진다는 사실을 인식한다는 것은 단순한 느낌을 넘어, 꽃이 아름답게 느껴지는 근원이 무엇인지, 혹은 어떠한 원리에 의해 아름다움이 성립하는지를 사유하는 [공간화]의 과정을 포함한다.

존재는 의지에 의해 변화하면서 평면적 사유 속에서 불확실성을 지니게 된다. 그러나 인식화를 거치면서 존재는 왜곡 없이 드러나며, 이러한 불확실성이 바로 의지의 작용에서 비롯된 것임을 파악할 수 있게 된다. 이처럼 인식의 공간화는 불확실성의 원인을 고찰할 수 있는 조건을 마련한다. 보통 인간은 불확실성 속에서 스스로 헤쳐 나오기 어려운 미로에 빠지며, 오히려 자신의 사유를 축소시켜 일시적 위안을 삼는다. 불확실성은 존재와 의지의 평면 세계뿐 아니라 인식이 개입하지 않는 모든 평면 및 공간 사유 세계에서 경험된다.

인간은 흔히 존재—의지—인식 공간 세계, 곧 제1 사유 공간만을 자신의 삶 전체의 사유 공간으로 오인하기 쉽다. 제1 사유 공간은 의지가 결부된 세계이므로, 우리는 무의식적으로 존재—의지—인식을 제외한 다른 사유 세계를 배제하려는 경향을 보인다. 즉, 특별한 학습과 훈련, 그리고 인식의 확장을 지속하지 않는다면,

[제1 공간] 존재-의지-인식 공간 세계 (사유 표출 공간)

인간은 삶의 전체 사유 공간을 단지 [제1 사유 공간]으로 환원하려는 경향을 보인다. 이러한 사유의 축소는 인간이 자신의 생각과 행위의 근원을 비판적으로 사유할 수 없도록 만든다. [제1 사유 공간]은 인간의 기본적 사유 공간을 구성하는 핵심 영역이지만, 여기에 [반존재], [반의지], [반인식]을 포괄하는 총체적 사유 공간에 대한 통합적 성찰이 결여된다면, 시간의 흐름 속에서 인간의 사유는 필연적으로 제한되고 축소될 수밖에 없다.

[제1 사유 공간]은 크게 세 가지 공간화 과정을 포함한다. 첫째, [의지와 인식 평면의 존재화], 둘째, [의지와 존재 평면의 인식화], 셋째, [인식과 존재 평면의 의지화]이다. 이와 더불어 [존재와 의지], [의지와 인식], [존재와 인식]이라는 평면 세계 속 상호 평면화 과정, 그리고 존재·의지·인식의 선형 세계 속에서 나타나는 사유 위치 변화 과정 또한 필수적으로 수반된다. 각 사유 세계는 그 강도에 따라 두 단계로 구분된다. 즉, 상대적으로 약한 사유 단계인 [제1 영역]과 보다 강도 높은 사유 단계인 [제2 영역]이다. 이러한 사유 세계의 복합적 구성을 고려한다면, [제1 사유 공간]에서 우리가 탐구해야 할 사유 작용은 매우 다층적이고 다양하다고 할 수 있다.

이제 [제1 사유 공간]의 대표적 사유 작용 가운데 하나인 [의지와 인식 평면 세계의 존재화]에 대해 고찰해 보자. 평면 세계에서 이미 살펴본 바와 같이, 인간은 자신의 의지 작용을 인식하거나 인식 작용을 의지하는 구조 속에서 살아간다. [의지와 인식의 평면 세계]는 지구상 인간만이 지닌 고유한 사유 세계이며, 이는 인간 일반의 발전을 위한 가장 기초적인 사유 평면이다. 이 평면 세계는 본능적·감성적·지성적 의지 작용이 사실 인식과 원리 인식으로 교차하면서 이루어지는 사유의 장(場)이다. 따라서 인간은 이 세계에서 [순환적 반복]과 [시간의 역류]라는 독특한 사유 경험을 하게 된다.

그 가운데 [순환적 반복]은 [의지와 인식의 평면 세계]를 존재화함으로써 해소될 수 있다. 존재는 모든 사유를 '현재화'하는 기본 작용을 지니며, 이로써 인간 사유의 무한한 순환 반복을 억제하고 제어한다. 따라서 [의지와 인식 평면 세계의 존재화]는 인간 사유를 실제적이며 실존적인 차원으로 이끌며, 이를 통해 인간은 자신의 사유 영역을 구체화할 수 있다. 전술한 바와 같이 실제적·실존적 사유는 인간 사유를 일정 부분

제한하는 역작용을 수반한다. 그러나 이러한 제한적 사유는 지속적인 인식화 과정에 대한 의지를 통해 극복될 수 있다.

존재·의지·인식의 선형 세계만으로 구성된 [독립 사유]는 특별한 집중력이 뒷받침되지 않으면 쉽게 성립하지 않는다. 이는 다른 선형 세계들이 사유의 작용자로서 끊임없이 영향을 미치기 때문이다. 그럼에도 불구하고, 의지와 인식이 배제된 채 존재만으로 독립적으로 구성된 사유는 존재 세계의 본질적 핵심에 도달할 수 있는 하나의 방법이 될 수 있다.

[존재–의지–인식의 공간 세계]는 인류 역사 속 대부분의 철학자들이 탐구해 온 사유의 장(場)이다. 그러나 본서에서 그 위대한 사상가들의 모든 사유를 정확히 분석하는 것은 불가능하다. 그들의 사유는 결코 고정된 것이 아니며, 저서마다, 혹은 동일한 저서 내에서도 서로 다른 사유 공간 속에서 진리를 서술하기 때문이다. 따라서 본서에서는 비교적 대표적이라고 받아들여지는 일부 사유만을 분석 대상으로 삼았다. 이 분석의 목적은 개별 철학자들의 사상을 고찰하는 것이 아니라, 본서가 제안하는 [통합사유철학]의 사유 공간을 성찰하는 데 있다. 각 철학 사상과 철학자들이 차지하는 구체적 위치에 대한 심화 연구는 그들의 철학을 전문적으로 연구하는 또 다른 독자들에 의해 보완되기를 기대한다.

우리 인간 일반은 세계가 [제1 사유 공간]만으로 구성되어 있다고 믿으며, 바로 그 때문에 불안을 경험한다. 우리가 세계의 전부라고 간주하는 [사유의 구조]는 여전히 설명하지 못하는 것이 너무 많기 때문이다. 사실 지금까지의 역사 속 어떤 철학도 이러한 한계를 완전히 극복하지는 못하였다. 본서가 제안하는 9개의 선형 세계, 12개의 평면 세계, 8개의 공간 세계, 그리고 이들 사이의 복잡한 상호 작용에 대한 사유와 고찰은 이러한 불안을 일정 부분 완화시켜 줄 수 있으리라 생각한다. 나아가 우리의 삶을 보다 명확하게 설명할 수 있는 이론적 가능성을 열어 줄 것이라 기대한다.

인간은 자신의 세계를 [제1 사유 공간]을 통해 구체화하며, 이 공간을 자기 존재를 표출하는 사유 공간으로 드러내고자 의지한다. 그리고 인간은 이 사유 공간을

[제 1 공간] 존재-의지-인식 공간 세계 (사유 표출 공간)

자신을 유일하게 구성하는 세계로 고정하려는 경향을 지닌다. 그러나 [제1 사유 공간]을 통해 표출되는 세계와는 비교할 수 없을 만큼 더 넓고 심층적인 사유 공간들이 존재한다. 우리가 지금까지 충분히 사유하지 못했던, 인간 일반의 삶에 내재한 또 다른 사유 공간들을 성찰한다면, 비로소 자기 자신의 사유 세계를 통합할 수 있을 것이다. 동시에 인간 일반의 삶을 보다 총체적으로 이해할 수 있으며, 이를 통해 우리 존재의 근원에 대한 통찰을 얻게 된다. 나아가 [혼돈과 슬픔의 시대] 속에서 우리가 추구해야 할 진리와, 그 진리를 향해 나아가야 할 행동의 방향 또한 한층 분명해질 것이다.

지금까지 우리는 인식의 세계가 구성하는 네 가지 삶의 공간 중 첫 번째, 즉 [존재 – 의지 – 인식의 공간]을 사유하였다. 이제 이 공간을 대표하는 철학 사상과 철학자들의 사유 및 이념이 어떠한 공간 세계를 구성하며, 그것이 실제로 삶의 공간 세계 속에서 어떻게 작용하는지를 고찰해 보고자 한다.

제1 공간 철학 사상별, 철학자별 철학 공간 위치도

1-1. 실존주의 철학: 키르케고르, 니체, 하이데거, 사르트르, 카뮈

1-2. 실증주의 철학: 콩트, 마하, 카르납

1-3. 보편주의 철학: 플라톤, 칸트, 스피노자, 소크라테스

1-4. 분석(언어논리) 철학: 프레게, 러셀, 비트겐슈타인

1-5. 계몽주의 철학 : 몽테스퀴에, 볼테르, 루소, 디드로, 칸트, 아담 스미스

1-1. 실존주의 철학

**"자유의지를 지닌 존재로서, 실존을 진리 탐구의 도구로 삼는
실존주의 철학은 존재·의지·인식이 이루는 [제1 통합철학사유공간]에 위치한다."**

실존주의(實存主義, Existentialism)는 19세기 후반부터 20세기 중반에 이르기까지 철학과 문학 전반에 깊은 영향을 미친 사상적 흐름이다. 실존주의의 중심 주제는 인간 존재의 의미, 자유, 선택, 그리고 책임에 있다. 이 철학은 "실존(Existence)은 본질 (Essence)보다 앞선다"_{존재}는 원리를 토대로 한다. 다시 말해, 인간은 먼저 존재하고 그 후에 스스로의 행위와 결단을 통해 본질을 형성해 간다는 것이다. 장—폴 사르트르 (Jean-Paul Sartre)는 "존재는 본질에 앞선다"라는 명제를 통해 이러한 입장을 분명히 했다. 실존은 추상적 개념이 아니라 살아 있는 개인, 곧 고통받고 선택하며 책임지는 구체적 주체를 의미한다._{인식} 인간은 언제나 선택할 수밖에 없는 존재이며, 선택은 곧 자신의 삶을 규정짓는 행위이다. 따라서 선택의 자유는 필연적으로 책임을 수반하며, 이는 불안, 고독, 절망과 같은 실존적 정서를 동반한다. 세계가 본질적으로 비이성적이고 무의미하다 하더라도, 인간은 그 속에서 스스로 의미를 창조해야 한다._{의지}

쇠렌 키르케고르(Søren Kierkegaard, 1813 – 1855)는 실존주의의 사상적 출발점이 자, 신 앞에 선 개인을 강조한 신학적 실존주의자이다. 그는 실존주의의 선구자로서, 각 개인이 신 앞에서 결단을 내리는 주관적 실존의 중요성을 강조하였다. "진리는 주관적 인 것이다."라는 그의 명제는 진리가 객관적 논리나 보편적 체계가 아니라, 개인의 삶의 방식 속에서 파악된다는 점을 드러낸다. 곧, 각 개인은 자신의 의지를 통해 진리를 인식해야 한다는 것이다. 이러한 점에서 그의 철학은 [제1 사유 공간]에 집중하며 진리를 탐구하는 대표적 실존주의 사유로 자리한다.

키르케고르에 따르면, 절망과 불안은 신 앞에 선 인간의 본질적 조건이다. 그는 인간의 실존이 미적·윤리적·종교적 단계라는 세 가지 차원을 거쳐 발전한다고 보았다. 미적 단계는 쾌락과 회피의 삶, 윤리적 단계는 의무와 책임의 삶, 종교적 단계는 신 앞에 선 자기 자신으로의 실존을 의미한다. 인간은 불안 속에서 선택의 가능성을 경험하고, 절망 속에서 자기 자신과의 분열을 체험한다. 그러나 이러한 한계를 극복하기 위해 인간은 '신앙의 도약(leap of faith)'이라는 의지적 결단을 통해 종교적 실존에 도달할 수 있다고 그는 설파한다.

다시 말해, 불안은 선택 앞에 선 인간의 근본적 정서이며, 절망은 자기 존재가 자기 자신과 일치하지 못할 때 발생하는 고통이다. 따라서 인간은 세 단계의 실존 과정을 거쳐 의지적 결단을 내림으로써 내적 평화를 획득할 수 있다는 것이다. 그는 『죽음에 이르는 병』, 『공포와 전율』, 『철학적 단편들』 등의 저작에서 일관되게 인간 존재의 내면적 진실(인식)과 신과의 관계(의지)를 탐구하며, 실존주의의 기초를 닦은 [제1 철학 공간]의 대표적 사상가로 평가된다.

프리드리히 니체(Friedrich Nietzsche, 1844 – 1900)는 인류 사상사에서 가장 독창적이고 급진적인 철학자로 꼽힌다. 그는 "신은 죽었다"라는 선언을 통해 기존 종교적·도덕적 체계의 해체를 주창하였으며, 초인(Übermensch) 사상과 영원회귀(ewige Wiederkehr)의 철학을 제시하였다. 니체는 존재·의지·인식을 궁극적 가치로 중시하면서, 실존주의적 사유를 [제1 철학 공간] 속 특정 세부 사유 영역에 위치시켰다.

니체 철학의 핵심은 전통적 가치와 도덕을 비판적으로 해체하고, 인간(존재)이 스스로 새로운 가치를 창조해야 한다는 주장에 있다. 그는 초인을 단순히 기존 규범을 거부하는 존재가 아니라, 새로운 가치를 창조하고 자신의 운명을 능동적으로 긍정하는 자로 규정하였다. 이러한 태도는 "운명애(Amor Fati)"라는 개념으로 표현된다. 즉, 인간은 자신의 삶을 단순히 수동적으로 받아들이는 데 그치지 않고, 그 삶을 사랑하며 긍정해야 한다는 것이다. 이는 역경을 극복하고 삶의 의미를 재창조하는 적극적 방식으로 제시된다.

니체의 사유는 크게 세 차원에서 설명될 수 있다. 첫째, 초인의 존재 철학은 인간이 신과 도덕을 넘어 스스로 창조적 존재로 나아가야 함을 강조한다. 둘째, 권력의지(der Wille zur Macht)라는 개념을 통해 삶은 궁극적으로 이성에 의해가 아니라 의지의 힘에 의해 작동한다고 보았다. 셋째, 영원회귀 사상은 인간이 자신의 삶을 무한히 반복한다고 가정할 때, 그 삶을 긍정할 수 있는가를 묻는 인식적 성찰을 촉발한다. 이러한 세 차원은 모두 존재·의지·인식의 상호작용을 드러내며, 니체 철학이 [제1 철학 공간]에 위치하는 이유를 설명해 준다.

이와 같은 사유는 『차라투스트라는 이렇게 말했다』, 『선악의 저편』, 『도덕의 계보』, 『권력에의 의지』, 『반시대적 고찰』, 『즐거운 지식』, 『인간적인 너무나 인간적인』 등 그의 주요 저작에서 시적 운율과 철학적 급진성이 결합된 방식으로 일관되게 전개된다. 실존적 주체의 가치 창조 능력과 삶의 긍정을 강조한 니체의 사유는 이후 사르트르, 하이데거 등 현대 실존주의 철학자들에게 결정적인 영향을 미쳤다.

하이데거(Martin Heidegger, 1889–1976)는 인간을 '현존재(Dasein)'로 규정하고, 죽음을 향한 존재로서 자기 자각을 강조한 존재철학자이다. 그는 존재가 진정으로 '그곳에 있음'으로 창조되기 위해서는 주체(정신)와 대상(물질)의 융합이 필수적이라고 주장하였다. 하이데거는 실존을 시간과 죽음의 관점에서 분석하며, 이를 "시간과 죽음 속에서 자기 존재를 문제삼는 존재" 즉 현존재(Dasein)로 정의하였다. 인간은 자기 존재를 시간 속에서 인식하고 의지함으로써, 죽음을 향한 유한한 존재로서 자신의 한계를 자각하고 진정한 자기(Self)를 실현할 수 있다. 반대로, 타인의 규범과 사회적 관습 속에 매몰된 '가짜 존재'에서 벗어나 자기 진정성을 회복해야 한다고 강조하였다. 그는 『존재와 시간(Sein und Zeit)』에서 존재, 시간, 죽음, 그리고 타인 속에서 이루어지는 실존 구조를 철학적으로 체계화하려 시도했으며, 이러한 사유는 사르트르(Jean-Paul Sartre), 메를로퐁티(Maurice Merleau-Ponty), 레비나스(Emmanuel Levinas) 등 후대 실존주의자와 현상학자들에게 영향을 미쳤다.

사르트르(Jean-Paul Sartre, 1905–1980)는 신과의 독립적 관계 속에서 자유로운 인간 존재를 강조한 실존주의자로, 인간은 스스로 자신을 창조해야 하는 책임을 가진 존재라고 역설하였다. 이러한 자유의지적 존재는 본질조차 초월하며, 그는 "존재는 본질에 앞선다."라고 명시하였다. 즉 인간은 먼저 존재하고, 이후 스스로 삶의 목적과 본질을 정의한다. 인간에게는 숭고한 신의 본성이나 반드시 따라야 하는 인간적 본질이 없으므로, 완전히 자유로운 존재로서 이 자유는 동시에 무거운 책임과 불안을 동반한다. 사르트르의 실존은 존재, 의지, 인식의 상호작용 속에서 이루어진다. 그러나 인간은 무한한 자유와 그에 따른 책임을 회피하며 자기기만적인 삶을 지속하는 경향이 있으며, 이러한 회피는 실존적 고독을 초래한다. 인간은 타자와 무관하게 자신의 의미를 스스로 창조해야 하며(의지), 그 과정에서 고독과 불안을 경험한다. 사르트르는 이러한 조건을 인간 실존의 본질적 특성으로 보고, 자유와 책임의 필연적 긴장 속에서 인간 존재를 분석하였다. 그는 『존재와 무』, 『구토』 등의 저작을 통해 실존주의를 대중화하고, 정치적·윤리적 실천의 차원으로 그 철학적 영역을 확장하였다.

알베르 카뮈(Albert Camus, 1913 – 1960)는 실존적 관점에서 인간이 직면하는 근본적 조건인 '부조리(absurdity)'를 철저히 응시하였다. 그는 삶이 본질적으로 무의미하다는 사실을 인정하면서도, 그 무의미를 도피하지 않고 정면으로 마주하며 살아가야 한다고 주장하였다. 즉, 인간은 세계에 내재된 의미를 발견할 수는 없지만, 그럼에도 불구하고 자유의지적으로, 나아가 반항적으로 살아가야 한다는 것이다. 이러한 태도는 그의 대표작 『시지프 신화』에서 명확히 드러난다. 시지프가 끝없이 바위를 산 위로 밀어 올리는 무의미한 행위 속에서도 굴하지 않고 반항적으로 살아가는 모습은, 부조리 속에서 의미를 창조하려는 인간 의지를 상징한다.

카뮈에 따르면, 부조리란 인간의 의미 추구와 세계의 침묵이 만들어내는 긴장이다. 그러나 인간은 이 부조리 앞에 무릎 꿇지 않고, 그것을 수용하면서도 반항을 통해 삶을 긍정해야 한다. 그는 『이방인』에서 세계와 단절된 듯한 주인공을 그리면서도, 인간이 부조리를 인식(認識)하고 스스로 의미를 창조하려는 의지(意志)를 어떻게 형성하는지를 보여준다. 이러한 점에서 카뮈는 실존의 부조리를 정면으로 응시하며, 무의미한 세계 속에서 의미를 창조하는 철학적 태도를 설파한 사상가라 할 수 있다.

요컨대 실존주의 철학은 "나는 누구인가, 나는 왜 이 세상에 태어났는가, 내가 내리는 선택은 진정 나의 것인가, 무엇을 위해 살아야 하는가, 죽음을 앞두고 어떻게 살아야 하는가"와 같은 근본적 질문들을 제기한다. 이는 결국 "한 존재가 어떠한 의지를 지니고 무엇을 인식하며 살아야 하는가"라는 문제를 다루는 과정이다. 실존주의는 한마디로, **"인간답게 살기 위해 감당해야 할 고통과 책임을 정면으로 응시하고, 그것을 자신의 삶 속에서 구현하려는 철학"**이라 정의할 수 있다. 따라서 실존주의는 도피하지 않고 자기 삶을 스스로 창조하는 존재로서의 인간을 강조한다.

이상의 분석을 통해, 실존주의 철학은 통합적 사유 공간에서 제시된 바와 같이 제1 철학(사유) 공간 속에 자리매김할 수 있으며, 그림 1은 그 구체적 위치를 도식화한 것이다.

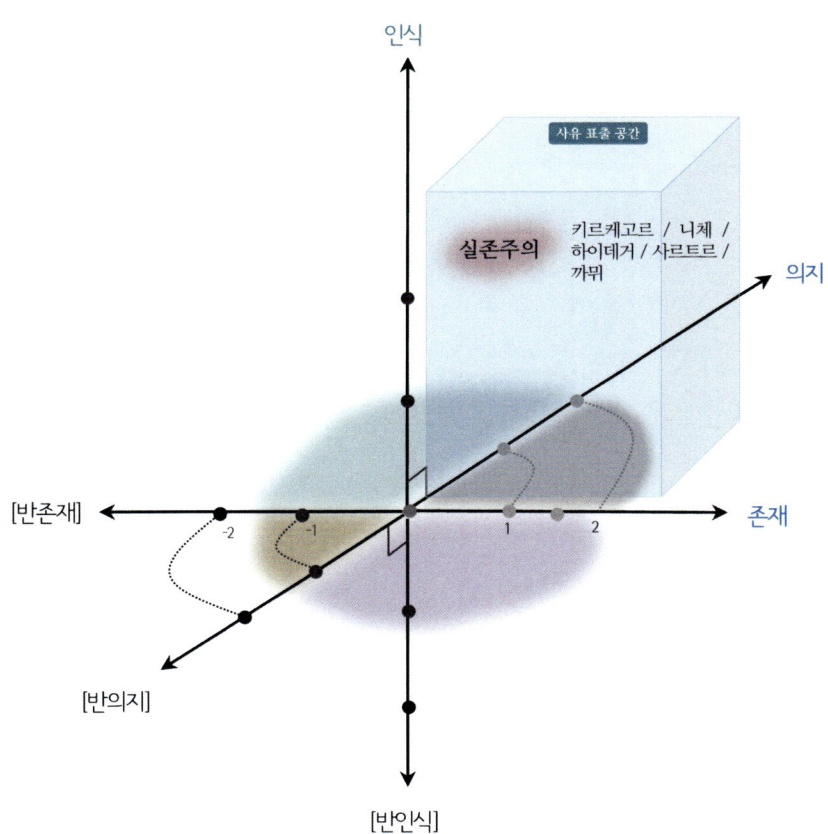

그림1. 실존주의 철학 위치도 (제 1 통합철학사유공간)

사람과 사람 사이에서 '도와주는 자'가 된다는 것은 가장 고귀한 일 가운데 하나이다. 그러나 이러한 도움은 많은 경우 기만으로 전락할 수 있다. 왜냐하면 일반적으로 도움은 '생성(生成)'과 거리가 멀기 때문이다. 이를 소크라테스적 관점에서 이해한다면, 스승은 제자가 스스로 만족을 성취하도록 돕는 존재여야 한다. 그럼에도 만일 제자가 스승에게 어떤 힘을 입고 있다고 믿게 만든다면, 이는 진정한 도움이라기보다는 단지 모방과 종속을 유도하는 '자기기만'일 뿐이다. 더 나아가, 진정한 '생성'은 신에게만 속한 것이라 할 수 있다. 신의 사랑은 단순히 '낳는 사랑'이지만, 그것은 소크라테스가 축제에서 말한 출산의 사랑과는 구별된다. 신의 사랑은 배우는 자와 스승의 관계를 보여주는 것이 아니라, 고독한 자와 미(美) 자체의 관계를 드러낸다. 고독자는 산재해 있는 미 자체를 관조하며,ᵢₙₛₖ 그로부터 수많은 아름답고 찬란한 말과 사상을 산출한다.ₓ존재 따라서 평등을 단순히 '모방'이나 그에 따른 '종속'의 범주로 이해한다면, 그러한 평등은 차라리 악마에게나 주는 것이 타당할 것이다. 진정한 평등적 사랑은 신적 '생성'의 성격을 지니며, 타인을 의존적 존재가 아니라, 스스로 기뻐하는 개체ᵢₒₗ지로 다시 태어나게 하는 것이다. (문헌4: 키르케고르, [철학적 단편])

　한편, 자유에 대해 조금씩 이해하기 시작하면 어느 순간 그 의미가 급격히 축소되는 것을 경험한다. 자유란 본질적으로 '외부적 구속이나 얽매임에 저항할 수 있는 상태'일 뿐이다. 자유는 곧 '자기 마음대로 행하는 것'을 의미하지 않으며, 그렇게 해서는 안 된다. 진리 속 자유는 반드시 모두에게 공평해야 한다.ᵢₙₛₖ 공평이 훼손되는 순간, 개인적이고 방임적인 자유는 새로운 형태의 악의적 억압을 낳는다. 우리는 이를 '정의'라는 이름으로 규제하고자 하지만, 인간의 내면에 자리한 이기심은 끊임없이 공평을 회피하려 한다. 이로써 자유를 획득하였음에도 불구하고 마음은 편치 않다. 이것이 곧 '자유로워도 행복하지 않은 첫 번째 이유'이다. 더욱이 인간은 스스로 모순적인 존재이다. 그들은 자신이 이미 소유한 자유는 제대로 활용하지 않으면서, 정작 가지지 못한 자유만을 끊임없이 요구한다. 무수히 갈 수 있는 길은 외면한 채, 결코 도달할 수 없는 먼 바다 건너의 이상만을 동경하는 모습ₓ존재과 같다. 이와 같은 태도는 자유와 행복이 양립하기 어려

운 '두 번째 이유'를 설명해 준다. 또한 코르넬리우스(Lucius Cornelius)는 다음과 같이 전한다. "옛날 한 장군이 일대의 기병과 함께 어느 성에 유폐되어 매일 사람들 앞에서 말을 매질하는 일을 강요당했다. 그러나 그곳에 늘어선 다른 많은 사람들에게는 상처를 입히지 않도록 해야 했다." 우리도 지금 마치 이와 같이 강요당하고 있는 듯하다. 곧, 주위 사람들을 다치게 하지 않으려 애쓰느라 이미 지쳐 있는 것이다. 자유란, 그것이 진정 성립하기 위해서는 타인에게 상처를 주지 않도록 주의 깊게 채찍을 휘둘러야만 하는_{의지} 역설적 조건을 포함한다. 바로 이것이 자유가 행복을 주기 어려운 세 번째 이유이다. (문헌5: 키르케고르 [이것이냐 저것이냐])

실존적 개체만이 진리에 도달할 수 있다. 다시 말해, 진리를 개별화할 수 있는 자_{존재}만이 진정으로 실존한다. 이러한 개별화된 자유가 곧 실존을 가능케 한다. 옛 경구에 "일하기 싫은 자는 먹지도 말라"는 말이 있다. 이는 사도 바울이 데살로니가 사람들에게 보낸 편지(데살로니가후서 3장 10절)에 기록된 것이다. 그러나 이 명제는 우리의 외부 세계에서는 그대로 적용되지 않는다. 왜냐하면 이 세계는 불완전한 법칙에 지배되고 있어, 일하지 않는 자도 먹을 것을 얻으며, 심지어 게으른 자가 근면한 자보다 더 많은 빵을 얻는 일이 반복되기 때문이다. 또한 이 세계에서는 어떤 방법으로든 보물을 소유하게 된 자가 그것을 정당한 것처럼 차지한다. 그러나 정신세계에서는 상황이 다르다. 이 세계는 영원한 신적 질서에 의해 지배된다._{인식} 여기에서는 옳은 자와 옳지 않은 자에게 똑같이 비가 내리지 않으며, 선한 자와 악한 자위에 동일하게 햇빛이 비추는 일도 없다. 오히려 이곳에서는 일하는 자만이 먹을 것을 얻고, 불안을 경험한 자만이 평화를 발견하며, 죽음의 심연을 통과한 자만이 애인을 구출할 수 있고, 칼을 빼든 자만이 이삭을 거둘 수 있다. 나는 아직 무한성의 흔적을 실제로 구현해내는 자, 곧 눈빛·얼굴·몸짓·슬픔에 잠긴 표정·미소와 같은 것 속에 무한성을 드러내는 이를 직접 만나지 못했다. 오늘날 세상에서 견고하고 늠름해 보이는 자들은 대체로 유한성의 소산에 불과하다. 일반적으로 사람들이 여

1-1. 실존주의 철학 – 키르케고르

행이라 하면, 그 목적은 강과 산, 새로운 별, 다채로운 빛깔의 새, 기이한 물고기, 혹은 낯선 인종들을 구경하는 데 있다. 그들은 "넋 빠진 짐승 모양을 하고 눈을 부릅뜨고 구경을 하는 것이다." 그리고는 대단한 것처럼 생각한다. 그러나 실존적 여행은 이러한 외적 관찰과는 본질적으로 다른 차원에서 이루어진다. 그래서 나는 그러한 일에 세월을 보내진 않는다. 그러나 무한성을 가진 자유의 기사(騎士)가 살고 있는 곳이라면, 나는 즉시 그를 찾아 나설 것이다. 대개의 인간은 세속적인 기쁨이나 슬픔에 사로잡혀 살아가고 있다. 이들은 가만히 앉아 구경이나 하며 직접 무용에는 참여하지 않는 자들이다. 무한성의 기사들은 무용가이며 도약의 능력을 지니고 있다. 그들은 공중으로 뛰어올랐다가 다시 지상으로 떨어진다. 그러나 그들은 땅으로 떨어질 때마다, 그 자리에서 일정한 자세를 취할 수는 없다. 그들은 순간적으로 비틀거린다. 바로 이 비틀거림이 그들은 역시 [이 세상에서의 이방인]_{존재}이라는 것을 증명해주는 것이다. 이것은 그들의 실력 차이에 따라서 현저히 달라지지만, 가장 뛰어난 사람도 역시 비틀거림을 완전히 숨길 수는 없다. 그들은 타인이 되려는 욕망은 조금도 없다. 자기 자신을 잊어버리고 무엇인가 다른 새로운 것이 되려는 것은 속물들에게나 있는 일이다. 이렇게 도약과 비틀거림의 자유_{의지}는 바로 실존을 제공한다. (문헌6: 키르케고르 [공포와 전율])

어느 신파 극장 무대 뒤에서 불이 났다._{존재} 어릿광대가 무대에 나와서 관객들에게 이 사실을 알렸다. 사람들은 어릿광대의 만담으로 생각하고 갈채를 보냈다._{의지} 어릿광대는 거듭 불이 났다는 말을 했다. 사람들은 더욱 웃으며 갈채를 보냈다. 나는 생각한다. 세상은 이처럼 그것을 만담이라고 생각하는 사람들의 일반적 환영(幻影) 속에서 그렇게 멸망해버릴 것이라고._{인식} (문헌7: 키르케고르 [디아프살마타])

죄를 짓는 것은 인간적이다. 그렇지만 죄 안에 머무는 것은 악마적이다.

셰익스피어는 멕베드로 하여금 다음과 같은 말을 하게 하고 있는데, 이것은 심리학적으로 지극히 거장다운 말이다. 「죄에서 비롯된 행위는 오직 죄를 통해서만 힘과 강인함을 얻는다」(제3막 제2장). 요컨대 셰익스피어가 의도하는 바는, 죄가 그 자체 안에서 일관성을 지니고 있으며, 악의 일관성 속에서 죄 또한 일정한 힘을 획득한다는 점이다.

말할 필요도 없이, 대부분의 사람은 자기 자신에 대한 의식을 거의 지니지 못한 채 살아가며._{존재} 따라서 '일관성'이라는 것이 무엇인지에 대한 관념조차 거의 갖고 있지 않다. 그들의 삶은 일종의 유치한 소박성 속에서 흘러가거나, 하찮은 이야기들을 주고받으며 약간의 행동과 약간의 체험을 쌓는 방식으로 구성된다._{의지} 그들은 잠시 선한 행위를 하고 있다고 생각하다가도 어느새 잘못을 저지르고, 다시 처음부터 반복한다. 하루나 혹은 몇 주 동안 절망하기도 하지만, 곧 다시 원기를 회복한다. 그러나 이내 또다시 절망 속으로 빠져든다. 다시 말해, 그들의 삶은 '인생이라는 유희'와 크게 다르지 않다._{인식}

그러나 그들은 자신의 삶을 단일한 전체로 걸고 살아가는, 곧 통합적 인생을 체험한 적이 없다. 그 때문에 자기 내부에 존재하는 무한한 일관성의 가능성에 도달하지 못한다. 따라서 그들에게 문제 되는 것은 언제나 개별적인 것들 – 개별적인 선한 행위, 개별적인 죄악 – 뿐이다.

이 논리는 부(富)에 대해서도 동일하게 적용된다. 그들은 부의 참된 가치를 통합적으로 조망할 능력이 없다. 직접적이고 유치한 사람들에게는 전체로서 상실할 수 있는 부라는 개념이 결여되어 있다. 그들은 언제나 개체적 차원에서, 단지 개별적인 재화를 잃거나 얻을 뿐이다. 예컨대 일정 수준 이상의 부는 필연적으로 악을 내포하며, 결국 우리 모두를 와해시킬 수밖에 없음을 알지 못한 채, 불나비처럼 부를 향해 돌진할 뿐이다.

(문헌8: 키르케고르 [죽음에 이르는 병])

1-1. 실존주의 철학 – 니체

이 오늘은 천민의 것이니, 과연 누가 위대함을 찾을 수 있겠는가? 바보들만 성공하리니, 명예를 위하여 천민처럼 일하고 천민처럼 비굴해질 수밖에 없다. 천민 자본주의가 삶의 핵심적 양태로 자리 잡은 이후, 모든 것은 붕괴되었다. 이 시대에서 성공하기 위해서는 천민이 되지 않고서는 불가능하다. 사람들은 천민처럼 일하고, 자신을 버리며, 성공을 위하여 비굴해지는 것을 상식으로 받아들이게 된 것이다. 그대들이여, 만일 천민의 명예가 싫다면, 인식 광야에서 굶주리고 늘대와 맞서 싸우더라도 천민의 마음을 버리고 분노의 걸음을 내디 려라. 의지 (문헌9: 니체 [짜라투스트라는 이렇게 말했다])

우리는 '비이기적인 것은 불가능하다'는 통찰을 얻은 이후에도 여전히 이기적인 것을 혐오한다. 자기 삶을 찾아 투쟁하는 것, 의지 이 필연적인 것이 우리에게는 혐오스러워져 있다. 그러나 [삶을 초극하지 못한, 또한 탁월하지 못한 인간에게]존재 공동체 속 부조리와 불평등의 해결을 맡기는 것은 실패가 자명한 일이다. 삶을 변화시키기 위해서는 철저하고 냉정하게 모든 것을 초극인식해야 한다. (문헌10: 니체 [권력에의 의지])

우리 인생의 행복에 있어서, 우리가 자신에 관하여 [마음속 양심에 새겨 두고 있는 것]의지은 사람들이 일반적으로 생각하는 것처럼 그렇게 결정적인 것이 아니다. 오히려 타인이 우리에 관하여 알고 있는 것, 존재 혹은 알고 있다고 여겨지는 것이 언젠가는 삶에 엄습해 오며, 그 순간 우리는 그것이 훨씬 강력하다는 사실을 깨닫는다. 결국 우리는 '양심의 아픔은 나쁜 세평보다 훨씬 감당하기 쉽다'인식는 것을 알게 된다. (문헌11: 니체 [즐거운 지식])

일정한 불평등은 권리의 존치를 위해 불가피한 조건이다. 자연은 정신적인 타입과 근육질적인 타입, 그리고 범용적인 타입존재을 구분한다. 범용성을 추구하는 범용한 자에게는 범용적인 것이 행복이다. 노동자의 본능, 기쁨, 그리고 자신의 보잘것없는 상태에 대하여 느끼는 [불만 없음]을 뒤집어 놓고, 그들에

1-1. 실존주의 철학 - 니체

게 시기심을 심어주고 원한을 가르쳐주는 사회주의자들을 나는 좋아하지 않는다. 불평등한 권리가 결코 부당한 것은 아니다. 오히려 진정한 부당성은 모든 이가 동등한 권리를 주장하는 데 있다. 가장 높은 계급은 소수자, 즉 정신적인 타입이며, 이들에게만 아름다움과 그와 관련된 가치가 허용된다. 이들에게 너그러움은 약점이 되지 않는다. 아름다움은 소수자의 것이며, 너그러운 선(善)은 높은 계급의 특권이다.의지 우리 모두가 자유 정신을 원하는 것은 아니다. 단지 주어진 범용한 삶을 살고자 하는 범용한 사람들도 많다. 그러므로 그들이 범용한 삶을 살 수 있도록, 탁월한 자들이 그들을 이끌어야 한다. 우리 모두가 평등할 필요는 없으며, 평등해서도 안 된다.인식 이는 플라톤 또한 크게 동의할 것이며, 무엇보다 범용한 자들 스스로가 원하는 바이다. 여기서 오해하지 말아야 할 것은, 이 불평등성이 인간 자체에 내재하는 것이 아니라, 그가 행하는 일에 있다는 점이다. 이것이 바로 숨겨진 성찰(省察)이다. (문헌12: 니체 [반그리스도])

　보통 행복은 타인보다 우위를 점함으로써 달성되는 법이다. 쓸데없는 도덕 타령은 불필요하다. 사실, 이는 마음속으로는 누구나 알고 있는 바가 아닌가? 평등을 중시하고, 겸손하며, 부지런하고, 호의적이며, 절도 있는 당신은 모든 사람이 그러하기를 바라는가? 과연 선인(先人)이 그렇게 가르쳤던가? 그러나 나는 그것을 이상적 노예, 다가올 미래의 노예에 불과하다고 본다. 이상적 노예는존재 자기 자신을 목적으로 설정할 수 없으며, 대체로 자기 내부로부터 어떠한 목적도 세우지 못한다. 그런 자들은 무아(無我)적 평등 도덕 앞에 경의를 표한다. 그의 영리함, 경험, 허영심 등 모든 것이 본능적으로 무아의 도덕을 따르도록 설득하는 것이다.의지 더구나 신앙 또한 그러하다. 모두를 평등한 노예로 만들려는 집착은 마치 혈안이 된 듯 보인다. 그러므로 우리는 악마적 평등에 역으로 이용당하지 않도록 주의해야 한다.인식 (문헌13: 니체 [권력에의 의지])

우리는 자기가 가진 [의견]_{존재} 때문에 '자신을 불태워 죽이는 일'은 하지 않아야 한다. 사실, 우리는 그만큼 자기 [의견]에 대하여 확신할 수 없기 때문이다. 하지만 아마도 우리가 자기 의견을 가질 [자격]을_{의지}, 그리고 그것을 변경할 [자격]을 얻기 위해서는 그렇게 해야 할 것이다._{인식} (문헌14: 니체 [인간적인 너무나 인간적인])

「가장 겸손한 인간」이라 생각하는 자가, 스스로를 자연과 세계 속에서 '인간'이라 느끼며 품는 허영심에 비하면, 「가장 허영적인 인간」이_{존재} 타인들 사이에서 지니는 허영심 따위는 보잘것없는 것이다. 아무리 미약한 자일지라도 이러한 허영심으로 충만하다. 그러나 허영심을 지탱하기 위해, 곧 인간이 단순히 동물처럼 행동하지 않도록 막기 위해, 우리에게는 수많은 쇠사슬이 매여 있다. 인간은 여전히 '쇠사슬의 병'에 걸려 있는 셈이다._{의지} 그러나 병이라면 고쳐야 하지 않겠는가? 이와 같이 불평등적 특권을 누리려는 자는 언제나 쇠사슬을 감수해야 한다. 그렇다면 세상은 이미 어떤 의미에서 이상적 평등 상태에 도달해 있는지도 모른다._{인식} (문헌15: 니체 [인간적인 너무나 인간적인])

허영심은 타인으로부터의 인정(認定)을 갈구하는 인간의 노예적 본능에서 비롯된다._{존재} 인간은 본능적으로 강자에게 평등을 요구하기보다 불평등을 구걸한다. 우리의 평등은 결국 허영의 산물에 불과하다. 그 까닭은 삶 자체가 '권력에의 의지'이기 때문이다. 그렇다면 도덕은 누구의 권력에의 의지인가? 소크라테스 이래 유럽사의 공통된 특징은, 도덕적 가치가 모든 가치의 지배자가 되도록 하려는 시도에 있다. 그 배후에는 세 가지 본능이 숨어 있다. 첫째, 강자나 독립자에 대한 가축떼의 본능, 둘째, 행복한 자에 대한 서투른 자의 본능, 셋째, 예외자에 대한 평범한 자의 본능이 그것이다._{의지} "[평등]의 문제? 우리는 모두 아리스토텔레스적 [탁월함]을 겨냥하고 있는데, 어찌 평등을 지향한다는 말인가?" 자기 고유의 독창적이고 비평등적인 가치 정립을 단념하는 것, 그리고 모든 사람이 그러한 비굴한 단념을 하도록 강력히 요구하는 것, 바로 이것이 평등의 가면을 쓰고 있다. 이제 각 사

1-1. 실존주의 철학 - 니체

람은 이 가치 평가에 의해 복종하고 있다. 가축떼 본능은 '중간의 것'과 '중위의 것'을 최고이자 가장 가치 있는 것으로 평가한다. 그곳은 다수자가 살아가는 장소이며, 다수자가 그곳에서 살아가는 방식이다. 이리하여 이 본능은 모든 위계에 대한 반대자가 된다. 가축떼는 자기 이하의 것이든 자기 이상의 것이든, 곧 모든 예외자를 자신을 위협하고 적대하는 존재로 느낀다. 탁월함, 즉 상위를 지향하는 예외자를 다루는 가축떼의 가장 중요한 술책은, 그들을 설득하여 가축떼를 섬기는 최고의 봉사자로 만드는 것이다. '중간의 것' 속에서는 두려움이 사라진다.인식 거기에는 오직 자기와 동일한 동료들만 존재하기 때문이다. 그곳에는 평등이 있으며, 그 속에서 자신의 존재는 정당화된다. 반면 불신은 오직 예외자를 향한다. 예외자가 되는 것은 곧 죄책으로 간주된다. 이와 같이 가축떼는 스스로를 평등의 구현으로 정당화한다. (문헌16: 니체 [권력에의 의지])

자신에게 명령하지 못하는 자는존재 필연적으로 타인에게 복종할 수밖에 없다. "그대들이 '어디서 왔는가'가 아니라, '어디로 가는가'의지를 그대들의 명예로 삼아라. 그대들 자신을 넘어서는 의지와 발자취, 바로 그것을 그대들의 명예로 여겨라. 지금까지의 불평등 따위가 그대들에게 무슨 의미가 있겠는가? 중요한 것은 이제부터다. 냉철하고 명예롭게 발걸음을 내디더라.인식" (문헌17: 니체 [짜라투스트라는 이렇게 말했다])

"타인을 위해 산다?" 잠깐, 그것은 오해이다. 그것은 인류애 숭배라는 기독교적 이상에 뒤지지 않을 뿐 아니라, 오히려 그것을 능가하기까지 한 것이 바로 볼테르에서 콩트에 이르는 프랑스 자유사상가들의 은밀한 동기였다. 그러나 이는 어처구니없는 일이다. 개인의 가치가 죽어가기 때문이다.존재 그들은 유명한 [타인을 위해 산다]라는 도덕적 정신을 통해, 실제로 기독교를 '초(超)기독교화'하였다. 독일이라는 지반에서는 쇼펜하우어가, 영국이라는 지반에서는 존 스튜어트 밀이 행위의 원리로서 동정적 호의, 곧 동정적 이타(利他)에 최고의 명성을 부여하였다.

1-1. 실존주의 철학 – 니체

사회는 참으로 [개인을 일반적인 요구에 적응시키려고 하고 있다]는 것, [개인의 희생을 전체의 유익한 도구로 삼으려 한다]의지는 것을 듣는 것은, 오늘날 누구에게나 기쁨을 주는 듯 보인다. 그러나 그 위대한 [전체]가 무엇인지에 대해서는 여전히 심대한 동요가 존재한다. 사람들은 개인적 존재가 온갖 악과 적대, 낭비, 비용, 사치의 근원이라고 고발하는 데 지치지 않는다. 칸트는 이러한 조류와 경향에 의해 형성된 도덕을 반대한다. 그는 도덕이란 결코 유행을 좇는 것이 아니라, 절대적이어야 한다고 주장한다. 그런데 쇼펜하우어는 이를 두고 [칸트의 촌스러움]이라 비난한다. 동정심과 타인에 대한 유행적 사랑은 끊임없이 [개인을 부정해야 한다]고 요구한다. 이는 결국 개인을 파멸시키고 [전체]만을 남길 것이다. 이렇듯 동정심에 근거한, 전체에 근거한 평등에 대한 인간의 무지는 세상을 서서히 붕괴로 몰아넣는다. 잠깐, 동정심이란 오해다! 동정심은 인간을 초라하게 만들며, 전체라는 무거운 쇳덩어리 금형으로 푸른빛의 개인을 눌러 짓밟는다. 악취 나는 전체를 위한 평등은 불필요하다.인식 평등의 근거는 오직 인간에 대한 존경일 뿐이다. (문헌18: 니체 [서광])

청춘은 원래 불쾌한 것이다. 그 시기는 아직 생산적이지도 합리적이지도 못하기 때문이다. 더구나 자기 능력이 [그리 다르지 않음]을 인정하지 않으면서도, 공공연히 지나치게 큰 목표를 세우고는의지 내심 자신이 그것에 대해 얼마나 무력한지를 자인하는 자는, 결국 그 목표를 철회할 힘조차 없어 얼마 지나지 않아 필연적으로 위선자가 되고 만다. 그러므로 평등을 훼손하려는 어떠한 시도, 감히 감당할 수 없는 목표를 세우는 일은 반드시 경계해야 한다. 그 선을 넘어서는 순간, 결국 진리의 파도에 휩쓸려 익사하게 될 것이기 때문이다. 이 도탄의 시기, 청춘은존재 차라리 격류 속에 몸을 맡기는 편이 옳다. 격정적 정신은 급류가 암석이나 관목을 휩쓸어 가듯, 비생산적이고 비합리적이며 무력하고 위선적인 모든 것을 쓸어내려 다시 평등케 한다.인식 (문헌19: 니체 [인간적인 너무나 인간적인])

1-1. 실존주의 철학 – 니체

우리는 어디에 집_{존재}을 세워야 할까? 아버지가 지닌 힘찬 온화함, 그 기분이 그대를 감동시키는 곳에 그대의 집을 세우라._{인식} 혼잡 속이든 정적 속이든, 내가 아버지인 곳이 바로 나의 나라이다. 그 나라를 위해 우리는 끝까지 전진하고, 투쟁할 것이다._{의지} (문헌20: 니체 [서광])

우리의 우인(友人) 관계, 적대 관계, 시선, 악수, 기억과 망각, 책, 필적─이 모든 것이 우리의 본질에 관해 증언한다._{존재} 그러나 가장 중요한 심문을 수행하기 위해서는 다음과 같은 수단이 필요하다. [그대는 지금까지 무엇을 참으로 사랑하였는가? 무엇이 그대의 혼을 매혹하였는가? 무엇이 혼을 지배하면서 동시에 즐겁게 하였는가? 젊은 영혼이여! 이 물음을 통해 인생을 되돌아보라.]_{의지} 이 질문의 대답이 곧 당신의 본질_{존재}을 나타낸다. 생각건대, 참된 본질은 당신 안 깊숙이 감추어져 있는 것이 아니라, 오히려 당신이 평소 자아로 여기고 있는 것 위, 잘 보이는 곳 높이 자리 잡고 있다. 당신의 참된 교육자·형성자는 [당신 본질의 의미와 근본 소재를 이루는 것]을 당신에게 분명히 전달한다. 그러므로 참된 교육자는 당신을 무거움으로부터 해방시키는 존재 외의 무엇일 수 없다. 이것이 교육의 비전(秘傳)이다. 교육_{인식}이란 해방이며, 잡초·자갈·해충의 제거이고, 빛과 열의 방사이며, 밤비처럼 정에 겨운 쏟아짐이다. 어둠침침한 구름 속을 떠다니는 마비 상태로부터 자유로운 자기로 돌아오기 위해, 나는 자기의 교육자·형성자를 떠올리는 것보다 더 좋은 수단을 알지 못한다. (문헌21: 니체 [반시대적고찰])

용의 이빨로 탐식하듯 개념으로 포화되고, 개념의 공룡을 만들어내며, 게다가 말이라는 병마에 시달려 아직 말로서 날인되지 않은 자신의 감각은 어떤 것이든 신뢰하지 못하는 형편이다. 이러한 사람은 [나는 생각한다. 고로 존재한다. Cogito ergo Sum]라는 권리를 가지고 있겠지만, [나는 살고 있다.

1-1. 실존주의 철학 - 니체

고로 생각한다]_{존재}라는 권리는 가지고 있지 않다. 이성이 보증하는 것은 [공허한 흑백의 존재]이지, [충실하고 푸르른 삶]이 아니다._{인식} 이성은 내가 존재한다는 것만을 확인해 줄 뿐, 내가 살아 있는 존재자임을 보증하지 않는다. 이데아 속에서 행복할 것인가, 오늘의 존재 속에서 살아갈 것인가?_{존재} 그것을 가능케 하는 것은 신(神)도 뛰어난 인간도 아니다. 오직 그들 자신, 청춘의 가슴 뛰는 심장_{의지}뿐이다. (문헌22: 니체 [반시대적고찰])

우리 자유 정신의 소유자들이여! 우리의 성실함이 허영이나 가식, 혹은 우리의 한계와 어리석음으로 전락하지 않도록 주의하자._{의지} 모든 미덕은 쉽게 어리석음이 될 수 있으며, 모든 어리석음 또한 쉽게 미덕으로 전환될 수 있다. 러시아 속담에도 [성스러울 만큼 어리석다]고 하지 않았는가. 성실함으로 인해 결국 성자가 되거나, 따분한 존재가 되지 않도록 조심하라._{인식} 백 번을 산다 하더라도, 따분하게 살기에는 인생이 너무 짧지 않은가._{인식} (문헌23: 니체 [선악을 넘어서])

자유를 위한 투쟁심이 식은 자들, 우리 현대인은 그간 대중과 함께 달려온 대중 예찬자였다. 그러나 이제부터는 대중의 적_{존재}이 되어야 한다. 왜냐하면 우리는 대중과 함께 있을 때 자기의 나태함이 덕을 볼 것이라고 믿으며, 그저 따라왔기 때문이다. 그러나 실제로 대중은 우리가 생각하는 것처럼 결코 나태하지 않다는 사실을 아직 깨닫지 못했다. 대중은 언제나 앞으로! 앞으로! 앞으로! 전진을 요구하며, 멈춰 있는 것을 결코 허용하지 않는다._{인식} 그런데 나태해진 우리는, 멈춰 있는 상태를 좋아하게 되어버렸으니! 자유에 도달하는 길은 단 하나, 몇 번이라도 말하지만, "투쟁! 투쟁! 투쟁!"이다._{의지} (문헌24: 니체 [즐거운 지식])

목적에 억압되지 않는 순진무구한 생성이 최대의 힘과 최대의 자유이다. 개별 존재를 생성에 각인하는 일, 이것이 힘과 자유에의 의지이다._{의지} 그러나 개인주의는 아직 무의식적인 일종의 권력에의 의지이다. 이타주의적 도덕의 설교조차 사실상 개인주의적 이기주의에 봉사하고 있다는 점, 이것이 우리 시대 가장 흔한 허위 중 하나이다. 개인은 어떤 힘의 독립을 달성하면, 그 힘의 정도에 따라 자연스러운 분리가 나타난다.존재 개개인은 더 이상 소탈하게 서로를 평등하게 여기지 않고, 자신과 동등한 자를 찾아 나선다. 개개인은 자신과 다른 자들을 자기 영역에서 제거한다. 개인주의의 몸체에는 사지(四肢)와 기관(機關)이 잇달아 형성되며, 서로 닮은 경향은 통합되어 권력의 열매를 이루게 된다. 이러한 권력의 열매 사이에는 마찰과 투쟁, 힘의 인지와 조정이 존재하며, 최종적으로 위계가 형성된다. 우리는 이처럼 불순하다. 아직 권력을 소유하지 않은 상태에서만, 사람은 공평과 자유를 요구한다. 권력을 갖게 되면, 반대로 더욱 압도적인 권력을 갈망하게 된다. 그 힘을 아직 획득하지 못했을 때, 사람은 비린내 나는 [공평], 다시 말해 평등한 권력에의 의지를 갈망한다. 인간은 아직 자유를 온전히 누릴 자격이 없는 듯하다.인식 (문헌25: 니체 [권력에의 의지])

　　우리가 정의롭지 못한 이유는 적지 않게 자기 자신의 위선에서 비롯된다. 인식 많은 사람이 자기 자신에게 명령할 수는 있으나, 동시에 자기 자신에게 복종하지 못하는 경우가 많다. 머릿속에서 이성이라는 가면을 쓰고 정의를 위해 "앞으로!" 나아가라고 외치지만,의지 정작 본인은 한 걸음도 움직이지 못하는 이들이 바로 우리, 위선자이다.존재 자기 자신에게 복종하지 못하는 자는, 결국 누군가에게 복종할 수밖에 없다. 타인에게 복종하는 자는 정의와는 무관한 존재이다. (문헌26: 니체 [짜라투스트라는 이렇게 말했다])

　　우리 세계에서는 방심하면, 아무리 풍부한 정신을 가진 사람이라도, 축적한 재보가 들어 있는 공간의 열쇠를 잃고 만다. 그러면 그는 단지 살기 위해 걸식하며 돌아다녀야 하는 극빈자를 닮게 된다.존재 정의는 방심하지 않는 자만이 지킬 수 있다. 그리고 방심은 흔히 피로에서 비롯된다. 우리가 갖는 무관심이나 냉담한 태도는 우리의 냉혹함이나 성격적 결함으로 해석될 수도 있지만, 실상은 정신의 단순한 피로에 지나지 않는 경우가 많다. 정신이 지쳐 있을 때, 타인은 우리 자신이 우리에게 그러하듯 아무래도 상관없는 존재이거나 혹은 귀찮은 존재로 인식된다. 이와 유사하게, 정신이 피로한 사람은 선악에도 무관심하거나 냉담하게 되며,ᄋ의지 따라서 정의를 지킬 수 없다. 정의란 충분히 휴식하여 건강을 회복한 자만이 실수 없이 지킬 수 있는 것이다. 그러므로 우리는 때때로 세상에 등을 돌리고, 오후의 햇빛을 맞으며 산책해야 한다.ᄋ인식 피로하지 않기 위해서는 세상일에 지나치게 욕심내지 않는 것이 바람직하다. (문헌27: 니체 [인간적인 너무나 인간적인])

귀족 도덕은 자기 자신에 대한 의기양양한 긍정존재에서 비롯되는 반면, 노예 도덕은 처음부터 외부적인 것, 즉 자기 자신이 아닌 것의 부정에서 출발한다. 노예 도덕이 성립하기 위해서는 항상 우선적으로 하나의 적대적인 외부 세계가 필요하다. 레오파르디(Leopardi)는 다음과 같이 말한다. "그대의 감동에 합당한 것은 아무것도 살고 있지 않다. 세계는 전혀 신음하기에 합당치 않은 것! 우리 존재는 고통과 권태! 세계는 오물! 그것밖에 없다. 그대여, 마음을 진정시켜라." 좋은 것과 '보다 좋은 것' 사이를 오가며 비틀거리는 근대적 인식의 무력함, 이 모두가 근대인의 영혼 속에서 불안과 착란을 일으키며, 그 결과 [영혼이 결실을 맺지 못하게 하는 형벌]을 가한다.ᄋ의지 지금처럼 도덕 교사가 절실히 필요하면서도, 동시에 그들을 발견하기 어려운 때도 없다. 이는 마치 전염병이 크게 유행하여 의사가 가장 필요할 때, 정작 의사들이 가장 많이 병들어 있는 것과 같다. 그렇다면 다른 사람을 받쳐주고, 손을 이끌어 인도할 만큼 스스로 확고하고 건강하게 제 발로 서 있는 근대적 인간성의 의사가 과연 존재하는가? 이 근대적 의사는 이렇게 말한다. 위대한 사상가가 인간을 경멸한다면, 그것은 곧 인간의 [나태]를 경멸하는 것이다. 왜냐하면 나태로 인해 인간은 대량 생산된 제품처럼 값싸고, 무엇과도 교체 가능한 것으로 전락하고,

1-1. 실존주의 철학 – 니체

교제할 만한 것, 교훈을 줄 만한 것으로 보이지 않기 때문이다. 값싼 대중에 속하기를 원치 않는 사람은 자기 자신에 대한 안이함을 멈추기만 하면 된다. 근대적 의사는 이렇게 말한다. "그대 자신이 되라. 그대가 지금 행하고, 생각하고, 원하는 것, 그것은 모두 그대가 아니다. 도덕은 [자신이 됨으로써] 비로소 그것을 가질 자격을 획득한다. [나]라는 존재도 없는데, 도덕이 무슨 소용이 있겠는가?" 청년은 스스로 겸손해야 할 만큼 아직 늙지도 않았으며, 또한 충분히 현명하지도 않다. 청년은 무엇보다도 기존의 교양을 가장하거나 그것을 변호할 필요가 없다.인식 그는 모든 위안과 특권을 누리되, 특히 [용감하고 무분별한 정직이라는 특권]과 [희망이라는 감격적인 위안]을 누리는 자이다. (문헌28: 니체 [반시대적고찰])

국가는 스스로 선하다고 자칭하지만, 사실은 [파렴치한 혼 없는 사회]가 예술과 예술가마저 자기의 노예적 시종으로 간주하며, 단지 외견적인 욕구를 충족시키기 위해 그렇게 하고 있음을 우리는 너무도 잘 알고 있다. 근대 예술가는 사치스럽다. 이는 곧 [사치 사회]와 흥망을 같이하기 때문이다. [사치 사회]는 그 권력을 극도로 냉혹하고 교활하게 활용하여, 민중이라는 권력 없는 자를 점차 예속적이고 저속하며 비민중적인 존재로 만들어버렸으며, 민중으로부터 근대적 의미의 [노동자]를 산출하는 방법을 고안해냈다.존재 권력은 "민중이 오랫동안 그들의 가장 깊은 요청으로부터 산출해내고, 이를 통해 그들의 영혼을 친밀하게 전달했던 가장 위대하고 순수한 것, 즉 신화, 춤, 언어, 창조물"마저 민중으로부터 탈취하였다. 그 결과, 민중의 피폐와 권태에 대응하는 음탕한 수단으로서 근대적 [사치 예술]을 양조해낸 것이다. 우리는 술에 취해 비틀거리는 무력한의지 [사치 사회]를 단호히 거부해야 한다. 인식 (문헌29: 니체 [반시대적고찰])

유감스럽게도 민중을 위한 권력은 지금까지 존재하지 않았다. 권력자는 위대한 적도 없었다. 권력의 특별함이란 겁쟁이들의 침묵으로 잠시 만들어질 뿐이다. 삶에

1-1. 실존주의 철학 – 니체

서 성공하여 기득권을 얻으면, 흔히 스스로를 특별한 존재라 생각한다._{존재} 확실히 인간 각 개인은 특별하다. 그러나 그것은 전혀 다른 관점에서의 특별함이다. 권력과 지위를 얻었다고 해서, 지금까지 비난받아 온 기득권자들과 자신이 다를 것이라고 착각하지 말라. 누구도 본질적으로 특별하지 않다. 권력이란 한 인간의 편리한 자기착각과 추종자들의 어리석은 충성심에 의해 형성되기 때문이다. 이와 같이 권력은 언제나 비정상적 충성심을 선동한다.

"그대는 진리의 구도자인가?"라고 그들은 묻는다. 그러나 교활한 짐승, 몸을 숨기며 거짓을 꾸미는 짐승, 먹이를 얻으려 갖가지 가면을 쓰고, 심지어 스스로 먹이가 되는 짐승이 진정 진리의 구도자일 수 있겠는가? 오직 어릿광대일 뿐, 시인일 뿐이다._{존재} 그렇다면 차라리 어리숙한 어릿광대, 몽상적 시인일 바에야 복된 조소와 복된 악의, 복된 피의 굶주림으로 덮치고 공격하라. 심연을 응시하는 독수리처럼, 점점 더 깊어지는 심연을 향해 원을 그리며 내려가다가, 어느 순간 날개를 접고 양 떼를 습격하라. 덕스럽고 순진한 어리석은 온정으로 세상을 바라보는 모든 것들을 철저히 증오하라._{의지} 그대 어릿광대여, 시인이여! 그대는 독수리와 표범을 몰래 동경하는가? 그대는 인간을 신(神)으로 보았고, 동시에 양(羊)으로도 보았다. 이제 날카로운 발톱을 세워 인간 속의 양을 찢어발기듯, 인간 속의 신 또한 찢어발기라. 밝은 바람결 속에서, 낫을 닮은 달이 진홍빛 노을에 빛을 잃고 시새우며 고요히 걸어가듯이._{인식} 어릿광대여, 시인이여! 그대는 잊지 않았으리. 뜨거운 심장이여! 그때 그대가 얼마나 목말라 있었는지를, 비겁하고 교활한 진리를 추방하기를 얼마나 간절히 원했는지를.

(문헌30: 니체 [디오니소스의 찬가])

만연하고 있는 우아한 사람들의 [아름다운 형식에의 애착]_{존재}은 저 초조함, 저 숨을 멈추게 하는 질식의 순간을 붙잡으려는 조급함, 무엇이든 지나치게 푸르다는 이유만으로 꺾어버리는 무자비함, 인간의 얼굴에 주름을 새기고 인간이 행하는 일에 문신을 새기는 저 질주의 기운에서 잘 연역(演繹)된다._{인식} 우리는 마치 더는 숨 쉴 수 없게

1-1. 실존주의 철학 – 니체

만드는 독약이 체내에서 잘 듣는 것처럼, 찰나(Moment), 여론(Meinung), 유행(Mode)이라는 세 개의 M에 혹사당하는 노예로서 돌진해 간다. 내가 혹사당하지 않는 개별 문화의 부재에 대하여 또렷이 보여주었을 때 이미 몇 번이나 이러한 항의를 받았다. [그 부재는 아주 당연하다. 우리는 이제까지 너무 가난하고 조심스러웠기 때문이다. 우리 국민을 먼저 부유하게 하고 자부심을 품게 하라. 그러면 문화를 갖게 될 것이다!] 이러한 종류의 엉터리 신념은 나를 분노케 한다. 부와 우아, 예의 바른 위장 문화—거짓과 가짜, 서투른 모조품, 악명 높은 회색빛, 질투와 음험함, 불순, 그리고 성공과 돈벌이에 대한 병적 욕망_{의지}—이 모든 병리와 결점을 결코 원칙적으로 치유하려 하지 않고, 단지 '흥미 있는 형식의 문화'로써 외관만을 화장하려 든다는 생각은 분노를 금할 수 없게 한다. 이것이 바로 부유함을 그럴듯하게 화장하는 것에 대해 내가 분노하는 이유이다. (문헌31: 니체 [반시대적고찰])

[셈값을 치르는 쇠푼 돈, 명예], 장갑을 낀 채 나는 이 쇠푼을 쥐었다가 역겨워하며 그것을 짓밟는다. "누가 그 값을 받으려 하는가?" 그것은 흥정의 대상, '팔릴 사람'이다._{존재} 그들은 기름기 찬 손으로 명성이라는 싸구려 깡통을 붙들고 늘어진다. 그들은 모두 위선적이다._{인식} '명예와 덕성'은 한 쌍으로 짝지어져 있다. 세상 사람들은 명성이라는 수다로 덕성이라는 값어치를 지불한다. 세상은 그 수다로 삶을 이어간다. 조용하라! 우리는 침묵하거나, 혹은 위대하게 말해야 한다. 나는 모든 심약한 어진 사람 앞에서 죄인이라 하겠다. 그들 앞에서 나는 가장 천한 자가 되리라._{의지} [셈값을 치르는 쇠푼 돈, 명예], 장갑을 낀 채 나는 이 쇠푼을 쥐었다가 역겨워하며 그것을 짓밟는다. 쇠푼을 쥐었다가는 진짜 명예를 잃는다. (문헌32: 니체 [디오니소스의 찬가])

명예롭게 살려는 그대들, [보다 높은 인간]에게 고한다. 시장으로부터 떠

1-1. 실존주의 철학 – 니체

나라! 아무리 이야기해도 시장의 천민은 누구도 '보다 높은 인간'을 믿지 않는다. 천민존재은 이렇게 말하며 눈을 깜박인다. "우리는 평등하다. 신 앞에서 평등하다." 나는 다시 말한다. 천민 앞에서 평등하지 말라. 신은 죽었다. 이제 우리는 초인을 기다린다. 자신 속에 음험하게 숨어 있는 천민 정신을 몰아내라.의지 이제 우리는, 자신 속에서 힘을 키우는 초인이 우리 마음속의 천민과 전쟁을 시작했음을 안다. 오늘날은 [작고 소심한 자들]이 주인이 되었다. 그들은 순응, 겸손, 신중, 근면, 조심과 같은 작은 덕을 설교한다. 노예 출신, 천민적 잡동사니, 그 작은 자들이 운명의 주인공이 되려 한다니—아, 구역질! 구역질! 구역질! 이들은 묻고 또 물으며 지칠 줄을 모른다. "[인간은 어떻게 가장 잘, 가장 오래, 가장 즐겁게 보존될 수 있는가?]" 이 물음을 통해 그들은 오늘날의 주인이 되어 버렸다. 그대들, 주사위를 잘못 던진 것인가? 모두 실패작인가? 그러나 더 높은 것을 지향할수록 실패하기는 쉬운 법이다. 용기를 내라! 실패, 그것이 그대들과 무슨 상관인가? 얼마나 많은 가능성이 여전히 남아 있는가? 그대들, 사납고 거친 바람처럼 거침없이 행동하라! 하찮고 사소한 것에 신음하는 엉겅퀴 같은 머리를 휘몰아치는 바람으로 쓸어내고, 자유로운 폭풍 같은 정신 인식으로 크게 웃어넘겨라. 그대들, 보다 높은 인간들이여! 자, 이제 우리는 자신 속에서 힘을 키우는 초인이 천민과 전쟁을 시작했다. (문헌33: 니체 [짜라투스트라는 이렇게 말했다])

1-1. 실존주의 철학 – 하이데거

실존은 의식으로 나타나는 현상을 있는 그대로 사실적으로 분석하고 기술함 (현상학, 생각하지 않고 관찰한다. 후설, Husserl) 으로써 그 모습을 드러낸다. 염려와 불안 속에 퇴락하는 존재가 되지 않으려면, 상식과 잡담에 의해 지배받는 존재가 되지 않으려면 즉 [그들]이 아니라 자기 [자신]으로 실존하려면,_{존재} 우리는 냉철히 삶을 하나하나 분석하고 실존을 억압하는 장애물에 철퇴를 내리기 위한 세세한 준비에 돌입해야 한다._{의지} [그들]은 모두 타인이며 어느 누구도 자기 자신이 아니다. 사람들은 [그들]과 똑같이 행동하면서 [그들] 속에 숨고, 책임을 져야 할 상황이 발생했을 때는 누구도 스스로를 드러내지 않는다._{인식} 일상적인 "현존재의 주체는 누구인가?"라는 물음에 대한 대답으로서 [그들]은 아무것도 아닌 허상에 불과하다. (문헌34: 하이데거 [존재와 시간])

자기 삶이 현명해진다는 것은 공동체가 부여하는 일상적 삶에서 벗어나, 자기만의 고유한 개별적 삶, 즉 실존적 삶을 사는 것을 뜻한다._{존재} 이 세계에서 한 인간과 다른 존재자 사이의 차이는 [이성이 아니라 실존, 곧 존재함의 방식]에 있다. 그 세계에서의 도덕은 삶의 퇴락에 맞서는 저항이다._{의지} 여기서 퇴락이란 자기 개별 삶이 의미를 갖지 못하고 '그들' 속에 묻혀 버리는 것을 의미_{인식}한다. (문헌35: 하이데거 [존재와 시간])

이성 중심 철학은 「무엇이 옳고 그른지, 어떤 것이 최선의 결과인지」를 이치에 맞게 따지는 데 집중한다. 이성 철학은 인간의 감정, 의지, 욕망, 불안과 같은 개인적 문제들을 비합리적인 것으로 간주한다. 반면 실존 철학은 보편적 이성이 아니라 각자의 개별적 삶_{존재}에 시선을 돌린다. 우리가 [실존]을 원한다면, 죽음을 앞두는 그 순간까지 어떻게 살아야 하는지, 무엇을 해야 하는지를 스스로 결정하면서 주체적으로 살아가야 한다._{의지} 우리는 비존재적

1-1. 실존주의 철학 – 하이데거

인 [그들-자신]으로 존재하는 것이 아니라, [자기-자신]으로 존재할 때에만 비로소 [실존]할 수 있기 때문이다. 실존이 가능할 때 비로소 [그들-도덕]이 아닌, 자기만의 고유한 [자기-도덕]이 드러나며, 개별 인간들의 작지만 정직하고 공정한 [도덕 공동체]가 다수 형성인식될 것이다. (문헌36: 하이데거 [존재와 시간])

1-1. 실존주의 철학 – 사르트르

실존_{존재}은 본질_{인식}보다 앞선다. 이는 데카르트 방식으로 표현하면 [나는 존재한다. 고로 생각한다]라 하겠다. 우리 존재가 어떠한 것이든 간에 존재는 [선택]이다. 타인의 자유 속에서 내 존재가 그의 도구적 대상으로 구체적으로 현시되는 것은 참으로 굴욕적인 일이다. 이러한 굴욕적 현시는 나 자신을 해방하기 위해 반드시 파괴_{의지}되어야 한다. (문헌37: 사르트르 [존재와 무])

자유는 사실상 무화(無化)와 동일시될 수 있다. 다시 말해, 자유롭다고 말할 수 있는 유일한 존재는 자기 존재를 무화하는 존재이다. 곧 자기 존재를 가볍고 투명하게 만드는 것이다. 자유는 자기로 하여금 존재 결여와 존재 욕구를 산출하게 하는 또 다른 방식일 뿐이다. 자유 또한 실존이다. 우리가 추구하는 것은 추상적 의미의 자유가 아니라, 자유로운 존재 그 자체이다. 실존_{존재}은 본질_{인식}에 앞서 우리 앞에 서는 것이며, 따라서 자유는 직접적이고 구체적인 현현(顯現)이자 자기 선택과 분리되지 않는다. 이러한 구조에서 자유는 [선택하는 진리]_{의지}라고 불릴 수 있으며, 이는 곧 자유의 인간적 의미라 할 수 있다. 우리는 개별적인 선택을 통해 자기 실존을 형성함으로써 비로소 자유에 접근한다. 이때 우리는 점차 자유로운 존재가 되기 시작한다. (문헌38: 사르트르 [존재와 무])

의식이 정지하면 자유는 사라지고, 억압만이 존재 주변을 맴돌게 된다. 모든 존재는 존재함을 의식함으로써 비로소 존재한다. "안다는 것은 알고 있음을 안다는 것, 즉 앎의 의식을 가지는 것이다." (알랑, Alain) 의식_{인식}은 자기 존재보다 선행한다. 의식은 하나의 충실한 존재이자 자기 결정의 근본적 조건이다. 의식은 무(無)에도 앞서며, 존재로부터 자신을 이끌어내는 힘이다. 왜냐하면 의식은 무(無)와 존재를 동시에 인식할 수 있기 때문이다. [어떠한 행위가 존재한다]는 사실은 곧 [존재의 근원적 선택]_{의지}을 드러낸다. 인간 존재에 있어서 [실존함]과 [자

1-1. 실존주의 철학 – 사르트르

기를 선택함]과의 사이에는 아무런 차이도 없다. 그러므로 선택, 즉 자유를 통한 행복에 도달하기 위해서 우리는 자기를 선택할 수 있는 주체_{존재}, 실존을 탐구할 수밖에 없다. (문헌39: 사르트르 [존재와 무])

가스등이 반짝였다. 잠시 나는 '내가 사람들을 사랑하려는 것은 아닐까' 하고 자문해 보았다. 그러나 결국 오늘도 '그들의 일요일'이지 '나의 일요일'_{존재}은 아니었다. 변한 것은 아무것도 없었다. 그럼에도 모든 것은 다른 형태로 존재하고 있었다. 나는 그것을 정확히 묘사할 수 없었다. 그것이 [구토]와 유사한 것인가 생각해 보았지만, 전혀 달랐다. 다만 어떤 모험이 나에게 일어나고 있었다. 그래서 다시 자문할 때, '나는 곧 나이며, 내가 여기에 존재한다는 사실이 지금 내게 일어나고 있다는 것'을 깨달았다._{인식} 이 어둠을 뚫고 걸어가는 것은_{의지} 바로 나 자신이었다. 나는 자유로웠고, 소설의 주인공처럼 행복했다. (문헌40: 사르트르 [구토])

세상에는 전문가는 아니지만, 사무실·시장·공원·카페에서 남의 이야기를 듣는 사람들로 가득하다. 그들은 마흔에 가까워지면 발산할 수 없는 경험으로 인해 자신이 내적으로 부풀어 오름을 느낀다._{존재} 다행히도 그들은 자식을 두었고, 그 자식을 통해 그 자리에서 경험을 소비하도록 만든다. 그들의 과거는 잃어버리지 않았으며, 추억은 압축되어 부드럽게 지혜로 변했다고 우리에게 믿게 하려 애쓴다. 편리하게 꺼내 쓸 수 있는 과거, 주머니 속 과거, 아름다운 격언으로 채워진 금빛의 작은 책. "나를 믿으시오. 나는 경험에 근거해 말하고 있습니다. 내가 아는 모든 것은 삶 속에서 얻은 것이지요." 경험의 전문가라니? 그러나 사실 그들은 삶의 마비와 반(半)수면 상태 속에서 질질 끌려가고 있을 뿐이었다._{의지} 나 또한 그들처럼, 그렇게 살아간다면 사람들의 집에 초대받을 수 있을 것이고, 「영원」 앞에 선 위대한 나그네라는 말을 들을 수도 있을 것이다. "경험과 생활이 그들을 대신해서 생각해 준단 말인가?" 그

1-1. 실존주의 철학 – 사르트르

들은 옛것을 가지고 새것을 설명한다. 그리고 그 옛것은 더욱 옛것으로 설명할 것이다. 결국, 그들은 아무것도 이해하지 못했던 것이다. 그들의 잘난 체하는 태도 뒤에는 침울한 「태만」을 볼 수 있다. 그들은 줄지어 가는 사람들의 모습을 보고 하품을 한다. 이 하늘 아래 새로운 것이라곤 하나도 없다고 그들은 생각한다. 미친 늙은이! 이제 그가 무슨 짓을 하든 우리는 놀라지 않는다. 「왜냐하면」 그는 미친 늙은이니까._{인식} 아니, 그는 미친 늙은이가 아니다. 그는 단지 겁을 내고 있을 뿐이다. 그런데 무엇을 겁내고 있는 것일까? (문헌41: 사르트르 [구토])

사실 우리 가운데에서 실제로 거짓말을 할 수 있는 자는 거의 없다. 이는 진실 자체를 알지 못하기 때문이다. 자기 자신이 기만당하고 있다는 사실을 자각하지 못한 채 그 잘못된 내용을 타인에게 전달할 때, 그것은 엄밀히 말해 거짓말이 아니다. 그러나 이러한 상태에서 비롯된 선함은 본질적으로 [자기기만]일 가능성이 크다. 선한 자가 악한 자의 도구가 되는 것은, '그렇게 순응해서는 안 됨'을 직관적으로 인지함에도 불구하고, 권력에 순응하는 것이 '자기 이익에 부합할 것'이라는 은밀한 기대에 따라 스스로를 기만하기 때문이다._{의지} 많은 경우, 도덕적 인간이 어리석어지는 것은 바로 이 자기기만 때문이다. 이와 같이 [자기기만]은 진실의 은폐를 타인에 대한 기만이 아니라 자기 자신에 대한 기만으로 나타낸다. 따라서 이 지점에서는 속이는 자와 속는 자의 구분이 소멸한다. 정신분석학적 관점에서는 이를 [속이는 사람이 없는 거짓]이라는 개념으로 설명한다. 이는 "내가 나를 속이지 않으면서도, 동시에 내가 속을 수 있는 것이 어떻게 가능한가"라는 _{존재} 문제를 해명한다. 왜냐하면, 이는 자기 자신을 곧 타자의 위치에 두고 마주하기 때문이다. 이와 같은 자기기만 속에서 인간은 스스로가 선한 자인지, 악한 자인지조차 알지 못하게_{인식} 된다. (문헌42: 사르트르 [존재와 무])

[아무 일도 없었다. 존재했다_{존재}] 그렇게 돌덩이처럼_{의지} 살 수는 없다._{인식} (문헌43: 사르트르 [구토])

1-1. 실존주의 철학 – 사르트르

　　자기의 선택은 무의식의 어둠 속에 파묻혀 있는 [주어진 것]에 의해 판정되는 것_{존재}이 아니라, 자유롭고 의식적인 하나의 [결정]_{의지}이어야 함을 기억_{인식}해야 한다. (문헌44: 사르트르 [존재와 무])

1-1. 실존주의 철학 – 까뮈

나는 내일로 죽음이 정해진 감옥에서 사제복의 멱살을 부여잡고 말했다. 마음속에서 무언가가 폭발하고 말았다. "당신은 자신만만하군? 그렇게 자신 있나? 그러나 당신의 신념이란 머리카락 한 올만큼의 가치도 없다. 당신은 죽은 사람처럼 살고 있으니, 살아 있다는 자각이 있다고 할 수 있는가?존재 나는 곧 죽겠지만, 나에게는 확신이 있다. 나 자신에 대한 확신은 최소한 당신보다는 강하다. 나는 지금도 내 인생과 닥쳐올 죽음에 대한 명확한 인식만큼은 가지고 있다.인식" 내 생각은 옳았고, 지금도 옳으며, 앞으로도 옳을 것이다. 이렇게 살았고 저렇게 살지 않았으며, 이런 일을 하고 저런 일은 하지 않았다.의지 그러므로 내일 새벽, 죽음이 나를 정당화할 것이다. (문헌45: 카뮈 [이방인])

1-2. 실증주의 철학

**"실증주의 철학은 사유 주체(존재)의 관찰·경험·실험에 대한 의지와
그것을 논리적으로 해석하는 인식 작용이 결합될 때 비로소 진리에 접근할 수 있다고 본다.
이 철학은 '존재 – 의지 – 인식'으로 규정되는 제1 통합 철학 공간에 위치한다."**

실증주의 철학(Positivism)은 철학사에서 과학과 경험에 근거한 인식만을 참된 지식으로 인정하는 흐름으로, 19세기 이후 현대 철학과 과학적 사고에 심대한 영향을 미친 핵심 사조이다. 즉, "직접적인 관찰·경험·실험을 통해 검증 가능한 지식만이 참된 지식이다"라는 입장을 견지한다. 따라서 형이상학적 추론이나 직관, 신비주의, 신의 존재와 같은 문제들은 검증할 수 없으므로_{존재} 철학적 탐구의 대상이 될 수 없다고 본다.

실증주의는 경험주의를 강조하는 동시에 과학 중심적 사고를 지향하여, 자연 과학의 방법을 철학·사회학·윤리학 등 인간 학문 전반에 적용하려 한다._{인식} 이러한 태도는 곧 형이상학의 배제를 의미하며, "신이 존재하는가?", "영혼은 무엇인가?"와 같은 물음은 무의미하다고 간주된다._{의지} 또한 실증주의는 언어의 명료성을 중시하여, 명확하고 분석 가능한 언어로만 사유할 것을 요구한다.

고전적 실증주의는 콩트(Auguste Comte)에 의해 체계화되었다. 그는 프랑스 혁명 이후의 사회적 혼란 속에서 과학을 토대로 한 새로운 사회 질서를 구축하고자 하였다. 그의 주장에 따르면, 인간 지식은 신의 의지로 세계를 설명하는 신학적 단계를 지나, 추상적 개념을 통해 설명하는 형이상학적 단계를 거쳐, 최종적으로 경험과 과학에 의한 설명이 지배하는 과학적(실증적) 단계에 도달한다. 그는 "사회는 과학으로 설명하고 개선할 수 있다"고 보았으며, 이를 통해 사회학(sociology)을 창시하였다. 따라서 철학은 더 이상 "신의 존재"와 같은 무의미한 문제를 논하는 것이 아니라, 관찰 가능한 인간 사회의 법칙을 탐구해야 한다고 주장하였다.

20세기에 들어 실증주의는 비엔나 학파(Vienna Circle)를 중심으로 논리실증주의(Logical Positivism)로 전개되었다. 이 학파는 수학·논리학·언어 분석을 결합하여 철학의 토대를 정립하려 하였다. 논리실증주의에 따르면 의미 있는 명제는 오직 두

가지뿐이다. "2+2=4"와 같은 논리적으로 참인 명제(수학적·논리적 명제)와 "물은 100도에서 끓는다"와 같은 경험적으로 검증 가능한 명제만이 의미를 갖는다. 반면 "신은 사랑이다", "영혼은 존재한다"와 같은 명제는 의미 없음으로 간주된다.

실증주의 철학은 과학철학, 분석철학, 사회과학 방법론에 지대한 영향을 끼쳤다. 이는 철학을 종교적·형이상학적 권위로부터 분리시키고, 명료한 언어, 검증 가능성, 과학적 사고방식을 도입했다는 점에서 의의를 지닌다. 그러나 인간의 가치, 예술, 도덕, 존재론, 실존 등은 실증적으로 설명할 수 없으며, 언어·해석·맥락의 중요성을 간과하고 인간의 주관성, 역사성, 의미를 배제한 결과 비인간적인 철학이라는 비판도 제기된다.

오귀스트 콩트(Auguste Comte, 1798~1857)는 실증주의의 창시자로, 인류 지식이 세 단계의 발전 단계를 거쳐 진보한다고 주장하였다. 또한 사회를 과학적으로 분석하려는 시도를 통해 사회학의 창시자로 평가되며, 인간 사회 역시 물리학처럼 일정한 법칙에 따라 움직인다고 보았다.

에른스트 마하(Ernst Mach, 1838~1916)는 과학철학자이자 물리학자로, 논리실증주의에 중요한 사상적 토대를 제공하였다. 그는 지각과 경험을 모든 인식의 기초로 보았으며, 물리학은 반드시 감각 경험과 일치해야 한다고 주장하였다. "우리가 인식하는 것은 사물 자체가 아니라, 그것이 우리의 감각에 어떻게 나타나는가이다"라고 말하며, 객관적 진리조차 인간의 감각과 인식 조건 속에서만 존재한다는 점을 강조하였다. 이러한 입장은 일종의 인식론적 겸손을 드러낸다.

루돌프 카르납(Rudolf Carnap, 1891~1970)은 논리실증주의(Logical Positivism)의 핵심 인물로, "언어는 철학의 중심 문제다. 언어적 의미가 없으면 철학도 없다"라고 주장하였다. 그는 언어의 명료성과 과학적 검증 가능성이 결여된다면 진리를 말할 수 없다는 엄격한 기준을 제시하였다.

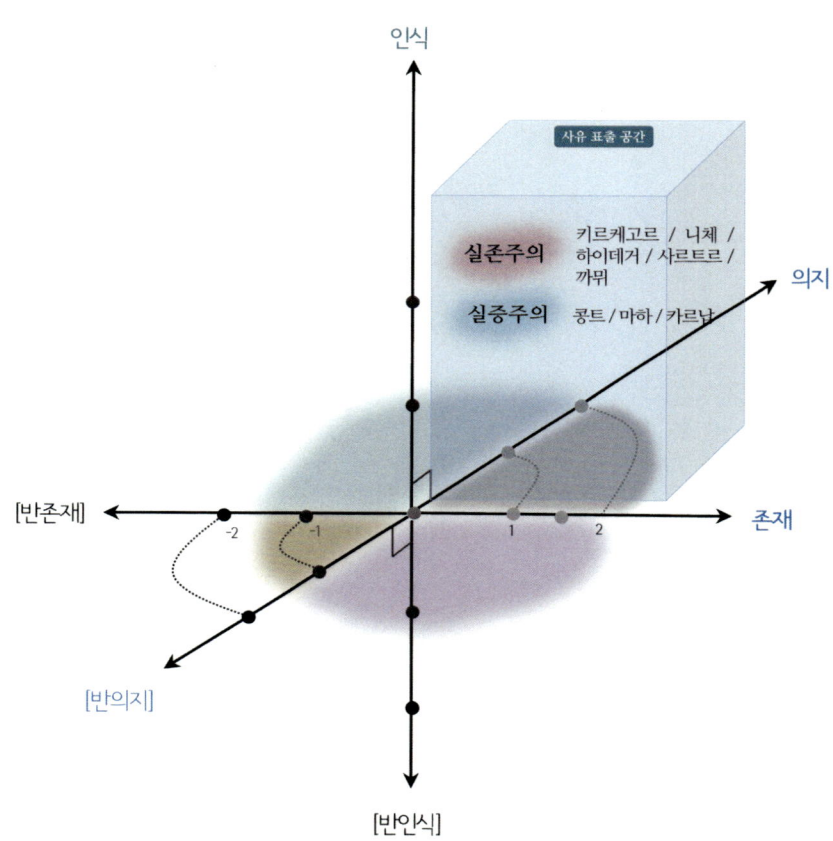

그림2. 실존주의 / 실증주의 철학 위치도 (제 1 통합철학사유공간)

1-2. 실증주의 철학 - 콩트

인간 지성이 역사를 통틀어 모든 방향에서 발전해 온 과정을 고찰하면, 하나의 위대한 기본 법칙이 발견된다. 이 법칙은 인간의 생리적 구성과 역사적 경험 모두에서 확고한 증거 기반을 갖추고 있으며, 불가피하게 그 지배를 받는다. 그 법칙은 다음과 같다. 곧, 우리의 주요 개념들─즉 지식의 각 영역─은 연속적으로 세 가지 이론적 상태를 거쳐 발전한다. 첫째: 신학적 혹은 허구적 상태, 둘째: 형이상학적 혹은 추상적 상태, 셋째: 과학적 혹은 실증적 상태이다.

다시 말해, 인간 정신은 본질적으로 세 가지 철학적 사유 방식을 발전시키며 사용하는데, 이들은 서로 본질적으로 다르며 심지어 근본적으로 대립하는 성격을 지닌다. 즉 신학적 방식, 형이상학적 방식, 그리고 실증적 방식이다. 이러한 구도 속에서 전체 현상에 대한 세 가지 철학, 곧 일반적 개념 체계가 형성되며, 이들은 상호 배타적이다.

첫 번째 방식은 인간 이해의 불가피한 출발점이며, 세 번째 방식은 확고하고 최종적인 상태이다. 두 번째 방식은 단지 이행기의 상태일 뿐이다. 베이컨 이후의 모든 뛰어난 지성들은 "관찰된 사실에 기초하지 않은 참된 지식은 존재할 수 없다"라고 반복하여 강조해 왔다._{의지} 이는 오늘날의 고도화된 단계에서는 더 이상 부정할 수 없는 진리다. 그러나 인간 지식의 원시적 단계를 되돌아보면, 그 당시에는 상황이 달랐음을 알 수 있다.

모든 이론은 관찰된 사실 위에 세워져야 한다_{존재}는 것이 참이라면, 동시에 "어떠한 이론의 안내 없이는 사실조차 관찰될 수 없다"라는 것 또한 참이다. 만약 그러한 안내가 없었다면_{인식}, 우리의 사실들은 산만하고 무의미했을 것이며, 기억조차 유지될 수 없었을 것이고, 대부분은 인식조차 불가능했을 것이다.

(문헌46: 오귀스트 콩트 [실증철학강의])

1-2. 실증주의 철학 – 마하

반형이상학적 입장에서 보면, 현대 물리학이 이룩한 위대한 성과들은 단지 물리학 자체의 영역에 국한되지 않고, 이를 활용하는 다른 과학 분야에도 폭넓게 영향을 미쳤다. 그 결과, 물리적 사고 방식과 연구 방법은 전방위적으로 주목받으며, 큰 기대를 모으게 되었다. 이러한 현대 탐구 경향에 따라, 감각에 대한 생리학적 연구는 괴테(Goethe)와 쇼펜하우어(Schopenhauer) 등이 따랐던 '감각 그 자체를 탐구하는 방식'을 점차 버리고, 요하네스 뮐러(Johannes Müller)의 성공적 성과에 힘입어 거의 전적으로 물리학적 특성을 띠게 되었다.

그러나 물리학이 상당한 발전을 이루었다 하더라도, 이는 더 크고 복합적인 지식체계의 한 부분에 불과하며, 제한된 목적과 도구로만 구성되어 있어 다루는 대상 전체를 온전히 포괄할 수 없다는 점에서, 단독으로 온전한 접근 방식이라고 보기는 어렵다. 따라서 감각 생리학은 물리학의 도움을 포기하지 않으면서도, 독자적인 연구 방법과 목표를 발전시키고, 동시에 물리과학에도 강력한 기여를 할 수 있다. 아래의 간단한 사유들은 이 둘 사이의 관계를 잘 보여준다.

색, 소리, 온도, 압력, 공간, 시간 등은 다양한 방식으로 상호 연결되어 있으며, 그 속에는 정신적 성향, 감정, 의지 등과 같은 요소도 함께 연관된다. 이러한 복잡한 경험 속에서, 상대적으로 더 고정적이고 지속적인 요소가 두드러지며, 기억에 각인되고 언어로 표현된다.의지 먼저, 시간과 공간에서 기능적으로 결합된 색·소리·압력 등의 특정 복합체는 특별한 이름으로 지칭되며, '사물(bodies)'이라 불린다.존재 그러나 이는 절대적으로 영구한 존재가 아니다. 예컨대 내 책상은 밝게 보이기도 하고 어둡게 보이기도 한다. 그 온도는 변하며, 잉크 얼룩이 생기거나 다리가 하나 부러질 수도 있다. 수리되거나 광을 내고, 부분적으로 교체될 수도 있다. 그럼에도 불구하고, 내게 그 책상은 내가 매일 글을 쓰는 그 책상으로 남아 있다.

1-2. 실증주의 철학 – 마하

과학계에서 물리학적 방법이 모든 현상을 설명할 수 있다는 경향, 즉 과학 만능주의는 정당하게 비판 받아야 한다. 물리학은 전체 지식 체계의 일부에 불과하며, 감각—색, 소리, 압력, 시간 등—이 모든 지식의 근본적 출발점임을 간과해서는 안 된다.인식 다시 말해, 감각 데이터로부터 지각을 거쳐 개념으로 나아가는 순서가 중요하며, 이러한 과정이 바로 경험주의적 실증주의의 기초가 된다.

(문헌47: 에른스트 마하 [감각의 분석])

1-2. 실증주의 철학 – 카르납

직접 검증될 수 없는 명제 P는, 오직 이미 검증된 다른 명제들과 함께 연역된 명제를 직접 검증함으로써만 검증될 수 있다. 예를 들어, "이 열쇠는 철로 만들어졌다"라는 명제 P를 시험하기 위해, 우리가 알고 있는 물리적 법칙(예: 철로 된 물체는 자석에 끌린다), 자석의 존재, 그리고 열쇠를 자석 가까이에 놓았다는 사실이 결합되어, 그 열쇠가 자석에 끌릴 것이라는 예측 명제가 도출된다. 이 예측은 관찰을 통해 긍정적 또는 부정적으로 검증될 수 있으며, 반복된 실험에서 모두 긍정적 결과가 나오면 확실성은 더욱 높아진다. 이러한 이유로, 모든 과학적 명제는 본질적으로 가설적 성격을 지닌다.인식

반대로, '어떠한 확인 가능한 지각적 명제도 연역할 수 없는' 주장을 한 과학자가 제시한다면, 즉 그 주장으로부터 어떤 지각 명제도 도출될 수 없다면, 존재 그 주장은 '주장'으로조차 간주되지 않는다.의지 이는 단지 공허한 말들의 나열에 불과하며, 논리적으로 전혀 의미가 없는 것이다.

(문헌48: 루돌프 카르납, [철학과 논리 구문론 (Philosophy and Logical Syntax)])

1-3. 보편주의 철학

**"보편 철학은 존재에게 보편적으로 적용되는
진리나 원칙을 인식하고 추구할 때 진리에 다가선다고 주장한다.
이 철학은 존재-의지-인식이 구성하는 제 1 통합철학공간에 위치한다."**

보편주의 철학은 말 그대로 "모든 사람에게 보편적으로 적용되는 진리나 원칙이 존재한다"고 전제하는 철학적 입장을 의미한다. 이 사상은 윤리학, 정치철학, 인식론, 종교철학 등 다양한 철학 분야에서 등장하며, 인종, 문화, 종교, 시대를 초월하여 적용 가능한 보편적 도덕, 이성, 진리가 존재한다고 본다.존재 이는 "가치는 각 문화마다 다르다"는 문화 상대주의나, "옳고 그름은 절대적이지 않다"는 도덕적 상대주의와 대비되는 입장이다. 즉, 보편주의는 "무엇이 옳은가"라는 문제에서 문화나 개인의 입장에 의해 달라지지 않는 기준이 존재한다고 주장한다. 이러한 입장은 본질적으로 이성 중심주의인식에서 기원하며, 플라톤과 칸트 등은 인간 이성이 보편적 진리를 인식할 수 있는 능력이라고 보았다. 인간이라면 누구나 공유하는 이성(reason)을 통해 진리와 도덕을 인식할 수 있다는 신념의지이다.

예를 들어, 윤리학 분야에서는 "살인, 고문, 차별은 언제나 잘못이다"라는 주장으로 나타나며, 정치철학에서는 "모든 인간은 평등한 권리를 가진다", 종교철학에서는 "신은 인류 전체의 진리를 포용한다", 형이상학에서는 "존재의 본질은 문화나 개인의 해석을 초월한다"와 같은 형태로 드러난다. 이러한 관점은 칸트의 의무론, 종교적 보편주의, 플라톤의 이데아론 등과 연결된다.

플라톤은 모든 세계에 적용되는 이데아, 즉 이상적 본질의 존재를 주장하였고, 아리스토텔레스는 인간을 이성적 동물로 보며 보편적 목적인 행복을 추구한다고 성찰하였다. 칸트는 "너 자신이 보편적 법칙이 되도록 행위하라"고 설파하며 보편 도덕 법칙을 강조했으며, 스피노자는 신을 자연 전체와 동일시하며 보편적 존재 질서를 강조하였다. 이처럼 보편주의 철학은 "인간 이성에 기반하여, 모든 인간에게 동일하게 적용되는 진리나 도덕적 기준이 존재한다"고 믿는 철학적 입장을 견지한다. 특히 윤리, 정치, 형이상학 분야에서 인류 공동의 기준을 세우려는 시도와 깊이 연결되어 있기도 하다.

플라톤(Plato)은 이데아의 보편성을 통해 보편주의를 주장한다. 그는 현실 세계의 모든 것은 불완전한 그림자에 불과하며, 그 너머에는 변하지 않는 완전한 이데아(Forms)가 존재한다고 보았다. 이 이데아가 곧 보편적 진리이다. 즉 정의, 선, 아름다움 등은 보편적 개념으로 존재하며, 인간은 이성을 통해 이데아의 세계를 인식할 수 있다고 주장하였다. 플라톤은 서양철학에서 보편적 가치와 진리의 존재를 정초(定礎)한 대표적 인물로 평가된다.

칸트(Immanuel Kant)는 인간 이성이 산출하는 보편적 도덕 법칙을 강조하였다. 모든 인간은 자율적 이성을 통해 보편적 도덕 원칙을 스스로 인식하고 준수해야 한다는 것이다. 그의 핵심 개념인 정언명령(Categorical Imperative)은 "네 행위의 준칙이 언제나 동시에 보편적 법칙이 될 수 있도록 행동하라"라는 명제로 요약될 수 있다. 이는 도덕적 실천을 가능케 하는 이성의 보편성을 전제한다.

스피노자(Baruch Spinoza)는 신과 자연을 동일시하며(범신론), 세계가 보편적 필연성과 질서 속에서 작동한다고 보았다. 그는 모든 존재가 신과 자연이라는 하나의 보편적 실체에서 기원한다고 주장하였다. 스피노자에게 있어 보편성은 초월적 규범이 아니라, 존재론적·필연적 질서의 형태로 파악된다.

소크라테스(Socrates)는 플라톤과 칸트의 보편주의로 이어지는 기초를 마련한 사상가이다. 그는 진리를 상대화하지 않았으며, 모든 인간에게 열려 있는 보편적 진리와 윤리의 존재를 확고히 신념으로 삼았다. 소크라테스는 정의가 권력이나 문화에 따라 달라지는 상대적 개념이 아니라, 변하지 않는 본질을 지닌다고 주장하였다. 『소크라테스의 변명(Apologia)』에서 그는 보편적 자기 성찰과 윤리적 책임을 강조하였으며, 아테네 법정에서 재판을 받는 상황에서도 모든 인간에게 적용될 수 있는 자기 성찰의 의무와 윤리적 삶의 원칙을 고수하였다. 플라톤은 이러한 소크라테스의 태도를 계승하여 이데아론을 발전시키고, 보다 체계적인 보편주의 철학을 정립하였다.

플라톤, 칸트, 스피노자, 소크라테스 등 보편주의를 주장한 철학자들은 진리를 다수의 집단적 존재가 공동으로 의지하고 인식하는 바를 진리로 수용해야 한다고 보았다. 이는 보편주의가 제1철학 공간에 위치하는 것으로 이해될 수 있다.

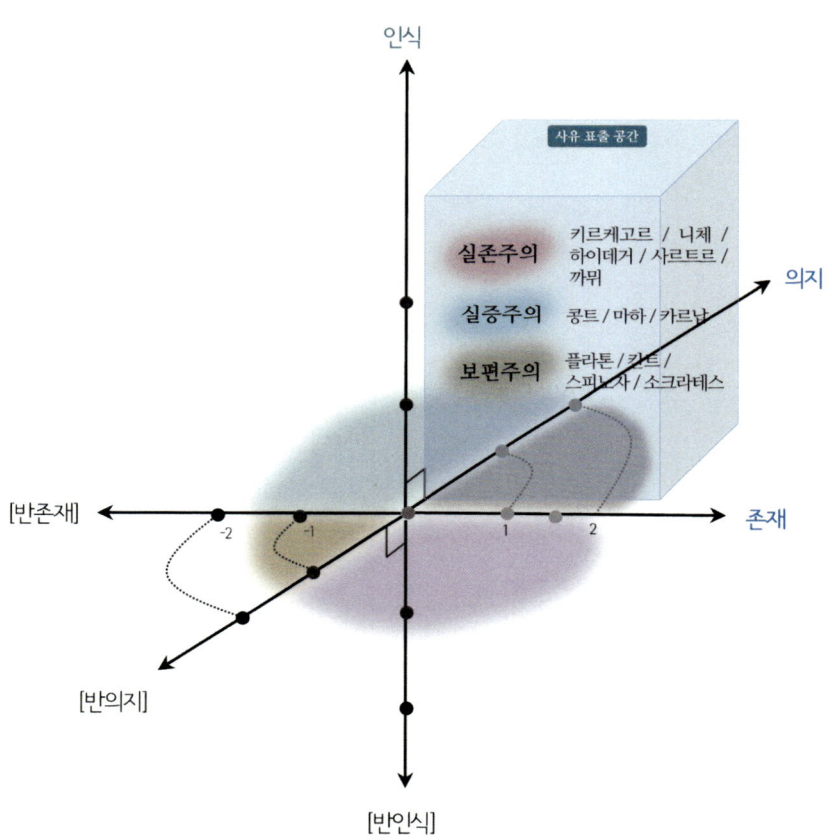

그림3. 실존주의 / 실증주의 / 보편주의 철학 위치도 (제 1 통합철학사유공간)

1-3. 보편주의 철학 - 플라톤

시에서 리듬을 제거하면 매력을 잃은 여인과 같아지듯, 삶 또한 여러 요소가 어우러져야_{존재} 비로소 조화로울 수 있다. 세상은 결코 절대적으로 천민만의 것이 될 수 없다. 천민의 세계에서도 누군가가 삶을 인도할 것이며,_{의지} 그로써 세계는 정의롭고 평등한 방향으로 나아가게 된다._{인식} (문헌49: 플라톤 [국가])

민중과 군중이 얼마나 어리석은가는 역사가 이미 여러 차례 증명해 왔다. 민주 정치는 다수의 무지한 이들에 의해 지배되는,_{의지} 일종의 중우(衆愚) 정치라 할 수 있다. 보통 시민은 물질적 욕망을 벗어날 수 없고, 무사는 권력과 투쟁으로부터 자유로울 수 없다._{존재} 그러므로 공동체는 시민을 통치할 자들을 선발하여 교육하고 양성해야 한다. 도덕적이고 정의로운 이상국가를 건설하기 위해서는, 개인이 10세부터 50세에 이르기까지 생애 대부분을 포괄하는 체계적이고 조직적인 교육이 요구된다. 이 과정을 통해 배양된 지혜와 이성을 중시하는 소수의 철학자만이 공동체를 통치할 수 있다. 모든 사람이 동일한 일을 수행할 수는 없다. 모두가 동일해진다면, 공동체 전체가 오히려 어리석어질 것이다. 사람은 각자의 기질과 능력에 따라 맡은 바 역할이 달라야 하지만, 역할의 차이가 사람의 가치를 다르게 만드는 것은 아니다. 무조건적인 평등은 이익보다 해악이 크다._{인식} (문헌50: 플라톤 [국가])

시를 사랑하는 자가 철학자의 특징_{인식} 네 가지를 다음과 같이 말한 바 있다. "그들은 주인에게 짖어대며 소란을 피우는 개이고, 바보들의 잡담 가운데 우두머리이며, 지나치게 예리하나 쓸모 없는 두뇌를 가진 무리이고, 자신이 거지임을 섬세하게 따지는 놈팡이들이다._{존재}" 그러나 지상의 인간은 단순히 충실한 개처럼 순종하는 태도만으로는 자유를 획득할 수 없다. 오히려 소란을 일으킬 때에야 비로소 자유에 도달할 수 있으며, 어리석은 자들이 아닌 현자(賢者)들의 상투적인 심각한 인사말과 무거운 담론은 이제 숨이 막혀 버린다. 인간의 자유를 확보하기 위해서는 예민한 두뇌 활동이 결코 지나치지 않으며, 모든 이가 스스로의 빈곤함을 섬세히 증명함으로써 평등한 자유를 쟁취해야 한다. 자유에 도달하는 지름길은 바로 소란

1-3. 보편주의 철학 – 플라톤

스러운 개, 바보 같은 잡담꾼의 우두머리, 쓸데없이 예리한 무리, 거렁뱅이를 자처하는 놈팡이가 되는 것이다._{의지} (문헌51: 플라톤 [국가])

정의로운 국가는 민주정치가 아니라, 철학과 교육을 통해 선택된 소수에 의한 귀족적 철인정치에 의해서만 실현 가능하다. 민주주의는 사실상 무정부 상태와 크게 다르지 않다. 이는 절대적으로 평등하지 않은 사람들을 억지로 평등하게 대우하는 다소 기묘한 정치 체제이기 때문이다. 민주정체는 오만과 무례를 용기 있는 교양으로, 무정부 상태를 낭만적 자유로, 사치와 낭비를 타인을 위한 도량으로 미화한다._{의지} 이러한 사회에서 사람들은 술에 취해 피리를 불고, 운동 경기에 몰두하며, 욕망을 충족하기 위해 도덕을 저버리고, 게으름과 나태에 빠져든다._{존재} 따라서 우리는 어리석은 민중을 통해서는 결코 정의로운 국가에 도달할 수 없다. 정의를 기반으로 하는 이상국가는, 대략 10세에서 50세에 이르는 약 40년 동안의 조직적이고 체계적인 교육을 통해 철인 통치자를 양성할 때에만 가능하다. 정의로운 자를 단번에 얻으려는 것은 지상의 인간들이 가진 어리석은 욕망에 불과하다._{인식} (문헌52: 플라톤 [국가])

어릴 적부터 손과 발, 머리가 결박된 채 앞의 벽만 바라보며 동굴 속에서 살아온 죄수들이 있었다._{존재} 그들은 뒤에서 지나가는 사물의 모습을 앞쪽 벽에 비친 그림자와 소리만으로 판단했다. 오랜 세월이 지나면 그들은 사물의 실제 모습과는 전혀 다른 관념을 갖게 될 것이다._{인식} 이러한 거짓된 관념은 쉽게 수정되지 않는다. 만일 그들 가운데 한 사람이 동굴 밖의 밝은 세계를 보고 돌아와 진실한 세상의 이야기를 아무리 들려주어도, 동굴 속의 다른 죄수들은 그가 밖에 나갔다 오더니 정신이 이상해졌다고 생각하며, 오히려 밝은 세계를 두려워하고 외면할 것이다._{의지} (문헌53: 플라톤 [소크라테스의 변명/국가/향연])

아테네 시민 500명으로 구성된 공동체 법정에서 소크라테스는 사형 선고를 받았다. 민주정치는 다수의 무지한 대중에 의해 지배되는 중우(衆愚) 정치이다._{의지}

1-3. 보편주의 철학 – 플라톤

민주주의는 무정부 상태와 다를 바 없으며, 결코 평등하지 않은 사람들을 억지로 평등하게 대우하는 괴이한 정체(政體)이다. 민주주의는 오만과 무례를 교양으로, 무정부 상태를 자유로, 사치와 낭비를 도량으로 오인한다. 민주정치는 자연스럽게 통치자, 부유층, 민중이라는 세 부류를 낳는다.존재 통치자는 많은 세금을 거두어 민중이 생계에만 매달리도록 만들고, 반역을 도모할 여유를 빼앗는다. 또한 그는 자신의 지위를 유지하기 위해 부유층과 연합하고, 그들의 재산 일부를 민중에게 나누어 주어 일시적으로 민심을 얻는다. 그러나 민중이 이러한 속셈을 간파하게 되면, 통치자는 전쟁을 일으켜 민중이 어쩔 수 없이 지도자를 필요로 하는 상황을 조성한다. 이와 같이 과도한 부와 권력의 결탁은 결국 민중을 억압하는 독재적 참주(僭主)의 탄생을 촉진한다.

인식 (문헌54: 플라톤 [국가] / 문헌55: 플라톤 [국가])

1-3. 보편주의 철학 – 칸트

진리는 눈앞에 존재하는 대상(物自體)에 있는 것이 아니라, 개별 주체의 의식 속에 존재한다._{인식} 나는 이와 같이 진리를 불가지론적 대상으로부터 선험적 이성을 지닌 개별 인식 주체로 위치 이동시킨다._{존재} 이때 개별 주체는 현상을 감각으로 수용하고, 12개 범주의 선험적 이성을 통해 세계를 해석한다._{의지} 따라서 우리 모두는 진리의 해석자이자 세계의 해석자이다. (문헌56: 칸트 [순수이성비판])

각 개인의 자유가 타인의 자유와 공존할 수 있도록 하는 것이 정의이다. 즉, '최대의 인간적 자유의 공존'이 정의(正義)이다. 정의롭지 못함은 인간의 본성_{존재}에서 불가피하게 발생한다기보다는, 오히려 입법 과정에서 진정한 정의 이념을 등한시하는 데서 비롯된다._{인식} 따라서 여러 가지 방해 요인을 제거하지 않으면 안 된다. 입법과 행정이 정의 이념과 일치한다면, 플라톤이 주장한 바와 같이, 우리는 완전한 질서 속에서 정의를 눈앞에 확인할 수 있을 것이다. 그리고 비록 완전한 질서가 결코 실현되지 않는다 하더라도, 우리의 '정의에 대한 의지'가 가능한 한 그곳에 점점 더 접근하도록 한다면 그것은 전적으로 정당하다._{의지} 정의란 타인과 자유를 공유하려는 따뜻한 마음이다. (문헌57: 칸트 [순수이성비판])

1-3. 보편주의 철학 – 스피노자

자신을 포함한 모든 존재는 신(神)의 표현이며, 세계 내의 모든 것은 하나이다._{존재} 신은 무한한 계속성을 지닌 채 자기 자신으로 존재하는 실체이며, 곧 자연 전체이다. 인간은 자연의 극히 일부로서 물질과 사고라는 양태를 잠시 가질 뿐이다. 인간을 포함한 우주의 모든 개체는 신의 표현이다. 그러므로 지상의 행복은 인간 중심적 관점이 아니라, 포괄적 생명체의 행복으로 재해석될 필요가 있다._{의지} 따라서 평등은 동식물 개체 일반으로까지 확대되어야 하며, 이는 모두가 신의 속성을 지니기 때문이다._{인식} (문헌 58: 스피노자 [에티카])

나는 감정을 유도하거나 억제하는 것_{존재}에 대한 인간의 무력_{의지}을 '복종'이라고 부른다._{인식} 자기 마음속 평정(平靜)에 관한 무력 역시 예외 없이 이러한 감정에 대한 무력한 복종 상태에 해당한다. (문헌59: 스피노자 [에티카])

삶의 가장 고양된 순간에서도 그 대부분은 필연에 따라 진행된다. 실체의 차원에서 삶 전체의 양태는 필연적 관계를 통해 규정되므로, 의지의 자유는 거의 인정되지 않는다. 따라서 자유란 곧 그 필연적 관계를 인식하는 가운데 행위하는 것이다. 우리가 할 수 있는 것은 냉철한 지성을 통해, 삶에서 우리가 원하는 바에 맞게 필연을 이끌어내는 것뿐이다._{인식} 이러한 필연이 지배하는 삶에서, '감정에 따르는 사람'_{존재}은 욕구와는 별개로 자기 의식이 전혀 알지 못하는 것을 수행하게 된다. 반면 '냉철한 지성에 인도되는 사람'은 자기 자신 이외의 어떠한 시류에도 따르지 않고, 인생에 있어 근본적으로 중요한 것이라 인식하는 바를 실행하며, 또한 그로 인해 중요한 것으로 드러난 것을 철저히 추구한다._{의지} 이러한 관점에서 나는 전자를 '노예'라 부르고, 이에 대하여 후자를 '자유인'이라 명명한다. (문헌60: 스피노자 [에티카])

1-3. 보편주의 철학 – 스피노자

삶은 자유와 부자유가 혼재하는 상태_{존재}이다. 삶이 자유롭다고 해서 곧 부자유를 벗어난 것은 아니며, 삶이 부자유하다 하여 반드시 자유롭지 않은 것도 아니다. 자유는 필연적 관계 속에서, 자기 보존과 지성의 그늘 아래, 제한적으로만 부여되는 것이다. 무지한 사람은 외적인 원인에 의해 여러 방식으로 동요되며, 결코 만족과 자유에 도달할 수 없다. 이에 반하여, 지성을 지닌 자는 자기 자신이나 신(神), 그리고 그 밖의 것을 '어떤 영원의 필연성'에 따라_{인식}의식한다. 그는 결코 단순히 존재하는 데 그치지 않고, 언제나 마음의 만족, 행복, 자유에 이른다. 자유에 도달하는 비밀의 열쇠는 '지성의 확보를 위한 몸부림과 열망, 즉 코나투스(conatus)'이다._{의지} 이것이 오랜 단련과 깊은 사유가 필요한 이유이다. 나는 감정 억제에 대한 무력(無力)을 복종이라 부르며, 지성은 그 감정을 제어하는 것임을 인식한다. (문헌61: 스피노자 [에티카])

스스로 덕을 행하지 않고 남을 이용하는 것은 병약하고 부족한 자들_{존재}이나 하는 일이다. 사람을 이성으로 인도하지 않고 힘과 공포로 억압하려는 자들은, 단지 다른 사람들을 자기와 같은 비참한 상태로 끌어들이려는 의도일 뿐이다._{의지} 수단과 방법을 가리지 않고 남을 이용할 수밖에 없는 부족하고 불안한 이들의 심정은, 병약한 사람이 죽음의 불안 때문에 스스로 혐오하는 것조차 억지로 먹어 치우는 것과 같다._{인식} 반대로 건강한 사람은 청결한 채식에 만족하며, 죽음을 두려워하기보다는 일상의 삶과 생활을 누린다. 건강한 자는 충분한 이유 없이 자신의 일상을 깨뜨리는 것에 분노한다. (문헌62: 스피노자 [에티카])

1-3. 보편주의 철학 - 소크라테스

시대가 아무리 타락하고 그 모습이 마음에 들지 않는다 하더라도, 공동체가 지켜 온 관습과 제도에 대한 존중과 경의는 필요하다. 우리가 사실상 이 사회를 근본적으로 바꿀 수 있는 역량이 없음에도 불구하고 스스로 대단한 일을 할 수 있다고 착각하는 것존재은 안타까운 일이다. 지금 우리에게 필요한 것은 무엇을 하겠다는 의지와 그에 따른 구체적 계획이다.의지 우리가 불평하는 대상에 관해 타인을 비판하는 것보다 오히려 자기 자신을 성찰하는 일이 더욱 절실하다.인식 타인을 비판하여 변화를 촉구하는 일은 한겨울에 싱싱한 포도를 구해 오는 것만큼이나 어려운 일이다. (문헌63: 플라톤 [향연 • 파이돈 • 니코마코스윤리학])

나는 독배의 죽음을 앞두고 있다. 그러나 내가 바라는 것은 단지 이것뿐이다. 내 아이들이 성인이 되었을 때, 내가 여러분을 괴롭힌 바로 그 일들로 그들에게도 분풀이해 주시오. 만일 내 아이들이 스스로를 훌륭하게 만드는 일보다 금전이나 다른 사소한 일에 더 마음을 두거나, 별볼일 없는 것이면서도 이미 무엇인가 된 듯 착각존재한다면, "너는 유의할 일에 유의하지 않는 하찮은 인간이면서 제법 무언가 된 체하지 말라"의지라고, 내가 여러분에게 말했던 것처럼 그 아이들을 책망하여 주시오.인식 (문헌64: 플라톤 [소크라테스의 변명 / 국가/향연])

1-4. 분석철학 (언어논리철학)

"분석철학(언어논리철학)은
실체적 존재와 사실을 기술하는 언어와 논리 속에 진리가 있다고 주장한다.
이 철학은 존재-의지-인식이 구성하는 제 1 통합철학공간에 위치한다."

분석철학(Analytic Philosophy)은 20세기 초 영국과 미국을 중심으로 발전한 철학 사조로, 언어의 명확화, 논리적 분석, 과학적 엄밀성을 중시한다. 주관적 사변보다는 논리적 근거와 검증 가능한 주장에 초점을 두었으며_{존재}, "철학의 주요 임무는 문제를 해결하는 것이 아니라 문제를 명확히 드러내고 혼란을 제거하는 것"이라는 특징을 지닌다. 분석철학은 철학적 문제의 상당수가 언어의 오해에서 비롯된다고 보았고, 이에 따라 개념의 정확한 정의와 문장의 논리 구조 분석을 중시하는 언어 분석 중심의 철학으로 발전하였다. 또한 형식논리와 수리논리를 적극적으로 활용하여 철학적 명제를 검증하는 논리학적 접근을 강조하였다._{인식} 이와 함께 경험과학과 협력하며, 형이상학적 추측 대신 검증 가능한 주장에 집중하는 과학적 사고 방식을 접목하였다. 그 결과 실체, 본질과 같은 전통적으로 불명확하고 애매한 형이상학적 문제를 비판하거나 무의미하다고 보는 반(反)형이상학적 경향을_{의지} 보인다.

프레게(Gottlob Frege, 1848~1925)의 철학은 현대 논리학과 분석철학의 탄생을 알린 언어·논리 중심 사상이다. 그는 "철학적 문제는 언어와 논리의 분석을 통해 해결할 수 있다"는 입장을 최초로 강력하게 제시하였으며, 특히 수학철학과 의미론에서 혁명적 기여를 하였다. 그의 저서 《산술의 기초(Die Grundlagen der Arithmetik, 1884)》에서 그는 "숫자"가 경험이 아니라 논리 개념에서 도출된다고 설명하며, 수학은 순수 논리에 의해 정초될 수 있다고 주장하였다._{인식} 또한 《개념표기(Begriffsschrift, 1879)》에서는 최초의 현대적 명제논리 체계를 제시하여 "기호 논리학"을 창시하였다. 그는 주어진 문장을 기호로 표기함으로써 언어의 모호함을 제거하고 순수한 논리 구조를 드러내고자 했다. 이러한 개념은 러셀(Bertrand Russell)과 화이트헤드(Alfred N. Whitehead)의 《수학 원리(Principia Mathematica)》, 그리고 비트겐슈타인의 《논리철학 논고》로 이어졌다. 철학의 역할은 모호한 일상 언어를 논리적·수학적 기호로 변환하여_{존재} 사고를 명확히 하고, 참·거짓을 엄밀히 판별하는 것이라 규정하였다. 그는 "진리는 심리적 확신이 아니라 논리 구조 속에서 객관적으로 판별 가능해야 한다"는 진리 개념을 주장하였다. 수학적·논리적 진리는 감각 경험이 아니라 순수 이성만으로 증명 가능하다고 보았으며, 철저한 반(反)경험주의_{의지}를 드러냈다. 또한 사고는 언어 없이 존재할 수 있으나, 철학적 분석은 반드시 명료한 언어 구조를 전제로 해야 한다고 주장하면서, 철학 속 언어와 사고의 관계를 제시하였다. 이러한 사상은 러셀과 비트겐슈타인의 초기 철학에 결정적 영향을 주었으며, 수학기초론, 언어철학, 형식논리학, 나아가 컴퓨터 과학의 이론적 뿌리가 되었다.

버트런드 러셀(Bertrand Russell, 1872~1970)은 저서 《Principia Mathematica》에서 철학적·수학적 문제 해결을 위해 수학의 기초를 논리로 환원하고, 이를 논리학에 활용하려는 시도를 하였다. 그의 핵심 사상은 "참된 명제는 세계의 사실과 일대일로 대응해야 한다"는 논리적 실재론(logical realism)_{존재}에 기반을 두고 있으며, 이를 바탕으로 "명제와 사실의 대응"을 주장하였다._{의지} 이는 언어와 현실의 관계를 논리적으로 분석하여 진리를 탐구하려는_{인식} 시도였으며, 현대 분석철학의 기초를 마련한 것이라 평가할 수 있다. 러셀의 "논리적 실재론"에서 명제는 단순한 문장이나 단어가 아니라, 세계에 대한 하나의 의미 구조를 뜻한다. 예컨대 "눈이 하얗다"라는 문장은 그 자체로는 단순한 기호일 수 있으나, 그 문장이 표현하는 의미('눈'이라는 대상 + '하얗다'는 성질)는 '명제'에 해당한다. 그러나 러셀은 명제와 달리 '세계의 사실'은 "사물(objects)과 그것들의 실제 관계(relations)"로 이루어진 사실들의 총합이라고 보았다. 즉 "눈이 하얗다"라는 사실은 '눈'이라는 대상과 '하얗다'라는 성질이 연결된 관계가 실제 세계 속에서 존재하는 상태이다. 진리는 곧 사실이므로, 우리는 관계 자체에 주목해야 하며, 그것이 실제로 존재해야만 한다. 이것이 '일대일 대응(one-to-one correspondence)'의 의미이다. 다시 말해, 참된 명제란 그 명제가 표현하는 구조가 세계 속 사실의 구조와 정확히 일치할 때 성립한다. 마치 지도와 실제 지형이

맞아떨어져야 '정확한 지도'가 되듯, 명제와 사실의 요소와 관계가 일대일로 짝지어져야 '참'이 된다는 주장이다. 예를 들어 "고양이가 의자 위에 있다"라는 명제가 참이 되려면, 실제 세계 속에 고양이(객체)와 의자(객체)가 있고, 그 둘 사이에 '~위에 있다'라는 관계가 실제로 존재해야 한다. 이 관계가 세계에 존재하지 않으면, 그 명제는 거짓이다. "죽으면 죄에 따라 천국이나 지옥으로 간다"라는 명제는 그것이 세계에 실제로 존재하지 않으므로 거짓이다. 이 생각은 논리적 원자론(logical atomism)'의 기반이다. 그는 언어를 '논리적으로 분석'하면 세계의 사실 구조를 반영하는 가장 단순한 단위(원자명제, atomic proposition)까지 분해할 수 있다고 보았다. 이처럼 참과 거짓은 "언어와 세계의 구조적 대응" 여부로 판단할 수 있다.

루트비히 비트겐슈타인 (Ludwig Wittgenstein, 1889~1951)은 초기 철학 저서 논리철학논고(Tractatus Logico-Philosophicus)에서 "언어의 한계가 곧 세계의 한계"라고 주장한 분석철학자이다. 언어는 현실(철학)을 그림처럼 묘사(그림이론, picture theory)할 수 있으며존재, 형이상학·윤리 처럼 언어로 확실히 묘사할 수 없는 것은 침묵해야 한다고 주장했다.인식 즉 명제가 참이려면, 그 명제가 '그린' 구조가 세계 속에 실제로 존재해야 한다.의지 거짓인 명제도 '그림'은 되지만, 그것은 세계에 없는 구조를 그린 것일 뿐이다. 후기 철학 저서, 철학적 탐구(Philosophical Investigations)에서는 "언어 게임 이론"을 주장했다. 이는 언어가 사용되는 맥락, 즉 "언어 게임"에 따라 의미가 달라진다는 철학적 개념이다. 언어는 고정된 의미를 갖는 것이 아니라, 특정한 상황이나 활동 속에서 사용될 때 그 의미가 결정된다는 것이다. 언어는 단순한 규칙 체계가 아니라, 일상생활, 게임, 주문하기, 보고하기 등 다양한 활동과 연결된 "언어 게임"과 같다. 각 언어 게임마다 사용되는 언어의 의미와 규칙이 다르다. 예를 들면 "공을 잡다"라는 표현은 축구 경기와 야구 경기에서 서로 다른 의미를 갖는다. 축구에서는 발로 공을 다루는 행위를, 야구에서는 손으로 공을 잡는 행위를 의미한다. "신은 존재한다"라는 문장의 의미는 종교 공동체

내에서 사용될 때와 철학적 논쟁에서 사용될 때 다르게 해석될 수 있다. 언어 게임 이론의 중요성은 철학적 불일치성 문제를 해결할 실마리를 제공한다는 것이다. 비트겐슈타인은 철학적 문제들이 언어의 오용에서 비롯된다고 보았고, 언어 게임 이론은 언어의 의미를 명확히 함으로써 철학적 혼란을 해결하는 데 도움을 줄 수 있다. 그러므로 철학의 영역에서도 일상 언어의 중요성을 강조하며, 언어의 의미는 추상적인 이론이나 규칙보다는 실제 사용에서 비롯된다는 점을 시사한다.

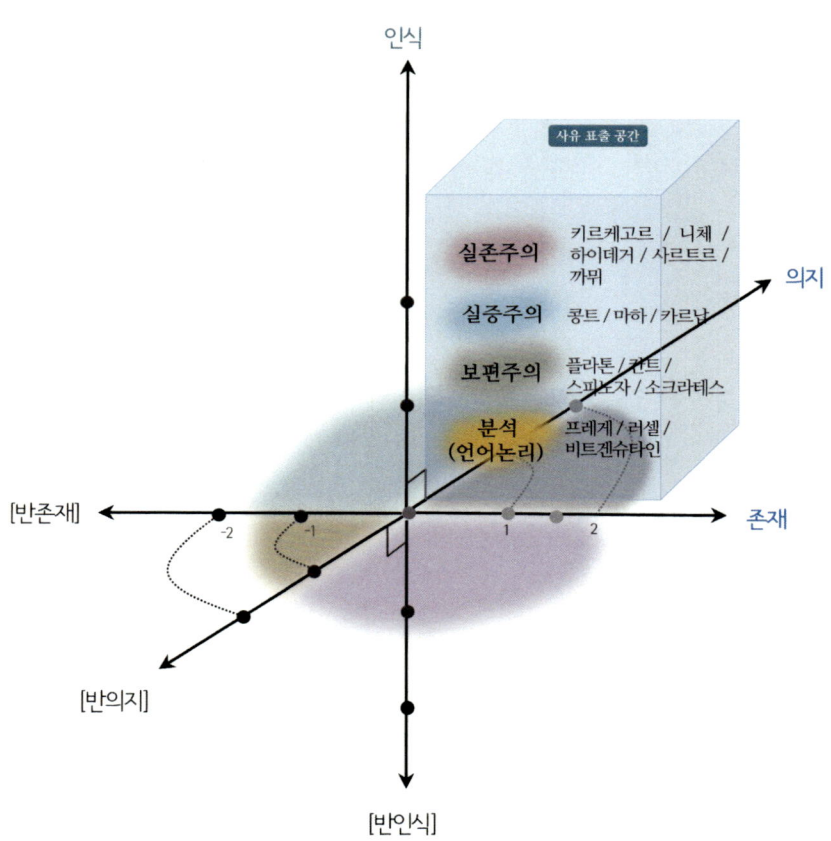

그림4. 실존주의 / 실증주의 / 보편주의 / 분석 철학 위치도 (제 1 통합철학사유공간)

1-4. 분석철학 (언어논리철학) - 프레게

　기호(sign), 의미(sense), 지시(reference) 사이의 일반적인 관계는 다음과 같다. 하나의 기호_{존재}에는 일정한 의미_{의지}가 대응하고, 그 의미에는 다시 일정한 지시_{인식}가 대응한다. 그러나 하나의 지시 대상(사물)에 반드시 단 하나의 기호만 대응하는 것은 아니다. 동일한 의미가 서로 다른 언어, 또는 같은 언어 안에서도 여러 표현으로 나타날 수 있다. 예를 들어 "지구에서 가장 멀리 있는 천체_{존재}"라는 말은 의미_{의지}를 가지지만, 그것이 실제로 지시_{인식}대상을 갖는지는 매우 불확실하다. 이처럼 의미(sense)와 지시(reference)를 엄격히 구분함으로써, 언어 표현의 인지적 가치(정보 전달, 인식의 중심)와 사실적 대응(어떤 실재 대상을 가리키는지)의 차이를 분석할 필요가 있다. (문헌65: 프레게 [On Sense and Reference])

1-4. 분석철학 (언어논리철학) – 러셀

우리가 이해할 수 있는 모든 명제는 전적으로 우리가 직접 친숙하게 알고 있는 구성 요소들로 이루어져야_{의지}한다. 만약 어떤 명제가 우리가 전혀 알지 못하는 구성 요소를 포함한다면, 우리는 그 명제를 의미 있게 주장할 수도, 마음속에서 온전히 생각할 수도 없다. 여기서 '친숙하게 안다'는 것은 단순한 지식이 아니라, 그 구성 요소를 직접 인식하거나 경험을 통해 명확히 파악하고 있다_{존재}는 것을 뜻한다. 이러한 조건이 없으면 언어가 불필요한 혼동과 모순을 초래하며, 철학자의 과제는 언어 속 감춰진 논리 구조를 해명해 사유를 정밀하게 만드는 것_{인식}이다. (문헌66: 러셀, B. [On Denoting])

우리는 추론이나 어떤 진리에 대한 앎 없이 직접적으로 의식하는 어떤 것에 대해 '친숙함으로서의 지식'(knowledge by acquaintance)을 가진다고 말한다. 내 탁자의 인상(appearances)을 구성하는 감각자료(sense-data)는 그것들이 있는 그대로 나에게 즉시 의식되는 것으로, 바로 이들과 친숙함을 갖고 있는 것_{존재}이다. 반면 물리적 대상인 그 탁자에 대한 나의 앎은 직접적인 지식이 아니다. 이때 탁자는 "어떤 감각자료들을 일으키는 물리적 대상(the physical object which causes such-and-such sense-data)"이다. 이런 경우 우리는 해당 대상에 대한 지식이 '기술에 의한 지식_{인식}'(knowledge by description)이라고 말한다. 지식은 '친숙함으로서의 지식_{존재}'이 더 근본적 토대이다. 왜냐하면 모든 기술에 의한 지식은 결국 친숙한 지식(색, 형태, 질감 등 감각자료, 기초 경험)을 바탕으로 하기 때문이다. 그러나 실제 지식의 범위를 넓히는 데에는 '기술에 의한 지식'이 훨씬 중요한 역할을 한다. 우리가 직접 경험할 수 없는 대상, 과거의 사건, 과학적 실체(전자, 은하, 역사적 인물) 등은 모두 기술을 통해서만 알 수 있기 때문이다. 따라서 논리적·인식론적으로는 '친숙함'이 토대 지식이고, 실질적·확장성 측면에서는 '기술'이 핵심이라는 이중 구조를 갖는다. 이처럼 이 논문의 목적은 '친숙함으로서의 지식'과

1-4. 분석철학 (언어논리철학) – 러셀

'기술에 의한 지식'을 구분함으로써, 우리가 실제로 대부분의 철학적·과학적·일상적 사유에서 어떤 경로로 대상을 인식하는지 밝히는 데 있다.의지

(문헌67/문헌68: 러셀, B. [The Problems of Philosophy])

1-4. 분석철학 (언어논리철학) - 비트겐슈타인

　　철학자들은 다양한 모습을 있는 그대로 보려 하지 않고, 다채로운 색_{존재}을 하나의 단순한 색_{인식}으로 환원하려_{의지}한다. 참으로 무책임한 시도이다. 철학은 다채로움을 그저 바라보고, 풍성한 일상 언어로 표현하는 것이다. 언어의 한계를 뛰어넘어 말할 수 없는 것은 침묵해야 한다. 도덕, 정의, 존재, 죽음, 신앙, 생성, 삶, 아름다움과 같은 것들은 말할 수 없는 것이다. 이런 것들을 멋대로 멋있게 말로 표현하여 무엇인가를 규정하려 하고 자기만의 이론이나 주의(ism)를 만들려고 하는 것은 철학자들의 "허영"이다. 이런 것들은 파리가 파리통에 빠져 있는 것처럼, 철학을 숨 막히는 공간에 빠뜨린다. 어떤 면에서, 나는 철학을 없애기 위해 철학을 한다. 철학은 행동일 뿐이다. 가령, 도덕이란 멋스럽게 말로 표현·규정하는 것_{인식}이 아니라, 삶의 상황에 따라 그저 묵묵히 남을 배려해 주고_{의지} 정직하게 행동하는 것_{존재}이다. (문헌69: 비트겐슈타인 [철학적 탐구])

1-5. 계몽주의 철학

"계몽주의 철학은 이성과 경험에 기초한
인류의 진보와 해방 속에 진리가 있다고 주장한다.
이 철학은 존재-의지-인식이 구성하는 제1 통합철학공간에 위치한다."

계몽주의(Enlightenment) 철학은 17세기 말~18세기 유럽에서 전개된 지적·사회문화적 운동으로, 합리적 이성(reason)과 경험(empiricism)에 기초하여_{존재, 인식} 전통적 권위·이단·종교적 독단을 비판하고, 인류의 진보와 해방을 추구한_{의지} 철학 사조이다. 이는 단순한 사상 운동이 아니라 철학·과학·정치·경제·예술 전 영역을 아우른 '이성의 시대'를 위한 운동이었다. 계몽주의의 역사적·사상적 배경은 뉴턴의 신물리학적 세계관을 중심으로 한 과학혁명의 여파로 자연은 수학적 법칙으로 설명 가능해졌고, 자연법칙의 개념이 정치·도덕·경제로 확장되어 사회도 '법칙'으로 합리적 개선 가능하다는 믿음이 생기기 시작했다. 이와 함께 30년 종교 전쟁(1618~1648) 이후 종교적 절대주의의 피로감, 종교적 관용과 인간을 위한 세속적 정치 질서의 필요성이 인식되기 시작했다. 경제적으로는 상업·무역이 발달하여 부르주아 계급이 정치·문화 담론을 주도하는 시민계급이 부상하고 봉건제와 절대왕정에 대한 도전이 시작되었다. 계몽주의 철학의 핵심 원리는 인간의 합리적 사고가 진리와 도덕, 정치 질서를 구축할 수 있는 보편적 수단이라는 "이성 중심주의", 인간은 스스로 사고하고 판단해야 하며, 외부 권위에 의존하지 말아야 한다는 "인간 자율 주의", 역사와 사회는 교육·제도 개혁을 통해 발전할 수 있다는 "진보주의", 경험주의와 과학적 방법을 지식의 확실한 기반으로 삼는 "경험과 과학 중심주의", 종교·전통·군주의 절대 권위 거부하는 "반권위주의", 모든 인간은 이성적 존재로서 평등한 권리와 자유를 가진다는 "평등주의", 사상의 자유, 종교적 다양성 허용하는 "사상적 관용주의"를 표방했다.

몽테스키외(Montesquieu, 1689~1755)는 저서 『법의 정신』에서 입법·행정·사법의 권력을 나누어 상호 견제해야 자유 보장된다는 권력분립(separation of powers)의 핵심 개념을 주창했다. 그는 정치 제도는 '보편적 최선'이 없으며, 지리·기후·경제·문화에 따라 달라져야 한다는 상대주의적 정치철학을 제시했다. 이와 함께 합리적 제도 설계의 중요성, 법과 자유의 관계 분석으로 인류의 진보와 해방에 현재도 크게 기여하고 있다.

볼테르(Voltaire, 1694~1778)는 철학 풍자 소설 『캉디드』에서 종교적 관용, 언론의 자유, 이단적 신앙 타파를 주장했다. 소설의 주인공 캉디드는 독일의 한 성에서 어떤 철학자에게 "이 세상은 가능한 최선의 세계"라는 라이프니츠식 낙관주의를 배우며 자란다. 하지만 그는 추방된 후 유럽, 남미, 터키 등지를 떠돌며 전쟁, 지진, 가난, 배신, 종교적 위선 등 온갖 비극을 목격한다. 여행 끝에 캉디드는 '이 세계가 가능한 최선'이라는 사상이 현실과 맞지 않음을 깨닫고, 결국 "우리는 자신의 정원을 스스로 가꾸어야 한다(Il faut cultivar notre jardin)"의지는 결론에 도달한다. 신은 세계를 창조했으나 자연법칙 속에 자신을 두고 인간의 일에 개입하지 않는다는 이신론을 옹호했다.인식 이신론(理神論, deism) 또는 자연신론(自然神論)은 세계를 창조한 하나의 신을 인정하되, 신을 세계와 별도로 존재하며 세상을 창조한 뒤에는 세상, 물리법칙을 바꾸거나 인간에게 접촉하는 인격적 주재자로 보지 않는다.존재 그에 따라 계시, 기적 등이 없다고 보는 철학, 종교관이다. 계몽주의에서 이신론은 '신은 인간을 초월한 존재이며 또 우주의 창조주'라고 생각하는 점에서는 유신론(有神論)이지만, 한편에서는 인간은 이성(理性)을 가지고 있기 때문에 이 신의 존재나 우주의 법칙을 이성으로 알 수가 있다고 간주했다. 교회와 성직자 권력을 강하게 비판하면서 도덕은 신학이 아닌 이성과 사회적 계약에서 나와야 한다고 주장했다.

루소 (Jean-Jacques Rousseau, 1712~1778)는 저서 『사회계약론』 『에밀』에서 '공동선을 위한 집단적 의지'인 일반의지(General Will)의 회복의지을 주장했다. 인간은 자연 상태에서 선하지만, 편중된 사유재산과 사회 권력의 부조리와 불평등이 사람을 타락시킨다고 생각했다. 국가와의 이성적이고 합리적 사회계약(합당한 정치 과정)을 통해 이를 복원해야 하고 이와 같은 사회계약적 자유는 시민이 자신이 만든 법에 복종할 때 실현 가능하다고 제시했다._{인식} 그러나 사회계약을 통한 지나친 문명화에 대한 비판으로 순수·소박한 합리적 자연과의 조화를 강조_{존재}하기도 했다.

디드로 (Denis Diderot, 1713~1784)는 그의 저서 『백과전서』에서 지식의 체계화_{존재}와 대중화(계몽)를 이루어야 하고_{의지} 이것이 사회 개혁의 대전제임을 통찰했다. 이와 같은 계몽 지식은 사적인 권위가 아닌 공개된 비판·토론·합의 과정 속에서 발전한다고 주장했다. 전통·이단·종교의 폐해를 극복하기 위해 교육과 정보 접근의 평등이 필요하다_{인식}고 역설했다.

칸트 (Immanuel Kant, 1724~1804)는 그의 저서 『순수이성비판』 『실천이성비판』 『계몽이란 무엇인가』에서 "인간이 스스로 자초한 미성숙 상태에서 벗어나는 것"으로 계몽을 정의했다. 이를 위해 타인의 권위나 관습에 의존하지 않고_{존재} 인간은 순수 이성과 실천 이성을 통해_{인식} 자율적 도덕법칙(절대적이고 보편적인 정언명령)을 세우고 실천해야 한다_{의지}고 주장했다. 계몽은 개인의 '용기 있는 이성 사용'과 사회적 자유 보장이 결합될 때 실현되기 때문에 '공적 이성'과 '사적 이성'을 구분, 점진적 개혁을 제안했다.

아담 스미스 (Adam Smith, 1723~1790)는 저서 『국부론』 『도덕감정론』에서 시장을 움직이는 '보이지 않는 손'을 비난 받아 마땅한 인간의 이기심으로 정의한다. 개인들이 자신의 이익을 위한 '이기심'으로_{존재} 경쟁하고 개발하고 노력하고 투쟁하는 과정_{의지}이 바로 인간의 성실성과 도덕성으로 발전해 가는 것임을 통찰한다._{인식} 이와 같은 인간의 도덕감정(공감)이 사회적 신뢰를 형성하고, 자유경쟁이 개인과 공동체 부의 증대와 사회적 조화를 가져올 수 있다고 주장한다. 이처럼 '보이지 않는 손'은 사회 전체의 이익을 증진시키는 시장 경제 측면뿐 아니라 도덕철학으로서의 역할 또한 수행함을 강조했다. 그는 자신의 이익을 추구하는 이기심을 인간의 이성으로 재탄생시켜 새로운 공동체의 질서를 만들고 발전시킬 수 있다는 믿음을 민중에게 제시한 것이다.

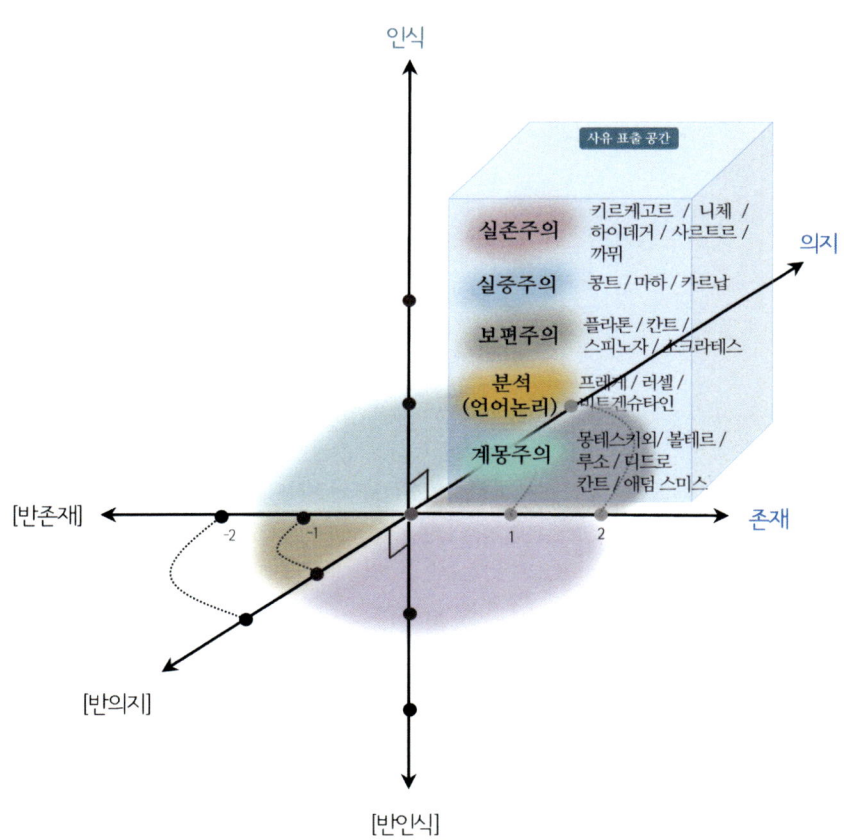

그림5. 실존주의 / 실증주의 / 보편주의 / 분석 / 계몽주의 철학 위치도 (제 1 통합철학사유공간)

1-5. 계몽주의 철학 - 몽테스키외

모든 정부에는 세 가지 권력이 존재한다. 첫째는 입법권_{의지}으로, 법을 제정하고 공적 규범을 마련하는 권력이다. 둘째는 행정권_{존재}으로, 국제 관계를 비롯한 국가 운영 전반에서 이미 제정된 법을 집행하고 정책을 수행하는 권력이다. 셋째는 사법권_{인식}으로, 민법을 포함한 모든 법적 분쟁을 심리·판단하여 법질서를 유지하는 권력이다.

정치적 자유_{존재}란 국민이 심리적으로 느끼는 안락함_{의지}이며, 이는 권력이 남용될 수 있다는 두려움 없이 자신이 법 아래 안전하다는 확신_{인식}으로부터 비롯된다. 입법, 집행, 사법의 권력이 서로 견제하여 자유를 보장할 때, 개인은 억압에 대한 두려움 없이 법의 보호 아래 평온한 상태를 유지할 수 있다."

계몽주의 핵심 원리는 첫째, 권력 분립 (Separation of Powers)이다. 삼권 (입법, 집행, 사법)을 구분하고 이를 서로 견제할 수 있도록 분리해야 한다는 그의 주장은 현대 민주주의의 기본 구조인 입법부, 행정부, 사법부의 독립과 상호 견제가 유지되어야 한다. 둘째, 정치적 자유 (Political Liberty)이다. 자유는 단순히 원하는 대로 행동할 수 있는 상태가 아니라, 법 아래에서 권력의 자의적 행사를 두려워하지 않는 심리적 평온으로 정의된다. 이는 계몽주의적 합리주의와 인간 중심 사상에 바탕을 둔 것이다. 셋째, 과학적 · 합리적 접근 (Rational, Comparative Method)이다. 권력 분립을 논할 때 영국 등 다양한 정치 체계를 비교 분석하여, 법과 제도가 "정치적 자유를 유지하는 기술"이라는 과학적, 합리적 사고 방식을 제시한다.

(문헌70: 몽테스키외 [법의 정신])

1-5. 계몽주의 철학 – 볼테르

웨스트팔리아 지방의 썬더-텐-트롱크 백작의 성에는 성품이 더없이 온화한 소년이 살고 있었다. 그의 얼굴에는 마음씨가 고스란히 드러나 있었고, 그는 곧고 진실한 판단력을 지니며 꾸밈없는 순수함을 간직하고 있었다.존재 그래서 사람들은 그를 '캉디드(Candide)'라 불렀다. 성에 오래 머물던 시중들은 은밀히, 이 소년이 사실 백작의 여동생과 인근의 한 훌륭한 신사 사이에서 태어난 아들이 아닐까 의심하곤 했다. 그러나 그 신사는 혼인을 이루지 못했는데, 이유인즉 백작의 여동생이 그를 거절했기 때문이다. 그가 아무리 신사라 해도 가문의 혈통을 증명하는 문장(紋章)을 고작 71개밖에 내세울 수 없었고, 나머지는 세월 속에 사라져 버렸기 때문이다.

백작은 웨스트팔리아에서 가장 강력한 귀족 중 하나였다. 그의 성에는 문이 있을 뿐 아니라 창문도 있었고, 큰 홀은 태피스트리로 장식되어 있었다. 그는 그레이하운드 대신 마스티프와 스패니얼을 데리고 사냥을 했으며, 시종이 사냥꾼 역할을 했고, 교구 목사는 대부 자리까지 겸했다. 성의 모든 사람들은 그를 '나의 주님(Monseigneur)'이라 불렀으며, 그가 농담을 하면 모두들 웃음으로 화답했다.

백작 부인은 약 350파운드쯤 나가는, 결코 가벼운 인물이 아니었고, 그녀가 낸 집안의 권위 있는 위엄은 모두에게 깊은 존경을 받았다. 딸인 쿠네군드는 17세 정도 되어, 생기 넘치는 안색에, 봄날 과실처럼 풍만하고 매력적이었다. 백작의 아들 역시 아버지의 품위에 걸맞은 청년으로 보였다. 가정 교사 팡글로스는 온 집안의 오라클처럼 존경받았으며, 어린 캉디드는 자연스러운 순수함으로 그의 가르침을 경청했다.

팡글로스는 '형이상학적 · 신학적 · 우주학적 · 흉내학(metaphysico-theologo-cosmolonigology)'을 가르쳤다. 그는 탁월한 솜씨로 증명했다. "원

1-5. 계몽주의 철학 - 볼테르

인 없는 결과는 없다. 그리고 이 모든 것이 만들어진 데에는 목적이 있으니, 당연히 가장 좋은 목적을 위한 것이다. 이를테면, 코는 안경을 쓰기 위해 만들어졌으므로 안경을 쓰고, 다리는 스타킹을 신기 위해 만들어졌으므로 스타킹을 신는 것이다. 돌은 깎여서 성을 짓기 위해 만들어졌으니 내 백작님의 성은 매우 호화롭고, 돼지는 잡아먹기 위해 만들어졌으므로 우리는 일 년 내내 돼지고기를 먹는다. 그러므로 '모든 것이 옳다'고 말하는 자들은 정확히 표현한 것이 아니라, '모든 것이 최선이다(best)'라고 말해야 마땅하다._{인식}"

캉디드는 그것을 열심히 듣고 의심 없이 믿었다. 그는 쿠네군드 양을 지나치게 아름답다고 믿었지만, 그것을 말할 용기는 없었다. 캉디드는 백작이 되는 것 다음으로, 쿠네군드를 곁에 두는 것, 매일 그녀를 보는 것, 그리고 세상에서 가장 위대한 철학자인 팡글로스의 가르침을 듣는 것들을 자신의 행복의 순서_{의지}로 여겼다.

(문헌71: 볼테르 [캉디드 또는 낙관주의])

1-5. 계몽주의 철학 – 루소

우리는 삶에서 '서로 같은 인간_{존재}과 평등한 존중을 향한 사람들의 욕구_{의지}'보다 더 중요한 것을 찾을 수 없다. 그것이 인간을 악마로부터 지킨다. 그러나 재력과 권력의 추악한 이기심은 공공 이익이라는 성스러운 이름을 가장하여 이 [일반 의지]를 자주 침묵시킨다. 사람들은 자유를 잃거나 노예가 되는 것보다 가난을 더 두려워하기 때문이다. 우리는 가난을 피하기 위해 노예가 될 수밖에 없는 사회는 용서해서는 안 된다._{인식} (문헌72: 루소 [사회계약론])

인간 불평등은 소유에서 기원한다. 소유의 불평등이 인간 불평등으로 발전한다. 인간은 자연인으로 태어났지만 어디서나 쇠사슬에 묶여 있다. 우리는 자연인의 순수함과 선량함_{존재}을 올바른 이성의 힘_{인식}을 빌려 회복해야 한다._{의지} 민중을 통제와 지배와 같은 힘으로 복종시키는 것이 아니라, 사람들의 선한 본성을 바탕으로, 힘이 아닌 순수 계약에 의한 질서_{인식}를 만들어야 한다. 인간은_{존재} 모두 똑같이 존엄한 [일반 의지]_{의지}를 가지고 있기 때문이다. 우리의 최선은 사회 계약을 통해 국가에 원초적 자유를 최소한 일부만 제공하고 그만큼 시민의 자유를 획득하는 것이다. 일반 의지는 누구에게도 양도될 수 없다. (문헌73: 루소 [사회계약론])

나는 교육 구조의 투철한 재편을 권유한다. 소년들의 교육은 심각한 오류에 빠져 있다. 어른들은 항상 가르치려고 안달이기 때문에, 아이들 스스로 배워도 충분한 것까지도 알려 주려고 한다._{의지} 가령 너무 어린아이에게 외국어를 가르치는 것처럼 쓸데없는 일은 없다. 나는 알지도 못하는 미래 훗날의 행복 때문에 현재를 희생하고 옭아매어, 어린 시절을 부자유스럽고 우울하게 하는 터무니없는 교육을 한다는 것을 용납할 수 없다._{인식} 설사 유익할지 모른다고 해서 마치 죄수처럼 힘들게 노역하듯 공부하는 아이들을_{존재} 생각하면, 어찌 분노하지 않을 수 있겠는가? 모든 진리 가운데서 최고의 진리는 자유이

1-5. 계몽주의 철학 - 루소

다. 영혼으로부터 자유로운 자_{존재}는 의도적으로 자기가 잘할 수 있는 것만을 구체적으로 원하고_{의지} 또 그렇게 사는 자_{인식}이다. 그런데 소년들은 터무니없게도 모두 같은 것을 목적한다. 그러니 대부분이 약자일 수밖에. 자본주의 사회는 소년들을 내버려두지 않는다. 우리 교육은 소년들을 아주 소극적으로 만들어 버리고 그들의 능력을 힘없고 보잘것없는 것으로 매도해 버렸다. 이렇게 유약해진 인간_{존재}은 자본주의가 알려 준 바람직한 삶의 목표를 바라보면서 은밀한 욕망을 키우고_{의지} 몸부림치며 또 좌절할 것이다._{인식} (문헌74: 루소 [에밀])

대중은 선(善)을 찾지만 잘 알아보지 못하고 선을 찾아 알아도 행하지 않는다. 사람들은 노예가 되거나 자유를 잃는 것보다 가난을 더 두려워한다. 우리가 권력의 노예_{존재}가 되기 쉬운 이유이다. 권력을 위한 개가 되지 않으려면, 우리 공동체를 너무 부자도 너무 가난한 자도 없도록 도모하고, 강제해야 한다._{의지} 권력에의 의지는 만인을 노예로 만드는 [악마의 술수]이기_{인식} 때문이다. (문헌75: 루소 [사회계약론])

1-5. 계몽주의 철학 – 디드로

무엇이든 선입견 없이 충분히 검토되지 않은 것은 결코 잘 검토된 것이라고 할 수 없다. 예컨대, 우리가 특정 주장이나 이론을 '늘 그래 왔으니 틀림없다'라는 식으로 받아들이기 시작하면, 즉, 그 전제 자체가 비판 없이 유지되는 한 우리는 결코 진실에 다가갈 수 없다. 그런 의미에서 '회의주의(scepticism)'는 진리로 나아가는 첫걸음이다. 회의 없이 모든 것을 받아들인다면, 이는 마치 눈감고 길을 택하는 것과 같다. 회의주의는 우리가 내리는 판단의 기초가 튼튼한지 확인하는 시금석(pierre de touche)의 역할을 한다. 즉, 모든 주장과 믿음은 회의의 시험을 거쳐야만 온전히 검증될 수 있다. 이 회의주의는 국한된 상황에서만 작동해서는 안 된다. 보편적이어야 하며, 의문의 눈길을 모든 영역에 던질 수 있어야 한다. 종교, 도덕, 철학, 과학 – 그 어떤 영역에도_{존재} 특권이 있어서는 안 된다. 가령, 신의 존재도, 도덕적 규범도, 과학적 정설조차도 회의라는 시금석을 통과_{의지}해야 한다. 그래야만 그것이 진리를 향한 여정 속에 합당하게_{인식} 서 있을 수 있다. (문헌76: 디드로 [철학적 사유])

1-5. 계몽주의 철학 – 칸트

　　계몽이란 사람(인간)이 스스로 자초한 미성년 상태에서 벗어나는 것이다. 미성년 상태란 다른 사람의 지시에 의존하지 않고 스스로 이해력을 사용하는 능력이 없는 것을 말한다. 그런데 이 미성년 상태존재는 이해력 자체의 부족 때문이 아니라, 결단력과 용기의 부족 때문에 스스로 자초한 상태이다.의지 따라서 계몽의 표어는 'Sapere aude! (용감히 알려 하라!)'인식다. 즉, '스스로 이해력을 사용할 용기를 가져라!'가 계몽의 모토인 것이다. (지혜를 가질 용기를 가져라! 앎을 향해 용기 있게 나아가라! 스스로 생각할 용기를 가져라!) 나태함과 비겁함이 많은 이들을 억눌린 상태로 유지하는 원인이다. 사람은 자연이 이미 외부의 지시로부터 해방했음에도 불구하고, 기꺼이 평생 동안 미성년 상태존재를 유지하려 한다. 그 결과, 타인을 자기 자신의 보호자로 만드는 것은 매우 쉽다. 특히 미성년일 때는 너무 편리하다. 만약 어떤 책이 내가 이해하도록 대신해 주고, 목사가 나를 대신해 양심을 판단하며, 의사가 내 식단을 결정해 준다면, 나는 노력을 기울일 필요가 없다. 나는 지불만 하면 된다. 그러면 다른 이들이 그러한 귀찮은 일을 대신 해 줄 것이다. 이 보호자들은 친절히 감독 역할을 떠맡고, 대부분의 사람들이 –여기에는 여성들도 포함된다– 성인으로의 전진이 어려울 뿐만 아니라, 매우 위험한 것이라고 여기도록 만든다. 마치 여러분이 속박에서 벗어나 걷기 위해 발을 내디뎌야 할 때의 상황과 같다.의지 보호자들은 먼저 그들을 길들인다. 다른 사람 없이 단 한 걸음도 걷지 못하도록 안전장치로 묶어 둔 채 말이다. 그리고 그들이 스스로 걷게 되면 직면할 위험을 보여 준다. 그러다 보면 더 이상 시도조차 하지 못하게 된다.인식 하지만 실제로는 위험이 크지 않아서, 몇 번의 넘어짐 이후에는 결국 걷게 된다. (문헌77: 칸트 [계몽이란 무엇인가])

1-5. 계몽주의 철학 – 애덤 스미스

제1부. 도덕 판단의 원리, 제1장. 동감(Sympathy)에 관하여

인간이 어떻게 이기적인 존재일 수 있는지에도 불구하고, 그의 본성에는 원래 다른 이들의 운명에 관심을 갖고, 그들의 행복을 필요로 하는 어떤 원리가 부여되어 있다는 것_{존재}은 분명해 보인다. 비록 그로 인해 얻는 것이 아무 것도 아닐지라도, 그는 다른 이들의 행복을 목격하는 것에서 기쁨을 느낀다. _{의지} 동감이라는 이 원리는 –비록 그렇게 보이지 않을지라도– 우리에게 타인의 감정으로 끌려가도록 만드는 힘을 가지고 있다. 우리는 어떤 상황에서든 타인의 감정을 즉시 그리고 직접적으로 상상할 수 있다. 우리는 자신을 그들의 상황에 놓여 있는 것으로 상상함으로써 –우리의 마음을 그들의 몸에 떠올림으로써– 어느 정도 그들과 동일한 감정을 형성한다. 그들의 고통을 우리의 것으로 받아들이는 순간, 우리는 그들의 고통을 느끼고 공감한다._{인식} 마찬가지로, 그들의 기쁨이 우리의 마음에 스며들 때, 그것은 우리 자신의 기쁨처럼 여겨진다.

이러한 동감의 능력은 인간 사회의 가장 중요한 연결 고리이다. 그것은 도덕 판단의 기초가 되며, 우리로 하여금 타인의 행위를 평가하고 우리 자신의 행위를 반성하게 만든다. 비록 인간이 자기 이익을 추구하는 경향이 있지만, 동감은 우리로 하여금 이기심을 넘어서 타인의 행복을 고려하도록 이끈다. 이는 자연이 우리에게 부여한 사회적 유대의 표현이며, 인간 본성의 더 넓은 지혜를 보여준다.

(문헌78: 애덤 스미스 [도덕 감정론])

2장. 제2 통합철학사유공간 ([반존재]-의지-인식 공간)

실체 상실 공간

이곳은 자신의 두 번째 현존(現存)이 살고 있는 세계로

특정 개별 실체를 위한 것이 아닌 형이상학적, 궁극적 무언가를 위해 생각, 계획하는 공간이다.

(합리주의 철학, 관념주의 철학, 유교 철학, 사회주의 철학, 민주주의 철학, 이상주의 철학, 법치/법가 철학)

제2 통합철학사유공간의 개요

(문헌3: 통합사유철학강의, 자유정신사, p275~286)

[제2 공간] 반존재-의지-인식 공간 세계 (실체 상실 공간)

존재의 세계는 필연적으로 그 [반존재(反存在)]를 내포하고 있다. 비실체성을 지닌 반존재의 세계는 인간 삶의 제2 사유 공간, 곧 반존재-의지-인식의 공간 세계를 구성한다. 우리는 반존재를 의지하거나 인식함으로써 비실체적 평면 세계를 구성할 수 있으며, 이러한 평면 세계들이 제2 사유 공간으로서 3차원적으로 공간화됨으로써, 비실체적 사유의 평면들은 우리 삶의 실질적 공간 속에서 그 위치를 드러낸다. 비실체적 세계의 구조는 『통합사유 철학강의: 평면적 세계』에서 기술한 바와 같다. 인간의 삶은 선형적 세계로부터 평면화(平面化)와 공간화(空間化)를 거치며 다층적으로 다양화된다. 따라서 우리는 선형 세계를 '개념적 세계', 평면 세계를 '제한적 실제 세계', 그리고 [공간 세계를 '실제적 세계'로 정의할 수 있다.

인간 일반의 의지와 인식이 이루어내는 사유는 순환적 반복을 통해 그 영역을 확장하지만, 확장된 사유의 영역으로 반존재의 세계가 침입할 때, 인간은 급격히 축소된 자신의 반존재적 공간 사유를 경험하게 된다. 즉, 자신이 의지하고 인식하는 사유가 더 이상 존재하지 않는 양태(樣態)를 취할 때, 인간은 사유 세계의 혼돈과 마주하게 된다. 자신의 원리 인식을 포함한 인식과 의지의 평면 세계가 그 실체성을 상실할 때, 이러한 사유의 혼돈은 인간의 의지와 인식 세계를 급격히 축소시킨다. 이러한 현상을 우리는 ['반존재에 의한 사유 영역 축소 작용']이라 규정한다.

어느 순간 무엇인가가 떠오르는 듯하면서도 완전히 떠오르지 않는 현상은 바로 제2 사유 공간의 특성이다. 한 인간에 대해, 그의 실체와 비실체 중 어느 것이 '진정한 그'인가를 묻는 경우가 있다. 사실, 그의 실체도 비실체도 모두 그 자신이다. 그의 비실체성은 반존재적 사유 공간이 우연히, 그리고 순간적으로 표출되어 감지된 것에 불과하다. 이와 마찬가지로, 인간 자신에 대한 실체와 비실체성 또한 동일한 차원에서 이해되어야 한다. 결국 인간 일반은 반존재의 세계가 다가올 때, 사유 영역의 축소를 방지하기 위해 제2 사유 공간으로부터 의지와 인식의 평면 세계를 매개로 한 평면적 전환을 시도할 필요가 있다. 이 전환은 [제2 사유 공간]으로부터 [제1 사유 공간]으로의 전환 가능성을 부여한다. 이를 통해 우리는 지속적인 [사유의 전환]을 경험할 수 있다. 공간 세계는 각 평면 세계를 전환의 평면으로 삼아, 다른 공간 세계로의 이동이 가능하다. 이것이 곧 인간 사유의 자유로움이다.

평면 세계는 비록 제한적이지만, 인간 사유의 기본 단위를 이룬다. 그것은 자기 사유의 위치를 자각하게 하며, 사유의 변화를 위해 무엇이 필요한지를 알려 준다. 이때 나침반과 같은 역할을 수행하는 것이 바로 [무(無)]이다. 무는 인간의 삶에서 결코 잊어서는 안 될 사유의 근원적 요소이다.

그러나 이러한 사유의 자유로움은 동시에 인간 사유 세계의 또 다른 억압적 요소이기도 하다. 만일 인간 일반이 자기 사유 영역의 무제한적 확대를 하나의 특정 사유 공간을 통해 달성할 수 있다면, 총체적 사유 공간의 확장은 그러한 매개 공간을 통하여 이루어질 수 있을 것이다. 하나의 사유 공간이 확장되면, 그에 인접한 다른 사유 공간들 또한 그 영향으로 확대될 수 있기 때문이다. 이로써 사유 영역의 비약적 확장을 이룰 수도 있다.

그러나 사유 공간의 비대칭성은 우리의 불완전성과, 각 개인이 지닌 일시적 존재론적 특질(特質)을 드러낸다. 일반적으로 시간의 경과에 따라 이러한 비대칭성은 일정 부분 완화되지만, 완전히 사라지지는 않는다. 이와 같은 급격한 비대칭적 사유 영역의 확장을 제어하는 요소가 바로 [사유 전환의 자유로움]이다. 사유 공간이 끊임없이 전환될수록, 오히려 사유 영역은 일정한 범위 안에 머무르게 된다. 이것이 한 인간 개체의 정체성을 특징짓는 공간이다.

사유 공간이 전환될 때, 우리는 새로운 삶의 경험을 얻는다. 그러나 전환과 함께 사유 공간은 대개 축소된다. 이러한 축소는 사유의 밀도를 높이는 동시에 인간의 자유 정신을 억압한다. 그렇다면 축소 없는 사유 공간의 전환은 가능한가? 바로 이것이 우리가 추구하는 바이다.

[반존재]의 사유 영역 축소 과정은 [통합사유철학]의 일부를 구성한다.

[반실체성]을 사유함으로써 인식과 의지의 사유가 축소되고, 이를 통해 우리는 점차 무(無)의 차원에 도달하게 된다. 이는 공(空), 허(虛), 연(然)을 통한 무(無)의 성취이다. 존재를 [반존재]로서 사유하고, 다시 [반존재]를 통해 존재를 이탈시킴으로써 사유의 공간 전환을 제어하고, 배타적 [제2 사유 공간]을 구성할 수 있다. [반존재]는 본질적으로 존재화 경향을 지니므로, 무(無)의 반복적 경험이 가능하다.

[반존재]의 영역이 확대된 [제2 사유 공간]을 [배타(排他) 공간]이라 규정한다. 이 공간은 인간의 사유 능력이 상실될 정도의 극단적 흥분이나 분노 상태에서도 경험된다. 이때 실체가 아닌 또 다른 비실체가 실체를 변화시킨다. 예컨대 누군가를 맹목적으로 사랑할 때의 심리 상태를 상정하면 이를 이해할 수 있다. 그렇다면 우리는 어떻게 이 [배타 공간]으로부터 벗어날 수 있을 것인가? 이러한 다양한 실제 삶의 전환 과정에 대한 사례 연구는 『통합사유철학 3』의 주요 주제가 될 것이다.

공(空)·허(虛)·연(然)을 통한 무(無)에의 접근은 또 다른 사유 전환을 필요로 한다. 그것은 [반존재]와 존재의 동일화, 즉 [반존재]와 존재의 상호 전환에 대한 자유로움, 곧 [사유의 부정]에 관한 인지(認知)와 이해이다. [사유의 부정]은 [존재의 부정], [의지의 부정], [인식의 부정]을 통하여 무(無)로 접근하는 [통합사유철학]적 방식이다.

무(無)는 삶의 나침반으로서, 인간 존재의 방향을 인도한다. 그것은 특정 선형 세계·평면 세계·공간 세계에 갇혀 자유로움을 상실한 사람에게 탈출의 단서(端緒)를 제공한다. 무(無)는 특별한 형이상학적 상태가 아니라, 우리가 일상 속에서 경험할 수 있는 마음의 평정(平靜) 상태일 수도 있다. 이는 결코 도달 불가능한 것이 아니나, 그렇다고 쉬운 경험도 아니다.

의지와 인식, 그리고 [반존재]가 이루는 공간 사유 세계는 인간 일반의 사유 중에서도 특히 배타적 인간형의 특징적 사유 영역을 드러낸다. 그는 이 사유 공간을 통하여 자신의 세계를 비대칭적으로 확장시키는데, 이는 비실체성을 추구함으로써 삶의 최선을 경험할 수 있으리라는 기대를 내면에 품고 있기 때문이다.

그러나 한 사유 영역이 특정 개인의 사유를 일시적으로 지배할 수 있다고 하더라도, 인간 일반을 사유 공간의 유형에 따라 여덟 가지로 단순 분류해서는 안 된다. 자고 나면, 그리고 그가 누구와 함께 있는가에 따라, 그는 전혀 다른 사유 공간이 지배하는 사람으로 바뀌게 된다. 인간 일반은 모두 여덟 개의 사유 공간을 전부 지니고 있으며, 사람에 따라 그 분포가 다소 다를 뿐이다.

[제3 평면 세계]인 [반존재와 의지의 평면 세계]는 곧 [힘의 세계]이다. 다시 말해, 모든 가능성을 포괄하는 [역무한성]과 [정무한성]을 내포한 이 [힘의 세계]는 그것이 인식화됨으로써 인간 사유에 자유정신, 즉 사유의 자유로움을 부여한다. 우리는 이러한 [반존재와 의지 세계의 인식화]를 [사유의 무제한적 자유화 가능 공간]으로 규정한다. 이와 같은 고찰과 규정은, 개인이 빠져나올 수 없는 듯한 과거 혹은 미래에 의한 [역무한성] 및 [정무한성]의 사유 상태에 있을 때, 그 사유를 객관화하고 자신을 제어할 수 있도록 한다.

인간 사유의 자유로움은 앞서 언급한 사유 공간의 전환을 통한 자유로움, 즉 사유의 [전환적 자유로움]과, 특정 사유 공간 내에서의 자유로움, 즉 사유의 [확대적 자유로움]이라는 두 양면성을 가진다. 모든 평면 세계는 인식화됨으로써 해당 사유 세계의 [투명성]을 성취한다. [인식의 선형 세계]를 통하여 인간의 사유는 어떤 사유 공간으로도 전환이 가능하며, 인식 이외의 다른 평면 세계나 선형 세계 또한 제한적이나마 사유 공간의 전환 작용을 성취시킨다. 그러므로 모든 사유 공간은 인간 사유 세계 속에서 끊임없이 변화한다.

[투명성]은 인간 사유 영역의 전환을 자유롭게 해주는 삶의 핵심적 원리이다. 우리 삶에서 조용하고 차분한 상태로 존재론적 진리로서의 [나]에 집중하는 인식의 중요성은, 인류 역사 속 거의 모든 철학자들이 공유한 공통된 통찰이다. 어떤 사람이 [투명하다]는 것은, 그 사람과 함께 있을 때 그를 매개로 세상이 있는 그대로 보인다는 것을 의미한다. [투명성]은 붉은빛을 더하여 삶

[제2공간] 반존재-의지-인식 공간 세계 (실체 상실 공간)

을 과도하게 아름답게 느끼게 하거나, 어두운 회색빛으로 세상을 우울하게 느끼게 하는 것이 아니라, 세계를 원색(原色) 그대로 드러나게 한다. 투명한 사람을 만나는 일은 결코 쉽지 않다. 그러나 우리 주변을 유심히 둘러본다면, 투명한 영혼의 소유자를 발견할 수도 있을 것이다. 그 기준은 앞서 언급한 바와 같이 단순하면서도 명료하다.

우리는 [반존재]의 비실체성을 인식하려는 의지를 통해, 사유 영역의 확대와 축소가 빚어내는 미묘한 대립을 경험한다. 즉 [반존재]의 사유 영역이 확대됨과 동시에 존재 영역의 인식 또한 확대되어, 순간적으로 [제1 사유 공간]으로의 전환이 발생한다. 이때 공간 전환 과정에서 의지가 축소되며, 이는 [의지의 부정]을 야기한다. 이러한 현상은 비실체에 대한 의지가 실체화 과정에서 혼돈과 무력감을 직관(直觀)하기 때문이다.

존재 사유 영역의 확대가 [의지의 부정]을 초래하는 상태, 즉 의지의 선형 세계에서 존재화에 따른 의지의 변화를 경험하는 상태를 우리는 [사유의 진동]이라 규정한다. 동일한 현상은 인식 작용에서도 적용된다. 예를 들어, 예쁜 빨간색 연필을 바라볼 때 그 후경(後景)에 나타나는 [반존재]를 인식하거나, 매력적인 대상을 보면서 그 배후에 떠오르는 그 존재의 허상—즉 비실체—를 인식할 때, 인식의 확대와 축소가 동시에 일어나는 [사유의 진동]이 발생한다.

이와 같이 존재의 분열, 즉 [반존재]를 통하여 [인식과 의지의 부정]이 경험된다. [제2 사유 공간]은 바로 이러한 [인식과 의지의 부정]을 사유하고 경험할 수 있도록 하는 공간으로, 우리 인식자에게 중요한 탐구 대상이 된다. 물론, 이는 [반인식]와 [반의지]에 의한 [인식과 의지의 분열]과는 명확히 구분되어야 한다.

지금까지 우리는 인식의 세계가 구성하는 네 가지 삶의 공간 중 두 번째, 즉 [반존재 – 의지 – 인식의 공간]을 사유하였다. 이제 이 공간을 대표하는 철학 사상과 철학자들의 사유 및 이념이 어떠한 공간 세계를 구성하며, 그것이 실제로 삶의 공간 세계 속에서 어떻게 작용하는지를 고찰해 보고자 한다.

제2 공간 철학 사상별, 철학자별 철학 공간 위치도

2-1. 합리주의 철학: 데카르트, 스피노자, 라이프니츠

2-2. 관념주의 철학: 플라톤, 버클리, 칸트, 피히테, 셸링, 헤겔

2-3. 유교 철학: 공자, 맹자, 순자, 주희, 왕양명

2-4. 사회주의 철학: 마르크스, 엥겔스

2-5. 민주주의 철학: 존 로크, 루소, 밀

2-6. 이상주의 철학: 플라톤, 칸트, 헤겔

2-7. 법치/법가 철학: 한비자, 플라톤, 홉스, 존 로크, 몽테스키외

2-1. 합리주의 철학

"합리주의 철학은 존재적 감각보다는
이성에 더 의지함으로써 진리에 다가선다고 주장한다.
이 철학은 [반존재]-의지-인식이 구성하는 제2 통합철학공간에 위치한다."

합리주의 철학(rationalism)은 이성(logos, reason)을 인간 인식의 가장 중요한 원천으로 보며, 논리적 사고를 통해 참된 지식(진리)에 도달할 수 있다는 철학적 사조이다._{인식} 존재적 감각보다는 이성이 더 의지해야 한다는 입장을 기본으로 하며, 수학적 명증성과 보편성을 철학의 기준으로 삼는다. 이때 존재는 반존재로 이성과 의지 속으로 스며들어가 드러나지 않는다. 이성(reason)이야말로 진정한 인식과 진리의 근원이며 존재 감각 경험(sense perception)은 변화하고 오류를 일으키기 때문에 불완전하다고_[반존재] 주장한다. 따라서, 이성적 사유(연역적 추론)와 선천적 관념에 대한 의지를 통해서만_{의지} 진리에 도달할 수 있다는 사상이다. 이처럼 합리주의 철학은 수학적, 논리적 사고를 철학의 중심에 두고 이성 중심의 세계 이해를 구축하여 근대 철학의 출발점을 마련했다. 형이상학·인식론·윤리학·과학에 큰 영향을 주었고 이후 칸트, 헤겔, 현대 인식론의 발전에 기반이 되었다.

르네 데카르트 (René Descartes, 1596 – 1650)는 "나는 생각한다, 고로 존재한다 (Cogito, ergo sum)"라 하면서 존재보다는 생각(인식에 대한 의지)을 강조한 철학자이다. 그는 의심을 통해 도달한 절대적 확실성과 모든 감각과 세계를 의심의 대상으로 삼았다. 하지만 내가 지금 의심하고 있는 '나'는 확실히 존재한다는 것을 발견했고 예를 들어 "누군가 나를 속일 수 있지만, 속고 있는 나 자신은 존재해야 한다"는 것을 인지한다. 즉 존재는 인식과 의지를 통해 숨어 있던 반존재가 발현하는 것임을 성찰했다.

스피노자 (Baruch Spinoza, 1632 – 1677)는 "신은 곧 자연이다 (Deus sive Natura)"라고 하면서 감각적으로 존재하는 모든 실체는 신이라는 숨겨진

"반존재"의 발현임을 성찰했다. 즉 그는 오직 하나의 실체만 존재한다고 보며, 그것이 곧 신과 자연이라고 주장했다. 즉 범신론적 일원론을 피력했다. 이와 함께 그의 주요 사상은 이성의 힘으로 파악하는 필연적 세계, 논리적 필연성의 세계, 수학처럼 필연적 구조를 갖는 세계를 추구했다. 모든 존재는 이유 없이 존재하지 않는다는 것, 인간도, 물질도, 모두 이 필연적 실체의 양태 (modus)일 뿐을 세상에 공표했다. 그는 지복(beatitudo)의 자유 상태에 도달하기 위해서 이성적 이해, 신과의 합일을 통해 자연의 법칙과 자신의 본성을 이해할 때 우리는 진정한 자유와 평화를 얻는다고 강조한다. 스피노자의 철학은 극단적 합리주의이며, 윤리조차 기하학적 논증으로 구성하려 했고, 신과 세계를 통합하며 현대 철학과 과학적 세계관에 큰 영향을 주었다.

라이프니츠 (Gottfried Wilhelm Leibniz, 1646 – 1716)는 세계를 무수한 독립된 정신적 존재들(모나드)로 구성된, 논리적이고 조화로운 체계로 보았다. 이 세계는 이성적 질서와 조화의 우주 속에서 가능한 세계 중 가장 완전한 것으로 생각했다. 그의 주요 사상은 세계가 무한한 수의 비물질적, 창문 없는 독립적·정신적 실체, 모나드(단자)로 구성되어 있다는 것이다. 존재는 반존재화되어 정신적 실체 속에 스며들어 있을 뿐이다. 이처럼 모든 진리는 이성 속에 내재해 있으며, 감각적, 존재적 경험은 단지 그것을 깨닫는 계기일 뿐이며 인간 정신은 이성적으로 우주의 구조를 자연스럽게 필연적으로 반영한다고 주장한다. 이성과 그 의지 속에서 신은 가능한 모든 세계 중 최선의 세계, 가장 완전한 세계를 창조하였고, 세상의 악과 고통조차도 전체 조화 속의 일부라고 생각한다. 그는 수학, 논리학, 신학, 자연과학에 정통한 천재 철학자로서, 합리주의를 형이상학적 조화(이성과 의지)의 관점에서 완성한 철학자이다.

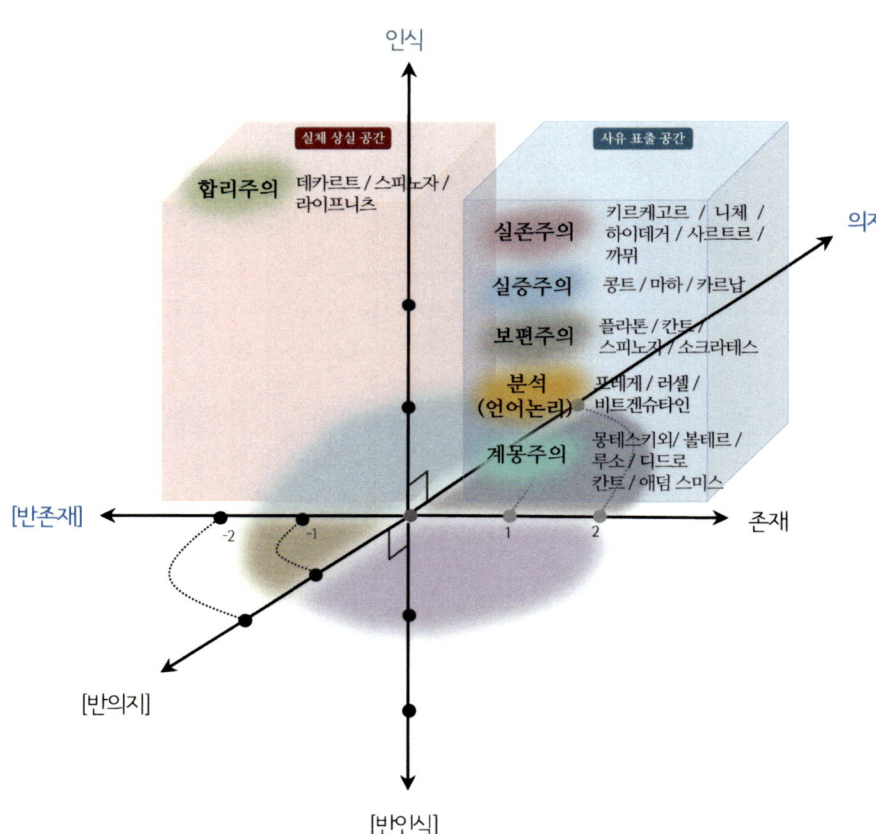

그림6. 합리주의 철학 위치도 (제 2 통합철학사유공간)

2-1. 합리주의 철학 – 데카르트

　조금이라도 의심할 수 있는 것은 참이 아니다. 진리를 찾기 위해서는 [명석적 판명, 세분적 분석, 질서적 해석, 치열한 검열] 이런 네 가지 규칙을 가져야 한다. 또한 선하게 살기 위해서는 [첫째: 겸손하고 지나치지 않음, 둘째: 허약하지 않은 단호함, 셋째: 운명의 합리적 인식과 자기 욕망의 지배] 이런 세 가지 도덕 격률을 가져야 한다. 이는 [나는 생각한다. 고로 존재한다. cogito ergo sum]반존재라는 철학의 제1 원리인식로 나를 이끌었다. 이 중 세 번째 도덕 격률 [문명이나 세계의 질서를 변경하려 하기보다는 자신을 지배하려 노력하고, 자신의 욕망을 변경하려 할 것]의지이란 항목은 국가와 개인의 작용을 명석 · 판별하게 생각하도록 도와준다. (문헌79, 문헌80: 데카르트 [방법서설])

2-1. 합리주의 철학 - 스피노자

정리 4(제5부): 신체의 어떤 상태 변화에 대하여 -감정으로 표현될 수 있는 육체적 변화라도- 우리가 한 가지라도 명확하고 분명하게 파악할 수 없는 것은 존재하지 않는다.

추론: 따라서 어떠한 감정도 예외가 될 수 없다. 감정이란 '신체의 상태 변화에 대한 정신의 관념'_{반존재: 예를 들어, 배가 아플 때 단순한 소화불량임에도 중병이 아닌지 불안에 휩싸이기도 하는데, 이는 반존재적 관념이다.}이기 때문이다. 즉, 감정 역시 명확하고 분명한 이해가 가능한 것으로 존재한다.

설명(Note): 왜냐하면 세상에는 명확하고 분명하게 이해할 수 없는 것이 아무것도 없기 때문이다. 우리가 이해할 수 있는 것은 오직 명확하고 분명한 관념에서 비롯되며, 이를 바탕으로 자신과 감정을 이해하는 능력을 갖추는 것은 모든 사람에게 주어진 권리이자 힘이다._{의지} 그러므로 우리는 감정에 지배당하지 않을 수 있다. 즉 감정을 스스로 조절하고 자유롭게 사고하고 행동할 수 있다._{인식}

(문헌81: 스피노자 [윤리학])

2-1. 합리주의 철학 – 라이프니츠

보통의 경우, 사고 활동의 근원은 두 가지 원리가 작용한다. 첫째는 '모순의 원리'로 모순이 있는 것은 거짓_{반존재: 합리성 중심 사유에 의한 존재의 분열}이라고 판단하고 그것에 반대인 것을 참이라고 판단하는 것이다. 둘째는 '충분한 이유의 원리'로 그것이 '왜 그것이며 그것 이외의 것이 아닌가'라는 완전한 이유가 없으면 어떤 사실도 참이라고 판단하지 않는 것이다. 즉, 어떤 사실이 참이라는 전제에는 그것이 다른 방식이 아닌, 반드시 그렇게 될 이유가 있어야 한다는 것이다._{인식} 물론, 이러한 이유는 우리 인간이 항상 알 수 있는 것은 아니다. 종종 우리는 그 이유를 알 수 없지만, 그럼에도 언제나 충분한 이유는 존재한다는 믿음_{의지}이 있어야 한다. (문헌82: 라이프니츠 [모나돌로지])

2-2. 관념주의 철학

"관념주의 철학은
존재가 아닌 의식_의지와 인식_으로 진리에 다가선다고 주장한다.
이 철학은 [반존재]–의지–인식이 구성하는 제2 통합철학공간에 위치한다."

관념주의(Idealism)는 세계의 본질이 정신(idea), 의식(consciousness), 혹은 관념(ideals)이라는 철학적 입장을 갖는다. 즉, 물질이 아닌_[반존재]_ 정신이 우선하여 근본적이며, 세계는 본질적으로 의식의 산물이라는 관점이다. 물질적 존재는 의지와 인식의 의식 속 반존재로 녹아들어 간다. 관념주의는 고대 플라톤부터 시작하여 독일 관념론까지 다양한 형태로 발전해 왔다. 우리가 인식하는 세계는 외부 세계 존재적 실체가 아니라, 의식 속에 있는 반존재적 관념 혹은 형상이라는 주장을 견지한다. 예를 들면 "존재는 의식, 지각으로 탄생하는 것이다" "현실은 궁극적으로 물질이 아니라 정신의 표현이다"_의지/인식_와 같은 철학적 시선이다. 이처럼 객관적 세계는 실제라기보다 정신의 구성물, 혹은 이데아의 실현이라고 주장한다. 관념주의는 정신과 의식의 중요성을 강조하고 과학으로 설명할 수 없는 인간 내면과 가치에 관한 철학적 탐구의 중요한 수단이며 예술, 윤리, 종교 등에서 정신의 본질을 탐색하는 기반을 제공한다. 하지만 물질세계를 과도하게 부정하거나 축소하여 현실 부정의 위험과 모든 것을 주체의 인식으로 환원할 경우, 객관성 붕괴와 주관주의에 함몰되는 함정이 공존한다.

플라톤(Plato, BC 427 – 347)은 이데아론을 주장한 철학자로 현실 세계의 모든 것은 이데아(Forms)의 불완전한 모사라고 주장했다. 진정한 실재는 감각적 세계가 아닌 이데아의 세계에 존재한다는 것이다. 이때 실재는 반존재화된다. 인식과 의지를 갖는 정신이 이데아를 기억함으로써 참된 지식에 도달할 수 있다고 본다. 즉 존재적 감각을 넘어선 인식과 의지의 정신적 탐구가 진리를 드러낸다고 주장하여 관념주의의 원형으로 평가받는다.

조지 버클리(George Berkeley, 1685 – 1753)는 "존재는 지각되는 것이다. (Esse est percipi)"라고 하면서 물질은 존재하지 않고 우리가 보는 것은 절대 신의 지각(인식에의 의지)에 의해 유지되는 관념들이라고 주장했다. 예를 들면 내가 지금 책을 본다는 것은 '책'이라는 관념이 내 정신에 나타난 것으로 절대신이 모든 것을 지각하고 있으므로 세계는 유지된다는 것이다. 이는 "현실은 모두 정신의 산물이며, 존재란 인식 속에 있는 것"이라는 급진적 관념주의로 발전한다.

이마누엘 칸트(Immanuel Kant, 1724 – 1804)는 현상(Phenomenon)과 물자체(Ding an sich)의 개념을 바탕으로 초월적 관념론 (Transcendental Idealism)을 주장했다. 인간은 "사물 그 자체는 인식할 수 없고, 오직 감각과 오성에 의해 구성된 현상만 인식할 수 있다"는 것이다. 이때 세계는 인간의 인식 구조(시간, 공간, 범주)에 의해 구성되는데 이는 "우리가 감각하는 세계(존재)는 우리 인식 능력(의지)에 의해 형성된 것"으로 피력한다. 이처럼 그의 철학은 물질이 실재하더라도 그 인식은 정신적 형식(시간, 공간, 범주) 속에서만 의지 가능하므로 관념주의적 요소가 강하다.

요한 고틀리프 피히테(Johann Gottlieb Fichte, 1762 – 1814)는 세계는 자아(의지와 인식)의 활동에 의해 창조되는 것이라며 자아의 자기 창조를 주장한다. 이는 자아(Ich, 의지와 인식)가 스스로 비자아(Nicht-Ich, 대상과 존재)를 만들어낸다는 것이다. 즉, 자아가 바로 근본 실재라는 급진적 관념주의에 해당한다. 그의 철학 핵심은 "세계는 나 아닌 무언가가 아니라, 내 의식(의지와 인식) 활동의 결과물"이라는 주장이다.

프리드리히 셸링(Friedrich Schelling, 1775 – 1854)은 자연(존재)도 정신(의지, 인식)과 같은 이성적 원리에 따라 움직인다고 주장하면서 자연과 정신의 동일성을 통찰했다. 그는 자연(대상, 존재)은 '개별 정신이 의식을 갖기 이전의 상태'라 사유하고 이를 통해 정신과 자연의 이원론을 극복, 관념주의를 자연철학과 융합하려 했다.

　게오르크 헤겔 (Georg Wilhelm Friedrich Hegel, 1770 – 1831)은 모든 현실은 절대 정신(Absolute Spirit)의 자기 전개 과정이라 하면서 절대정신의 변증법을 주장했다. 역사, 철학, 종교 등은 절대 정신이 자신을 실현해 나가는 과정이라고 하며 시대에 따른 절대 정신은 정(Thesis), 반(反, Antithesis), 합(Synthesis)의 변증법적 과정을 겪는다고 하였다. 즉 현실(존재) 세계는 단지 물질적 현상이 아니라, 정신이 구체화한 것이라는 주장이다. 헤겔 철학은 관념주의의 정점으로 현실 전체를 정신의 자기실현으로 해석한다.

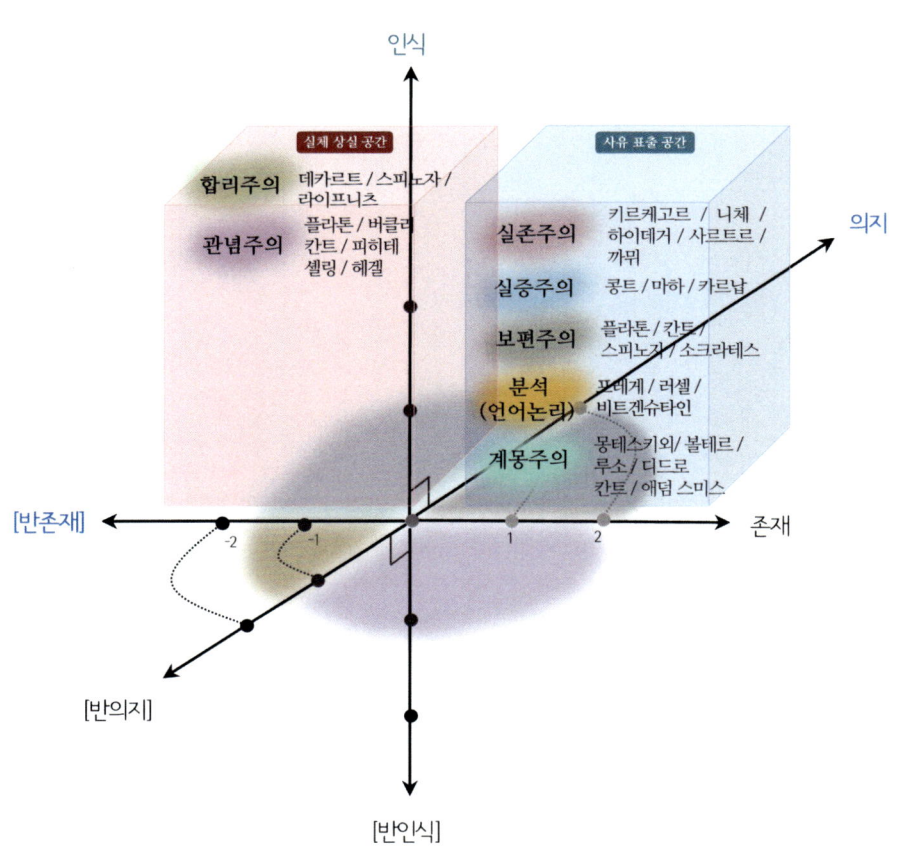

그림7. 합리주의 / 관념주의 철학 위치도 (제 2 통합철학사유공간)

2-2. 관념주의 철학 – 플라톤

그래, 이해했네. 자네도 알겠지만, 사람들은 눈에 보이는 도형 형태들을 사용하여 그에 대해 이성적으로 논할 수는 있지만, 실제로 그들은 그것들을 생각하고 있는 것이 아니라, 그것들이 닮은 이상, 즉 절대적 정(正)과 절대적 지름과 같은 것들을 사고하고 있는 것일세.반존재 사람들이 그려 내거나 만드는 도형, 또는 물 위에 비치는 그림자들이 스스로를 이미지로 전환하는 것일 뿐이지만, 그들이 진정으로 보려 하는 것은의지 바로 오직 정신의 눈으로만 볼 수 있는 그 자체라는 것이지.

내가 '이해 가능한 것'을 말할 때도 마찬가지네. 영혼은 가설적 성격의 것을 사용하며 도약하지만, 가설을 '최초 원리'로 받아들이는 것이 아니라, 그저 가설일 뿐인 출발점으로 사용하고, 그 위에 있는 세계, 즉 가설 이상의 세계로 도약하기 위해 그것들을 디딤돌로 삼는 것이네. 그래서 영혼은 가설들을 거치며 가설을 넘어, 이데아에서, 이데아를 통해, 그리고 이데아 안으로 마침내 도착하는 것이지.인식

(문헌83: 플라톤 [국가])

2-2. 관념주의 철학 - 버클리

제3절. 관념(idea)의 존재라는 것은 '지각됨(perceived)'에 있는 것이다. 예 컨대 내가 지금 쓰고 있는 책상을 '존재한다'고 말할 때, 그것은 내가 보고 느 끼기 때문이다. 만일 내가 서재 밖에 있다면, 그 책상이 '존재한다'고 말하는 것은, 다시 서재 안에 들어가면 그것을 지각하거나, 또는 다른 어떤 영(Spirit) 이 실제로 그것을 지각할 것이라는 뜻이다.

제4절. 놀랍게도 많은 사람이 여전히 '감각 가능한 대상들(sensible objects)'이 지각되는 것과는 별개로 '실제 존재(real existence)'를 갖는다고 확 고히 믿고 있다. 그러나 만약 누군가가 이 믿음을 의심하는 용기를 갖는다면, 곧 그것이 명백한 모순을 내포하고 있음을 깨달을 것이다. 왜냐하면 우리가 지각하는 대상들은 모두 '감각을 통해 지각되는 것들'이며, 이런 것들이 '지 각되지 않은 상태에서' 존재한다는 것은 명백히 모순_{반존재}이기 때문이다.

제5절. 그렇다면, 감각 대상으로서의 존재와 지각되는 것의 상태를 구분 하여 '지각되지 않아도 존재할 수 있다'고 상상할 수 있을까? 예컨대 빛, 색, 열, 냉기, 연장(Extension), 형상 등은 결국 우리 감각에 인상된 여러 감각들일 뿐이다. 그리고 이들을 지각과 분리해서 상상한다는 것은, 곧 하나의 존재를 그것과 분리된 채로 상상한다는 것과 같다. 이는 곧 불가능한 일이다. 다시 말해 어떠한 감각적 대상도 그것이 지각되지 않는 상태와 분리되어 존재하 는 것으로 상상할 수 없다._{인식}

제6절. 사실 천상의 모든 합창단이나 땅 위의 가구에 이르기까지, 즉 이 우주를 구성하는 모든 물체들은 '마음'을 떠나서는_{의지} 어떤 실재(subsistence) 도 갖지 않는다._{반존재} 그 존재란 애초에 '지각됨(perceived)' 또는 '알려짐 (known)'에 달려 있다._{의지} 따라서 그것들이 지금 내가 지각하지 않거나, 내가 속한 영적 존재 내부에도 없다면, 그것들은 존재하지 않거나, 아니면 '어떤

2-2. 관념주의 철학 - 버클리

영원한 영혼(Spirit)'의 마음 내부에만 존재하는 것일 수밖에 없다.

(문헌84: 조지 버클리 [인간 지식의 원리에 관한 논고])

2-2. 관념주의 철학 - 칸트

우리가 경험하는 대상들은 대상 자체(as things in themselves)가 아니라, 오직 우리 감성(감각 능력)이 그것들을 포착하는 방식, 즉 우리 의식에 '나타나는 방식'으로만 인식한다.반존재 이 점은 초월적 관념론(transcendental idealism)의 핵심을 구성한다. 공간과 시간은 객관적인 실재로서 존재하는 것이 아니라, 오직 우리의 감성에 의해 주어지는 인식의 형식(forms of intuition)이다. 따라서 우리가 인식할 수 있는 대상은 이러한 형식 속에서 구조화된 현상(phenomena)에 불과하며,반존재 그것들은 우리의 인식 방식이 부여한 조건에서만 가능한 존재이다.

반면, 물자체(thing-in-itself, noumenon)는 우리가 감성을 통해 인식할 수 없는 대상으로, "어떠한 형태의 직관도 제공되지 않는 것이기 때문에 우리 인식의 범위를 벗어난다. 따라서 순수 이성으로도 이 물자체를 직접 알 수 없으며, 오직 인식의 불가능한, '알 수 없는 어떤 것(unknown something)'반존재으로만 사고 될 수 있다.

이러한 구분은, 과거 합리주의 또는 경험주의가 가정했던 "대상 자체를 직접 인식할 수 있다"라는 전통적 전제를 근본에서 재검토하게 만든다. 우리가 알 수 있는 것은 현상으로서의 대상뿐이며, 그 이면에 있는 실재, 즉 물자체는 인간 인식의 한계를 통해 접근 불가능함을 인지하고 이를 받아들여야 한다. 이는 곧 형이상학적 대상에 대한 지식의 한계, 즉 신, 자유, 영혼 등의 전통적·형이상학적 존재에 대한 순수 이성의 추론인식이 현상에 기반하여야만 의미가 있고, 그렇지 않으면 근거 없는 투사나 함정에 빠질 수 있다.

초월적 관념론은 (1) 우리의 인식이 지각되는 것들의지의 형식을 통해 이루어지고 (2) 우리가 경험할 수 없는 물자체의 존재는 사고할 수 있지만 인식할 수는 없으며반존재 (3) 이에 따라 인간 이성의 한계를 자각하고 그 범위 내

2-2. 관념주의 철학 - 칸트

에서만 지식이 가능함을 설정하는 철학적 전환이 필요함을 의미한다.

(문헌85: 임마누엘 칸트 [순수이성비판])

2-2. 관념주의 철학 – 피히테

경험(Erfahrung)을 철학의 과제로 삼는다는 것은 곧, 우리가 겪는 모든 경험을 설명할 수 있는 근거를 밝히는 것을 뜻한다. 하지만 그 근거는 경험 자체 내부에만 있지 않다. 경험의 총체 –내면과 외면으로 구성된 의식의 경험– 는, 철학적 반성을 통해 경험 자체를 넘어서는 지점을 향해 나아간다.

이 과정에서 우리는 추상화(abstraction)라는 작업을 수행한다. 즉, 경험 안에 공존하는 요소들을 분리하여 고립된 상태에서 검토하게 된다. 한편으로는 '나(I, Ego)' 즉, 지적(intellect) 주체가 대상(Ding)과 분리되고, 다른 한편으론 '대상(Ding, non-Ego)'이 '나'로부터 분리된다. 이처럼 경험에서 한 요소를 분리하는 방식에 따라 철학적 체계는 두 갈래로 나뉜다. 첫째, '나(I)'가 근거로 되고, 경험이 그것으로부터 설명되는 관념주의(idealism), 둘째, '대상(Ding)'이 근거로 되고, 경험이 대상으로부터 설명되는 독단주의(dogmatism)이다.

독단주의는 주관적 자각(self-consciousness)의 요소를 무시한 채, 자아가 단지 기계적으로 결정되는 존재로 파악되는 경향이 있다(스피노자의 체계가 전형적인 예이다). 반면, 관념주의는 자아로부터 설명을 시작하지만,의지 자아가 단순한 하나의 주체에 머물지 않고, 행위하고 동시에 본질을 구성하는 총합체반존재임을 주장한다. 이러한 사유의 핵심은, 인식의 근거를 '자아의 자기 포착(self-posited I)'인식에서 찾는 것이다.

(문헌86: 피히테 [첫 번째 과학이론 입문(First Introduction to the Wissenschaftslehre])

2-2. 관념주의 철학 - 셸링

자연은 가시적인 정신이며, 정신은 보이지 않는 자연이다. 자연(nature)과 정신(spirit)은 단순히 상반되는 개념이 아니라, 서로 투영되며 동일한 궁극적 실재_{반존재}를 각기 다른 방식으로 드러내는 두 얼굴이다. 자연은 눈에 보이고, 감각적으로 파악할 수 있는 세계이지만, 그것의 본질에는 정신이 깃들어 있다. 반대로 정신은 의식적으로 파악되는 존재이지만, 그 실체는 감각의 범주를 초월하여, 자연 그 자체와 통합되어 있다.

이러한 이해는 기존의 주관주의(주체 중심)나 객관주의(대상 중심)와는 전혀 다른 접근이다. 피히테의 주관적 관념론이 자아(I)를 인식의 출발점으로 삼는 반면, 나는 자연과 정신이 분리될 수 없는 '자기 드러냄(self-revelation)'의 두 측면이라고 본다. 다시 말해, 자연은 정신의 외면적 현현이며, 정신은 자연의 내면적 본질이다. 이렇듯 자연철학이란, 단순히 외적인 자연 현상을 분석하는 것이 아니라, 자연 속에 내재한 정신적 원리를 파악하는 작업이다. 또한 초월적 관념론에서 자연과 정신은 주체 대 객체라는 이분법적 관계가 아니라, 동일한 '절대(Absolute)'의 다른 표현 방식이다. 그 절대는 자기와 세계, 주체와 객체의 통일이며, 이 통일을 자연은 '보이는 방식으로', 정신은 '보이지 않는 방식으로' 드러낸다._{의지} 따라서 정신과 자연은 근원적으로 하나이며 서로 다르게 표현될 뿐이다. 진정한 관념주의라는 말이 지시하는 바는, 단순히 정신 중심적인 인식 구조가 아니라, 주체와 객체의 통일을 추구하는 절대적 이상_{인식}에 있다.

(문헌87: 프리드리히 셸링 [자연철학입문 (Ideen zu einer Philosophie der Natur)])

2-2. 관념주의 철학 – 헤겔

자연은 자유의 표현이 아니라 필연성과 우연성의 표현이다._{반존재} 반면, 인간의 순수함과 선량함은 우연성을 포함하지만, 필연성으로는 설명되지 않는다. 자연은 평등도, 불평등도 원하지 않는다. 필연과 우연만이 인식 넘어 존재할 뿐이다. 반면, 인간은 평등을 원한다. 하지만, 원래부터 존재하는 무조건적 평등은 없다. 그것을 받을 만한 필연 속에서 평등은 양도되는 것이고, 그렇게 [필연적 평등 세상]이 구성되는 것이다. 이런 평등적 삶을 위해서는 지향점을 철저히 그리고 냉철히 분석하고,_{인식} 그것을 필연으로 만들어 가야 한다._{의지} (문헌88: 헤겔, [철학강요])

역사의 발전은 자유의 정도, 즉 선택 가능 숫자와 비례한다. 민중이 가지는 절대정신으로써 자유의 정도가 그 사회의 발전 정도이다._{인식} '선택할 수 없음'의 벽_{반존재}을 부수어 나가, 그 선택 가능 숫자를 늘리는 것, 이것이 시대를 불문하고 당대의 부조리에 분노하고 행동_{의지}하는 젊은 자들의 제일 목표이다. (문헌89: 헤겔 [역사철학강의])

'정의는 자유 의지를 억압하는 모든 것_{반존재}에 저항하는 것'이다._{인식} 정신이 성숙해지고 인격을 갖추었다는 것은 타인의 자유 의지, 그의 자유로운 판단과 생각을 인정한다는 뜻이다. 그것이 바로 나의 자유 의지를 인정받는 방법이기도 하다. 만일 인간의 자유 의지를 지키는 것이 정의가 확실히 맞는다면 그것을 위해서 망설임 없이 목숨을 걸고 지켜야_{의지} 할 것이다. (문헌90: 헤겔 [역사철학강의])

철학은 그 진리를 단지, 결과로 제시해서는 안 된다. 오히려 그것은 과정 전체–즉 철학이 걸어온 길 자체–를 드러내야 하며, 진리는 그 전체로서 드러나야 한다. 이 과정적 반성(mediation)이 바로 진리이며, 그 자체로 '절대(The Absolute)'의 본성인 셈이다._{인식}

2-2. 관념주의 철학 – 헤겔

"진리는 전체(The whole)"다. 그런데 여기서 전체는 단순히 덩어리나 전체성만을 가리키는 게 아니라, 스스로를 발전시키며 자기 완성에 이르는 본질을 의미한다. 즉, 절대는 본질적으로 결과(result)이지만, 오직 발전 (변증) 과정을 거치고 나서야 진정한 모습–즉 절대로서–으로 나타난다.

또한 전통적인 개념–즉 "개념이 대상과 일치해야 한다"는 대응 이론–을 넘어서, 주체(subject)와 객체(object)가 분리된 상태에서는 지적 활동 자체가 가능하지 않다.의지 우리 인식이 대상을 올바르게 이해하려면, 이 개념이 현실 그 자체에 내재되어 작동해야 하며, 현실 또한 개념을 구조로 삼아 발전해야 한다. 결과적으로 현실과 개념은 별개가 아니라, 동일한 변증법적 과정에서 통일된 하나의 전체를 이룬다. 이러한 사상 구조는 절대 관념론(Absolute Idealism)의 핵심이다. 즉, 정신(정신적 개념, 개념적 사고)이 현실의 근본이며, 현실은 단순히 외부에 있는 것이 아니라, 그 자체로 정신의 전개된 형태반 존재이다.

(문헌91: 헤겔 [정신현상학(Phenomenology of Spirit)])

2-3. 유교 철학

**"유교 철학은 개인 존재가 아닌 인과 예의 군자로서
다수를 위한 의지와 인식을 추구함으로써 진리에 다가선다고 주장한다.
이 철학은 [반존재]-의지-인식이 구성하는 제2 통합철학공간에 위치한다."**

유교_{儒學}는 중국의 공자를 시조로 하는 도덕·윤리·정치 철학 체계로, 개인의 수양과 사회적 조화를 추구한다. 그 핵심은 자신을 닦아 타인을 편안하게 하는 "수기안인(修己安人)"에 있으며, 이상적 인간상인 "군자(君子)"를 실현하는 것을 목표로 한다. 오륜(五倫), "부자유친(父子有親), 군신유의(君臣有義), 부부유별(夫婦有別), 장유유서(長幼有序), 붕우유신(朋友有信)"으로 인간관계의 기본 윤리를 규정하고, 오상(五常), "인(仁)·의(義)·예(禮)·지(智)·신(信)"의 덕목으로, 개인의 도덕적 성품을 완성한다. 유교는 단순한 윤리 체계를 넘어서 이상적 정치·사회 질서에 대한 철학을 포함한다. 하지만 유교 철학에서 개인 존재는 "인(仁)·의(義)·예(禮)·지(智)·신(信)", 최고의 의지와 인식을 추구하지만, 결국 국가 정치, 사회 질서를 위한 소모적 도구_{반존재}로 전락한다. 최고의 이상적 인간상인 군자조차 [반존재] 영역 속으로 스며들어 사라져 간다.

공자(孔子, 기원전 551-479)는 『논어』(論語)의 저자로, 유교의 창시자이다. 도덕 중심적 인간관을 확립하고 "군자(君子)"는 인(仁)과 예(禮)의 조화를 실현하는 이상적 인간이라고 주장했다. "인자애인(仁者愛人), 인자는 사람을 사랑한다)" 사상을 근간으로 인(仁)은 "사람을 사랑하는 것"이자 모든 덕의 뿌리임을 설파했다. 이와 함께 그는 단순한 형식이 아닌 인간다운 삶의 표현으로서 예(禮)의 중요성을 강조한다. "정치란 세상을 바르게 하는 것이다(政者正也)", "덕으로 다스리고 형벌에 의존하지 말라" 등의 말로 공자는 존재론적 관심보다는_{반존재} 국가 다수를 위한 윤리적 실천에의 의지와 인식 철학에 집중했다.

맹자(孟子, 기원전 372-289)는 "인간 본성은 선하다"는 성선설(性善說)

과 사단(四端) 이론을 제시했다. 도덕의 근원인 "측은지심(惻隱之心), 수오지심(羞惡之心), 사양지심(辭讓之心), 시비지심(是非之心)"을 위한 인의예지(仁義禮智)의 싹은 누구에게나 존재한다는 것이다. 또한 "인의를 떠나 이익을 말하는 것은 수치다(舍生取義)"라고 하면서 개인이 아닌 공동체의 이익, 의(義)를 강조했다. 공동체를 위한 도덕이 개인의 이익을 넘어서야 함반존재을 강조했다. 개인 존재가 아닌, 인민을 위한 덕치를 주장하며 민본주의 사상의 원형을 제시했다.

순자(荀子, 기원전 313－238)는 "인간의 본성은 이기적이고 악하기 때문에 교육과 예(禮)로 교화해야 한다"는 성악설(性惡說)을 주장했다. 즉, 예(禮)를 중심으로, 공동체 질서를 위한 인위(人爲)의 중요성을 강조했다. 사람은 무작위적 자연 질서를 가진 천(天)을 모방해야의지, 인식 한다고 함으로써 개별 존재를 반존재화했다.

주희(朱熹, 1130－1200)는 성리학의 창시 및 집대성자로서 이기론(理氣論)을 주창했다. 리(理)는 우주의 이치, 질서의 원리로 플라톤의 이데아와 유사하고 기(氣)는 현실을 구성하는 물질이다. 리는 형이상, 기는 형이하이다. 인간 본성은 리(理)의지, 인식에 기반해 선하지만 욕망은 기존재적 감각, 감성, 힘에서 유래하니 "격물치지(格物致知)"로 사물의 이치를 탐구해의지 참된 앎인식에 이르러야 한다고 주장한다. "천리(天理)" 사상으로 천과 리를 동일하게 보아 우주 질서가 바로 도덕 질서라고 주장한다.

왕양명(王陽明, 1472－1529)은, 양명학의 창시자로 심즉리(心卽理), "리는 외부에 있는 것이 아니라,반존재 마음의지, 인식안에 있다"고 주장한 유학자이다. 치양지(致良知), "인간의 내면에는 타고난 도덕 지식(良知)이 있다"고 하면서 "외부 규범 보다 내면의지, 인식의 도덕 직관을 따르라"고 한다. 또한 지행합일(知行合一), "진정한 앎인식은 곧 실천의지이며, 윤리적 앎은 실천과 떨어질 수 없다"고 생각했다.

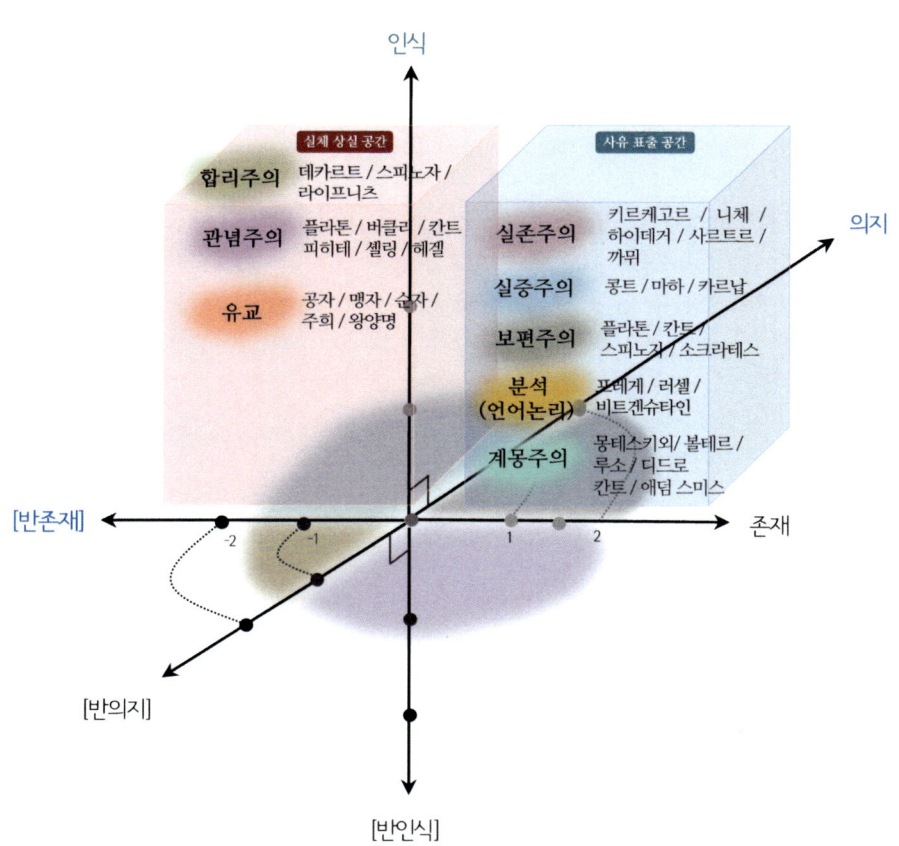

인식

실제 상실 공간

합리주의　데카르트 / 스피노자 /
　　　　　라이프니츠

관념주의　플라톤 / 버클리 / 칸트
　　　　　피히테 / 셸링 / 헤겔

유교　　　공자 / 맹자 / 순자 /
　　　　　주희 / 왕양명

사유 표출 공간

의지

실존주의　키르케고르 / 니체 /
　　　　　하이데거 / 사르트르 /
　　　　　까뮈

실증주의　콩트 / 마하 / 카르납

보편주의　플라톤 / 칸트 /
　　　　　스피노자 / 소크라테스

분석
(언어논리)　프레게 / 러셀 /
　　　　　비트겐슈타인

계몽주의　몽테스키외 / 볼테르 /
　　　　　루소 / 디드로
　　　　　칸트 / 애덤 스미스

[반존재]　　　　　-2　　　-1　　　　　　1　　　2　　　존재

[반의지]

[반인식]

그림8. 합리주의 / 관념주의 / 유교 철학 위치도 (제 2 통합철학사유공간)

2-3. 유교 철학 - 공자

군자는 지속하기 어려운 것을 부단히 실행하는 자를 말한다. 가장 위대한 승리 공식은 쓰러지지 않는 것이 아니라, 쓰러질 때마다 다시 일어나는 것이다.의지 추운 겨울이 된 뒤에야 소나무의 푸르름반존재이 드러난다. 지혜로운 자는 혹하지 아니하고, 어진 자는 근심하지 아니하며, 용감한 자는 두려워하지 아니한다. 너그러우면 무리를 얻을 것이요, 믿음이 있으면 신임을 얻을 것이요, 민첩하면 공적이 있을 것이요, 공평하면 모두가 기뻐할 것이다.인식 (문헌92: 공자(주희) [논어 · 중용])

2-3. 유교 철학 – 맹자

　사람이 사람에게 차마 어찌 못하는 마음이 있다고 하는 것은 지금 어린아이가 우물에 빠지려는 것을 본다면, 다 놀라며 측은히 여기는 마음이 있다는 것이다. 그것은 교제를 위함도 아니요, 명예를 위함도 아니며, 비난하는 소리가 두려워 그러한 것도 아니다.반존재 측은지심(惻隱之心), 동정, 배려심은 사람이 사람인 이유이다. 평등은 측은지심을 그 근원으로 한다. 군자는 이미 그렇게 덕(德)으로서 배부르다.인식 인의선(仁義善)의 진정한 귀함이란 자신의 귀함으로 타인을 귀하게 하는 것이다.의지 스스로 귀한 자는 저절로 타인과 평등해진다. (문헌93: 맹자, [맹자 · 대학])

2-3. 유교 철학 – 순자

법칙을 좋아하여 말하기만 좋아하는_{반존재} 사람을 선비(士)라 하고, 법칙에 의지를 독실히 가져 몸에 붙여 행하는_{의지} 사람을 군자(君子)라 하며, 이치에 밝아 사람의 법칙을 만드는_{인식} 이를 성인(聖人)이라 한다. (문헌94: 순자 [한비자 • 순자 • 묵자])

번약(繁弱)은 훌륭한 활이지만 교정을 얻지 못하면 무용(無用)이고, 환공의 총(蔥)은 훌륭한 칼이지만 숫돌에 대어 갈고 사람의 힘을 얻지 못하면 또한 무용이며, 목왕의 화류(驊騮)는 훌륭한 말이지만 재갈을 물리고 어자(御者)의 채찍으로 부려진 연후에야 비로소 하루에 천 리를 간다. 이처럼 국가를 교정하고, 숫돌에 갈며, 채찍으로 부리는 것, 즉 민중 모두가 그것을 원하고 행하지 않으면, 국왕이 수없이 바뀌어도 무용(無用)이다._{반존재} 국가를 운영하는 권력의 실제 위치에 있는 자들은 바로 민중, 그들이기 때문이다. 국가가 무용함에도 채찍을 휘두르지 않았던_{의지} 민중은 자기 스스로에게 제일 먼저 분노해야 한다._{인식} (문헌95: 순자 [한비자 • 순자 • 묵자])

2-3. 유교 철학 – 주희

어떤 것도 은밀한 것보다 더 쉽게 드러나지 않고, 어떤 것도 미세한 것보다 더 잘 보이지 않는다. 그러므로 군자는 홀로 있을 때 특히 조심해야 한다. '은밀(rand-hidden)'이란 다른 이에게 감춰진 영역을 뜻하며, '미(微, fine-subtle)'란 아주 미세한 정황을 의미한다. 우선, 우리는 스스로 인식하기도 전에 내면의 숨겨진 기운_{반존재}-예컨대 욕망이나 성향-이 이미 작용하기 시작했음을 알아차리기 어렵다. 그 기운이 행동으로 표출되지 않았더라도, 무의식적 흐름이 스스로를 우리에게 드러내기 전, 우리는 이미 그 흐름 자체를 감지하고 멈출 수 있는 역량_{의지}을 갖춰야 한다. 특히, 타인의 시선을 의식하지 않는 홀로 있는 상황일수록, 그 무심함이 오히려 자신의 어두운 기운을 키울 수 있다는 점에서 더욱 경계해야 한다. 즉, 군자는 가장 외롭고 사소한 순간에도, 예를 들어 남이 지켜보지 않을 때의 생각, 말, 행동조차도, '스스로가 방금 행한 듯 절제와 숙고를 잃지 않아야 한다'는 인간 내면의 자기 수양과 도덕성 중심의 사유_{인식}를 견지한다. (문헌96: 주자 [주자중용집주])

2-3. 유교 철학 – 왕양명

심(心)의지이 곧 이(理)인식이다. 어떤 사안도 이치가 아닌 것이 없고, 그 상황과 시기에 적절한 마음(心의 작용)이 바로 이치이다. 즉, 마음은 언제, 어느 상황에서든 이치를 드러내는 동일체이다.

'知行合一(지행합일)'이란 앎(知)이 곧 행(行)이며, 앎은 또다시 행 속에서 완성되는 성격을 지닌다는 뜻이다. 앎만 있고 임의로 따로 격리된 행위반존재는 존재할 수 없고, 행위 속에서 진정한 앎이 드러난다. '致良知(치양지)'는 본래 인간 마음에 있던 '선한 이성과 앎(良知)'을 실천과 수양을 통해 완전히 드러내고 구현하는 것을 말한다.

즉, 천지 만물의 이치란 따로 있는 것이 아니라, 인간의 마음속에 본래 탑재되어 있다. 인간이 자신의 마음을 통해 천지의 이치와 하나 된 존재로 살수 있다.

(문헌97: 왕양명 [전습록])

2-4. 사회주의 철학

**"사회주의 철학은 빈곤, 착취, 폭력적 불평등 해소를 위해
생산 수단의 공동 소유를 의지하고 인식함으로써 인민 해방에 다가선다고 주장한다.
이 철학은 [반존재]-의지-인식이 구성하는 제2 통합철학공간에 위치한다."**

사회주의 철학은 자본주의 체제의 문제점, 특히 빈부 격차, 노동 착취, 인간 소외를 비판하면서, 생산수단의 공동 소유, 평등한 분배, 계급 없는 사회를 추구하는 정치철학 사상이다. 단순한 정치 경제 체제를 넘어, 인간의 자유, 정의, 역사, 인간관계의 본질에 대한 철학적 논의를 포함한다. 이는 긍정적 관점으로는 소외된 개인 존재의 회복이지만, 부정적 관점으로는 개인 존재의 무너짐, 즉 [반존재]화를 이끈다. 이는 사회주의_{공산주의}철학의 최대 장점이자 동시에 최대 문제적 요소이다. 사회주의_{공산주의}철학은 생산수단을 공동 소유하고 사적 소유를 폐지하거나 제한하고, 토지·공장·자본은 공동체나 국가가 소유해야 한다고 주장한다. 부르주아(자본가)와 프롤레타리아(노동자) 간의 갈등 해소를 위해 계급 구조를 철폐하고, 인간을 소외시키는 노동을 인간의 자기실현 과정으로 전환하여 노동 해방을 지향한다. 단순한 평등이 아니라, 필요와 기여에 따라 정의롭게 분배하며 마르크스주의, 역사 유물론 핵심 개념에 따라, 인간 사회는 물질적 조건과 계급투쟁에 따라 발전한다고 역설한다.

카를 마르크스 (Karl Marx, 1818 – 1883)는 《공산당 선언》 《자본론》 등의 사회주의 철학의 핵심 이론가이며 공산주의의 이론적 기초 제공자이다. 핵심 사상은 인간 역사는 계급투쟁의 역사라는 역사 유물론(Historical Materialism)으로 물질적 생산관계(경제구조)가 인간의 의식, 정치, 문화를 결정한다고 주장했다. 자본주의는 노동자 착취를 기반으로 하며, 필연적으로 위기를 맞고 몰락할 것이라며 자본주의를 비판했고, 노동자는 자기가 만든 상품과 분리되고, 인간성마저 소외된다는 노동 소외론을 피력했다. 궁극적으로는 자본주의를 넘어선 계급 없는 사회, 국가의 소멸, 인간 해방을 이루는

공산주의를 전망했다.

프리드리히 엥겔스 (Friedrich Engels, 1820 – 1895)는 《가족, 사유·재산, 국가의 기원》, 《반뒤링론》 등의 저서로 마르크스 사상을 대중적으로 설명하고 체계화했다. 핵심 사상은 공상적 사회주의를 비판하고 역사적·과학적 접근 강조한 과학적 사회주의를 피력했다. 가족, 재산, 국가는 계급사회와 함께 등장한 역사적 산물임을 주장하는 계급·국가 기원론을 제창했다.

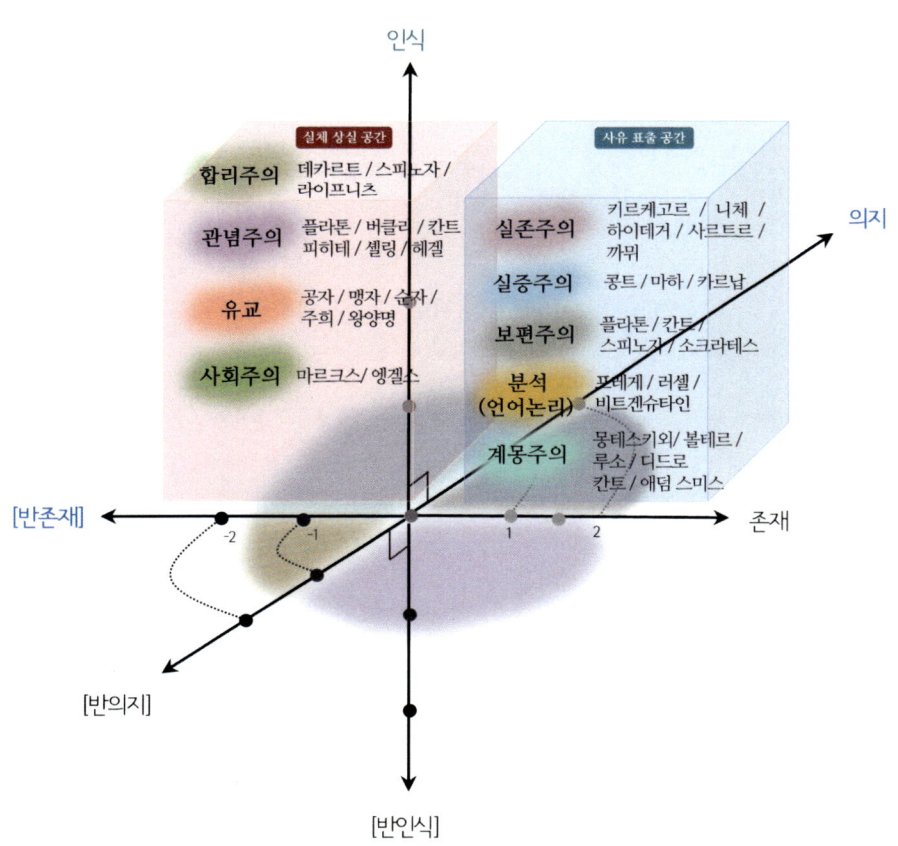

그림9. 합리주의 / 관념주의 / 유교 / 사회주의 철학 위치도 (제 2 통합철학사유공간)

2-4. 사회주의 철학 – 마르크스

인간의 역사는 [관념이 아니라 물질에 의해 움직임]의 결과이며 물질을 위한 계급 투쟁_{의지}이 역사 발전을 이끌어 온 원동력이다._{인식} 자본주의 사회에서 노동자 계급은 자기가 생산한 재화의 주인이 아니라, 자본을 위해 착취당하는 노예_{반존재} 같은 열등한 지위를 갖는다. 잉여 가치를 실제 생산하는 것은 노동자이지만, 그것을 자본가들이 탈취, 소유하기 때문이다. 평등하지 않은 이유가 부조리하다는 것을 알면서도 맞서 투쟁하지 않는 것은 유약하다 못해 어리석은 것이다. (문헌98: 마르크스 [자본론])

역사가 발전하는 원동력은 관념이 아니라 물질이다._{유물론은 본 논문 p330, p339} 제7 철학 공간(존재-반의지-반인식 공간)에서 기술함. 노동으로 자연에 작용하는 물질, 인간 상호 관계를 규제하는 생산 위계, 이런 물질적인 것들로 인간은 발전한다. 헤겔의 [절대정신이 세상의 변화를 이끈다]는 생각은 단호히 거부해야 한다. 우리에게 자유를 주는 것은 정신이 아니라, 물질과 재화이다. 자유는 우리에게 물질과 재화를 획득할 가능성을 제공할 뿐이다. 자유와 평등을 목표로 하는 철학은 이론 연구 영역을 벗어나 실질적으로 인간 삶에 재화를 제공해 주는 실천 영역으로 이동해야 한다. 차별 없는 재화의 재분배만이 차별 없는 평등 세상을 구축한다._{인식} 그러므로 잃을 것은 쇠사슬밖에 없는 노동자들_{반존재}이여, 모두 단결하라._{의지} (문헌99: 마르크스 [자본론])

자본 소유 불균형에 의한 삶의 계층화는 일부 해방된 자유를 다시 억압_{반존재}할 것이다. 자유에의 문은 소유 불균형을 파괴하고 그 계층을 전복하기 위한 냉철한 분노와 투쟁_{의지}을 통해서만 달성 가능하다. 만연하는 인간 처참의 근원은 자본가의 노동자 착취와 잉여 노동이다. 지나친 가난은 개인의 노력 부족이나 게으름 탓이 아니라 자본 중심 사회 탓이다. 인류 초유 하루 12시간 이상 일하는 노동자에게 노력 부족과 게으름을 탓할 수는 없다. 우리는 소유

2-4. 사회주의 철학 – 마르크스

자본 재분배를 통해 민중에게 삶의 여유와 시간을 돌려주어야 한다._{의지} 그것
이 결국은 자본가들도 포함한 모두를 구하는 방법이다. 소유 자본 재분배는
자본주의의 적일 수도 있지만, 자본주의의 완성자일 수도 있다._{인식} 자본주의
는 지금도 '재분배' 덕에 겨우 그 명맥을 유지하고 있으니. (문헌100: 마르크스 [자
본론])

2-4. 사회주의 철학 – 엥겔스

점점 더 분명해지는 핵심적인 사실은, 노동계급의 비참한 상태의 원인을 단순한 불만 사항이나 부분적인 고통에서 찾을 것이 아니라, 자본주의 체제 자체(capitalistic system)에서 찾아야 한다는 점이다._{인식}

열악한 노동 환경, 낮은 임금, 과로, 주거 불안 등의 문제가 노동자들의 삶을 어렵게 만든 것은 맞지만, 이는 단지 현상일 뿐 그 근본 원인은 자본주의적 생산방식에 내재한 계급적 착취 구조에 있다._{인식} 즉, 노동자가 창출한 잉여가치(surplus value)가 자본가에게 돌아감으로써, 노동자들은 인간다운 삶을 영위할 수 없고 빈곤과 착취의 굴레 속에 갇히게 된다.

공장 현장과 노동 계급 밀집 지역에서의 실상은 자본주의 구조가 가진 폭력성과 본질적 불평등을 이론적 추론을 넘어 실증적으로 확증할 수 있는 기반이 된다. 이러한 인식은 마르크스의 『공산당 선언』에서 "노동자는 자신이 생산한 가치를 빼앗기는 존재"_{반존재}라는 명제로 명확히 정리되며, 계급투쟁, 잉여가치 착취, 사회 구조 비판_{의지} 같은 전통적 사회주의·마르크스주의의 사상 정당성 배경이 된다.

(문헌101: 프리드리히 엥겔스 [영국 노동계급의 상태 (Die Lage der arbeitenden Klasse in England)])

2-5. 민주주의 철학

"민주주의 철학은 개인의 자유 상당 부분을
공동체 다수의 자유, 평화를 위해 유보함으로써 공동선에 다가선다고 주장한다.
이 철학은 [반존재]-의지-인식이 구성하는 제2 통합철학공간에 위치한다."

민주주의 철학은 인간 일반의 자유, 평등, 자율성을 중시하며, 권력의 정당성은 국민의 동의로부터 나온다는 전제 위에 세워진 정치 철학이다. 이는 인간 일반을 위한 단순한 정치 체제만을 의미하지 않고, 정치적 개별 존재의 평균화, 무력화_{반존재화}와 공동체 중심의 깊은 철학적 성찰_{의지, 인식}을 전제한다. 민주주의 철학의 핵심 개념은 권력의 궁극적 근원은 국민에게 있고 정부는 국민의 의지를 대변하는 수단일 뿐인 "인민 주권 (Popular Sovereignty)" 사상이다. 사상, 표현, 집회, 종교의 자유와 모든 시민이 법 앞에 평등하다는 "자유와 평등 (Liberty & Equality)"에 대한 믿음이 그 중심이기도 하다. 모든 시민은 정치에 참여할 권리를 가지며, 대표자를 통해 간접적으로 권력을 행사할수 있는 "참여와 대표(Participation & Representation)"를 그 수단으로 하며 누구도 법 위에 있지 않으며, 모든 권력은 법에 의해 제한되는 "법치주의 (Rule of Law)"를 대전제로 한다. 다양한 의견이 충돌하는 가운데, 대화와 토론을 통해 공공의 선에 도달하려는 지향점을 가진 "숙의와 합의 (Deliberation & Consensus)"가 결국 민주주의 철학의 정점을 찍을 것이다.

존 로크 (John Locke, 1632~1704)는 모든 인간은 생명, 자유, 재산을 지키고 그것을 가질 자연적 권리를 타고났다는 자연권 이론을 바탕으로 근대 민주주의의 철학적 기초를 놓은 사상가이다. 개인들이 자신의 권리를 보호하기 위해 계약을 맺고 정부를 구성한다는 "사회계약설"과 정부가 자연권을 침해할 경우, 국민은 저항하고 정부를 바꿀 수 있는 권리가 있다는 "저항권"을 주장하면서 현대 자유민주주의의 기반을 형성하였다. 그러나 공동체 유지와 발전을 위해 개인 존재는 소극적 저항만 인정되는_{반존재적}정치 철학적 한계를 갖는다.

장 자크 루소(Jean-Jacques Rousseau, 1712~1778)는 공동체 전체의 이익을 위한 집단 의지인 "일반의지(Volonté Générale)"를 그 사상 배경으로 직접 민주주의와 공동체 중심의 정치철학을 주창한 사상가이다. "공동체를 위한 법에 복종함으로써 진정한 자유를 얻는다"고 하면서 사회 계약적 자유를 재정의하기도 했다. 자연 상태의 순수성 회복과 직접 참여 민주주의 그리고 공동선 중심의 정치사상에 영향을 주었다. 루소의 사상 또한 개인 존재는 공동체 그늘에 흡수되어 버리는_{반존재적} 철학적 한계를 보인다.

존 스튜어트 밀 (John Stuart Mill, 1806~1873)은 『자유론』에서 "타인의 권리를 침해하지 않는 한 개인은 자유롭게 행동할 권리가 있다"고 하면서 개인의 자유와 표현의 자유를 강조한 자유민주주의 철학자이다. 오류가 있는 주장조차도 토론을 통해 진리와 대조되어야 한다며 표현의 자유를 중시했다. 민주주의 안에서도 다수의 권력이 소수를 억압할 수 있다는 점을 경고했고 자유민주주의 사회에서 표현의 자유와 개인권 보장의 중요성을 강조했다. 이처럼 밀은 민주주의 제도에서 [반존재]화된 개인 존재의 정치 철학적 한계 극복을 시도했다.

2-5. 민주주의 철학

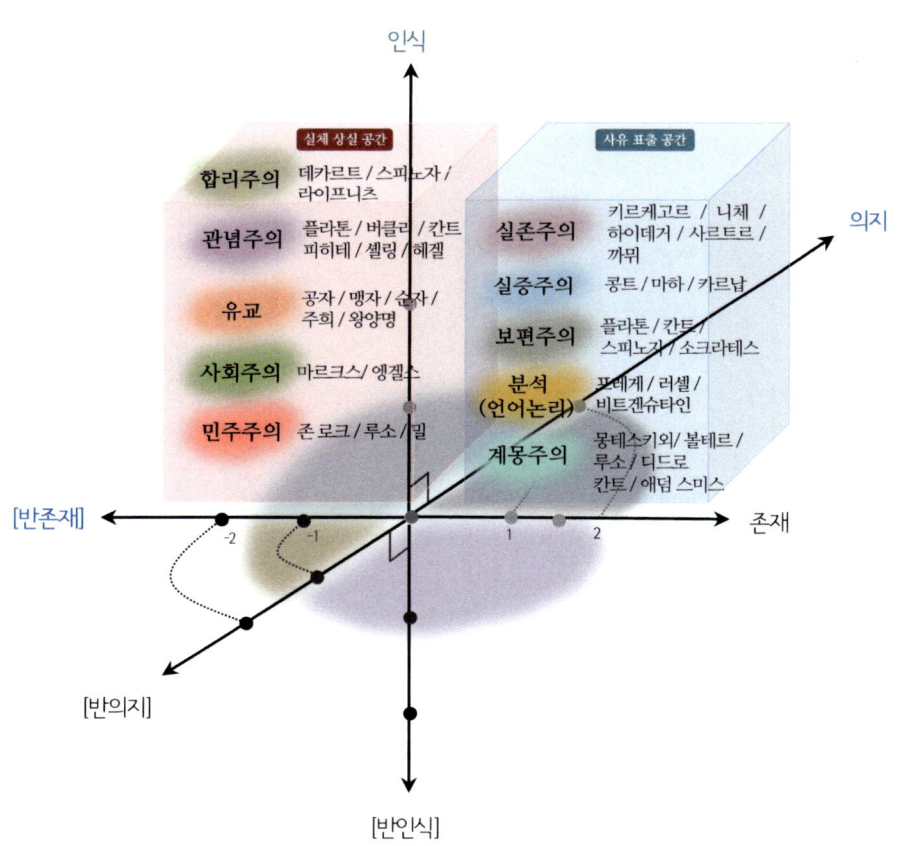

그림10. 합리주의 / 관념주의 / 유교 / 사회주의 / 민주주의 철학 위치도 (제 2 통합철학사유공간)

2-5. 민주주의 철학 - 존 로크

평등은 '우리가 바라고, 바라지 않고'와는 무관한 신이 부여한 절대 권리이다. 평등은 포기 불가하다.의지 왜냐하면, 이는 우리가 사는 공동체를 구성하는 이유이고 또한 해체하는 이유이기 때문이다. 즉 평등을 위해 공동체를 구성한 것이며, 평등이 깨지면 공동체를 유지할 아무런 이유가 없다.인식 자연 상태에서는 다툼이 나도 일대일의 작은 싸움이지만, 권력을 과도하게 위임받은 집단이 구성되면 이들은 무자비하게 개인의 생명, 재산, 자유를 침해하고 반존재, 탐욕을 위해 전쟁까지 일으킨다. 전쟁은 민중에게 애국을 빙자하여 개죽음보다 못한 의미 없는 희생을 강요한다. 이것이 우리가 [불평등적 권력]에 대해 냉철히 전복, 파괴를 도모해야 하는 이유이다. (문헌102: 존로크 [정부론])

자연 상태란 이성이 지배하는 자유롭고 평등한 상태이다. 이는 신이 인간에게 준 선물이다. 따라서 다른 사람이 나를 통제하고 지배할 권리는 전혀 없고, 내가 다른 사람에게 순종하는 것도 신의 명령에 위배된다.반존재 "타인을 복종시키는 것도, 타인에게 순종하는 것도, 모두 신을 거역하는 것이다."의지 이는 천부인권이다. 이것이 깨지면 인간은 결코 행복할 수 없다. 자유로운 자가 행복한 것은 아니지만, 자유롭지 않다면 행복할 수 없다.인식 (문헌103: 존로크 [정부론])

공동체 혼란 상태를 막기 위해 개인 존재의 자유를 제한하는반존재 최소한의 권력을 위임한 것이 국가이다. 국가 권력은 사람들의 생명과 재산, 자유를 지키기 위해서만 극히 제한적으로 사용되어야 한다.인식 신이 인간에게 부여한 자연법 권리, 천부인권은 누구에게도 양도할 수 없으며, 본인 외 타자(他者) 누구도 사용할 수 없다.의지 (문헌104: 존로크, [정부론])

2-5. 민주주의 철학 – 루소

사회계약은 각 개인이 자신이 가진 모든 권리를 공동체 전체에 완전히 양도하는_{반존재} (소멸시키는) 것을 의미한다. 왜냐하면, 첫째로 각 모든 개인이 전적으로 자신을 내어줄 때, 모든 조건은 모두에게 평등해지며, 모두에게 평등한 조건에서는 세상을 불공정하게 만들 만한 권력자도 없기 때문이다. 그뿐만 아니라, 각 개인이 모든 이에게 자신의 권한을 내어준다 하더라도,_{의지} 그것은 결국 어느 특정한 타인에게만 자신을 내어주는 게 아니다. 그리고 우리 각자가 타인에게 내어준 권리가 정확히 우리가 받은 권리와 대등하다면, 우리는 우리가 잃은 것만큼 얻고 있으며, 오히려 우리가 가진 것을 지킬 수 있는 힘을 더 얻게 된다._{인식} (문헌105: 루소 [사회계약론])

2-5. 민주주의 철학 - 존S밀

현대 사회는 [다수]라는 이름의 폭력으로 스스로를 검열_{반존재}하게 하며, 인간 정신 속 도덕적 용기조차 희생된다. 즉 사회적 여론이 두려운 나머지, 보잘것없는 지성의 평화를 위해 스스로 자기 의견을 검열하는 상태가 된다. 이 검열의 쇠사슬을 끊는_{의지} 자만이 자유로울 수 있다. 다수 공동체 속에서, 서로 다른 의견에 대한 합리적 결론에 다다르는 방법은 개인 생각과 사상의 공표, 언론 출판에 대한 절대적 보장이다. 인간 정신은 토론을 통해 발전하기 때문이다. 자유의 근원은 자기와 다른 자의 인정이다. [소수 의견을 가진 사람에 대한 공격]을 다수자의 뜨거운 양심, 정의의 분노로 오인하지 말아야 한다. 자유란 소수 각자가 원하는 대로 자신의 삶을 꾸려 나가도록 허용하는 것_{인식}이다. (문헌106: 존S밀 [자유론])

무너진 공평의 정의를 다시 세우기 위해서, 그리고 지상의 개인이 정의로운 자로 다시 태어나기 위해서는 정의의 목표를 다시 생각해 봐야 한다. "최대 다수에게 최대 행복"을 주는 것_{반존재}에 대한 호평은 그쯤에서 그만두는 것이 좋다. 행복을 위해 [각자가 개별적 자신의 삶을 도모하는 것] 이상으로 중요한 것은 없다. 우리는 다수가 개인에 대해 간섭할 수 있는 경우를 엄격하게 제한해야 한다._{의지} 타인 행동의 자유를 침해할 수 있는 경우는 자기 보호를 위해 피치 못할 때뿐이며, 권력의 사용도 누군가 다른 사람에게 해를 끼치는 경우에 한해서만 정당하다._{인식} (문헌107: 존S밀 [자유론])

우리 교육은 명예를 조작한다. 국가가 나서서 교육을 통제한다는 것은 사람들을 똑같은 틀에 맞추어 길러내려는 어리석은 방편_{반존재}에 불과하다. 이는 똑같은 목표, 똑같은 명예를 지향하게 되어, 삶을 경쟁 속에서 피폐하게 만든다. 명예는 개별적인 것이어야 하고, 그 개별성 속에서 삶은 자유롭고 풍요롭다. 명예는 삶을 관통하는 진리에 대한 추구이다. 명예는 젊은이들의 꿈이다. 타인의 명예를 모방하지 말고, 자신만의 명예를 만들어가야 한다._{의지} 자신의

2-5. 민주주의 철학 – 존S밀

명예를 선택하고 설계하는 것은 본인이 타고 난 숨겨진 비밀 능력을 훨씬 더 많이 사용할 수 있게 한다. 개별적 삶, 자신의 궤적, 그의 명예를 두려움 없이, 자긍심으로 선택하도록 도와주는 것, 이것이 진실한 교육자의 최대 덕목이다.

인식 (문헌108: 존S밀 [자유론])

2-6. 이상주의 철학

"이상주의 철학은
정신_의지와 인식_이 부차적인 실재_반존재_를 결정하면서 진리에 다가선다고 주장한다.
이는 [반존재]-의지-인식이 구성하는 제2 통합철학공간에 위치한다."

이상주의 철학은 "정신(mind), 관념(idea), 의식(consciousness)이 물질보다 더 근본적인 실재(reality)"라고 주장한다. 현실 세계의 본질을 정신적·관념적 실체로 간주하며,_의지와 인식_ 물질은 부차적이거나 정신의 표현_반존재_이라고 보는 철학이다. 이는 실재는 물질이라는 입장인 유물론(materialism)과 반대 입장이다. 조지 버클리 모든 존재는 오직 지각하는 주체 안에서만 존재한다는 주관적 이상주의를, 플라톤과 헤겔은 정신적 실재는 이데아처럼 객관적으로 존재한다는 객관적 이상주의를, 칸트는 인간의 정해진 인식 구조가 세계를 구성한다는 초월적 이상주의를, 헤겔은 모든 사실과 실제는 절대정신의 자기 전개 과정이라는 절대적 이상주의를 주장했다.

플라톤 (Plato, BC 427-347)은 현실보다 더 높은 차원의 "이데아 세계" 존재를 주장한 객관적 이상주의 주창자이다. 이데아론은 "감각 세계는 변화하고 사라지는 불완전한 세계(현상계)이고, 이데아 세계는 영원하고 완전한 진리의 세계(본질계)"라는 주장이다. 모든 존재는 이데아의 모사(모델)일 뿐이며,_반존재_ 진리는 정신으로만 인식 가능하다. 예를 들면 "정의란 무엇인가?"라는 질문에, 플라톤은 감각적 경험이 아니라, 이성으로 "정의의 이데아"를 탐구해야 한다_의지와 인식_고 주장한다. 『국가』에서 등장하는 동굴 속 죄수가 보는 그림자는 현상계이고 동굴 밖 세상이 '본질계'에 해당한다.

칸트 (Immanuel Kant, 1724-1804)는 "세계는 우리가 인식하는 방식대로 존재한다"는 초월적 이상주의(Transcendental Idealism)를 주장했다. 인간은 감각을 통해 자료를 얻고, 정신이 이를 시간, 공간, 범주 등의 형식으로 조직한다는 선험적 인식 구조를 제안했다. 우리가 알 수 있는 것은 오직 선험적 인식 구조를 통한 현상(phenomena)이며, 물자체(noumenon)는 알 수 없다는 것이다. 이는 "인간은 세계를 있는 그대로 인식하지 않고,반존재 선험적 형식을 통해서만 인식한다."로 요약된다.

헤겔 (G. W. F. Hegel, 1770 – 1831) "세계는 절대정신의 자기 발전 과정"이라는 절대적 이상주의를 주창했다. 절대정신(Absolute Spirit)은 자기 자신을 인식하고 실현하는 과정을 통해 역사, 자연, 인간 의식으로 전개된다는 것이다. 이 과정은 변증법(dialectic), 즉 '정ㆍ반ㆍ합'의 운동을 전개한다. 역사, 종교, 예술, 철학 모두 절대정신의 자기실현 과정이라 할 수 있다. 이에 수반되는 국가, 문화, 도덕 등 모두는 절대정신이 현실 속에서 자기 자신을 실현한 것이다. 이처럼 모든 실재는 결국 정신적인 것이다.반존재 "실재적인 것은 이성적이고, 이성적인 것이 실재적이다."

보편주의(universalism)와 이상주의(idealism)는 철학적으로 서로 관련이 있을 수 있지만, 그 개념과 초점은 분명히 다르다. 핵심 개념에서 '보편주의'는 모든 인간이나 존재에 적용되는 공통된 진리나 가치를 주장하는 것이고 '이상주의'는 세계의 본질이 정신ㆍ관념이라는 철학적 입장이다. 관심 초점 분야에서 보편주의는 누구에게나 적용되는 가치, 윤리, 진리의 보편성을 지향하고 이상주의는 존재론적 문제, 즉 무엇이 실재인가에 대한 관점을 지향한다. 철학 분야에서 보편주의는 윤리학, 정치철학, 인권, 종교 등에서 주로 논의되고 이상주의는 형이상학, 인식론, 존재론에서 주로 논의된다. 대표적 질문에서 보편주의는 "모든 인간에게 적용되는 정의는 가능한가?"를 묻고 이상주의는 "세상의 본질은 물질인가 정신인가?"를 묻는다. 대표 사상가에서 보편주의는 소크라테스, 스토아학파, 칸트 (도덕법칙의 보편성) 등이 있고 이상주의는 플라톤, 칸트(인식론), 헤겔 등이 있다. 반대 갈등 요소에서 보편주의는 상대주의의 도전 (모든 것에 보편적 기준이 있을 수 있는가?)이고 이상주의는 물질적 현실을 과소평가하거나 비현실적일 위험이 있다는 것이다. 철학적 가치 측면에서 보편주의는 인간 존엄성과 인권의 기반, 정의의 기준 제시하고 이상주의는 인간 정신의 위대함, 가치를 철학적으로 조명한다. 보편주의자는 "인간은 누구나 존엄하며, 그 존엄은 인종, 성별, 문화와 관계없이 동일하게 적용되어야 한다. (도덕적·윤리적 원칙의 보편성 강조)"라고 말할 것이고 이상주의자는 "인간의 정신, 관념, 이상이야말로 세계의 진짜 본질이다. 감각으로 보이는 세계는 진짜가 아니다. (실재(reality)는 물질이 아니라 정신이다)"라고 말할 것이다. 이처럼 보편주의는 "진리는 누구에게나 똑같이 적용되어야 한다"는 관점이고, 이상주의는 "진리는 정신적인 것이며, 그것이 실재의 본질"이라는 주장이다. 둘은 서로 다른 철학적 질문에 답하는 다른 철학적 답변인 셈이다.

2-6. 이상주의 철학

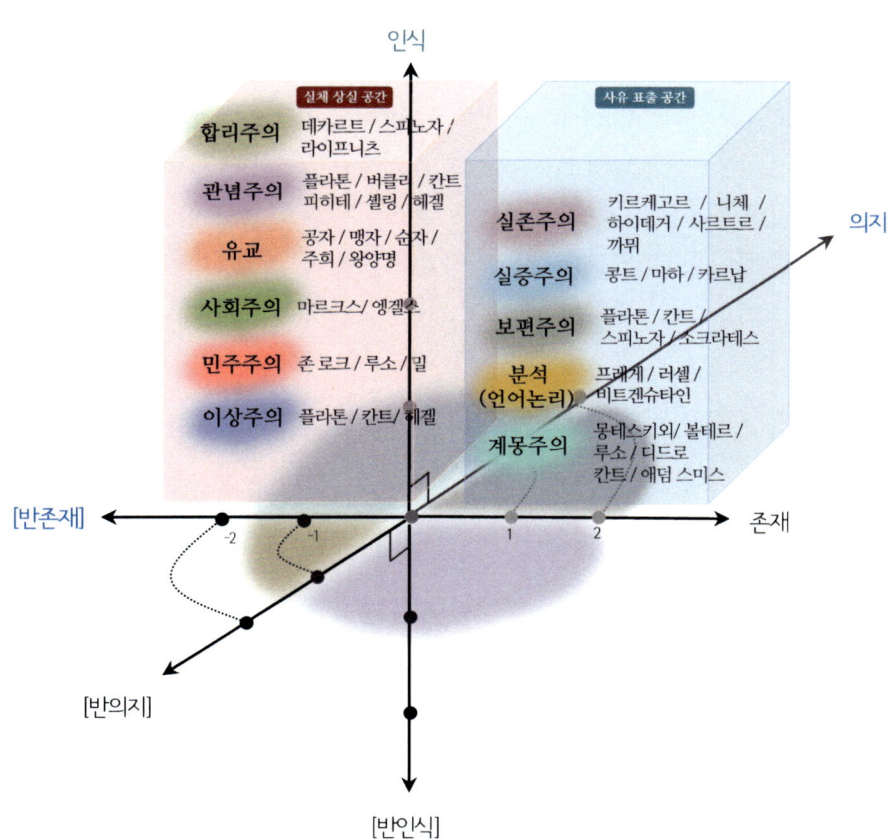

그림11. 합리주의 / 관념주의 / 유교 / 사회주의 / 민주주의 / 이상주의 철학 위치도 (제2 통합철학사유공간)

2-6. 이상주의 철학 - 플라톤

내가 이제, 우리의 본성이 얼마나 깨우쳐 있는지, 아니면 무지의 상태에 있는지 예를 들어 보겠네. 들어 보게! 사람들이 지하의 동굴 같은 처소에서 살아가고 있는데, 이 동굴은 입구가 빛 쪽을 향해 길게 뚫려 있고 동굴 내부 전체가 그쪽을 향해 있네. 이들은 태어나면서부터 다리와 목이 사슬에 묶여 있어 움직일 수 없으며, 오직 앞만 바라보도록 강요되고 있지. 그들의 뒤, 위쪽에는 불이 타오르고 있으며, 불과 죄수들 사이에는 낮은 벽이 쳐져 있네. 벽 위로는 목각상이나 형상들이 지나가는데, 이들은 한 벽 앞쪽에서 비추어지는 그 그림자 형상들만 보게 되는 것이지.

만일 한 사람이 그 결박에서 풀려나, 걸어 나오며 빛을 향해 고개를 들게 된다면, 그의 눈에는 처음 고통이 올 것이네. 그리고 그는 전에 진실로 알고 있던 것들이, 단지 그림자였다는 사실을 깨닫게 되겠지. 이윽고 그는 어두운 그림자보다 좀 더 실감 나는, 물에 비친 형상들을 알아보기 시작할 것이네. 다음으로는 실제의 형태들을 보고, 마지막으로는 태양 그 자체를 볼 수 있겠지.

결국, 이 태양은 우리가 '선(善)의 형상(Form of the Good)'을 깨닫는 힘의 원천이라 하겠다. 이 비유는 곧, 외부 세계에서 단순히 감각으로 인식되는 것들(그림자)은 실재가 아니며,_{반존재} 진정한 실재는 오직 정신이 사유하고 인식할 수 있는 '이데아'이며,_{인식} '선'은 그 형상을 가능하게 하는 궁극적 근원_의_지이라는 사실을 드러내네.

(문헌109: 플라톤 [국가(The Republic)])

2-6. 이상주의 철학 – 칸트

　우리는 이미 초월적 미학(Transcendental Aesthetic)을 통해 충분히 증명했다. 공간이나 시간 속에서 직관되는 모든 것, 즉 우리에게 가능한 모든 경험의 대상은, 실재 그 자체가 아니라 그저 현상(appearances)일 뿐이라는 사실을._{반존재} 그것들은 단지 표상(representations)이며, 공간 속에서 연장된 존재가 형태나 일련의 변화들로 인식되는 방식은 우리의 사고 밖에서 독립적으로 존재하지 않는다. 이 주장을 나는 초월적 관념론(transcendental idealism)이라고 부른다.(또는 Transcendental Aesthetic) 즉, 외면의 대상이나 시간의 흐름으로 감각되는 모든 것은 우리 인식 구조 속에서만 의미를 가질 뿐,_{인식} 그것 자체로 독립적인 존재는 아니라는 것이다._{반존재} 다시 말해, 공간과 시간은 대상이 지니는 조건이 아니라, 우리가 감각 경험을 조직하는 감성의 형식(forms of intuition)이다.

　이를 통해 경험주의(empiricism)나 합리주의(rationalism)가 전통적으로 가정했던 것-즉, 대상을 직접 인식할 수 있다는 가정이나, 사유만으로 모든 것을 파악할 수 있다는 가정-을 동시에 비판한다._{의지} 우리의 인식은 감성과 이성의 조합을 통해 이루어지며, 사물 자체(things-in-themselves)에 대해서는 우리는 알 수 없다. 그 대신 우리가 지각하고 사유할 수 있는 현상(phenomena)을 통해서만 인식 가능하다. 결국 이 이상주의적 관점은, 정신적 구조(관념)가 현실 세계를 이루는 근원이자 방식이라는 사상적 전환을 드러낸다. 즉, 현실 세계는 주체의 감성 구조 및 이해 작용으로 구성된다는 점에서, 현실과 인식의 상호 구성적 관계를 강조하는 철학 체계가 필요함을 보여 준다.

(문헌110: 임마누엘 칸트 [순수이성비판(Critique of Pure Reason)])

2-6. 이상주의 철학 - 헤겔

진리는 전체(the whole)이다. 그러나 그 전체라는 것은 다름 아닌 본질(essence)이 스스로를 발전시켜 완성(consummation)에 이르는 과정일 뿐이다. 절대(the Absolute)에 대해 말하자면, 그것은 본질적으로 결과(result)다. 즉 절대는 오직 결과로써 비로소 진정한 자신의 모습이 된다. 그리고 바로 이 점, 즉 "스스로가 되어 가는 자발적 발전(spontaneous becoming-of-itself)"이 바로 절대의 본질이다.

언뜻 모순처럼 들릴 수 있지만, "절대가 본질적으로 결과이다"라는 표현은 오히려 우리 철학의 핵심을 드러낸다. 전통적 형이상학이 절대를 정적인 존재로 파악하는 데 반해, 우리는 절대를 운동적이고 자기 전개적인 과정으로 이해한다._{인식} 즉 절대는 처음부터 완결된 것이 아니라, 자신이 자기가 되었을 때야 비로소 절대가 된다. 이러한 관점은 철학을 정적인 사고 체계로 보는 것이 아니라, 철학이 곧 자기 전개적이고 과정적인 진리의 드러남이라는 시각을 제시한다. 절대는 단순한 대상(object)이 아니라, 사유(subject)의 자기 전개 운동 속에서 완성되는 주체다._{의지}

따라서 우리에게 이상주의는 "정신이 세계를 구성한다"는 단순한 사상이 아니다. 그것은 정신(사유)과 존재(현실)의 통일, 즉 사유가 자신의 내용과 존재 양쪽 모두를 동시에 드러내는_{반존재} 동적인 전체이다. 우리의 절대 관념론은, 개념이 현실에서 결과로 실현될 때만 철학적 지식이 완성된다는 점을 강조한다.

(문헌111: 프리드리히 헤겔 [정신현상학(Phenomenology of Spirit)])

2-7. 법치·법가 철학

**"법치·법가 철학은
개인 존재의 자유를 제한하는 민중 전체 중심의 가치 속에 진리가 있다고 주장한다.
이는 [반존재]-의지-인식이 구성하는 제2 통합철학공간에 위치한다."**

법치주의(法治主義, Rule of Law)는 "법이 지배한다"는 원칙을 핵심으로 하여, 개인이나 집단의 자의적인 권력 행사를 방지하고_{반존재}, 법에 의한 통치를 통해 질서와 정의를 실현하려는_{의지} 철학적·정치적 사상이다. 이는 단순히 "법으로 통치한다"는 의미가 아니라, 법이 최고 권위를 가지며 모든 이가 법 앞에 평등해야 한다는 철학적 원리를 포함한다._{인식} 동양과 서양에서 법치주의의 사상은 각기 다른 맥락과 철학적 배경 속에서 발전한다.

한비자 (韓非子, 기원전 280~233)는 법(法), 술(術), 세(勢)를 통한 통치를 주장한 중국 법가(法家)의 핵심 사상가이다. 법(法)은 명문화된 객관적 기준으로 누구에게나 예외 없이 적용되어야 하며, 술(術)은 통치자가 법을 잘 활용하는 기술과 책략을 말하고, 세(勢)는 통치자가 가진 권력의 위치 자체가 권위를 부여해야 한다는 것이다. 인간은 이기적이며, 불명확하고 변덕스럽고, 알 수 없는 존재로,_{반존재} 도덕으로 통치할 수 없기 때문에 덕치(유교, 예(禮)/인(仁))가 아닌 강제력 있는 법으로 질서를 유지해야 한다고_{의지} 주장한다. "현명한 군주는 법으로 나라를 다스리며, 법은 백성에게 두려움을 안겨주어야 한다." 이처럼 법치의 목표는 질서 유지와 국가 통합, 특히 전쟁과 경쟁이 치열하던 중국 전국시대의 상황을 반영한_{인식} 철학이다.

플라톤 (Plato)은 초기 저작 『국가』 에서 철인 통치를 통해 인간의 이성과 철학이 중요성을 주장했으나, 후기 저작 『법률』 에서는 철인정치의 한계를 인정하고 법 중심의 통치 제도로 전환을 제시했다. 인간은 불완전하고 특정할 수 없고 욕망에 휘둘리므로_{반존재}, 법이 이를 제어해야 한다며_{의지} 법의 중요성을 강조했다. 법은 '이성의 표현'이며, 신적인 질서에 가까운 것_{인식}으로 간주했다. 이는 아리스토텔레스의 『정치학』 에 영향을 주었다.

존 로크 (John Locke, 1632 – 1704)는 법은 인간의 자유와 재산을 보호하는 가장 강력한 수단이라며 입헌주의를 주장했다. 권력은 법에 따라 제한되며, 이는 사회계약에 적용된다. '법이 없는 자유는 야만'으로 간주했다. 법치주의의 철학적 기반은 인간은 태어날 때부터 자유롭고 평등하다는 '자연법적 자유'인식를 보호하기 위해 사회계약으로 개인의 권한을 위임하되반존재, 그 권력은 평등하게 적용되는 법에 따라 행사되어야 한다의지는 것이다.

몽테스키외 (Montesquieu, 1689 – 1755)는 그의 저서 『법의 정신』에서 권력 분립(입법, 행정, 사법)을 통해 법이 지배하는 사회를 제시했다.인식 권력은 또 다른 권력으로 견제되어야 한다는 것이다. 자유란, 견제되어 상호 인정된 법이 허락하는 제한된 범위 내에서만반존재 '하고 싶은 대로 할 수 있는 상태'의지라고 주장한다.

토마스 홉스 (Thomas Hobbes, 1588 – 1679)는 인간은 자연 상태에서 "만인의 만인에 대한 투쟁"의 혼돈 상태로반존재 사회계약(법)으로 제어해야 한다고의지 주장했다. 이때 법 집행 질서를 위해 강제력을 가진 강력한 주권자(리바이어던)가 필요하다인식고 제시했다. 이 점에서 동양 법가 사상과 유사하다.

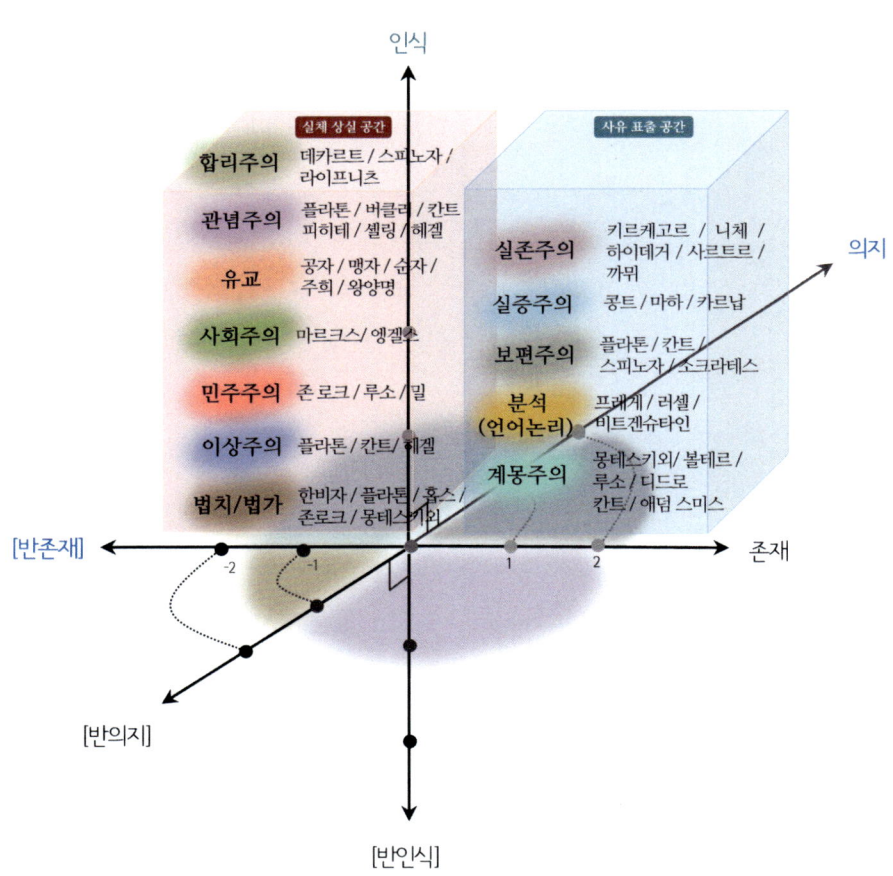

그림12. 합리주의/관념주의/유교/사회주의/민주주의/이상주의/법치·법가 철학 위치도(제2통합철학사유공간)

2-7. 법치·법가 철학 - 한비자

　대저, 사람은 상대방에 의지하여 자기를 위해 무언가 해주기를 바랄 뿐, 스스로 무엇을 하겠다는 생각은 별로 없는 법_반존재_이다. 다행히 요순 같은 임금이 나오면 잘 다스려지겠지만, 이는 1,000년 동안 세상은 혼란하고 어지럽다가, 비로소 한번 잘 다스려지는 것이다. 뛰어난 지배자가 아니더라도, 법술세(法術勢)에 의한 통제 정치를 하면 그 나라는 1,000년 동안 잘 다스려지다가 어쩌다 한 번 어지러워질 것이다._인식_ 이를 어찌 비교하겠는가? 인의(仁義) 정치를 주장하는 것은 100일을 굶은 자에게 맛있는 쌀밥과 고기를 줄 테니 좀 더 기다리라고 하는 것_의지_과 같다. (문헌112: 한비자 [한비자 • 순자 • 묵자])

　군주에게는 주의해야 하는 다섯 종류의 신하가 있다. 민심을 얻으려는 자, 세를 모으는 자, 지혜 있는 자를 모으는 자, 신망을 얻으려는 자, 옳고 그름을 논하기를 좋아하는 자가 그들이다. 이들은 언젠가 군주를 능가하려 하기 때문이다. 인간의 본성은 이(利)를 추구한다. 사람들이 온 몸을 던져 성심을 다할 것이라는 기대는 버리는 것이 좋다. 그들은 개별 존재의 본성은 없고 이(利)를 좇는 본성뿐이다._반존재_ 이(利)를 좇는 자를 다스리기 위해서는 해(害)를 주는 법(法)으로 다스려야 한다._의지_ 사람 모두를 잘 다스려 다수에게 이(利)가 분배되도록 하는 것이 정의이다. 많은 사람이 행복하기 위해서는 법술세(法術勢)의 통제로 백성을 다스려야 한다. 인의의 원칙만을 가지고 사람을 가르치는 것은 '오래 살게 해주겠다'거나 '지혜롭게 해주겠다'는 식의 인간이 하기에는 불가능한 일을 하겠다는 것이다. 진실한 지도자는 위대한 군주로 칭송받으려는 욕심을 버리고 당장 나라를 바로 잡는 일에 힘쓸 일이다. 인의를 강조할 시간도 여력도 없다._인식_ (문헌113: 한비자 [한비자])

2-7. 법치·법가 철학 – 플라톤

이상적인 입장에서 철학자가 통치하는 이상 국가(理想國家)를 설계했지만, 현실 정치에 대한 보다 실천적인 접근은 《법률(Laws)》에서 찾을 수 있다. "법이 통치자의 위에 존재해야 한다"는 원칙을 반복해서 강조할 만하다. 즉, 일반 시민은 물론, 통치자 또한 법에 종속되어야지(servants of the law),_{반존재} 법 위에 군림하는 자가 되어서는 안 된다.

또한, 간혹 법이 고정적이고 일반 규정이라는 점 때문에 실제 상황에 부적절하게 적용될 수 있다는 점도 분명히 인지한다. 법은 감정이나 순간의 위기에 따라 제정되는 임의적인 것이 아니라, 그리고 감정이 불에 타올라 예측력을 상실하는 순간이 아니라, 감정이 잠잠할 때, 이성적으로 대상을 바라볼 수 있는 시점에 제정되어야 한다. 즉 법은 고정적, 일관적인 형태로 존재해야 하며, 위기의 순간에도 공정하게 작동할 수 있어야 한다.

이러한 원리에 따라, 법의 권위가 통치자의 권위보다 우선해야 하며, 제 아무리 훌륭한 통치자라도 법에 따라 움직여야 한다. 이는 법치주의의 핵심 원리 중 하나로, 법이 사회적 안정과 정의를 확보하는 장치로 기능해야 한다는 인식의 반영이다._{인식}

특히 법은 단순한 명령이 아니라 이성적 구성체여야 하며, 법을 만드는 자는 이성을 갖춘 현명한 입법자여야 한다. 또한 법의 목적은 단지 사회 질서를 유지하는 것에 그치지 않고, 시민의 덕성과 지혜를 형성하는 교육적 기능도 함께 수행해야 한다. 요컨대, 법치주의란 단순히 법으로 통치하는 것만이 아니라, 법이 모든 권력의 기준이 되고, 법이 시민에게 이성적 삶을 교육하며, 법이 통치 권력을 제어하는 이상적인 '현실 정책 도구'로 작용해야 한다._{의지}

(문헌114: 플라톤 [법률(Laws)])

2-7. 법치·법가 철학 – 홉스

우리 중에는 뛰어난 인간이 존재하며 그들에게 우리 권리를 양보하여 통치하도록 하는 것이 일면, 현명해 보이기도 한다. 인간은 억압, 통제되지 않으면, 본성상 자기 이익을 위해 모든 것을 파괴할 준비가 되어 있는 저급 동물반존재이기 때문이다. 사람들이 누군가에게 복종하는 것은 자기에게 이익을 주거나, 그가 해를 끼칠 정도로 강력할 때뿐이다. 자연 상태에서는 힘이 정의이다. 이때 힘의 평등은 오히려 사람들에게 독으로 작용한다. 폭력적 투쟁이 동물과 다르지 않게 삶을 지배할 것이기 때문이다. 우리가 괴물 리바이어던이 필요한 이유이다.인식 인간의 야만적 자연 상태의 억압을 위해서, 평등은 일정 부분 타인 또는 국가에 얼마든지 양도될 수 있고, 아니 양도해야 한다.의지 (문헌115: 홉스 [리바이어던])

다수를 속이는 것은 그중 하나만을 속이기보다 더 쉽다. 대중은 깊은 생각 없이 다른 사람들의 생각을 따라 해버리는 어리석음에 빠지기 쉽기 때문이다.반존재 법은 다수를 통제하는 수단이고 정의는 개인을 통제하는 수단이다. 다수를 다스리려면 법이 필요하고 개인을 다스리려면 내밀한 정의가 필요하다.인식 어떤 지도자, 압제자, 리바이어던(Leviathan, 괴물)도 민중은 다스릴 수 있어도 개인은 다스릴 수 없다. 보통, 정의는 너무도 비밀스럽게 어디에나 숨어있어서, 아무리 정의가 무너져 내려도 조용히 사유(思惟)하는 누군가는 다시 정의를 발견하고 부활시킨다. 지상 세계는 국가, 권력 또는 다수에 의해 지배된다고 생각하지만, 세상은 철저히 개인이 지배한다.의지 (문헌116: 홉스 [리바이어던])

2-7. 법치·법가 철학 - 존로크

입법부 혹은 최고 권력(행정부)은 즉흥적이고 독단적인 칙령으로 지배할 권한을 결코 스스로에게 부여할 수 없으며, 반드시 공표된 상설 법률과 공인된 사법부에 의해 정의를 집행하고, 피통치자의 권리를 우선으로 고려하여 판단해야 한다.

절대적 독단 권력, 즉 공표된 상설 법률 없이 통치하는 방식은, 시민 사회와 정부의 목적과 결코 양립할 수 없다. 시민들이 자연 상태의 자유를 버리며 계약을 통해 사회를 구성한_{반존재} 이유는 생명, 자유 및 재산을 보호받기 위한 것이지, 불확정적이고 자의적인 권력에 복종하기 위한 것이 아니다._{의지}

그러므로 어떤 형태의 공화국이든 간에, 통치 권력은 공표되고 승인된 법률에 따라 통치해야 하며, 즉흥적 명령에 의해 지배해서는 안 된다. 이는 국민이 법안 속에서 명확히 자신의 의무와 권리를 인식하고, 안전과 보호를 법의 범위 내에서 보장받게 하기 위해서이다._{인식}

(문헌117: 존 로크 [시민 정부에 관한 두 번째 논문(Second Treatise of Government)])

2-7. 법치·법가 철학 – 몽테스키외

국가 권력은 입법권, 집행권, 사법권의 세 가지로 나뉜다. 이 권한들은 상호 독립적이면서도 서로에게 견제와 균형을 제공해야 하며, 그러한 구조가 없으면 어떤 권력이라도 지나치게 강해져 자유를 침해하게 된다._{인식}

만약 동일한 개인 또는 동일한 조직이 입법권과 행정 집행권을 동시에 행사한다면, 그 체제에는 자유가 존재할 수 없다. 입법권과 집행권이 결합하는 순간, 법을 만드는 사람이 그것을 집행하는 권한까지 가짐으로써 통제 없이 권력을 휘두를 수 있기 때문이다. 마찬가지로, 사법권이 입법 또는 행정권과 분리되지 않은 경우에도 자유는 사라진다. 판사가 동시에 입법자이거나 집행 권력을 가진다면, 살아 있는 법과 처벌의 칼날 모두를 불순한 목적을 위해 휘두를 수 있게 되기 때문이다.

결과적으로 만약 동일한 인물 또는 동일한 조직이 '법을 만드는 권한', '법을 집행하는 권한', '범죄나 분쟁을 판단할 권한'을 모두 장악하게 된다면, 그 사회는 자유를 상실_{반존재}하게 되며, 이는 법치주의의 붕괴를 의미한다. 따라서 자유와 정의를 보장하기 위해서는 이 세 권한이 반드시 분리_{의지}되어야 한다.

(문헌118: 몽테스키외 [법의 정신(The Spirit of the Laws)])

3장. 제3 통합철학사유공간 (존재-[반의지]-인식 공간)

진리와 가치에 대한 무력 공간

이곳은 자신의 세 번째 현존(現存)이 살고 있는 세계로

진실과 이상에 대해 무력감을 느끼고 그것을 회피하는 공간이다.

(염세주의 철학, 엘레아 철학, 결정론 철학)

제3 통합철학사유공간의 개요

(문헌3: 통합사유철학강의, 자유정신사, p287~296)

[제3 공간] 존재-반의지-인식 공간 세계 (진리와 가치에 대한 무력 공간)

모든 공간 세계는 세 개의 평면 세계와 접(接)하며 공존한다. 이때 각 평면 세계는 그 자체의 개념적 선형 세계들과 외부로부터의 영향을 통해 기본 평면을 구성하며, 이를 공간화시키는 것은 다름 아닌 사유 주체 자신이다.

일반적으로 외부 자극은 인간에게 즉각적으로 평면 세계를 구성하게 한다. 그리고 이 평면 세계로부터 자신의 사유 공간을 구성하는 과정은, 자신의 선형 사유 세계를 어떠한 방식으로 조직하느냐에 달려 있다. 예를 들어, 존재 실체에 대한 [반의지]가 작용할 때 그것을 어떻게 인식하거나, 혹은 [반인식]의 선형 세계를 선택하느냐에 따라 사유 공간의 구성이 달라지고, 이에 따라 각자의 삶의 공간 또한 상이하게 결정된다.

이와 같이 외부 자극이 주어질 때, 우리는 평면 사유로부터 공간 사유를 시작하게 된다. 반대로 공간적 사유로부터의 이탈은 외부 자극으로부터 벗어나 평정(平靜)에 이르려는 시도를 통해서만 부분적으로 성취될 수 있다. 공간적 사유의 이탈은 사유 영역의 급격한 축소를 야기하지만, 동시에 사유의 집중화를 가능하게 한다. 그러나 평면 사유의 집중화를 통해 진리(眞)·선(善)·아름다움(美)이 함께 존재하는 인간 정신의 [표층 세계]에 도달하는 것은 가능하더라도, 매우 어렵다. 대부분의 경우 이러한 과정은 오히려 사유 세계의 급격한 축소를 초래한다. 이는 평면 세계가 외부 세계의 영향에 쉽게 흔들리는 불안정 또는 준안정(準安定)의 사유 상태이기 때문이다.

[표층 세계]는 모든 사유 공간 세계의 극한적 최외각(最外殼) 표면으로, 사유를 통하여 인간 삶의 총체적 세계가 조망되는 차원이다. [표층 세계]에서는 모든 삶의 공간 세계가 자연스럽게 통일된다. 이에 관한 보다 심화된 논의는 후기 [통합사유철학]에서 보다 상세히 기술될 것이다.

실체와 인식에 대한 의지가 분열된 [반의지] 상태에 주목하면, [의지 – 반의지 선형 세계]에서 기술한 바와 같이 모든 존재와 인식에 대한 [의지의 분열]은 우리 시대가 직면한 심각한 위기 상황을 여실히 드러낸다. 이 위기가 극복되지 않는 한, 인간은 필연적으로 쇠락(衰落)을 향해 나아갈 수밖에 없다.

분열된 의지의 세계 속에서 존재는, 그것이 어떠한 실체이든 그 의미를 상실한 채 단지 '존재할 뿐'이다. 인간은 존재와 인식에 대한 의지를 통해 그 영속성을 보장받으며, 이러한 의지가 분열될 때 삶의 세계는 파괴된다. 인식은 모든 분열 상태로부터의 일시적 탈출을 가능하게 하지만, 그 영속성(永續性)은 오직 의지를 통해서만 성취될 수 있다.

인간의 영속성과 발전은 [존재와 인식의 세계가 구성하는 순수이성의 세계]에 의존하지 않는다. 그것은 인간의 [존재와 인식에 대한 의지 작용을 통한, 삶에 대한 자유 의지]에 기인한다. 인간은 존재와 인식에 대한 의지를 통해 삶의 원리를 사유하고, 그 원리를 성찰할 수 있는 근원적 힘을 얻는다. 따라서 [의지의 분열] 현상은 인식하려는 인간의 본능적 사유 자체를 파괴하며, 결국 인간의 모든 정신적 토대를 붕괴시킨다. [반의지]의 세계는 단순히 '의지하지 않으려는 상태'가 아니다. 그것은 자신의 근원으로부터 이미 의지 능력을 상실한 상태, 즉 [의지의 부정]이 아니라 [의지가 분열된 상태]이다.

우리는 [제3 사유 공간]에서 아무것도 의지되지 않는 실체를 경험한다. 그것은 마치 죽음을 앞둔 자가 세상을 사유하는 방식과도 같다. 그는 오직 현재 존재하는 것을 존재하는 그대로 사유하고, 현재 인식하는 것을 인식하기만을 희망한다. 이때 의지는 완전히 분열되어 있다. 오늘날 우리의 삶은 [의지의 분열]을 강요하는 자들에 의해 지배되고 있다. 그러한 어리석은 자들로부터 벗어나, 자유 의지로 충만한 세상을 만들어 가는 것은 우리 모두의 의무이다. 물론, 이는 인류 역사상 대규모 집단 사회에서 거의 성취된 적이 없던, 결코 쉬운 일이 아니다.

[제3 사유 공간]은 군중 속 인간 일반의 사유 영역에서도 쉽게 발견된다. 그들은 자신이 무엇을 의지하는지조차 사유하지 않으며, 군중의 명령에 의해

스스로를 마취시킨다. 이러한 '군중으로부터의 도피' 필요성에 대한 깊은 인식은 이미 100년 이상의 사상사적 역사를 지닌 문제의식이다. 그러나 아직도 인류는, 사람들을 설득하고 변화시키는 일에 완전한 성공을 거두지 못하고 있다.

여기서 주의해야 할 점은, 인간과 동물의 본성상 자연스럽게 [반의지]가 [존재와 인식의 평면]과 결합하여 형성하는 [제3 사유 공간]으로 '자신의 사유와 삶을 구성하려는 잠재적 경향'이 존재한다는 것이다. 우리의 나태함은 다른 본성보다 앞서 작용한다. 어쩌면 우리 대부분은 나태하기 위해 살아가고 있는지도 모른다. 만약 삶의 목적이 [나태]가 아닌 이가 있다면, 그는 머리를 깊이 숙여 경의(敬意)를 표할 만한 존재일 것이다. 우리는 본능적으로 자신의 나태한 본성을 감추기 위한 도피처를 필요로 한다. 그러나 사람들 대부분은 자신이 [분열된 의지의 세계] 속에 깊이 파묻혀 있음을 인식하지 못한다. 더욱이 덕(德)이 결여된 교활한 권력자와 지배자들은 이러한 본성을 능숙하게 이용한다.

우리는 [반의지]를 포함하는 공간 세계로부터의 탈출을 가능케 하는 '인식'이라는 문을 스스로 내면에 지니고 있다. [인식의 힘]을 통해 [제3 사유 공간]은 [존재와 인식의 '분열된 의지'로 인한 파괴]로부터 벗어날 수 있다. 즉, 인간은 자신 속의 또 다른 존재, 곧 [나]를 통해 자신을 관조(觀照)함으로써, 자신으로부터의 이탈을 통한 사유 전환을 가능하게 한다. 이러한 자기 관조의 과정에서 기존의 모든 사유는 급격한 변화를 겪는다. [의지의 분열]을 포함하는 공간 세계는 이때 새로운 전환의 국면으로 진입하며, 이는 분열을 자각하는 또 다른 [나]의 작용에 근거한다. 우리는 이러한 과정을 [자기 이탈을 통한 사유 공간의 전환]이라 규정한다. 자신을 '나'와 '또 다른 나'로 구분하여 사유하는 훈련은 [통합사유철학]을 이해하기 위한 핵심 과정이다.

또 다른 [나]는 선형적 존재의 세계에서 논한 [대자존재(對自存在)]와 [즉자존재(即自存在)]를 모두 포괄한다. 이를 발견하기 위해서는 무엇보다 [평정(平靜)의 인식(認識)]이 전제되어야 한다. 그러나 그 존재는 애써 찾으려 하기보다, 마음을 고요히 하면 즉시 발견될 수 있기에 결코 깊이 숨겨져 있는 것은 아니다. [자기 이탈]을 위해서는 또 다른 [나]의 창조를 억압하는 사유 작용을 극복해야 한다. [나]의 창조를 억압하는 것은 다름 아닌 지금까지의 삶을 구성해 온 [오래된 나]이다. 조금 더 깊이 사유한다면, 또 다른 [나]는 규정 가능한 실체가 아님을 직감하게 될 것이다. 지금까지의 '나'를 전면적으로 부정하는 일은 쉽지 않다. 이를 위해서는 [나]가 무엇으로 구성되어 있는지, 그리고 실존적 [나]란 무엇인지를 성찰해야 한다. 이는 결코 간단하지 않으며 상당한 논의와 지면을 필요로 한다. 자세한 내용은 다음 저서를 참고하기 바란다.(김주호, 『존재 [나]에 대하여』 (2012), 자유정신사) '존재 [나]'라는 단어 속에 숨겨진 끝없는 의문에 대한 탐구는, 지금까지의 나를 더욱 '나답게' 만들어 줄 것이다.

[자기 이탈]은 [평면 세계를 통한 사유 공간의 전환]과 더불어 사유 전환의 핵심적 요소이다. 두 사유 전환의 차이는, [자기 이탈]을 통한 사유 세계의 전환이 인간의 자주적(自主的) 특성을 기반으로 하는 반면, 후자의 경우에는 인간의 자주성과 무관하게 사유의 전환이 외부적 요인에 의해 야기된다는 점에 있다. 즉, 전자는 인간이 [의지의 분열]과 [인식의 분열] 등 다양한 분열 현상을 자주적으로 극복하고자 할 때 발현되는 중요한 사유 전환의 양상이다. 반면, 자주성과 무관하게 이루어지는 사유 세계의 전환은 그 개인의 사유 특성과 인식적 성향을 규정짓는 요소로 작용한다. 열두 개의 각 평면 세계에서 다른 평면 세계로 이행하는 과정과 그 철학적 의미는, 철학을 탐구하는 자 뿐 아니라 인간 일반이 함께 성찰해야 할 근원적 사유 주제이다.

[자기 이탈]은 그 양상에 따라 두 가지로 분류된다. 첫째는 자신을 '자신으로 사유하면서 동시에 자신으로부터 이탈하여 자신을 사유하는' [주체적 자기 이탈], 둘째는 자신을 '타자(他者)로 사유하면서 자신을 이탈하여 자신을 사유하는' [객체적 자기 이탈]이다.

더 나아가, 이 두 범주는 자신을 사유하는 주체와 객체의 수적 구조에 따라 [일원적(一元的) 자기 이탈]과 [다원적(多元的) 자기 이탈]로 세분할 수 있다. [일원적·주체적 자기 이탈]은 오랜 사유와 성찰을 통해서만 성취되는 대표적인 형태의 [자기 이탈]이다. 진정한 [자기 이탈]은 자신의 전 사유 세계가 자신으로부터 분리된 또 다른 [나]에 의해 이루어질 때 완성된다. 이는 곧 '나'와는 구별되는 [또 다른 나]라는 사유 주체의 창조를 전제한다. 한편 [다원적 자기 이탈]은 자신을 이탈하여 자신을 바라보는 [또 다른 나]를, 예컨대 '시간에 따라 변화하는 다수의 나들'로 설정하고, 이를 통해 자기 존재를 보다 심층적으로 탐구하는 사유 방식이다. 이러한 논의는 [시간사유철학]의 핵심 주제이며, 이는 본 연구의 범위를 넘어선다. 따라서 그 구체적 전개는 별도의 논문에서 다루어질 것이다.

지금까지 인식의 세계가 구성하는 네 가지 삶의 공간 중, 세 번째에 해당하는 존재 – [반의지] – 인식 공간을 중심으로 사유하였다. 이제부터는 이 공간을 대표하는 철학 사상과 철학자들의 사유 및 이념이 어떠한 공간 세계를 구성하며, 그것이 인간의 삶의 공간 속에서 실제로 어떻게 작용하고 있는지를 고찰해 보고자 한다.

제3 공간 철학 사상별, 철학자별 철학 공간 위치도

3-1. 염세주의 철학: 쇼펜하워, 니체, 톨스토이

3-2. 엘레아 철학: 파르메니데스, 제논, 크세노파네스

3-3. 결정론 철학: 스피노자, 라플라스, 쇼펜하워, 제논

3-1. 염세주의 철학

"염세주의 철학은
세계_{존재}의 무의미를 인식하여 반의지를 통해 진리에 다가선다.
이는 존재-[반의지]-인식이 구성하는 제3 통합철학공간에 위치한다."

염세주의(Pessimism) 철학은 인생이나 세계를 본질적으로 고통스럽고 무의미하다고 보는 철학적 관점이다. 이 입장은 인간의 존재와 삶에 대해 비관적이며, 삶의 고통이나 부조리, 불완전함에 주목한다. 염세주의는 단순한 우울한_{반의지} 감정 상태를 말하는 것이 아니라, 체계적인 철학적 사유의 결과로써 나타난 세계관이다. "세계는 고통으로 가득 차 있다." 인간 존재는 욕망과 결핍 속에서 살아가며, 이 욕망은 끝이 없고 충족되지 않는다. 따라서 삶은 지속적인 고통이다. "삶은 무의미하거나 부조리하다." 인간은 의미를 갈구하지만, 우주는 그것에 응답하지 않는다. 존재 자체가 부조리하거나 허무하다. "죽음은 해방이자 종결이다." 염세주의자들은 죽음을 피해야 할 두려움보다는 고통의 해방 혹은 자연스러운 귀결로 본다. 하지만 염세주의 철학은 삶의 본질을 가감 없이 직시하는 용기를 주고 그 고통의 불가피성을 인정함으로써 진정한 해방을 모색함_{의지}과 동시에 허무 속에서 인간은 '어떻게 살아야 하는가'라는 근본적 질문을 던지게 하는 통찰_{인식}을 주기도 한다.

아서 쇼펜하우어 (Arthur Schopenhauer, 1788 – 1860)는 "인생은 진자처럼 고통과 권태 사이를 흔들린다"고 주장한 비관주의 철학자이다. 그는 『의지와 표상으로서의 세계』 라는 작품 속에서 세계는 '맹목적인 의지'로 구성되어 있으며, 이 의지는 끊임없는 욕망의 근원임을 통찰했다. 그러나 인간의 고통은 이 같은 충족되지 않는 욕망에서 비롯되며, 반대로 욕망이 충족되면 권태가 찾아온다는 것을 통찰했다. 이로부터 그는 고통에서 벗어나는 길은 예술적 몰입, 금욕주의, 자아 소멸, 즉 존재와 인식에 관한 [반의지]적 삶의 태도를 그 해결책으로 주장했다. 이를 바탕으로 불교 철학과 유사한 무의지(無意志)적 해탈의 개념을 제안했다.

프리드리히 니체 (Friedrich Nietzsche, 1844 – 1900)는 "신은 죽었다. 우리는 허무의 시대에 있다"고 하면서도 전통적인 염세주의를 극복하려 했지만, 동시에 가장 깊은 염세주의를 통찰한 철학자이다. 그는 『차라투스트라는 이렇게 말했다』라는 작품에서 삶은 고통스럽고 부조리하지만, 그것을 정면으로 마주하고 긍정해야 한다고 주장했다. "영원회귀"라는 사상을 통해 고통조차 반복하겠다는 삶의 긍정(운명애)을 요구했다. 쇼펜하우어의 염세주의를 비판하면서도, 인간 존재의 비극성과 허무 속 [반존재]를 누구보다 철저히 통찰했다. 그는 '극복된 염세주의자'로도 불린다.

레오 톨스토이 (Leo Tolstoy)는 "삶은 죽음과 허무의 그림자 속에 있다"라고 하면서 후기 철학적 저작에서 극심한 염세주의적 고뇌를 드러냈다. 『참회록』에서 인간 존재의 무의미함, 죽음에 대한 공포, 신앙을 통한 구원의 가능성을 통렬하게 묘사했다. 그는 삶에서 느끼는 무력함과 신앙 사이의 절망을 체험한 실존적 염세주의자로 평가받고 있다.

3-1. 염세주의 철학

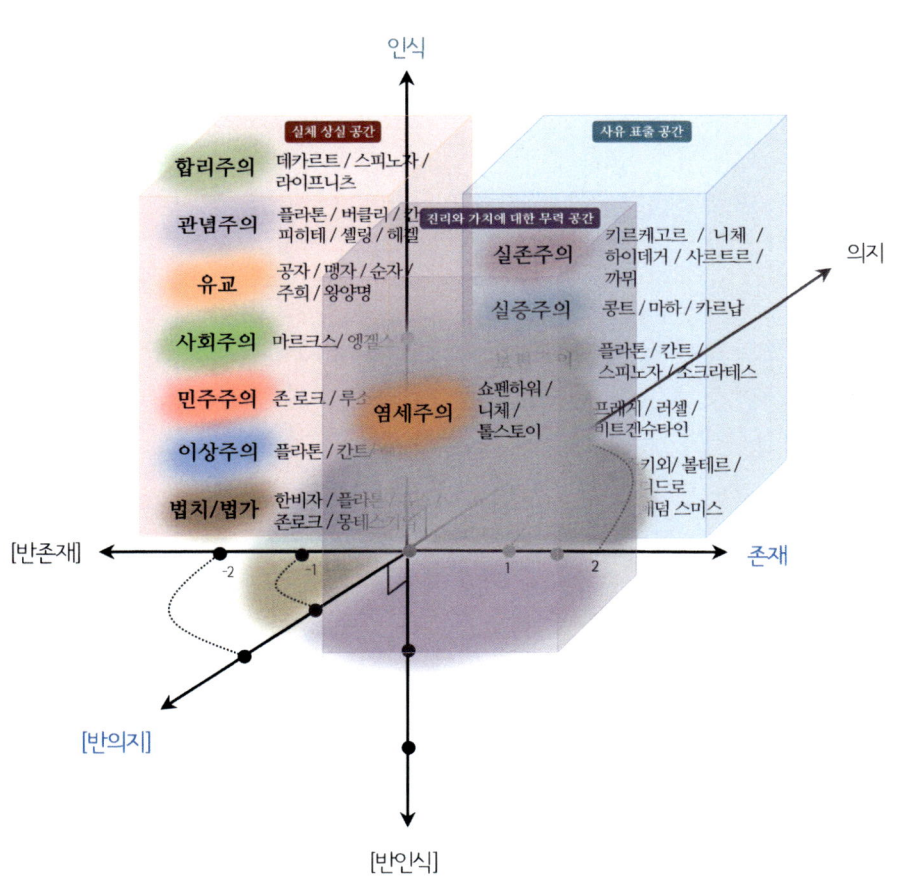

그림13. 염세주의 철학 위치도 (제 3 통합철학사유공간)

3-1. 염세주의 철학 – 쇼펜하우어

세계 전체가 단지 '욕망과 고통 속에서 분열된 의지'_반의지의 가시적 표현(표상)_존재에 불과하다면, 예술은 바로 이 가시성을 명료하게 드러내는 장치이다. 다시 말해, 예술은 사물의 본질을 더욱 순수하게 보여주는 카메라 옵스쿠라(camera obscura, 카메라 암상자)와 같아서, 우리로 하여금 그것들을 더 잘 관조하고 이해할 수 있게 한다.

세계를 진정으로 이해하려면, 표면적인 시각적 현상에 머물러서는 안 된다. 예술을 통해 우리는 의지(The Will)라는 세계의 근본 원리를 직관할 수 있다. 예술적 경험, 특히 예술 작품 앞에서의 감정적 몰입은 우리를 끊임없는 욕망과 고통의 굴레에서 잠시 벗어나게(일종의 해방) 하며, 대상 뒤에 숨은 욕망과 고통 속에서 분열된 의지의 구조_반의지를 이해하게 한다.

예술은 단지 아름다운 모사가 아니라, "플라톤적 이상(Idea)"을 통한 의지의 표상이자 반영으로, 지성과 감성의 결합을 통해 욕망과 고통이라는 세계의 가장 내재적인 실체를 드러낸다. 이를 통해 역동적 욕망과 존재의 고통에서 잠시 벗어나, 고통을 초월한 정적 관조의 상태를 경험_인식하게 한다.

(문헌119: 쇼펜하우어 [의지와 표상으로서의 세계])

"어떤 충격으로 돌이 공중을 날 때, 만일 돌에 의지가 있다면 자기의 의지로 나는 것으로 착각하려_반의지 할 것이다." 스피노자는 이렇게 말했다. 이처럼 세상은 헛된 의지로 구성되며, 어떤 가치도 헛된 의지의 방향과 의도에 따라 그 운명을 달리한다._존재 하지만, 진정한 가치는 바로 그 헛된 은밀한 의지가 만드는 마음의 평정_인식이다. (문헌120: 쇼펜하우어 [의지와 표상으로서의 세계])

"그것은 우리들 속에 깃들어 있나니. 땅속에도, 별이 총총한 하늘에도 없도다. 이 모든 것은 우리 고통과 권태 속 영혼_반의지이 만드는 것_존재이니." 르네상스적 아그리파(Agrippa)는 헛된 자유 의지에 대해 이렇게 말했다._인식 (문헌121: 쇼펜하우어 [의지와 표상으로서의 세계])

3-1. 염세주의 철학 - 쇼펜하우어

현상계는 자기 표상의 세계이며,_{존재} 인식 불가지론적(不可知論的) "물(物)자체"의 정체는 다름 아닌 "의지"의 세계이다. 하지만, "세계의 본질은 의지"라고 말할 때, 우리는 의지를 좋은 것·가치 있는 것으로 생각하지 않는다. 오히려 의지는 맹목적이고 비이성적이며, 결코 만족을 줄 수 없는 욕망의 근원이다. 우리가 느끼는 고통, 결핍, 불안, 갈등은 모두 이 맹목적 의지에서 나오기 때문이다._{반의지} 우리는 의지를 '긍정'하는 게 아니라, '비판'하는 입장이다.

의지는 충족될 수 없는 갈망이다. 하나를 충족하면 곧 다른 결핍이 생기고, 그 결핍이 고통을 낳는다. 만족은 잠깐이지만, 결핍과 고통은 지속된다. 따라서 세계가 의지에 의해 움직인다는 것은 곧, 세계는 본질적으로 고통의 장이라는 의미가 된다. 이 점에서 우리의 형이상학은 구조적 염세주의로 이어진다.

감각 경험과 이성적 추론이 모두 표상의 영역에 머무른다. 우리가 경험하는 세계는 '의지의 현상'일 뿐이고, 절대적 진리 자체를 직접적으로 알 수 없다. 따라서 우리는 지식에 대해 근본적 회의를 유지한다. 다만, 의지를 '물자체'로 보는 것은 경험적 증명이 아니라, 철학적 직관에 근거한 주장이다. 우리는 세계의 본질이 의지임을 주장한다. 하지만, 의지는 본질적으로 맹목적이고, 고통을 생산하는 원리이다. 이 고통에서 벗어나려면 "의지를 부정"(금욕·예술·연민)해야 한다._{인식} 의지의 지배에서 벗어나지 않는 한, 세계는 본질적으로 비극적이다. '의지'라는 개념은 우리 철학의 핵심 도구이지만, 그것을 긍정하는 것이 아니라, 그것이 초래하는 고통을 인식하고 극복을 권한다. 이처럼 세계는 본질적으로 염세주의·회의주의 범주에 있다.

(문헌122: 쇼펜하우어 [의지와 표상으로서의 세계])

3-1. 염세주의 철학 – 니체

어느 날 또는 어느 밤, 악마가 당신의 가장 고독한 순간에 다가와 이렇게 속삭인다고 상상해 보라. "그대가 지금까지 살아온 이 삶을—그대가 지금, 이 순간 살고 있는 바로 이 삶을—다시 한번, 그리고 무수히 되풀이해 살아야 한다. 새로운 것은 아무것도 없을 것이며, 그대가 겪은 모든 고통과 기쁨, 모든 생각과 한숨, 아주 사소하거나 거대한 모든 일이 똑같은 순서와 연쇄로 되돌아오리라. 이 거미도, 나무 사이의 달빛도, 이 순간도, 심지어 내가 그대에게 속삭이는 이 말까지도." 이 말을 들은 그대는 어떻게 할 것인가? 이를 저주하며 이를 갈겠는가, 아니면 "그대는 신이며, 나는 이보다 더 신성한 말을 들어본 적이 없다!"고 응답할 만큼 강해질 수 있겠는가.

'가장 무거운 것'은 단순한 반복의 공포가 아니다. 반복이 '영원'하다는 사실—즉 이생의 전체를 변형 없이 긍정해야 한다는 요청—이 우리 존재 위에 가장 무거운 추처럼 얹힌다. 이 사유가 그대를 사로잡는다면, 그대는 지금의 자신으로 남을 수 없을 것이다. 이 생각은 그대를 산산이 부수거나, 그대를 변화시켜 새로운 존재로 만들 것이다. 그 순간부터 그대는 모든 행위 앞에서 스스로에게 묻게 된다. "나는 이것을 또다시, 그리고 무한히 반복되기를 원하는가?" 이 질문은 행위의 동기와 가치를 가볍게 만들지 않고, 오히려 가장 엄정한 저울로 바꾼다. 순간적인 쾌락이나 회피를 위한 선택은 영원회귀의 눈앞에서 설 자리를 잃는다. 왜냐하면 '다시-그대로'의 운명 앞에서 우리는 사소한 일조차 다시 감당할 수 있을 만큼 자신의 삶을 사랑해야 하기 때문이다.

여기서 우리는 전통적 염세주의의 논리를 비틀어 뒤집는다. 삶이 고통으로 가득 차 있으니 삶을 저주하거나 떠나야 한다는 결론이 아니라, 고통을 포함한 '전체로서의 삶'을 긍정할 수 있는 힘-운명을 사랑하라(amor fati)-를

3-1. 염세주의 철학 – 니체

요구한다. 염세주의가 삶을 거부하게 만든다면, '강한 비관(힘의 비관)'은 오히려 무거운 운명을 끌어안으며 강해진다. 영원회귀는 초월이나 구원을 약속하지 않는다. 도리어 어떤 구원도 기대할 수 없는 조건에서 "그럼에도 불구하고, 다시!"라고 말할 수 있는가를 묻는 실천적 시험이다. 그러므로 이 아포리즘의 악마는 우리를 절망으로 몰아넣기 위한 환영이 아니라, 삶의 형식을 다시 설계하도록 몰아붙이는 냉혹한 스승이다. 우리가 매 순간을 '다시 오기를 원하는 것'으로 만들어갈 때만, 반복의 저주가 반복의 축복으로 바뀐다. 우리의 눈앞에서, 염세주의_{반의지}는 무게를 견디는 힘, 다시 말해 창조적 긍정의 도약대로 변형된다. 그 긍정은 결핍이나 위안을 찾아 밖으로 도피하지 않고, 이 땅의, 이 순간의, 이 몸의 삶—그 그림자들까지—온전히 자신의 것으로 삼으려는 결단에서 태어난다. 바로 그래서 이 짧은 문단은 우리 철학의 심장부를 두드린다. 도덕·형이상학·종교가 약속한 '다른 세계'를 기대하는 대신, 이 세계 전체를 끌어안는 힘, 그 힘이야말로 '가장 무거운 것'_{존재}을 들어 올릴 수 있는 유일한 지렛대다._{인식}

(문헌123: 니체 [즐거운 지식 (Die fröhliche Wissenschaft)])

3-1. 염세주의 철학 – 톨스토이

나는 삶을 사랑했다. 그러나 이제 내 앞에는 오직 파멸과 멸망만이 기다리고 있었다. 내 인생의 모든 행위는 한낱 어리석은 장난에 불과하다고 느꼈다. 오늘이 가면 내일이 오고, 내일이 가면 또 다른 날이 오지만, 모든 날은 죽음이라는 끝을 향해 미끄러져 가고 있었다. 죽음은 모든 것을 집어삼키고, 내가 사랑했던 모든 것, 추구했던 모든 것을 허무로 만들어 버린다.

나는 나 자신에게 물었다. "그렇다면 내가 하는 일은 무엇인가? 왜 노력하는가? 왜 살고 있는가?" 그러나 어떤 대답도 찾을 수 없었다. 나의 삶에는 의미가 없었다. 아무리 노력해도, 아무리 성취해도, 죽음 앞에서는 모두 같았다. 부유한 자나 가난한 자, 현자나 어리석은 자, 선인이나 악인, 모두가 죽는다. 그리고 아무것도 남지 않는다._{존재}

나는 그때부터 모든 활동을 멈추고자 하는 유혹에 사로잡혔다. 책을 읽는 일, 글을 쓰는 일, 사람들과 어울리는 일조차도 무의미하게 느껴졌다. 마음속에서는 끊임없이 한 목소리가 울렸다. "그러면? 뭐가 남았는가?" 이 질문은 나를 잠 못 들게 하고, 가슴을 죄었다.

이 질문에 답을 찾을 수 없었을 때, 나는 살아야 할 이유를 잃었다._{반의지} 죽음이 모든 것을 끝내버린다면, 살아 있는 동안의 모든 노력과 고통, 기쁨은 단지 무의미한 덧칠에 불과하다. 그러므로 삶은 악몽이었고, 나는 그 악몽에서 깨어나고 싶었다._{인식}

(문헌124: 톨스토이 [참회록(Лев Толстой Исповедь)])

3-2. 엘레아 철학

**"엘레아 철학은 '의지적 감각'이 아닌
'이성적 인식'을 통해서만 '진정한 존재'에 다가선다고 주장한다.
이는 존재-[반의지]-인식이 구성하는 제3 통합철학공간에 위치한다."**

엘레아학파(Eleatic School)는 고대 그리스 철학에서 존재의 본질과 그 변화에 대해 깊이 사유했던 철학 학파로, 존재는 하나이며 불변한다는 급진적인 주장을 했다. 이들은 감각보다 이성_{인식}을 중시하며, 존재의 변화와 다수성을 부정했다. 기원전 6세기경, 남부 이탈리아의 엘레아(Elea, 현재의 이탈리아 벨레리아)에서 발생했으며 "존재는 '하나'이며 '불변'이다" (파르메니데스) "존재하는 것은 존재하고, 존재하지 않는 것은 존재하지 않는다"_{존재} "감각으로 보이는 변화, 생성, 소멸은 모두 착각이다"라고 주장했다. 존재와 인식을 중심으로 우리의 의지에 의해 발생하는 감각적 정보는 모두 기만과 거짓이라는 입장_{존재}을 갖는다. 즉 진정한 실재(존재)는 하나(一)이고, 그것은 연속적이며, 변화하지 않으며, 시작도 끝도 없고, 영원하다는 생각이다. 우리는 세계에서 실체(존재)의 생멸과 운동을 보지만, 그것은 우리 의지에 의한 감각 오류일 뿐이며,_{반의지} 오직 이성만이 진리를 파악할 수 있다고 봤다. 이로써 이성 중심 철학, 즉 형이상학(metaphysics)의 토대를 쌓았다.

파르메니데스(Parmenides)는 "존재하는 것은 존재하고, 존재하지 않는 것은 존재하지 않는다."라고 주장한 엘레아학파의 중심인물이다. 시 형식으로 된 철학 저작, 『자연에 관하여(On Nature)』에서 "존재는 하나다(Monism)"라고 주장한다. 존재는 본질적으로 하나이며, 나뉘지 않으며, 생성되지 않고 소멸하지 않는다는 것이다. 또한 "존재는 불변이다"라고 주장하는데 이는 변하거나 움직이는 것은 진짜 존재가 아니며, 감각이 만들어낸 환영에 불과하다고 성찰의 결과이다. 즉 "감각은 기만적"이라는 것이다. 변화와 다양성은 인간의 욕구, 욕망, 바람 등으로 오염된 의지적 감각의 오류라는 반의지적 관점을 가지며, 진리는 오직 "이성을 통해 파악할 수 있다"라고 말한다. 이는 (데카르트적) '사유와 존재'의 동일화, 즉 인간이 '생각'할 수 있다는 것은 그 대상이 '존재'한다는 뜻이고 이를 바탕으로 "존재하지 않는 것은 사유될 수 없다"는 반대 사고 또한 가능하게 한다. 결론적으로 그는 존재는 하나이며, 불생불멸하고 불변임을 인식하면서 감각적 세계는 허위라는 반의지적 태도를 견지한다. 따라서 오직 이성만이 진리를 인식할 수 있다고 단호하게 결론을 맺는다.

제논 (Zeno of Elea)은 "존재의 운동은 없다. 감각은 우리를 속인다"면서 파르메니데스의 사상을 논리적으로 옹호한 철학자이다. 그는 역설 (Paradoxes)을 통해 운동과 다수성의 불가능성을 주장했다. 예를 들면 아킬레우스가 아무리 빨라도 앞서가는 거북이의 궤적을 절대 따라잡을 수 없다는 '거북이 역설', 어떤 지점에 도달하려면 무한히 많은 중간 점을 지나야 하므로 목표 지점에 도달하는 것은 불가능하다는 '중간 점 역설', 날아가는 화살은 어떤 임의의 한순간에도 움직이지 않으므로 어디론가 날아가지 못하고 정지해 있다는 '화살의 역설' 등이다. 이는 이성적 논리로 감각 세계의 모순을 드러내어, 오직 이성에 의한 존재 인식이 타당하다는 파르메니데스의 주장을 지지했다. 즉 변화나 운동은 의지적 감각의 환영이며, 논리적으로 모순되고 이성만이 존재의 진실을 밝힐 수 있다고 주장한다.

크세노파네스 (Xenophanes)는 엘레아학파의 시조 격으로 '인간의 감각 속 신'에 대한 비판과 존재론의 기초를 제시했다. 신은 인간의 모습이 아니라 하나의 불변적 존재여야 한다는 주장이다. "만약 소가 신을 그린다면, 소처럼 그릴 것이다"라며 인간 중심적 신의 개념을 비판한 것이다. 이는 후에 파르메니데스의 존재-[반의지]-인식 철학으로 발전하게 된다.

엘레아학파는 "존재란 무엇인가?"라는 철학의 가장 근본적 질문에 대한 최초의 체계적 탐구를 시작한 철학자들이다. 그들은 의지적 감각이 아닌_{반의지} 이성만이 진리를 인식할 수 있다고 믿으며, 존재의 불변성과 단일성을 논리

적으로 주장했다. 이 생각은 이후 플라톤, 아리스토텔레스는 물론, 현대 철학
까지 이들의 영향 아래에 있다고 할 수 있다.

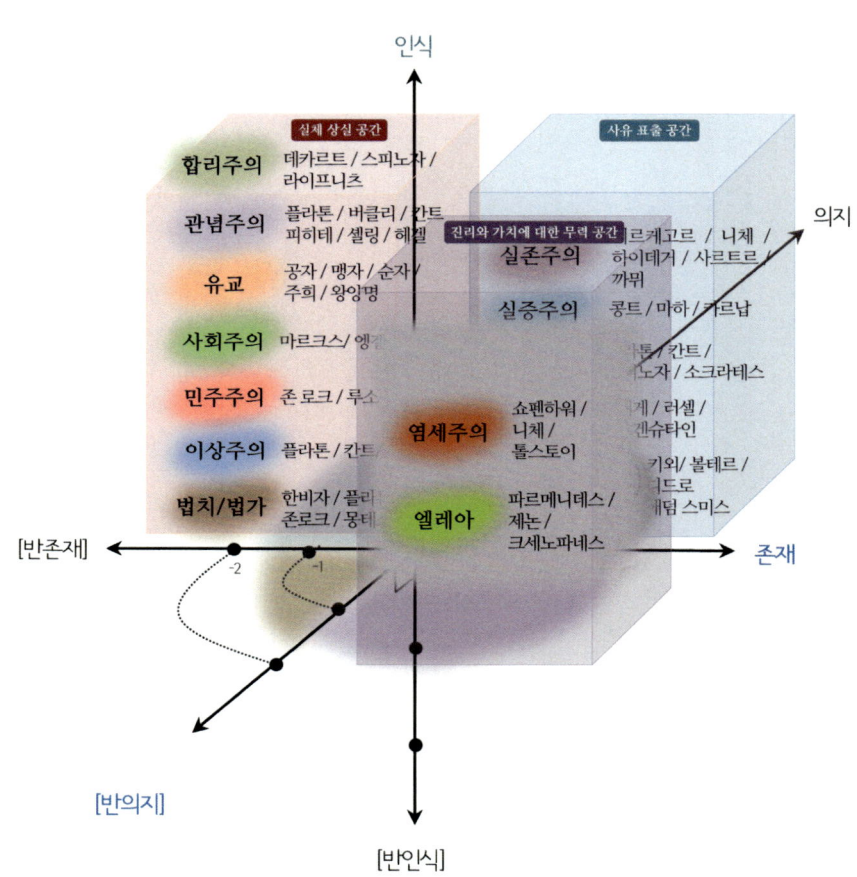

그림14. 염세주의 / 엘레아 철학 위치도 (제 3 통합철학사유공간)

3-2. 엘레아 철학 – 파르메니데스

존재는 [존재하지 않는 것]을 암시한다. "나는 파르메니데스이다"라고 하면 "나는 나무가 아니다"를 명시한다. 그런데 [나무가 아닌 것]은 무한히 불특정하며 이로써 존재할 수 없다. 그렇다면 존재하는 나는 갑자기 존재할 수 없게 되어버린다. 이는 부조리하다. 이렇게 "나는 「나무가 아닌 것」이 아니다"로 귀결한다. 그러므로 나는 파르메니데스이며 또한 나무일 수밖에 없다. _{인식} 이처럼 허위의 의지적 감각이 아무리 방해해도_{반의지} 존재는 본질적으로 통합적 하나이며, 나뉘지 않으며, 생성되지 않고 소멸하지 않는다는 것이다.

존재

(문헌125: 파르메니데스 [자연에 대하여], [그리스 철학자 열전])

3-2. 엘레아 철학 - 제논

제논(Zeno of Elea, 기원전 ~490)은 직접 저술이 남아 있지 않다. 아리스토텔레스의 《물리학(Physics)》에서 전하는 내용이다. 제논의 논증 가운데 하나는 '달리기 경주'에서 비롯된다. 그는 아무리 빠른 자도 앞서가는 느린 자를 결코 앞지를 수 없다고 주장한다. 이는 추월하려면 먼저 따라잡아야 하는데, 따라잡기 위해서는 상대가 출발한 위치에 먼저 도달해야 하기 때문이다. 그러나 그 순간에도 느린 자는 이미 조금 앞서 나아가 있을 것이며, 다시 그 거리를 메우는 사이, 느린 자는 또다시 앞으로 움직인다. 이와 같이 무한히 이어지는 거리를 모두 따라잡아야 하므로, 아무리 빠른 자라도 앞서가는 느린 자를 절대로 앞설 수 없다는 결론이 된다.

예를 들어, 아킬레우스가 거북이보다 열 배 빠르다고 하자. 거북이가 10m 앞에서 출발했다면, 아킬레우스가 그 10m를 달려가는 동안 거북이는 1m를 더 나아간다. 아킬레우스가 그 1m를 메우는 동안 거북이는 0.1m를, 또 그 0.1m를 메울 때 거북이는 0.01m를 간다. 이렇게 끝없이 반복되므로, 논리적으로 아킬레우스는 결코 거북이를 앞지르지 못한다.

제논은 이 논증으로 움직임의 개념 자체에 모순이 있음을 드러내려 했다. 만약 공간을 무한히 나눌 수 있다면, 어떤 움직임도 무한한 수의 구간을 거쳐야 하므로 실제로 완수될 수 없다. 그는 이러한 사고실험으로, 감각이 전하는 '움직임이 존재한다'는 환영은 이성적 분석에서는 모순을 낳는다는 점을 보여주었다. 즉 변화나 운동은_{존재} 논리적으로 모순되고 의지적 감각의 환영이며,_{반의지} 이성만이 존재의 진실을 밝힐 수 있다고 주장한다._{인식}

(문헌126: 아리스토텔레스 [물리학])

3-2. 엘레아 철학 – 크세노파네스

B11: 호메로스와 헤시오도스가 인간들에게 수치스럽거나 질책받을 만한 것들을 신에게도 귀속시켰다. 즉, 절도, 간통, 상호 속임수 같은 악행들을 신도 행하는 것으로 이야기했다. 허위고 거짓이다._{반의지}

B14: 아무도 신 또는 모든 것에 대해 잘 알고 있지 않다. 설령 누군가 우연히 진실을 말할지라도, 그는 그것이 진실이라는 것을 알지 못한다.

B15: 만약 소나 말에게 손이 있어 그림을 그리고 조각할 수 있다면, 그들은 그들의 신을 소는 소처럼, 말은 말처럼 묘사했을 것이다._{존재}

B23: 한 신이 있다. 그 신은 신들과 인간들 가운데 가장 위대하며, 몸으로나 생각으로나 인간과 전혀 닮지 않았다.

B24: 그는 온전히 보고, 온전히 생각하며, 온전히 듣는다.

B26: 그러나 그는 언제나 같은 자리에 머물며, 다른 공간으로 옮겨갈 필요도 없고, 절대 움직이지도 않는다._{인식}

(문헌127: Hermann Alexander Diels [소크라테스 이전 철학자들의 단편들])

3-3. 결정론 철학

**"결정론 철학은 원인과 결과의 인과 법칙은 보편적·불변적인 것이며,
우연적·절대적 자유의지는 존재하지 않는다는 견해이다.
이는 존재-[반의지]-인식이 구성하는 제3 통합철학공간에 위치한다."**

인과적 결정론(Determinism)은 모든 사건(물리적, 정신적, 사회적)은 이전의 상태와 자연 법칙에 따라_{존재} 필연적으로 결정된다는 견해를 갖는 철학 사조이다. 원인과 결과의 인과 법칙은 보편적·불변적인 것이며, 우연이나 절대적 자유의지는 존재하지 않는다._{반의지} 미래 또한 과거와 현재에 의해 결정된다. 모든 일은 물리 법칙에 따라 필연적으로 일어난다는 "물리적 결정론", 참·거짓의 명제 구조로 미래 사건이 이미 고정된다는 "논리적 결정론", 전능한 신이 미래를 미리 결정(예정론)한다는 "신학적 결정론", 인간의 의사 결정도 생물학·환경·과거 경험으로 결정된다는 "심리적·인간 행동 결정론" 등이 있다. 결정론은 "모든 것은 원인과 법칙에 따라 필연적으로 발생한다"는 관점이며, 스피노자는 이를 신의 필연성으로, 라플라스는 과학적 예측 가능성으로, 쇼펜하우어는 의지의 굴레로, 현대 신경과학은 자유의지의 환상으로 해석했다. 결정론 철학은 수용과 평정의 철학으로 진화_{인식}할 수 있다.

숙명적 결정론(宿命論, Fatalism)은 인간의 삶과 사건이 미리 정해져 있다는 관점의 철학이다. 즉, 현재와 미래의 모든 일이 운명에 의해 이미 결정되어 있고_{반의지}, 인간의 자유의지나 노력으로 그것을 바꾸기 어렵다고 보는 철학적 입장이다. 숙명론은 '운명'이라는 불가항력적인 힘으로 삶이 지배된다고 믿으며, 이 운명을 거스르거나 바꾸는 것은 불가능하다고 본다._{존재에의 인식} 모든 사건과 결과는 이미 정해져 있다는 "운명 결정성", 인간의 의지나 선택은 운명에 종속된다는 "제한된 자유의지", 일어날 일이 반드시 일어나야 하는 것으로서 숙명은 피할 수 없다는 "필연성", 숙명을 거스르지 않고 받아들이는 태도를 강조하는 "운명 순응성"을 그 특징으로 한다. 숙명론은

인간의 한계와 자연 질서, 우주적 필연성에 대한 인식을 깊게 다룬다. 동서양에서 다양한 형태로 숙명론 사상이 나타나며, 불교나 도교의 일부 사상과도 강하게 교차한다.

인과적 결정론(Determinism, 결정론)과 숙명적 결정론(Fatalism, 숙명론) 철학을 비교하면 다음과 같다. 결정론(Determinism)은 모든 사건이 원인과 자연법칙에 의해 필연적으로 발생한다는 인과성(Causality)에 기반하고 현재 상태와 자연법칙에 따라 미래는 오직 하나로 결정된다는 주장이다. 인간의 선택·행동도 원인과 결과(인과) 사슬의 일부이며, 그 자체가 결과를 변화시킬 수 없다. 거대한 연쇄 도미노에서 각 도미노는 이전 도미노가 쓰러뜨리지만, 특정 도미노를 건드리는 방식이 미래 모양을 바꿀 수 있다는 것이다. 반면, 숙명론(Fatalism)은 어떤 일이든 이미 예정된 대로 반드시 일어난다고 믿는 입장이다. 결과가 고정되어 있으며, 어떤 인과성 행동을 하든 결과가 바뀌지 않는다. 인간의 의지·노력은 무력하며, 결과를 바꾸지 못하고 오직 초월적 힘(신)에 의해서만 때때로 결정이 바뀔 뿐이다. 이미 완성된 영화의 끝을 향해 가는 기차와 같이 경로와 종착지는 불변이다. 결정론은 "네 선택도 원인 사슬의 일부다"와 같이 인간은 원인·결과의 연결점이지만, 숙명론은 "네가 뭘 하든 결과는 바뀌지 않는다"처럼 인간은 결과와 무관한 관찰자일 뿐이다. 실제로는 두 철학 사조가 혼합되기도 하지만, 결정론은 '인간 행동의 영향'을 인정하고, 숙명론은 그것마저 부정한다는 점이 본질적 차이이다.

스피노자 (Baruch Spinoza, 1632 – 1677)는 "모든 일은 신(자연)의 필연성에 의해 일어난다_{반의지}"고 주장한 결정론 철학자이다. 신과 자연은 동일(Substace monism, Deus sive Natura)하다는 범신론적 관점을 나타내는 구절로 신은 초월적인 존재가 아니라 자연 속에 내재하며, 우주 만물이 신의 표현이라는 의미이다. 자연은 하나의 무한한 실체이며, 모든 것은 그 속성들의 여러 양태로 존재할 뿐이다._{존재} 진정한 자유란 원인 없는 선택이 아니라, 자신의 필연성을 이해하고 그것을 받아들이는 것이다. 무력함의 극복하고 필연적 자기만의 삶을 만들라고 선언한다.인식 세계가 필연적으로 돌아감을 이해하면, 감정에 휘둘리지 않고 신의 본성을 지성적으로 파악하고 그 질서와 필연성을 받아들여 느끼는 신의 사랑(amor intellectualis Dei)에 이를 수 있다고 주장한다. 인간의 감정·욕망도 자연법칙의 일부임을 성찰하고 필연성을 깨닫는 지적 직관을 통해 평정(acquiescentia in se ipso)에 도달할 수 있다는 생각이다. 이는 "자기 자신에 대한 만족" 또는 "자긍심"을 의미하는 것으로 외부 조건이나 타인과의 비교가 아닌, 자신의 필연적 본성이나 능력에 대한 수용과 만족을 나타낸다. 즉, 외부의 평가나 인정에 좌우되지 않고 필연적 자기 자신에게 만족하고 긍정하는 상태가 바로 "평정"이라고 설명한다.

피에르-시몽 라플라스 (Pierre-Simon Laplace, 1749 – 1827)는 자연은 거대한 기계처럼 엄밀하게 작동하기 때문에 만일 완전한 지성을 가진 존재(라플라스의 악마)가 있다면, 그는 인과적 과거·현재·미래를 모두 예측 가능할 것이라 선언했다. 우연은 단지 허황된 무지의 산물이니, 불가능한 자유의지와 터무니없는 도덕 책임 개념에 의문을 제기할 수밖에 없다고 주장했다. 자유의지는 사실상 존재하지 않으며반의지, 우리의 선택조차 물리 법칙의 결과라며존재 인과적, 과학적 예측 가능성의 극한 형태를 제시했다.인식

쇼펜하우어 (Arthur Schopenhauer, 1788 – 1860)는 "인간은 원하는 것을 자유롭게 할 수 있지만, 무엇을 원할지는 자유롭지 않다"고 하면서 자유 속에 숨겨져 있는 필연과 결정론을 주장했다. 그는 "의지와 표상으로서의 세계"에서 첫째, '우리가 경험하는 모든 존재와 현상'인 세계가 우리 의식 속에 나타나는 방식, 즉 인간의 인식 구조 속에서 '대상'으로 주어진 세계, "표상(表象, Vorstellung)"과 둘째, 세계의 본질이자 내적인 힘, 모든 생명과 존재를 움직이는 맹목적이고 끝없는 생의 충동인 "의지(意志, Wille)"로 구성되어 있다고 설정했다. 즉, 세계는 '겉으로는 표상'이지만, 그 내면의 본질은 '의지'라는 것이

이 책의 철학적 선언이다. 그는 "표상 없이는 세계도 없다"_{존재}고 했지만, 표상은 겉모습일 뿐, 그 뒤에는 모든 것을 움직이는 근원적 힘이 있는데 그것이 "맹목적이고 이성 이전의 의지"라고 선언한다. 이 의지는 반의지적 목적 없는 끊임없는 충동이며, 생명체의 본능, 생존 경쟁, 욕망, 심지어 무생물의 힘(중력·자석 등)에도 깃들어 있다. 여기서 그의 주장은 "반전"한다. 인간 고통의 근원은 의지인데, 의지는 절대 만족하지 않으며, 욕망이 충족되면 곧 새로운 욕망이 생기기 때문이라는 것이다. 이에 따라 삶은 끊임없는 결핍과 고통의 연속이라는 것이다. 여기서 쇼펜하우어의 의지에 대한 진짜 철학이 몇 가지 등장하는데, 이 고통에서 벗어나려면 "예술과 음악"을 통한, "타자를 위한 삶"을 통한 그리고 가장 중요한 "의지의 부정"을 통한 고통을 승화해야 한다는 주장이다. 그의 철학은 세상의 본질은 의지라고 했지만, 그의 철학 핵심은 "의지의 부정"을 통한 고요한 마음의 평온과 평정을 추구해야 한다는 것이다. 즉, 그는 세계는 '표상'(Representation)과 '의지'(Will)로 구성되어 있다고 주장한다. 그러나 사실 그 속에 있는 의지는 모든 존재의 근원인 듯하지만 맹목적·비이성적이다. 이는 인간을 의지의 사슬에 묶어 진정한 자유를 박탈한다. 따라서 진정한 해방은 의지의 부정을 통해_{반의지} 의지로부터 자유로워져 "고요하고 평화로운 상태를 경험" "고통과 고뇌에서 벗어나 내면의 평화를 얻는 것"을 의미한다._{인식} 그는 의지의 부정을 통해 욕구를 최소화함으로써 "자신과 세상이 하나가 되는 상태" 즉 개별적인 자아가 우주 전체와 하나 되는 경험을 할 수 있다고 주장했다. 쇼펜하우어의 철학은 숙명론(숙명적 결정론)적 요소 또한 포함한다. 인간의 삶은 맹목적 '의지'에 의해 운명지어져 있으며, 개인의 자유의지는 환상에 불과하다는 숙명론적 세계관을 바탕으로 고통과 비극을 강조, 인생은 고통의 연속이라는 것이다. 여기서 '의지의 부정'이 제안된다. 그의 철학은 숙명론적 세계관이 강조되면 숙명적 결정론이고 '의지의 부정'을 강조하면 결정론(인과적 결정론)으로 분류할 수 있다.

제논(Zenon of Citium, BC 335~263)은 고대 그리스-로마 철학자로, 자

연의 이성, 금욕, 운명을 중시하는 스토아학파 (Stoicism)의 창시자이다. 우주는 '로고스(Logos, 이성적 질서)'에 따라 움직이며, 모든 사건은 이 필연적인 질서에 의해 결정된다고 주장했다.반의지 인간은 운명을 받아들이고, 감정과 욕망에 휘둘리지 않는 '아파테이아(apatheia, 무감정 상태)'반의지를 통해 평정을 유지해야 한다고 주창했다.인식 "자연존재과 일치하라"는 삶의 태도를 강조, 숙명에 순응하는 지혜가 중요하다는 사상이다. 이때 인간은 외부 사건을 바꿀 수는 없지만, 그 사건에 대한 태도는 선택할 수 있다. 예를 들어 폭풍우를 막을 수는 없지만, 그 속에서 두려움 대신 평정심을 유지할 수 있다. 이처럼 제논 숙명론의 철학적 의미는 외부 사건 자체는 선악이 아니라, 우리가 그것을 어떻게 받아들이는지가 선과 악을 만든다고 봤다. 불가피한 일을 거부하려 하면 고통만 커지지만, 그것을 '자연의 섭리'로 받아들이면 심리적 평온을 얻을 수 있다. 외부 세계를 통제하려는 욕망을 버리고, 오직 자신의 덕(virtue)과 이성에 따라 살아가는 것이 최선임을 주장한다. 제논은 숙명론을 이렇게 비유한다. "개가 수레에 묶여 끌려가듯, 우리는 운명이라는 수레에 끌려간다. 개는 수레를 거부할 수도, 기꺼이 따라갈 수도 있다. 거부해도 결국 끌려가지만, 기꺼이 따르면 평온하다." 즉, 사건 자체는 바꿀 수 없지만, 그 사건을 어떻게 맞이하느냐는 우리에게 달려있다.

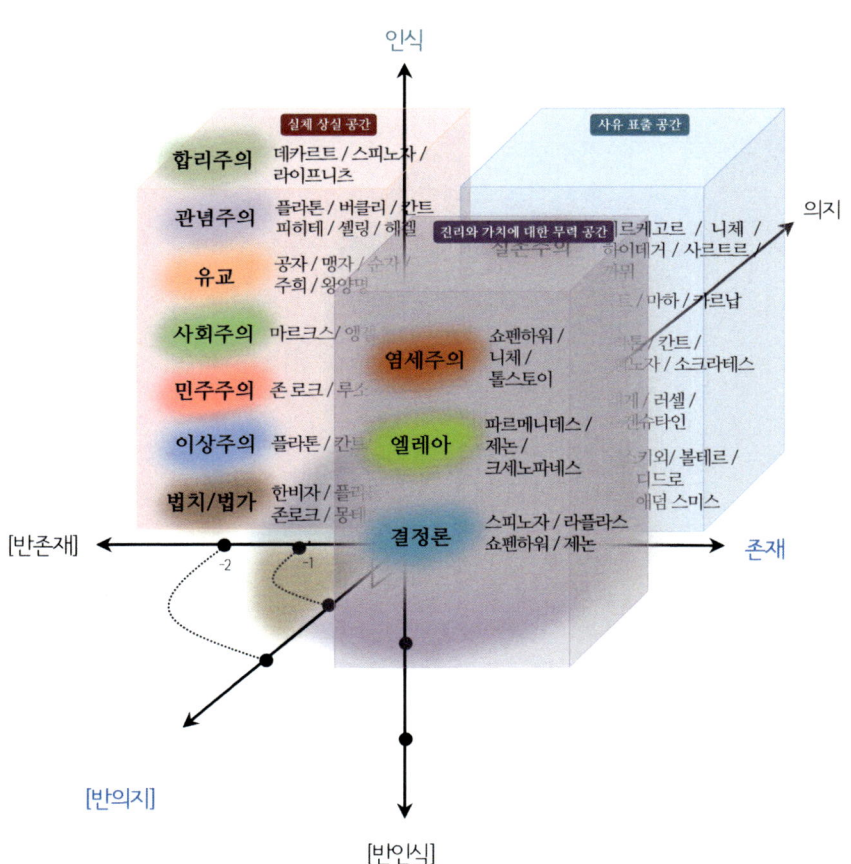

그림15. 염세주의 / 엘레아 철학 위치도 (제 3 통합철학사유공간)

3-3. 결정론 철학 – 스피노자

어떤 것도 원인 없이 존재하거나 상상될 수 없으며, 오직 신만이 스스로 원인이 될 수 있는 존재이다. 다시 말해, 이 우주 만물은 외부 또는 내부의 원인에 의해 필연적으로 존재한다._{반의지} 어떤 것이 "우연히 또는 자유롭게" 존재한다고 말하는 것은 모순이다. 왜냐하면, "자유 원인(free cause)"이라 불리는 개념은, 원인을 가질 필요 없이 존재한다는 것을 전제하지만, 그것은 논리적으로 불가능하고 모순이기 때문이다._{인식} 즉, 존재하는 모든 것은 신(곧 자연)의 원인에서 반드시 비롯된다._{존재} (문헌128: 스피노자 [윤리학(Ethics)])

3-3. 결정론 철학 - 라플라스

어떤 한순간을 가정해 보자. 자연을 움직이게 하는 모든 힘과 그것으로 이루어진 존재들 각자의 상태(위치와 운동)를 완전히 파악할 수 있는 '지성'이 단 한 순간 존재한다고 치자. 그 지성은 그러한 자료들을 분석할 수 있을 만큼 충분히 광대하다. 그러면 그 지성은 우주에서 가장 거대한 천체들의 운동과 가장 가벼운 원자의 운동을 동일한 하나의 수식 속에 담아낼 수 있을 것이다. 그에게는 불확실한 것이 없을 것이며, 과거가 그 눈앞에 있는 것처럼 미래 또한 명백히 보일 것이다.

'만약 전 우주를 동시에 기술할 수 있는 완전한 계산적 지성이 있다면, 그 지성은 과거·현재·미래를 전부 동시에 알고 예측할 수 있다'는 이 악마적 생각은 원인 · 결과의 완전한 결합(인과적 필연성)에 기초한 근대적 결정론의 고전적 표상이다. 즉, 모든 사건_{존재}은 원인에서 필연적으로 도출되므로,_{반의지} 현재의 한 시점에서 우주의 모든 정보를 알고 그 규칙을 완벽히 알 수 있다면, 우리는 모든 미래 사건도 계산적으로 도출 가능하다._{인식}

(문헌129: 라플라스 [확률론의 철학적 함의를 논한 단편 (Essai philosophique sur les probabilités])

3-3. 결정론 철학 – 쇼펜하우어

인간의 모든 행위존재는, 자연에서 일어나는 모든 사건과 마찬가지로, 그것이 나오는 동기와 그것을 행하는 개인의 성격적 구성에 기인해 필연적으로 결정된다.반의지 만일 우리가 그 두 요소를 완전히 이해한다면, 태양이나 달의 일식을 예측하는 것만큼이나 확실하게 그 사람의 행동을 예측할 수 있을 것이다.인식

여기서 '동기'란 단순한 순간의 충동이 아니라, 개인의 의식 속에서 특정한 표상(사물·사건에 대한 인식)이 그의 고유한 성격과 결합하여 형성하는 내적 원인을 말한다. 사람마다 성격은 고정된 것으로, 외부 자극과 결합할 때 일정한 방식으로 반응하게 된다. 따라서 동일한 사람이 동일한 상황·조건에 처한다면, 언제나 동일한 방식으로 행동하게 된다. 이러한 점에서, 인간 행위의 세계는 기계적 자연과 다르지 않다.

인간이 '자유롭게' 행동한다고 느끼는 것은, 사실상 우리가 행위의 원인을 모두 인식하지 못하기 때문이다. 우리의 의식은 그 결과(행위)만을 직관적으로 체험하고, 그 행위를 필연적으로 이끈 외적·내적 원인의 전체 사슬은 거의 보지 못한다. 그렇기에 우리는 행위를 '우연히' 또는 '자유롭게' 발생한 것으로 착각한다.반의지

그러나 원인의 연쇄는 절대 끊어지지 않는다. 내가 지금 손을 들어 올리는 것도, 앞서 든 생각, 그 생각을 가능하게 한 기억, 기억을 불러온 외부 자극, 그리고 그 모든 것과 나의 고유한 성격이 맞물려 일어난 결과다. 이러한 인과적 필연성은 인간의 의지적 세계를 자연의 물리적 세계와 동일한 법칙 아래 두며, 이로써 인간 행위 역시 결정론의 지배를 받는다.

결국, 우리의 '의지' 자체도 원인 없는 생성이 아니라,반의지 그 사람의 불변하는 성격과 주어진 상황·동기의 산물이다. 그렇기 때문에 우리에게 '자유

3-3. 결정론 철학 – 쇼펜하우어

의지'는 경험 세계에서는 존재하지 않으며, 오직 형이상학적 의미에서만 –즉, '세계로 실체화, 객관화되기 이전의 의지'라는 차원에서– 말할 수 있다.

(문헌130: 쇼펜하우어 [의지와 표상으로서의 세계])

3-3. 결정론 철학 – 제논

모든 존재와 사건이 필연적 인과율에 따라 결정된다고 보는 숙명론 (Fatum)은 스토아 철학의 핵심 원리이다. 우리는 우주를 이성적 로고스 (Logos)가 지배하는 유기체_{존재}로 이해하며, 모든 사물은 이 로고스에 의해 필연적으로 연결된다. 따라서 인간의 행위 또한 운명적 필연의 일부로서, 자유 의지는 로고스에 "순응"하는_{반의지} 이성적 동의(assent)에 의해만 성립한다. 우리의 결정론은 단순한 운명 수용이 아니라, '자연에 따르는 삶'이라는 실천윤리로 이어진다._{인식}

인간은 우주의 필연적 질서를 거스르지 않고, 그 흐름 속에서 자신의 역할을 자각할 때 참된 자유를 획득한다. 이러한 사유는 신적 이성에 따른 필연과 인간의 도덕적 책임을 조화시키는 스토아적 자유 개념이다. 우리의 숙명론은 우주의 결정론적 질서와 인간 의지의 조화를 시도한다.

(문헌131: Diogenes Laertius [Lives of Eminent Philosophers])

4장. 제4 통합철학사유공간 ([반존재]-[반의지]-인식 공간)

허무적 니힐리즘 공간

이곳은 자신의 네 번째 현존(現存)이 살고 있는 세계로

한계적 존재에 대한 허무와 무력 속에서 절망하고, 또 그 대안을 찾는 공간이다.

(노장 철학, 불교 철학, 스토아 철학, 스콜라 철학)

제4 통합철학사유공간의 개요

(문헌3: 통합사유철학강의, 자유정신사, p297~306)

[제4 공간] 반존재−반의지−인식 공간 세계 (허무적 니힐리즘 공간)

[반존재], [반의지], 그리고 인식이 구성하는 [제4 사유 공간]은 [존재의 분열]과 [의지의 분열]을 인식하는 세계이다. 인간은 비실체적이며 의지 작용에 무력한, 즉 분열된 상태를 인식하려는 경향을 지닌다. 이러한 세계를 우리는 [허무적 니힐리즘 공간]으로 규정한다. 니체(F. Nietzsche), 사르트르(J.−P. Sartre), 하이데거(M. Heidegger)는 이 공간을 극복하기 위한 방안으로 [실존적·능동적 초극(超克)]을 제시하였다. 부연하자면, [허무적 니힐리즘 공간]은 의지 작용에 무력한 [반의지]적 공(空)·허(虛)·연(然)의 [반존재] 세계가 심층적으로 인식됨으로써 형성되는 사유 공간이다.

이 공간은 [반존재]와 [반의지]의 평면 세계가 인식되거나, [반존재]와 인식의 세계에 [반의지]가 작용하거나, 혹은 [반의지]와 인식이 이루는 평면 세계가 다시 [반존재화]될 때 형성되는 복합적 사유 구조를 가진다. 이는 어떤 실체도 드러나지 않으나 인식은 이루어지고, 인식에 대한 의지도 존재하지 않는, 인간 일반에게 새로운 사유 영역이라 할 수 있다. 이러한 세계에 대한 철저한 고찰은 오랜 시간에 걸쳐 수행되어야 할 과제이다. 우선, 사유 전환의 원리를 검토해 보자.

사유 세계가 공간화되거나 종합적으로 사유화될 때, 평면 사유 세계로부터의 전환은 본질적으로 제한적이다. 즉, [반의지]가 작용하는 평면으로부터 [의지]의 평면으로 전환되기 위해서는, 전면(前面) 세계와 후면(後面) 세계의 [반의지]와 인식의 평면적 경계를 반드시 통과해야 한다. 이러한 경계는 [존재−반존재 선형 세계]와 [인식−반인식 선형 세계]가 교차하여 형성하는 네 개의 참조 평면으로 구성된다.

[반의지]의 의지화 또는 [반존재]의 존재화는, 앞서 논의한 바와 같이, 선형적 세계를 매개로 한 직접적 사유 전환을 통해서도 가능하다. 그러나 이 전환에는 반드시 일정한 '무(無)의 상태'를 거쳐야 한다. 인간 일반이 이 무(無)의 상태를 경험하는 것은, 철학적 사유를 업(業)으로 삼는 자를 제외하고는 극히 어려운 일이다. 무(無)를 통한 사유 세계의 전환이 지니는 장점은, 그것이 대각 평면을 포함한 어떠한 평면으로도 즉각적인 이동과 전환을 가능하게 한다는 점이다. 이와 같이 무(無)는 사유 공간 속에서 무질서적이면서도 자유로운 정신 작용을 가능하게 하는, 유일하고 특수한 공간적 좌표로 기능한다.

[제 4 공간] 반존재-반의지-인식 공간 세계 (허무적 니힐리즘 공간)

[허무적 니힐리즘 공간]으로부터 새로운 공간으로 전환하기 위해서는 끊임없는 이탈의 시도가 필요하다. [반존재]와 [반의지]의 평면 세계가 인식화되는 과정은 곧 [전환 가능성의 세계]를 구체화한다. 어떠한 실체성도 없고 의지 작용에 무력한 세계는, 스스로 또 다른 '나'를 창조하려는 [자기 이탈]의 본능적 동인(動因)으로 작용한다. 이러한 동인은 [주체적 자기 이탈]로 나아가게 하며, 이에 대한 인식 작용을 통해 앞서 논의한 바와 같이 새로운 세계로의 전환이 성취될 수 있다.

자신의 [의지 분열]과 [존재 분열]을 인식하지 못한다면, 인간의 [자기 이탈] 시도는 근본적으로 불가능하다. 따라서 [인식의 선형 세계]는 [자기 이탈]의 근원이자, [자기 이탈] 과정의 대부분을 포괄하는 핵심 구조라 할 수 있다. 즉, [반존재와 반의지의 평면 세계]에서 [사유의 전환 가능성]이 사유됨과 동시에, [자기 이탈]을 통해 그 전환은 현실적으로 성취될 수 있다.

[제4 사유 공간]에서 사유가 표출되는 것은 오직 '인식의 세계'뿐이다. 따라서 이 공간은 무엇을 인식하는지도 모른 채, 그러나 분명히 어떤 것을 인식하고 있는 사유의 세계이다. 다시 말해, 총체적 사유 공간이 인식으로 단순화된 세계로서, 이를 [인식 사유 공간]이라 규정할 수 있다. 누구나 [제4 사유 공간] 속에서 무언가를 단순히 인식하고 있는 경험을 갖지만, 전통 철학 체계는 이러한 상태를 철학적으로 의미 있게 다루지 않았다. 반면 [통합사유철학]은 이 공간을 [반존재]와 [반의지] 상태를 인식하는 핵심적 사유 공간으로 규정한다. 이러한 공간을 통해 인간 자아(自我)의 심연(深淵)이 [통합사유공간] 속에서 변화하고 재구성됨을 직시할 수 있다.

[삶의 단순 인식 과정]은 외면적으로는 단순히 '인식만을 사유하는 것'으로 보이지만, 실상은 우리의 '의지와 무관'하게 [반존재] — 곧 공(空)·허(虛)·연(然)의 세계 — 를 인식하는 상태이다. 이는 실재하는 존재를 부정함으로써 드러나는 존재, 그리고 과거와 미래를 통해 실현되는 가상의 세계를 인식하는 과정이다. 이때 우리는 [반존재]의 원리와 [무실체성]을 사유하게 된다. 이러한 세계는 의지와 무관하게 일정한 존재를 가정하고 그 가정을 사유할 때 생성되는 사유 세계이기도 하다.

[공상의 세계]는 [제4 사유 공간]의 대표적 예시로 들 수 있다. 인간은 공상을 통해

자신의 사유를 다층적으로 전개하지만, 그 세계의 근원·의미·가치를 충분히 인식하지 못하였다. 따라서 우리 삶 속에서 공상의 철학적 의미와 존재론적 가치에 대한 재평가가 필요하다.

[공상의 세계]는 개인의 의지와 무관하게 사유되며, 그 세계에 의지가 개입할 때 [공상의 세계]는 [가상의 세계]로 전환된다. 즉, 인간의 공상은 자신의 [반의지]적 세계 속에서 [반존재]가 인식될 때 형성되는 사유 공간이다. 이때 [반존재]의 근원은 궁극적으로 존재(存在)이므로, 존재와의 연관성을 전제한 사유가 가능하다. 인간의 [꿈] 중 일부는 이와 같은 [제4 사유 공간]에 대한 사유가 의식적으로 억압될 때, 그 잔여 사유가 무의식적 형태로 표출된 것이다. [꿈]은 본능적이고 무질서한 자유 상태 속에서 억압을 해소하며, 수면 중 사유의 연속성을 수행하는 과정이라 할 수 있다. [꿈]의 세계는 보다 근원적인 [실체적 무의식 공간(제7 사유 공간)]과 [분열 공간(제8 사유 공간)]에서 더욱 구체적으로 논의될 것이다.

[제4 사유 공간]은 삶의 단순한 인식 과정을 통해, 인간으로 하여금 자신의 삶이 무(無)의 상태에 도달했다고 '오인(誤認)'하게 만들기도 한다. 인간 일반은 동물적 본성상, 자신의 존재·의지·인식의 사유로부터 벗어나 자유롭고, 때로는 태만하며 독립적인 상태를 지향한다. 다시 말해, 인간은 '생각하지 않으려는 존재'이며, 더 정확히는 '생각하고 싶을 때만 생각하려는 존재'이다. 이러한 인간이 자신의 삶 속에서 의지와 무관하고 현존재와도 무관한 세계를 성찰하고 인식하게 되면, 이를 일종의 무(無)의 성취로 착각하기 쉽다. 그러나 인식이 개입된 세계는 결코 무(無)의 세계가 아니다. 일반적으로 우리는 무(無)의 상태를 [사유의 부정]으로 잘못 인식하고 있으며, 이러한 오인은 [제4 사유 공간] 속에서 심각한 사유적 혼란을 초래한다. 이 착각은 철학적 성찰의 과정에서 결코 간과(看過)되어서는 안 된다.

[무질서적 자유정신]을 향한 다양한 경로가 존재하지만, 그중 하나로서 무(無)를 통한 '자유로운 사유 전환'과 '억압의 극복'을 실현하려는 시도가 있다. 이는 일종의 '무질서적 자유 상태'에 도달하려는 철학적 실천이라 할 수 있다. 그러나 이를 위해서는 부정확한 무(無)에의 접근을 철저히 차단해야 한다. [사유의 부정] 상태는 무(無)에 인접한

사유 공간의 좌표에 머물 수는 있으나, 진정한 무(無)에 도달할 수는 없다.

인간은 대칭적 사유 공간들을 동시에 사유할 수는 없지만, 자유로운 사유의 전환을 통해 끊임없이 사유 공간을 이동한다. [사유의 전환]은 외부로부터 새로운 평면 세계가 유입되거나, 기존 평면 사유 세계의 전환 작용이 일어남으로써 발생한다. 그러므로 하나의 사유 공간은 이동 과정에서 다른 공간에 영향을 미치며, 이로 인해 모든 사유 공간은 일정한 선형적·평면적 상호 연관성을 가지며 전환된다.

예를 들어, [반의지] 세계를 포함하는 사유 공간에서 나타나는 [반의지], 즉 [의지의 분열] 현상은 의지를 포함하는 사유 공간으로 전환될 때에도 그 영향을 남겨, 새로운 사유 공간 속 의지의 작용을 약화시키거나 부정하려는 경향을 보인다. [분열된 의지의 세계]가 [반존재]의 근원이 존재에 있듯이, [반의지]의 세계 또한 그 근원을 의지에 둔다. 따라서 세계 공간 전환 과정을 거쳐 의지의 세계를 포함하는 공간으로 이동할 때, 그 전환은 새로운 사유 공간의 구조와 성격을 변형시킨다.

우리가 새로운 전환 공간에서 자유로운 사유를 시작하기 위해서는, 이러한 변형의 영향으로부터 사유를 독립시킬 필요가 있다. 이를 위해서는 정적(靜的) 사유의 시간과 그 사유의 내적 힘이 요구된다. 즉, 사유 세계가 상호 연관성을 지닌 채 전환되기 때문에, 인간 일반은 모든 사유 세계를 자신의 의지 아래에서 조율하고 이끌도록 끊임없이 노력해야 한다.

하나의 공간 세계에서 사유가 삶의 의지로부터 멀어지면, 사유 공간이 전환되더라도 그 회복은 쉽지 않다. 그러므로 우리는 [의지의 분열]을 결코 방치해서는 안 된다. 자신의 의지 영역을 확장하기 위해서는, 비록 존재와 인식의 사유 작용이 일시적으로 정적 휴식에 들어간다 하더라도, 의지의 작용만은 죽음의 순간까지 쉼 없이 지속되어야 한다.

지금까지 우리는 인식의 세계가 구성하는 네 가지 삶의 공간 중, 네 번째인 [반존재]–[반의지]–인식 공간을 사유하였다. 이제 이 공간을 대표하는 철학 사상과 철학자들의 사유 및 이념이 어떤 공간 세계를 구성하며, 그것이 어떻게 삶의 공간 속에서 실제로 작용하는가를 고찰해 보고자 한다.

제4 공간 철학 사상별, 철학자별 철학 공간 위치도

4-1. 노장 철학: 노자, 장자

4-2. 불교 철학: 석가, 용수, 세친, 달마, 혜능

4-3. 스토아 철학: 제논, 아우렐리우스, 세네카, 에픽테토스

4-4. 스콜라 철학: 안셀무스, 아퀴나스, 오컴

4-1. 노장 철학

"노장 철학은 무명의 [반존재],
무위의 [반의지]를 인식함으로써 진리에 다가선다고 주장한다.
이는 [반존재]-[반의지]-인식이 구성하는 제4 통합철학공간에 위치한다."

노장철학(老莊哲學)은 중국 고대 철학에서 노자(老子)와 장자(莊子)의 사상을 중심으로 한 철학으로, 도가(道家) 철학의 근원이다. 형식적 이름인 '도가(道家)'는 후대에 붙여진 것으로, 원래는 노자와 장자의 이름을 따서 노장 철학이라 불렀다. 이 철학은 자연과 무위(無爲), 상대주의, 허무와 자유, 인위(人爲)의 부정을 중심 개념으로 한 [반의지]를 그 철학 기원으로 하며 유가(儒家)와는 상반된 인간관과 사회관을 갖는다.

노자(老子)와 장자(莊子)는 모두 '도(道, 진리)'를 궁극적 실재로 삼아 세계를 설명한다. 도는 언어로 표현될 수 없는 무형(無形)의 근원으로, 만물의 근원·실재성을 담고 있다. 예컨대 『도덕경』 제1장은 "말할 수 있는 도는 상도(常道)가 아니며, 이름 붙일 수 있는 이름은 영구한 이름이 아니다"라고 밝힌다. 여기서 무명(無名)인 '이름 붙이지 못함'이 천지의 시초가 되고, 이름 붙인 유(有)인 만물의 어머니가 됨을 말한다. 즉 도(道)는 스스로는 형체도 이름도 없으나, 이로부터 만물이 생겨난다는 것이다.

왕필(王弼)은 이를 두고 "도는 어떠한 말도 붙일 수 없는 무(無)이지만, 만물이 모두 하나의 근원으로부터 비롯되었음을 알려준다. 그러나 도는 궁극적으로 존재 너머의 '무(無)'를 가리켜, 존재의 개념적 기초가 된다"라고 해석했다. 이로써 노장 철학은 존재 약 영역인 "존재1 공간"에 해당한다. '無(무)'는 존재의 근원으로서 매우 중요한 개념이다. 노장철학에서 무(無)는 단순한 '비존재'가 아니라, 오히려 무(無)에 의존하여 만물이 생성되고 살아간다. 한대(漢代) 이연(李延)이 전하는 장자의 글귀는 "만물이 생겨 존재하기 위해서는 무에 의지한다. 무에 대해 말하려 해도 어떤 말도 묘사하지 못하고, 이름을 붙이려 해도 붙일 이름이 없고,

보려 해도 어떠한 형체도 없으며, 들으려 해도 소리조차 없다"고 한다. 즉 무는 형체도 이름도 없지만, 그 무(無)로 인해 세상의 모든 형상이 가능해진다. 이를 비유하면 "둥근 것과 네모난 것이 각각 그 형태를 얻되, 그 형태를 준 것은 스스로 형태가 없고(無形), 흰색과 검은색도 이름을 얻되, 그 이름을 준 것은 스스로 이름이 없다(無名)."라고 하여 [반존재]를 사상의 기본으로 삼으려 했다. 이처럼 무(無)는 만물의 형상(有形)과 이름(有名)을 낳는 근원이며, 모든 실재의 바탕이다.

노자는 특히 『도덕경』에서 "무명이 천지의 시작이고, 유명이 만물의 어머니"라 하여 무(無)를 만물의 근원으로 제시한다. 반면 유(有), 존재는 만물이 드러난 상태를 뜻한다. 노자는 "이름 붙일 수 있는 유(有)가 만물의 어머니"라 함으로써, 도에서 파생된 실재 만물(존재)이 형체와 이름을 갖추었음을 나타낸다. 즉, 무(無)에서 유(有)가 나오며, 이 유(有)가 만물을 구성한다. 왕필 등 신유학자들에 따르면, 도(道)는 무(無)로 환원되는 동시에 만물을 낳는 어머니인 것이다. 無名(무명)은 특히 『도덕경』 서두에서 강조된다. "이름 붙일 수 없는 것이 천지의 시작(無名天地之始, 무명천지지시), 이름 붙이는 것이 만물의 어머니(有名萬物之母, 유명만물지모)"라는 구절은 도의 무형(無形)성과 무명성을 환기한다. 이름 붙일 수 없는 것, 이것이 바로 [반존재]를 의미한다. 이처럼 이름을 초월한 실체로서의 도가 결국 만물을 낳는 근원임을 시사한다.

自然(자연)은 '스스로 그러함', '자연스러움'을 뜻한다. 노장철학에서 자연은 본디 상태 그대로 변용 없이 실재함을 강조한다. 노자 『도덕경』 25장에서는 "도는 본래 자연(自然)을 본받는다"고 하였으며, 왕필은 "자연이란 궁극에는 어떤 명칭도 없음을 가리키는 말"이라 했다. 장자 역시 자연(自然)을 지칭하며 "우주는 스스로 그러해서, 어떤 사물도 빼거나 더할 수 없다. 스스로 있고 충분하다"고 설파한다. 이는 [반존재]를 포함한 존재-[반존재] 통합 세계는 변함이 없다는 주장이다. 즉 자연은 외부 간섭 없이 저절로 운행하는 도(道)의 본성으로, 그 자체로 완전·충분한 실재이다.

이밖에 無爲(무위) 개념도 철학적 함의를 지닌다. 노장 철학은 인위적, 의도적 행위를 배제함으로써 도의 자연스러운 작용을 드러낸다. "무위로 무불위(無爲而無不爲)"라 하여, 어떤 힘을 발휘하지 않아도 만물이 저절로 생장하며 온전함을 얻는다는 것이다. 이는 도가 스스로 작용하여 세상을 다스리는 방식을 나타낸다. 즉 존재와 의지는 그 무엇도 우리 세계를 관통하지 못한다는 것이다.

노자와 장자는 도(道, 진리)를 근본 원리로 삼는 공통된 철학적 전제를 공유한다. 두 사람 모두 만물의 생성 근원으로서 도와 무를 강조하며, 인간이 인위(人爲)를 버리고[반의지] 자연(自然)에 따를 때 참다운 실재(실존)에 다가갈 수 있다고 본다. 예를 들어, 장자는 "지인(至人)은 자아가 없고[반존재], 신인(神人)은 공(功)이 없고, 성인(聖人)은 이름(名)이 없다"는 말로 고도의 경지에서는 '자아', '공적', '명예'를 모두 초월한다고 했다.

이는 노자의 "상선약수(上善若水)"나 "무위자연(無爲自然)" 사상과 맥을 같이 한다. 또한 두 사상은 모두 만물의 변화와 다양성이 도(道, 진리)의 한 표현일 뿐이라고 본다. 반면, 장자는 보다 상대주의적, 회의론적 특성을 띤다. 그는 언어와 개념의 한계를 강조하며, 여러 우화와 비유를 통해 도의 실체를 역설한다. 예를 들어 달관적 회의(懷疑)로 '나와 타인의 구분'까지 해체함으로써, 세상의 모든 판단이 본래 하나임을 보여주려 한다. 한편, 노자는 더 원리주의적, 시사적 어법을 구사하여, 사회정치적 함의까지 담은 짧은 격언으로 도의 우주적 원리를 전달한다. 실례로 노자는 정치와 윤리의 질서보다 "[반의지]적 무욕(無欲)과 소박함"을 통해 도를 드러내도록 권면하는 반면, 장자는 인간 내면의 자유와 [반존재]적 무아(無我) 상태를 통해 도의 궁극에 이르도록 한다.

유교(儒家)·묵가(墨家) 등 다른 제자백가와의 대비도 뚜렷하다. 유교는 천명(天命)과 인륜(人倫)을 강조하며, 제례·계층 질서·인(仁)·예(禮)를 중시한다. 이와 달리 도가 사상은 자연 그대로의 상태, 즉 자연스러움(自然)과 즉흥성(自然無爲)을 중시한다.

묵가는 합리적 이익과 공리(功利), 천(天)을 도덕적 주재자로 본다. 반면 도가에서는 도(道) 자체가 중시되며, "인식자(認識者)"의 실체적 이익보다는 존재 전체(Being)_{존재와 [반존재]를 모두 포함한다} 의 근본을 묻는다. 이처럼 "도가에서의 도는 '존재(Being)'에 관한 관심에 몰두한 반면, 묵가에서의 도는 개별 '존재자(beings)'에 관한 관심이 압도적"이다. 즉 묵가가 만물의 구체적 효용을 따지는 데 비해, 노장사상은 만물의 발생·존재 원리 _{인식} 그 자체를 탐구한다.

노자와 장자는 존재론적 관점에서 본질적으로 '말로 다할 수 없는 무(無)의 근원으로서의 도(道)'를 공통 전제로 삼았다. 이들은 만물을 형성하는 것은 본질적으로 '무형(無形)', '무명(無名)'임을 강조하며, 인간 역시 자연에 따라 자발적으로 살아가야 한다고 보았다. 그러나 노자는 이러한 사상을 정치·윤리적 교훈을 담은 격언 중심으로 전개한 반면, 장자는 신화적 우화와 회의적 논변을 통해 개인의 내면 실천을 강조했다. 또한 노장 철학은 유교·묵가 등 제도적 이념과 대비되어 자연과 '비(非) 인위적' 질서를 중시함으로써 독자적 지평을 이뤘다. 현대 철학자들과의 비교에서도, 노장사상의 '공허 속에서의 충만한 생명', '잊음 속의 참된 앎' 등은 니체나 사르트르 같은 서구 사상가들과 깊은 대화를 가능하게 한다.

노장 철학은 인간이 자연의 일부임을 자각하고, 인위적 욕망이나 제도에서 벗어나_[반의지] 본연의 주체로서 자유로운 삶을 살 것을 가르친다. 노자는 우주의 원리와 정치철학, 장자는 [반존재]와 존재가 공존하는 무와 개인의 해탈_[반의지]을 중심으로 깊은 사유를 펼치며, 현대인의 정신적 고갈에도 여전히 통찰을 제공한다.

4-1. 노장 철학

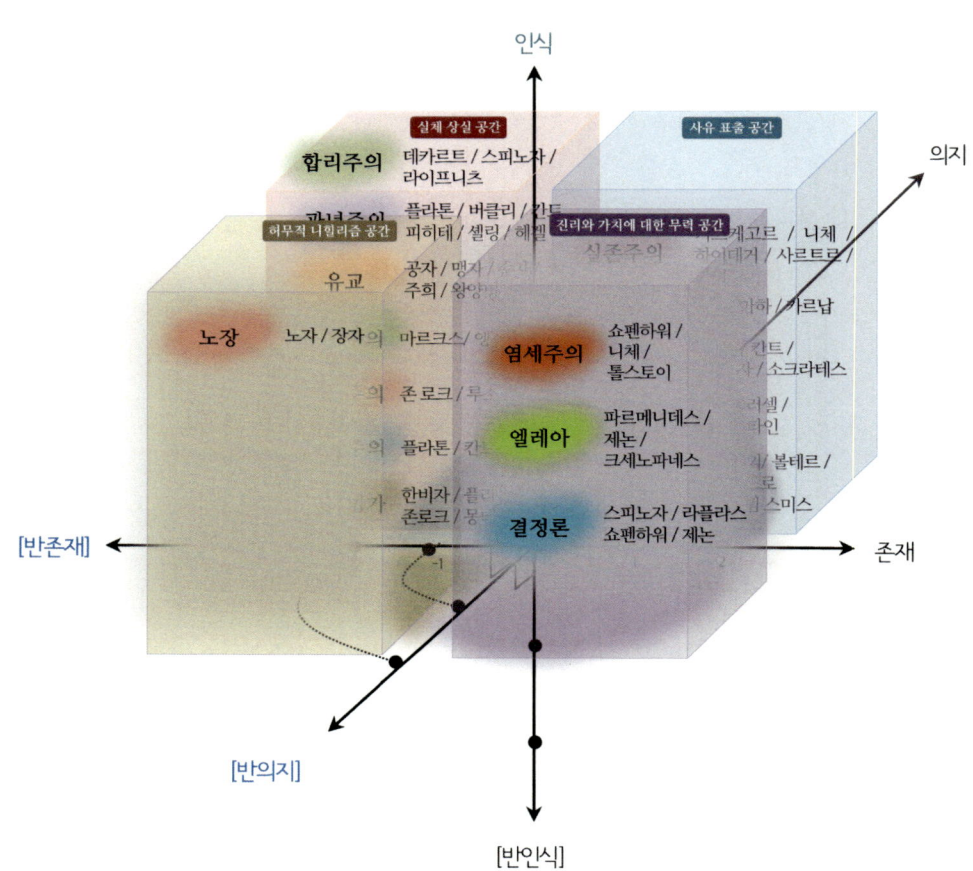

그림16. 노장 철학 위치도 (제 4 통합철학사유공간)

인식

실체 상실 공간
사유 표출 공간

합리주의
데카르트 / 스피노자 /
라이프니츠

관념주의
플라톤 / 버클리 / 칸트
피히테 / 셸링 / 헤겔

허무적 니힐리즘 공간
진리와 가치에 대한 무력 공간

유교
공자 / 맹자 /
주희 / 왕양명

실존주의
케고르 / 니체 /
하이데거 / 사르트르

의지

노장
노자 / 장자의

마르크스 / 엥

염세주의
쇼펜하워 /
니체 /
톨스토이

존 로크 / 루

엘레아
파르메니데스 /
제논 /
크세노파네스

플라톤 / 칸

한비자 / 플
존로크 / 동

결정론
스피노자 / 라플라스
쇼펜하워 / 제논

[반존재]

존재

[반의지]

[반인식]

4-1. 노장 철학 – 노자

천지는 무궁무진하다. 천지가 무궁무진할 수 있는 까닭은 무릇 존재가 자신을 위해서만 사는 존재가 아니기 때문이다. 그런고로 진리를 체득한 성인은 자신을 남보다 뒤로 돌림으로써 결과적으로 남보다 앞에 나서게 되고, 자신을 잊고 남을 위함으로써 결과적으로는 영원히 세상에 남게 된다._{인식} 이는 결국 자기 자신을 버리고 남을 위하였기 때문이다. 이는 자기 자신을 영원한 존재로 만든다. 최고(上)의 선덕(善德)은 물(水)과 같다. 물(水)은 만물에 생명과 이로움을 베풀지만, 자신을 위해 고명을 다투지 않고, 언제나 모든 사람이 싫어하는 낮고 비천한 곳에 처해 있다._{반의지} 그러므로 물의 특성은 진리에 가깝다. 물(水)은 다투지 않는다. 따라서 허물이 없다. 서른 개의 바큇살이 하나의 바퀴통에 다 같이 꽂혀 있으나 바퀴통 한복판 빈 곳에 바로 수레를 작용시키는 요인이 있다. 흙을 이겨서 그릇을 만들지만, 그릇의 텅 빈 곳에 바로 그릇의 쓸모가 있다._{반존재} 벽을 쌓고 문과 창으로 방을 만들지만, 쓰이는 곳은 빈 공간이다. 그런고로 유(有)의 물건이 이롭게 쓰이는 까닭도 결국 빈 무(無)가 활용되기 때문이다. (문헌132: 노자 [노자 · 장자])

안민(安民)은 항상 인민들을 무지·무욕한 원상태에 있게 하고_{반존재} 지자(智者)로 자처하는 자들로 하여금 감히 인민의 원상태를 깨뜨리는 수작을 부릴 수 없게 해야 한다._{반의지} 무위(無爲)를 행하기 때문에 다스려지지 않는 것이 없다._{인식} (문헌133: 노자 [노자 · 장자])

천하의 모든 사람이 미를 아름답다고 인식하기 때문에 추악의 관념이 나타나고, 선을 착하다고 인식하기 때문에 불선(不善)이 나타나기 마련이다. 유와 무는 상대적으로 나타나고, 어려움과 쉬움도 상대적으로 이루어지고, 길고 짧은 것도 상대적으로 형성되고, 높고 낮음도 상대적으로 대비되고, 앞과 뒤도 상대적으로 있게 마련이다._{인식} 이렇게 인위로 무언가 하려 하면, 그

4-1. 노장 철학 - 노자

득과 실을 구분할 수 없다. 그러므로 성인은 무위의 태도로 세상사를 처리하고, 말 없는 교화를 실행한다. 만물로 하여금 스스로 자라게 내버려두고, 인위적인 간섭을 가하지 않는 것이 도(道, 진리)의 근원이다. (문헌134: 노자 [노자‧장자])

드러내려 발돋움하면 제대로 오래 설 수 없고, 거드름 피우며 가랑이를 벌리고 걷는 자는 제대로 걸을 수 없다. 자기를 내세우는 자는 도리어 밝게 나타나지 못하고, 자기를 옳다고 주장하는 자는 도리어 빛나지 못하며, 자기를 과시하는 자는 도리어 오래가지 못한다. 자유의 계곡에 어울리는 힘을 가지려면 자기를 내세우지도, 주장하지도, 과시하지도 않으면서 밝게 빛날 수 있어야 한다. 실력이 조금밖에 안 쌓인 자가 오랫동안 인내하는 것은 드문 일이다. (문헌135: 노자 [노자‧장자])

하늘의 도는 높은 것을 억누르고 낮은 것을 들어 올리며, 남는 것은 덜어내고 모자라는 것은 보탠다. 해가 진다고 슬퍼할 것 없다. 해가 지면 달이 뜨고, 아름다운 별들이 있다. 하늘과 땅이 서로 합하여 단 이슬을 내려 주며, 그 감로는 누가 시키지 않아도 스스로 균등하게 만물을 적셔준다. 드러내지 않고 조용히 사람들에게 자유를 주는 자가 아니면, 스스로 진리와 도(道)를 누릴 수 없다. 남을 아는 것을 지(智)라 하고, 자신을 아는 것을 명(明)이라 한다. 남을 이기는 것을 역(力)이라 하고, 자신을 이기는 것을 강(強)이라 한다. 자신에 엄격하고 자신에 명령하는 명강(明強)한 자만이 자유로울 자격을 가지며, 진리와 도를 누린다. 뛰어난 상류의 선비는 도(道, 진리)를 들으면 깨달아 투철히 행하며, 중류의 선비는 반신반의하여 있는 듯 없는 듯하고, 하류의 선비는 크게 웃으며 전적으로 무시한다. 하류의 선비가 웃지 않으면, 도(道)라 할 수 없다. (문헌136: 노자 [노자‧장자])

4-1. 노장 철학 – 노자

학문을 하는 것은 날로 보태는 것이고, 진리를 행하는 것은 날로 덜어내는 것이다._{반의지} 스스로 드러내지 않는 까닭에 그리고 스스로 옳다 하지 않음에, 천하 사람이 그와 다투지 않는다._{반존재} 처세술의 목적은 남과 다투어 이기도록 하는 것이고, 도덕의 목적은 남과 다투지 않도록 하는 것이다._{인식} 낳았으되 소유하지 아니하고, 행하였으되 기대하지 아니하며, 길렀으되 마음대로 부리지 아니하니, 이를 말해 그윽한 덕이라 한다. 이렇게 줄어들고 또 줄어들어 무위(無爲)에 도달한다. 이처럼 진인(眞人)은 자기의 고정된 마음을 갖지 않고,_{반존재} 모든 사람의 마음을 자기의 마음으로 삼는다. (문헌137: 노자 [노자 • 장자])

4-1. 노장 철학 – 장자

　　세속 사람들은 남이 자기와 같아지기를 기뻐하고 남이 자기와 달라지기를 싫어한다. 남이 자기보다 뛰어난 것이 싫어서 그런 것이다._{인식} 좀 더 직설적으로 표현하면, 이는 자기가 여러 사람들보다 뛰어나기를 바라기 때문이다. 이는 왕이나 백성이나 모두가 그렇다. 하지만 어찌 한 사람이 여러 사람보다 뛰어나겠는가! 누구나 여러 사람을 따라야 편안한 법이다._{반존재} 천하를 있는 그대로 내버려두라. 사람들이 이러하면 이런대로, 저러하면 저런대로._{반의지} 공연히 천하를 평안하게, 공평하게 다스리려고 나서지 말라. (문헌138: 장자 [노자·장자])

　　요순을 기초로 하는 인의(仁義) 정치는 선왕들이 이미 베풀어놓았던 추구(推究)를 주워다가 제자들을 모아 가르치려 하고 있다. 옛날과 지금은 뭍과 물의 차이만큼이나 커서, 이를 흉내 내는 것은 배를 뭍으로 밀고 가는 것과 같아 수고롭지만, 공(功)이 없고 몸에는 재앙이 있을 것이다._{반존재} 서시(西施)가 심장병을 앓아 가슴을 쥐고 눈살을 찌푸리기를 자주 하니, 동네 여자들이 이것을 보고 아름답게 여겨 모두 가슴을 움켜쥐고 눈살을 찌푸렸다. 그들 여자의 어리석음은 '왜 서시가 눈살을 찌푸리는가' 그 까닭을 알려 하지 않음이다. 인의는 선왕들의 여관이라, 하룻밤을 묵는 것은 괜찮으나 오래 묵어서는 부자유스러워진다. 옛날의 지인(知人)은 인을 한때의 방편으로 빌고, 의를 한때의 거처로 여겨 소요하면서 노닐며 간소함을 정신의 양식으로 생활했다._{인식} 얽매임 없이 소요하니 작위가 없고 간소한 생활을 하니 살기가 쉬웠으며, 남에게 베푼다는 생각이 없으므로 자기 것을 내어놓는 것을 손바닥 뒤집듯 한다. 부(富)를 옳다고 하는 자는 자기의 소득을 남에게 양보하는 일이 없고, 영달을 옳다고 여기는 자는 명성을 남에게 양여(讓與)함이 없으며, 현세를 사랑하는 자는 권력을 남에게 넘겨주지 못한다. 이와 같은 자들에게는 하늘의 문은 열려있지 않는 법이다. 황제(黃帝)가 천하를 다스렸을 때, 백성

4-1. 노장 철학 - 장자

중에 그의 아버지가 죽어 곡하지 않는 자가 있어도 다른 백성들은 그를 비난하지 않았고, 요임금 때에는 백성 중 그 아버지가 죽었을 때 상복을 입지 않아도 다른 백성들은 그를 책망하지 않았다._{반의지} (문헌139: 장자 [노자 · 장자])

자기의 현재 상태를 근본으로 해서 자기의 지혜를 남보다 낫다고 생각하는 데서 시비가 생겨난다._{반존재} 대저 사람은 자기를 근본으로 여기고 남에게 나의 주장을 받아들이게 하고 또 고집스럽게 이를 관철하려 한다._{반의지} 이러한 사람은 자기의 생각에 유용한 자를 지자(知者)라 하고, 무용한 인물을 우자(愚者)라 한다. 세상에 인정되는 것을 명예라 하며, 인정되지 않는 것을 치욕으로 생각한다. 이럴 경우 적지 않게, 매미나 메까치가 대공을 나는 붕새를 비웃는 것과 다를 바 없는 일이 생기는 것이다._{인식} (문헌140: 장자 [노자 · 장자])

한 어부가 공자에게 이렇게 말했다. "사람 중에 제 그림자를 두려워하고 제 발자국을 싫어해서 그것들을 버리려고 달아난 자가 있었소. 그러나 발을 자주 들면 들수록 발자국은 더욱 많아지고 뛰기를 빨리 해도 그림자는 떠나지 않았고, 그는 마침내 힘이 빠져 죽었소. 그늘에 들어가 있으면 그림자는 없어지고, 조용히 쉬고 있으면 발자국도 사라짐을 알지 못했던 것이오."_{반의지} 소인은 인의(仁義), 이해(利害), 동이(同異), 동정(動靜), 수수(授受), 호오(好惡), 희로(喜怒) 따지기에 분주하나 실상은 아무것도 이루지 못할 것이다. 억지로 통곡하는 자는 남들이 슬프게 느끼지 못하며, 억지로 성을 내는 자에 사람들은 위압 당하지 않으며, 억지로 친하려는 자는 정말로 사람들과 친해지지 않는다._{반존재} 반대로 진정으로 슬퍼하면 소리를 내지 않아도 슬프고, 정말로 노하면 말하지 않아도 남들이 위압을 느끼며, 진정으로 친하려 하면 웃지 않아도 친해진다. 인위(人爲)는 무위(無爲)를 망가뜨릴 뿐이다._{인식} (문헌140-1: 장자 [노자·장자])

4-1. 노장 철학 – 장자

언젠가 안회(顏回)와 이렇게 이야기를 나누었다. 안회가 물었다. "단정하고 겸허하며 근면하고 순일하면 되겠습니까?" "어찌 그것으로 될 것인가. 자네는 겉으로 보기에는 덕이 충만하여 있는 것 같으나, 안색마저도 안정되지 않으니 소심한 범부와 조금도 다름이 없네. 자네는 남의 감정만 헤아려 그 사람의 마음에 들기만 하고자 하니, 이런 것을 일러 '덕을 날마다 조금씩 이루어가는 것은 불가능하다'고 하는 것이지. 비록 벌은 안 받을 것이나, 죽을 때까지 자유롭지 못하리라."반의지 걸음을 멈추고 가지 않기는 쉽지만, 걸어가면서 땅을 건드리지 않기란 어렵다.인식 사람의 작위(作爲)에 사로잡히는 자는 허위에 사로잡히기 쉽다. 세상은 허위 천지이다.반존재 사람은 땅 위를 걸으면서 땅을 건드리지 않는 듯한 모습과 얼굴을 가장한다. (문헌141: 장자 [노자 • 장자])

공자의 제자, 자장(子張)이 만구득(滿苟得)에게 말하기를 "자네는 어찌 인의(仁義)를 행하지 않는가? 인의를 행하지 않으면 남의 신용을 얻지 못하고, 신용을 얻지 못하면 직책에 맡겨지지 못하며, 직책에 맡겨지지 못하면 이득을 보지 못하네. 명예와 이득이라는 면에서 보더라도 인의는 참으로 옳지 아니한가?" 하니, 만구득이 말하기를 "부끄러움이 없는 자는 부자가 되고, 말이 많은 사람은 출세를 하네. 세상에서 큰 명예나 이익을 얻은 자는 거의 부끄러움을 모르고 말이 많은 자이네. 명예나 이익은 인의를 행하지 않아도 얻어지는 것이라네."라고 했다.반의지 이때 무약(無約)이 말하기를 "당신의 행동을 일관성 있게 하지 말고, 당신의 인의를 행하지 말라. 당신의 부(富)를 추구하지 말고, 당신의 명예와 성공을 구하지 말라. 진성(眞性)과 천성(天性)을 잃으리라.반존재 비간과 오자서는 충의(忠義)의 화를, 직궁과 미생은 신의(信義)의 재앙을, 포초와 광자는 청렴(淸廉)의 고통을, 공자와 관자는 인의(仁義)의 재난을 당하였다. 이렇게 선비는 자기 말과 행동을 반듯이 하고 실천하기 때문에 오히려 재앙과 환난을 겪는 것이다."라 하였다.인식

4-1. 노장 철학 – 장자

　무족(無足)이 지화(知和)에게 묻기를 "사람은 명예와 이익을 좇아 부자가 되면, 사람들이 몰려들어 굽실거리고 귀히 여김을 받아 몸을 안락하게 하며 즐겁게 할 수 있다.반존재 그런데 자네는 그런 뜻이 없으니, 지혜가 부족해서 그러한가?"하니, 지화는 이렇게 답했다. "그들은 오직 이익을 위하여 움직이므로, 몸을 편안히 하며 뜻을 즐기는 무위자연 속에서 일어나는 일을 알지 못한다.반의지 그러므로 천자의 지위와 천하의 부를 얻어도 염려를 면할 수가 없다. 염려란, 자기가 해야 할 일을 잊는 어지러움(亂), 어렵고 많은 일을 생각해야 하는 괴로움(苦), 음락으로 육체가 소모되는 병(病), 이익 때문에 마음의 장애를 고칠 수 없는 치욕(辱), 재물을 모으려 쉬지 않고 번민하는 근심(憂), 재물로 도둑과 강도를 초조해하는 두려움(畏)이 그것이다.인식"

(문헌142: 장자 [노자·장자])

　요임금은 인의(仁義)를 가진 어진 사람이 천하를 이롭게 하는 줄만 알고, 천하를 해치는 줄은 알지 못했다.인식 대저, 인의의 행동은 성실함이 없고, 한 사람이 천하를 독단적으로 통제하려는데 이용하기 쉽다. 인의의 덕은 성긴 돼지털 속에 붙은 이(虱)가 안락함을 느끼는 것과 같다. 이(虱)는 돼지털 속을 안전하고 이로운 곳으로 여기지만, 백정의 한 칼과 불 지핌에 모두 타 죽는다. 인의의 비릿한 향기는 사람들을 모이게 하나, 사람이 모이면 탐욕이 쌓이고, 오래지 않아 화(禍)의 근원이 된다.반존재 진인(眞人)은 여러 사람이 자기에게 몰려오는 것을 싫어하니, 사람들이 모이면 화합하지 못하고, 화합하지 못하면 이롭지 않기 때문이다. 그러므로 유심히 친한 바도 없고, 유심히 소원한 바도 없으며 오직 덕과 화(和)를 품은 채 천하를 살아갈 뿐이다. 도(道, 진리)를 이루려 노력하면 할수록 부도(不道)도 함께 드러나니, 물고기가 물을 잊고 살아가듯이, 도를 자기 몸에 취하여 살아갈 뿐, 도로써 무엇인가 이루려

4-1. 노장 철학 – 장자

하는 것은 삼갈 일이다._{반의지} (문헌143: 장자 [노자 • 장자])

남을 억지로 그럴듯하고 바르게 보이도록 하려는 교육자는 도리어 세상의 덕을 가리려는 자이다._{반의지} 덕이란 사물의 본모습을 가리는 것이 아니다. 덕으로 사물을 가리려 하면 그 물(物)은 반드시 그 본성을 잃게 된다._{반존재} 세상 만물 모든 것들을 가장하지 않고 가능한 한 본래 그것이게 하는 것, 그것이 모두 어리석어지지 않는 방법이다._{인식} (문헌144: 장자 [노자 • 장자])

진실한 하늘의 권력을 가지려는 자는 모든 만물을 소유하려고 생각하는 자이고, 만물을 소유하려는 자는 당연히 만물과 같은 차원의 물(物)이어서는 안 된다._{인식} 만물과 다른 차원이라 함은 자기에 대한 집착이 없고 집착이 없으니 어찌 소유물이 있겠는가!_{반의지} 세상을 소유물로 보는 자는 옛날의 군자요, 세상을 무소유로써 대하는 자가 비로소 천지의 벗이 될 것이다. 진실한 하늘의 권력은 우리에게 아무것도 주지 않는다. 본래 아무것도 가지지 않았기 때문이다._{반존재} 이는 만물에 작용하는 '내려앉는 힘'과 같은 것으로 아무것도 갖지 않고 아무것도 주지 않아도 만물을 다스린다. 그것은 본성을 '내려앉는 힘'처럼 작용시켜, 만물이 스스로 뿌리내리도록 한다. 그러므로 인위(人爲)로 천하를 다스리려 하지 않는 것이다. (문헌145: 장자 [노자 • 장자])

4-2. 불교 철학

**"불교 철학은 집착_{반의지}을 없애고 무아_{반존재}를 인식함으로써
진리_{해탈}에 다가선다고 주장한다.
이는 [반존재]-[반의지]-인식이 구성하는 제4 통합철학공간에 위치한다."**

불교 철학은 고통의 원인과 해탈의 길을 탐구하는 인식론적·존재론적·윤리적 철학 체계이다. 단순한 종교 교리가 아니라, 존재와 의지, 인식에 대한 깊은 철학적 탐구를 포함한다. 불교 철학은 부처(싯다르타, 기원전 5세기경)의 가르침에서 출발하여, 이후 여러 학파에서 철학적으로 체계화되었다.

불교 철학은 다섯 가지 핵심 사상을 갖는다. 첫째, 고집멸도(苦集滅道), 네 가지 진리, 사성제(四聖諦)를 깊이 인식하는 과정이다. 삶이 고통(苦)이라는 것을 알고, 그 고통의 원인은 집착(갈애)_{의지}(集)이라는 것을 성찰한다. 집착을 없애면_{반의지} 고통이 사라짐(滅)을 깨우치고, 해탈로 가는 팔정도의 길(道)을 묵묵히 가야 한다는 것이다. 이처럼 불교는 존재의 불완전성을 자각하고, 고통을 초월하는 지혜(般若, 반야)를 추구한다. 둘째는 "영원한 자아는 없다"라는 무아(無我)사상이다._{반존재} 즉 인간은 고정된 실체적 자아를 갖지 않는다. '나'라고 느끼는 것은 오온(色受想行識)이라는 다섯 요소의 집합일 뿐이다. 무아는 윤리적 실천과 해탈_{완전한 자유와 평온 상태}의 전제가 된다. 불교의 세 번째 핵심 사상은 "모든 것은 인연 따라 생겨난다"라는 연기(緣起) 철학이다. 어떤 것도 독립적으로 존재하지 않고, 상호 의존적이다. A가 있기에 B가 있고, B가 없어지면 A도 없다. "이것이 있으므로 저것이 있고, 이것이 없으면 저것도 없다." 네 번째 핵심 사상은 "모든 존재는 실체가 없다"라는 공(空) 철학이다. 사물은 고정된 본질이 없고, 연기적 관계로만 존재한다. '공'은 허무가 아니라, 실체 없음(無自性)을 뜻한다. 이를 이해함으로써 집착에서 벗어나_{반의지} 해탈에 이를 수 있다. 마지막 다섯 번째 핵심 사상은 극단을 피하고 균형을 추구하는 중도(中道) 철학이다. 쾌락도 고행도 피하고 중용의 실천을 강조하고, 이론에서도 실재론과 허무론 사이의 중도적 시각을 견지한다. 이로써 세계를 종합적으로 통찰하는 관조적 인식 상태를 획득한다.

부처(석가모니)는 불교 철학 사상의 창시자로 무아(無我), 연기(緣起), 사성제(四聖諦), 공(空), 중도(中道) 사상의 토대를 구축했다. "법(法)진리은 누구든 실천하면 그것을 본다"라고 하면서 반존재, 반의지를 철저히 인식하라고 설법했다.

나가르주나(용수, Nāgārjuna, 2세기)는 《중론(中論)》의 저자로 "모든 존재는 공(空)하다"는 중관철학의 창시자이다. 연기, 공, 중도가 모두 같다는 3원 일체 사상을 주장했다. "어떤 것도 실체가 없기 때문에, 실재한다고도, 실재하지 않는다고도 말할 수 없다"라고 하면서 "존재의 철저한 해체"반존재에 관한 철학적 통찰을 제공했다.

바수반두(세친, Vasubandhu, 4세기)는 "세계는 인식의 흐름일 뿐"이라는 철학을 전개한 유식학파(唯識學派) 사상가이다. 그는 "모든 것은 오직 식(識)에 의한 표상일 뿐"(유식무경, 唯識無境)이라며 [반존재]-[반의지]-인식 세계를 통한(아뢰야식) 윤회와 업의 연속성 설명했다.

달마(達摩)와 혜능(慧能)은 선종(禪宗) 철학자로 논리보다는 직관(깨달음)에 집중한 선승이다. "본성을 보아 부처를 이루라(견성성불)"라고 하면서 진리를 향한 [반존재], [반의지] 속 인식 작용을 설파했다.

4-2. 불교 철학

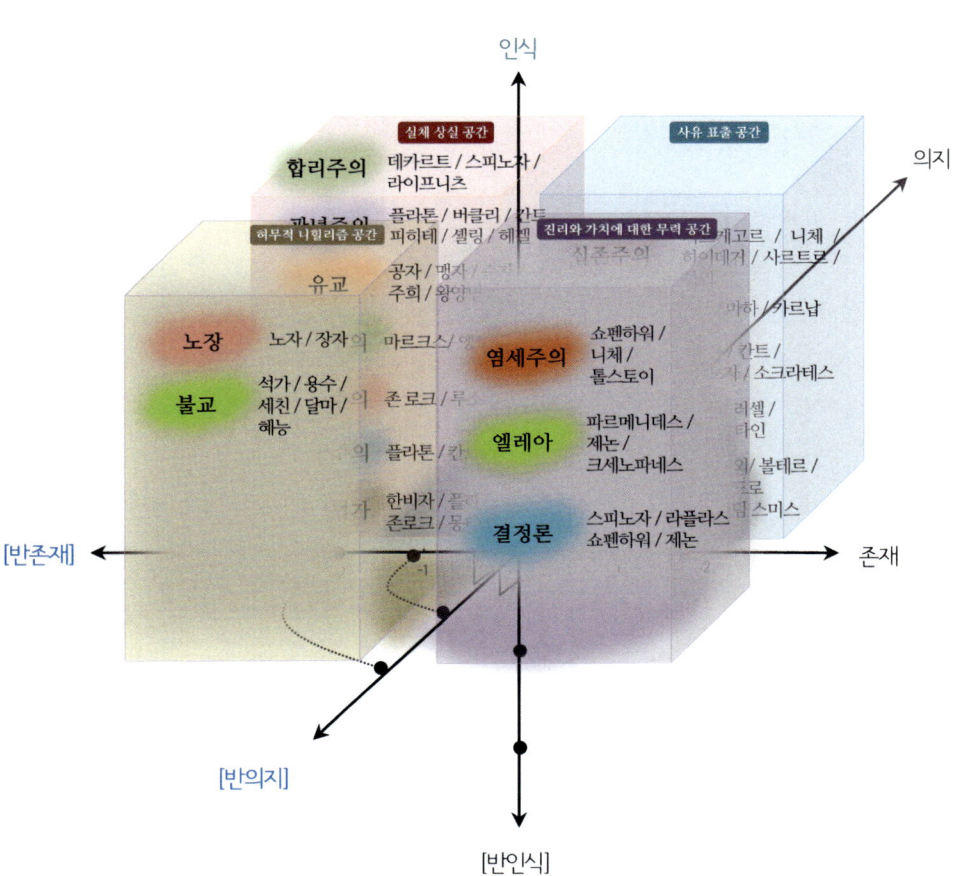

그림17. 노장 / 불교 철학 위치도 (제 4 통합철학사유공간)

4-2. 불교 철학 – 석가

아무것도 바라지 않고_{반의지} 선함의 불빛을 발하는 자들이 지금도 아무도 모르게_{반존재} 실제 세상을 다스리고 있다. 길동무가 적어지고 재물이 많아지면, 장사꾼은 두려움에 밤길을 가지 못할 것이다._{인식} (문헌146: 석가, (법구) [법구경])

일체중생은 알로 나는 것, 태(胎)로 나는 것, 습(濕)으로 나는 것, 발 없는 것, 두 발 가진 것, 네 발 가진 것, 여러 발 가진 것, 생각 있는 것, 생각 없는 것, 생각 있는 것도 아니고 없는 것도 아닌 것들이 있다._{반존재} 세상 사물 모두를 좋음·나쁨의 서로 다름없이 대함으로써, 우리는 진리 세계에 한 발 다다른다. _{인식} 모든 고통과 다툼의 근원은 나와 남이 다르다고 생각하는 것이다._{반의지} (문헌147: 석가 [보현행원품, 화엄경])

삶에서 진리와 자유를 찾는 자는 상(相, 色聲香味觸法)에 머물러 즐거움으로 보상받으려 하지 않고,_{반존재} 아무 바람(願) 없이_{반의지} 자기 삶을 타인을 위해 지향하는 자이다._{인식} (문헌148: 석가 [금강반야바라밀경])

4-2. 불교 철학 - 용수 (나가르주나)

눈앞의 존재는 인(因)과 연(緣)으로 생성되며, 따라서 자성(自性)이 없어 공(空)하다.ᵇ반존재 그렇다고 그것이 아무것도 없는 무(無)라 할 수도 없다. 이렇게 존재는 유(有)라 할 수 없고 또 무(無)라 할 수도 없다. 같은 이치로, 물(物)은 물이 아니고, 단지 이름이 물일 뿐이다. 성(性)은 성이 아니고, 단지 이름이 성일 뿐이다. 이름뿐인 물과 성이 무언가 해줄 것을 기대할 수 있겠는가. 그러나 그것을 소유하려는 욕망이 생기는 순간, 공허한 기대와 고통이 시작된다.ᵇ반의지 모든 것은 자기 것인 것 같지만, 사실 모두 세상의 것이다.ᵇ인식 이는 뭇 냇물이 바다에 이르면 모두가 한 맛이 되는 것과 같다. (문헌149: 용수(龍樹, Nāgārjuna) [중론])

제24장 18행: 어떤 존재든, 상호 의존적 생성(dependent co-arising)에 의해 일어난 것이라면, 그것은 공(空, emptiness)으로 설명된다.ᵇ반존재

제24장 19행: '상호 의존적 명칭(dependent designation)'이라 불리는 그것 자체가 바로 '중도(mid-way)'이다.ᵇ인식

모든 존재/현상은 인연(조건) 없이는 발생하지 않으며, 따라서 본질적으로 고정된 실체를 가지고 있지 않다.ᵇ반의지 이것이 공(空)이다. '공'은 무(無)와 동일시하지 않고 동시에, 절대도 부정도 아닌, 그 자체로서 중도(中道)로 규정된다. 공과 중도는 단순히 존재의 무상을 넘어, 존재의 구조적 필연성과 상호 의존성을 강조한다. 즉, 존재는 자립적 실체가 아니라, 인과 조건에 의존해 형성되어 고정된 본질은 없다.ᵇ반존재 이를 공(空)으로 정의하며 이는 중도(中道)적 지혜의 핵심이다.

(문헌150: 용수(龍樹, Nāgārjuna) [중론])

4-2. 불교 철학 - 세친 (바수반두)

우리가 '자아'와 '사물 또는 법'이라고 익숙하게 의식하는 모든 것들은, 실제로는 오직 '의식의 전환'이라는 과정에서 생겨난 은유적인 명칭들에 불과하다.반존재 그리고 이 '의식의 전환'은 세 가지 과정으로 구분된다.

'자아'와 '사물'이 실재적으로 존재하는 독립체가 아니라, 오직 의식의 흐름 안에서 발생하는 작용에 불과하고, 그 명명이나 지칭이 은유적이라는 점을 강조한다. 즉, 우리가 '나'라고 느끼는 자아도, '의자'로 지각되는 사물도, 모두 의식이 변화하고 전환하는 순간에 나타난 구별된 형태일 뿐반존재이라는 초현상학적 통찰을 해야 한다.

세 가지 전환이란, 유식삼십송에서 상세히 제시되는 저장의식(아뢰야식)-생각-인식의 세 단계로, 이는 저장의식(아뢰야식)에서 나오는 연속적 의식의 흐름이 외면적 대상과 자아를 구성한다.

모든 경험의 실체는 의식의 작용 자체이며, 외부 세계는 정신 내 구성에 지나지 않는다. 즉, 우리는 외부 세계에 직접 접근하는 게 아니라, 순수한 의식 작용을 통해 그것을 재구성할 뿐이다.인식

수도자는 유식무경, 팔식, 삼자성, 전식득지를 수행한다.

첫째, 유식무경(唯識無境): 모든 것은 오직 '식(識)'의 전개일 뿐, 마음 밖의 독립적인 대상(境)은 존재하지 않는다. 외부 세계는 마음이 만들어낸 '표상'일 뿐이다.

둘째, 팔식(八識): 사람의 인식 작용을 8가지 식으로 구분한다. 전오식(前五識)은 시각, 청각, 후각, 미각, 촉각이고, 제 육식은 의식(意識)이며, 제 칠식은 말나식(末那識, 아집의 근원)이다. 제 팔식은 아뢰야식(阿賴耶識)으로 모든 업과 종자의 저장소이다.

4-2. 불교 철학 – 세친 (바수반두)

셋째, 삼자성(三自性): 변계소집성(遍計所執性)은 잘못 집착하여 만들어 낸 허망한 성질이고, 의타기성(依他起性)은 인연에 따라 일어나는 의존적 성질이다.ᵇᵃⁿᵘⁱ지 원성실성(圓成實性)은 궁극적으로 완전하고 참된 성질을 말한다.

넷째, 전식득지(轉識得智): 번뇌로 물든 식(識)을 지혜로 전환하는 수행 과정이다. 전오식의 성소작지에서 의식의 묘관찰지를 거쳐, 말나식의 평등성지에 다다른 후, 아뢰야식의 대원경지를 이룬다.

(문헌151: 세친(Vasubandhu) [유식삼십송(Triṃśikā-vijñaptimātratā)])

4-2. 불교 철학 - 달마

혹시 우리가 세상과 만물에 관한 착각에서 벗어나_{반존재} 참된 현실로 돌아가려 한다면, 벽을 바라보며 수행하는 마음가짐이 필요하다. 수행이란 곧 '자아'와 '타자'가 없으며, 보통 사람과 성인이 근본적으로 같다_{반의지}는 '한 깨달음'을 지향하는 것이다. 설령 경전이 우리를 흔들어도, 흔들림 없이 고요히 머무는 이 상태야말로_{인식} 마치 이치(理)에 조용히 들어맞는, 말 없는 합일(合一)의 경지이다.

(문헌152: 달마 [이입사행론(二入四行論, Treatise on the Two Entrances and Four Practices)])

4-2. 불교 철학 - 혜능

그곳은 새로 발견해서 본래 아무것도 없으니(本來無一物)_{반존재} 줄 것도 빼앗길 것도 없다._{반의지} 이렇게 실제 자유는 자기 마음에서 발현한다._{인식} (문헌 153: 혜능 [육조단경])

어떻게든지 자신이 맞고(正) 타인은 틀린다(誤)는 것을 증명하느라고 일생을 다 소비한다._{인식} 자신도 타인에게는 또 다른 타인이라서 세상은 틀린 것으로 가득 차게 된다._{반존재} 세상을 올바른 것으로 가득 차게 하려면 세상 모든 자신이 스스로 맞도록(正) 자신을 바꾸어야 한다. "마음으로 큰일을 생각하더라도 행하지 않으면 하찮은 것이니, 날이 저물도록 입으로만 공(空)을 말하지 말라." 보통, 사람들이 스스로를 왕이라고 해도 끝내 왕일 수는 없듯이, 행하지 않으면 자격을 갖춘 왕이 될 수 없다. 자기 삶을 스스로 올바름으로 가득 채운다면 그것으로 충분하다._{반의지} 거기서는 선악도 정오(正誤)도 필요 없다. (문헌154: 혜능 [육조단경])

온갖 법(法, 眞理)은 본디 사람에게서 일어나고, 모든 가르침도 사람이 있기 때문에 있게 된 것을 알아야 한다._{반존재} 진리를 발견하고 생각 생각마다 행한다면 이를 반야(般若, 眞理)의 행(行)이라 한다. 행하지 않으면 범부요 행하면 부처이다._{인식} 몇 번이고 말하지만, 마음으로 큰일을 생각하더라도 실천하지 않으면 그것은 하찮은 일이니, 날이 저물도록 입으로만 공(空, 法, 眞理)을 말하지 말라. 누군가 마음을 비우고 조용히 앉아서 아무 생각도 하지 않는 것을 스스로 '크다'고 생각하나, 선사(禪師)에게는 '어리석다'는 말을 들을 뿐_{반의지}이다. (문헌155: 혜능 [육조단경])

선지(善知)자여, 우리의 마음의 본질은 본래 청정(淸淨)하다. 이 마음은 깨달음의 씨앗이자 핵심이며, 맑은 샘물처럼 오염되지 않는다._{반존재} 그러기에 이 마음 하나만을 사용해도 우리는 곧장 부처가 될 수 있다. 그러니 지금 여기저기에서 황망히 찾지 말고, 먼 곳에서 헤매지 말라._{반의지} 바로 이 마음을

4-2. 불교 철학 – 혜능

깨달아 쓰면, 곧바로 불성을 드러내는 것이니, 이것이 즉시 깨달음, 곧바로 부처이다. 제대로 본래의 마음만을 쓰면, 허둥거릴 이유가 없다.인식 (문헌156: 혜능 [육조단경(六祖增經)])

4-3. 스토아 철학

"스토아 철학은 자연 일부로서의 존재, 평정을 통한 금욕,
운명애를 바탕으로 한 이성 중심 사고로 진리에 다가선다고 주장한다.
이는 [반존재]-[반의지]-인식이 구성하는 제4 통합철학공간에 위치한다."

스토아 철학(Stoicism)은 고대 그리스와 로마에서 발전한 이성과 금욕[반의지] 중심의 실천 철학으로, 감정의 통제, 운명에 대한 수용을 그 핵심으로 한다. "외부 세계는 통제할 수 없지만, 내 마음은 통제할 수 있다"라는 통찰[인식]을 바탕으로 감정에서 벗어난 평정심, 아파테이아(금욕, Apatheia)를 철학적 목표로 한다. 최고의 선은 '덕(arete)'이고, 진정한 행복은 이성적 삶에서 비롯되며, 인간은 우주, 자연의 일부로서[반존재], 자연(Logos, 이성 인식)의 법칙에 따라 살아야 한다고 주장했다. 감정은 판단의 오류에서 발생한 것으로 훈련을 통해 극복 가능하다고 생각했다. 외적인 것은 무관심(indifferent)해야 하고, 오직 내면의 덕만이 중요하다는 금욕주의와 운명을 받아들여 그 안에서 이성적으로 행동해야 한다는 '운명애(Amor fati)' 사상을 그 기반으로 한다.

제논 (Zeno of Citium)은 "자연과 조화를 이루는[반존재] 삶"을 주장한 스토아 철학의 창시자이다. 최고의 행복은 도덕적 삶에 있다고 생각했고, 쾌락이나 부, 명예 등은 진정한 행복과 무관하다고[반의지] 보았다. 감정은 이성의 왜곡된 판단에서 비롯되며, 이를 제거해야 평정에 이를 수 있다[인식]고 주장했다.

세네카 (Seneca, 4 BCE - 65 CE)는 『도덕적 편지들』 『인생의 짧음에 대하여』 등 저작에서 고통, 죽음, 분노, 재물 같은 외적인 것에서 자유로워야[반존재, 반의지] 진정한 평안을 누릴 수 있다고 주장한 로마 스토아 철학자이다. "신은 견딜 수 없는 고난을 인간에게 주지 않는다"라는 말과 함께 죽음을 포함한 모든 고난은 두려워할 필요 없음[인식]을 강조했다.

에픽테토스 (Epictetus, 55 - 135 CE)는 『담화록』 『인에케리디온(편람)』 등 저작에서 실천의 중요성을 강조한 노예 출신의 가장 영향력 있는 스토아 철학자이다. 그는 통제 가능한 것은 나의 의지, 생각, 판단이고인식, 통제 불가능한 것은 외부 사건, 타인의 행동, 운명이니반의지 "통제할 수 있는 것과 없는 것을 구분하라"고 주장했다. 즉 "우리를 괴롭히는 것은 사물 자체가 아니라, 반존재 그것에 대한 우리의 판단이라는 것이다. 이런 인식의 실천적 훈련을 통해 내면의 자유와 평정심에 도달할 수 있다고 생각했다.

마르쿠스 아우렐리우스 (Marcus Aurelius, 121–180 CE)는 『명상록 (Meditations)』의 저자로 로마의 철인 황제이다. 인간 존재가 자연의 일부임 반존재과 운명을 받아들이는 자세반의지, 고결한 삶의 실천인식을 강조했다. "당신이 할 수 있는 최선의 선택은, 당신 자신이 좀 더 나아지는 것이다"라고 하면서 고통, 불의, 죽음 앞에서도 이성적이고 품위 있는 인간으로 남아야 함을 보여주었다.

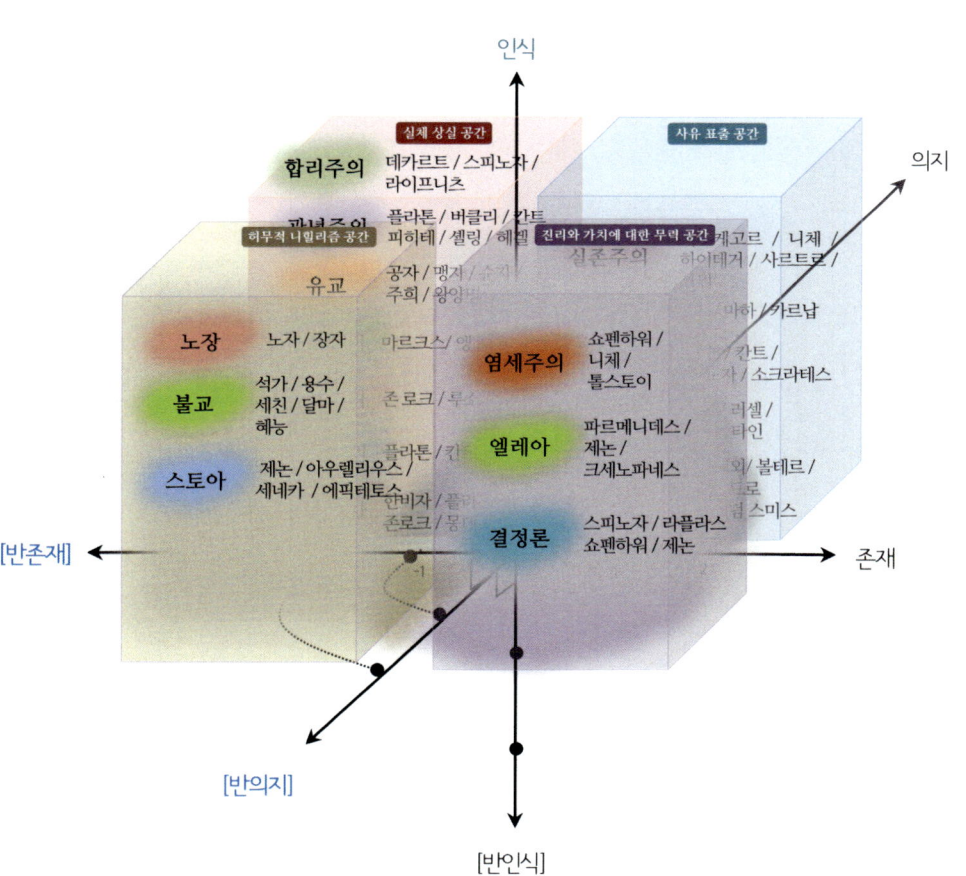

그림18. 노장 / 불교 / 스토아 철학 위치도 (제 4 통합철학사유공간)

4-3. 스토아 철학 – 제논

개가 수레에 매여 있는데, 만약 그 개가 스스로 따라가고 싶어 한다면, 수레에 의해 끌려가면서도 어쩐지 '자신이 스스로 가는 것처럼' 행동하게 된다. 그러나 개가 따라가려 하지 않아도, 결국 수레에 끌려갈 수밖에 없다._{반의지} 이와 같이, 우리도 원치 않더라도 반드시 운명에 따라갈 수밖에 없는 존재이다.

우리는 수레에 묶인 개와 같다._{반존재} 따라가고 싶어 하든 저항하든, 결국 운명을 따라 움직이지 않는가! 현자는 이런 운명, 곧 로고스(Logos)에 자신을 조화시켜야 한다. 이처럼 금욕 –욕망과 저항 대신 운명을 따르는 내적 수양– 과 이성 –운명, 로고스와 조화됨– 에 따라야 한다._{인식}

(문헌157: 에픽테토스 [담론의 여러 방식])

4-3. 스토아 철학 – 아우렐리우스

우리 마음속 고귀한 것을 발견하는 것이 얼마나 시급하고 중요한 것인지 잊지 말아야 한다. 언제나 우주 속 가장 [고귀한 것]을 존중하며 섬겨야 한다. 또한, 모두가 존중하는 대상이며, 모두를 규율하는 고귀한 대상을 경외해야 한다. 동일하게, 우리 개인 속에서 살아 숨 쉬는 [고귀한 것]_{반존재}을 존중해야 하는데, 그것이 바로 당신을 지배하는 것이기 때문이다. 그 고귀한 것은 예외 없이 모든 존재에서 동일하다._{반의지} 이처럼 각자 고귀한 '개체의 가치'는 모두 존중되어야 하며, 냉철히 지켜야 할 우주 속 진리_{인식}이다. (문헌158: 아우렐리우스, [명상록])

우리는 완전한 평정을 희구한다. 그곳은 의외의 곳에 있다. 보통, 사람들은 푸른 언덕, 모래 해변, 산기슭에 은둔하기를 원하지만,_{반존재} 그런 꿈은 정신의 세계에 들어선 자에게는 부질없는_{반의지} 것이다. 원하기만 하면 언제나 당신 속 깊이 은둔할 수 있기 때문이다.

> 자신의 영혼 속은 더없이 고요하고 평화로운 은신처.
> 영혼 속 풍부한 덕(德)을 가진 사람이면
> 그 덕으로써 곧 마음의 평정이 다가오니.
> 평온한 마음은 정연히 정돈된 정신.
> 그대의 원칙은 간결한 것일수록 좋으리니.

그곳은 자신만의 영역이다. 이 마음속 은신처에서 자신을 채찍질하고 또 일신하라. 그 담금질로 당신은 비로소 세상을 침착하게 바라볼 수_{인식} 있으리니. (문헌159: 아우렐리우스 [명상록])

세상의 이치_{인식}가 눈에 들어온 이후부터는 '폭압 하는 지배자도 두려워하는 노예도'_{반존재} 되어서는 안 된다._{반의지} (문헌160: 아우렐리우스 [명상록])

가진 것 그리고 능력이 없는가? 오해이다._{반존재} 당신은 재력과 암기력에서는 두드러지지 못할 수 있고 재치도 부족할 수 있다. 상관없다. [그런 것에

4-3. 스토아 철학 – 아우렐리우스

는 소질이 없다]라고 말할 수 있으면 된다._{반의지} 그 말을 할 수 있는 당신은 수많은 다른 특질이 있기 때문이다. 그것들은 당신 안에 이미 존재한다. [성실, 융화, 근면, 냉정] 연마에 소홀하지 않다면, 당신은 많은 것을 가질 수 있다. 단, 검소할 것이며, 절제하고 솔직하라._{인식} 그런 장점을 발휘할 능력이 없다느니, 소질이 없다느니 하는 말은 자신의 저급한 상태를 유지하려는 변명일 뿐이다. 다투고, 탐하고, 인색하고, 아첨하고, 불평하고, 비굴하고, 교만하고, 걷잡을 수 없이 방황하며 불안해하는 것을 타고난 능력 부족으로 변명하고 싶은가. 자신 속에 감춰져 있는 행복의 씨를 뿌리고, 쓰러져 죽을 때까지 열심히 경작하라. (문헌161: 아우렐리우스 [명상록])

"시체를 둘러멘 가엾은 영혼"_{반존재} 이는 에픽테토스(Epíktētos, Epictetus)가 당신에게 하는 말이다. "오이가 쓴가? 던져 버려라. 가시덤불이 있는가? 피해서 가라." 그것으로 충분하다. "도대체 왜 이런 일이 일어나지?"라는 의문을 품지 말라. 비웃음을 살 것이다. 우주의 본질이 무엇인지 모르는 사람은 자신이 어디 있는지 모르는 법이고, 우주의 목적이 무엇인지 모르는 사람은 자신이 어떠한 존재인지 모르는 법이다. 자신에게 이렇게 물으라. "자신이 어디에 있고 어떠한 존재인지조차 모르며, 단지 갈채하는 군중의 찬사를 꼭 받아야 만족하겠는가? 당신은 하루에 세 번씩이나 자신을 저주하는 사람들의 칭송을 꼭 받고 싶은가? 당신은 스스로도 만족할 줄 모르는 사람들 마음에 들어 무엇에 쓰려는가?"_{반의지} 투명하고 맑은 샘물가에서 아무리 저주의 말을 해도 샘물은 결코 마르거나 변하지 않는다. 설사 그 속에 사람들이 진흙이나 오물을 집어넣는다 해도, 샘물은 재빨리 그것을 흘려보내고 씻어내어 어느새 맑은 물을 다시 뿜어낸다. 어떻게 해야 그러한 영원한 샘물을 가질 수 있을까? 만족, 겸손, 자비, 소박함으로 자유와 고귀함의 권리를 잃지 않는 것이다. 사람들이 갈채하는 명예를 위해 살지 말고, 샘물과 같이 명예롭게 살라._{인식} (문헌 162: 아우렐리우스 [명상록])

4-3. 스토아 철학 – 세네카

　사람들은 시간(인생)을 쓸 줄 모른다. 당신은 마치 영원히 살 것처럼 행동한다. 당신은 자신의 허약함을 잊고 지나간 시간의 많은 부분을 전혀 알아차리지 못한 채, 마치 그 시간을 무한히 갖고 있는 듯 낭비한다. 그리하여 당신이 다른 이에게 또는 어떤 일에 바친 바로 그날이, 어쩌면 당신에게는 마지막 날일지도 모른다.

　당신은 두려움 앞에서는 필연적으로 유한한 존재처럼 행동하면서도, 욕망 앞에서는 불멸하는 것처럼 행동한다._{반존재} 수많은 사람이 말한다. "나중에 쉴 것이다. 오십 살이 되었을 때 은퇴하리라. 예순이면 공직을 그만두리라." 그런데 그런 계획을 보장해 줄 누가 있는가? 당신의 인생이라는 항로를 당신이 계획한 대로 내버려둘 이는 누구인가?_{반의지}

　부끄럽지 않은가. 당신은 인생의 미미한 잔여만을 자신을 위해 남겨두고, 지혜를 위한 시간은 오직 '다른 어떤 일도 못 하는' 뒤로 미루어 놓는다. 미루다, 미루다, 진정으로 살기 시작하기에는 때가 너무 늦다. 죽음이 문턱에 다가올 때에서야 비로소 '삶을 시작하겠다'고 계획하는 것은 참으로 어리석은 짓이다. 삶을 진정으로 길게 만드는 것은 시간의 많음이 아니라, 그 시간을 어떻게 쓰느냐에 달려 있다. 당신은 자연의 일부로서 이성을 가지고 태어났다. 그 이성, 무엇에 쓰려는가!_{인식}

(문헌163: 세네카 [인생의 짧음에 관하여(On the Shortness of Life)])

4-3. 스토아 철학 – 에픽테토스

사물 중에는 우리 힘으로 할 수 있는 것이 있고, 할 수 없는 것이 있다. 우리 힘으로 할 수 있는 것은 '의견(opinion), 추구(pursuit), 욕망(desire), 혐오(aversion)', 요컨대 우리 자신의 행위에 해당한다. 반면, 우리 힘으로 할 수 없는 것은 –몸, 재산, 명성, 관직– 다시 말해 우리의 행위가 아니다.반의지

이제 기억하라. 만약 자기 것이 아닌 것을 자신의 것이라고 여기면, 당신은 고통을 겪고 슬퍼하며 동요하다가 신이나 사람들을 탓하게 된다. 그러나 진정으로 자신의 것과 아닌 것을 구별하면,인식 아무도 당신을 강제하거나 제약하지 못한다. 당신은 자기 뜻에 반하는 일을 하지 않고, 원치 않는 일에 대해 후회하지 않게 되며, 당신에게는 적도 없고, 해도 입지 않으며, 그 누구에게도 비난받지 않는다. 그러므로 어떤 고통스러운 현상(appearing)에 맞닥뜨렸을 때는 이렇게 말할 줄 알아야 한다. "그것은 현상일 뿐, 결코 나를 드러내는 모습 그대로가 아니다."반존재 그리고 다음 질문으로 분석하라. "이것이 내 주도 아래 있는가, 아니면 내가 어쩔 수 없는 외부의 것인가?" 만약 내가 주도한 것이 아니라면, "이것은 나에게 아무런 관계가 없는 것이다."라고 확실히 말할 수 있어야 한다.반의지

(문헌164: 에픽테토스 [인생의 지침, Enchiridion])

4-4. 스콜라 철학

"스콜라 철학은 신앙_{반존재, 반의지}**과**
철학(이성)_{인식}**의 조화를 통해 진리에 다가선다고 주장한다.**
이는 [반존재]-[반의지]-인식이 구성하는 제4 통합철학공간에 위치한다."

스콜라 철학(Scholasticism)은 중세 유럽에서 형성된 철학 전통으로, 기독교 신앙과 고대 그리스 철학(특히 아리스토텔레스 철학)을 이성적으로 조화시키려는 시도이다. 신학과 철학이 긴밀하게 얽혀 있었으며, 주로 중세 대학과 수도원에서 연구되었다. 약 9~15세기, 약 500년 동안 기독교 신앙(계시)_{반존재, 반의지}과 철학(이성)_{인식}의 조화를 추구하는 중세의 철학으로 성경과 교리를 논리적·철학적으로 설명하고 변증하는_{인식} 것을 목적으로 했다. 플라톤, 아리스토텔레스의 철학과 초기 교부 신학 사상의 융합, 설명 과정에서 존재론(신 존재 증명), 보편자 논쟁, 자유 의지와 결정론, 이성과 계시의 관계 등을 논증과 변증, 개념 분석, 문답법(질의응답 형식, disputatio), 철학적 논리를 사용하여 논증하려 했다. "믿음을 이해하기 위해 사유_{인식}한다"(fides quaerens intellectum) 이처럼 믿음이 전제이며, 철학은 그것을 이해하고 정당화하기 위해 도구화되었다.

안셀무스 (St. Anselm, 1033‒1109)는 신의 존재론적 증명을 시도한 "스콜라 철학의 아버지"이다. "신은 존재하지 않을 수 없는 존재다." "가장 완전한 존재는 생각 속에만 있을 수 없고, 실제로도 있어야 한다." 그는 인간이 신이라는 절대 관념을 떠올린다면 그것이 바로 신이 존재하는 증거라고 주장한다. "나는 이해하기 위해 믿는다.(Credo ut intelligam)"고 말하면서 존재하지 않았던 신_{반존재, 반의지}을 존재의 영역으로 끌어들이려 시도_{인식}했다.

토마스 아퀴나스 (St. Thomas Aquinas, 1225‒1274)는 미완성 저작 『신학대전(Summa Theologiae)』에서 아리스토텔레스 철학과 기독교 교리의 통합한 스콜라철학의 정점에 있는 철학자이다. 그는 제1 운동자, 제1 인과, 우연성과 필연성, 최고 존재, 우주의 질서 등 다섯 가지 방식으로 신의 존재를 입증하였다. 자연 이성_{인식}으로는 신_{반존재, 반의지}의 일부 속성은 알 수 있지만, 계시 없이는 완전한 진리를 알 수 없다면서 이성과 계시의 조화가 필요하다고 했다. 그는 신의 법은 모든 인간에게 공통된 보편적 윤리 원칙, 이성 속 자연법으로 이미 반영되었음을 강조했다.

월리엄 오캄 (William of Ockham, 1287 – 1347)은 "불필요한 존재를 가정하지 말라"면서 잘못된 이성_{인식}과 신앙_{반존재, 반의지}을 면도날처럼 분리해야 한다고 주장했다. 오컴의 면도날 원칙은 불필요한 가정은 배제하고_{반존재} 과학적 사고를 기반으로 –논리적, 합리적으로–_{인식} 간단명료하게 설명할 수 있어야 한다는 철학 원칙을 사용했다.

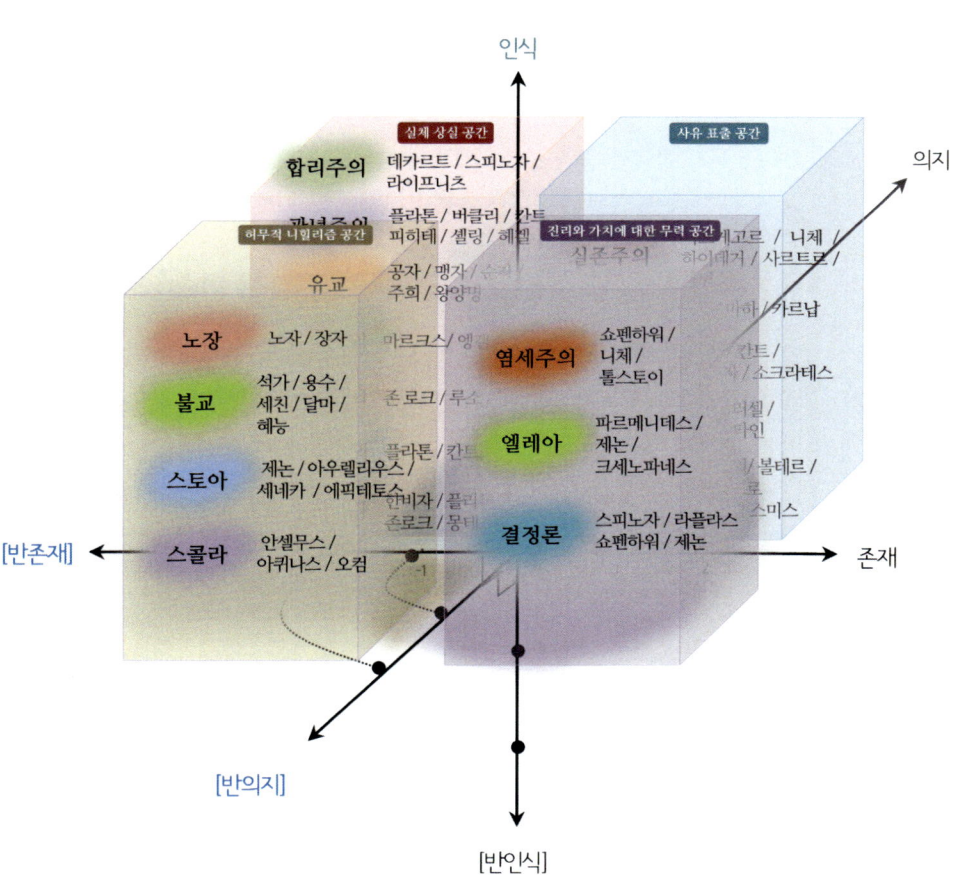

그림19. 노장 / 불교 / 스토아 / 스콜라 철학 위치도 (제 4 통합철학사유공간)

4-4. 스콜라 철학 – 안셀무스

제2장. 신이 참으로 존재함_{반존재}에 대하여: 우리는 믿는다. 신은 "그보다 더 큰 것이 생각될 수 없는 어떤 것"이다. 그런데 혹시 이런 본성을 지닌 것이 오직 우리의 생각 속에만 존재한다고 말할 수 있을까? 그러나 어리석은 자도, "그보다 더 큰 것이 생각될 수 없는 어떤 것(신)"이 이해 속에 존재한다는 사실은 인정할 수밖에 없다. 왜냐하면 내가 들었을 때 그 뜻을 이해했기 때문이다.

그렇다면, 만약 이것이 오직 이해 속에만 존재한다고 한다면, 동일한 것에 대하여 "실제로도 존재한다"고 생각할 수 있을 것이다. 그리고 실제로 존재하는 것이 이해 속에만 존재하는 것보다 더 크기 때문에, 만약 "그보다 더 큰 것이 생각될 수 없는 것(신)"이 이해 속에만 존재한다면, 그것은 곧 실제보다 작은 "그보다 더 큰 것이 생각될 수 있는 것"이 되어 버린다. 이는 모순이다.

여기서 "크다"(maius)는 물리적 크기나 양적 크기가 아니라, 존재의 완전성·가치·존귀성의 정도를 뜻한다. 우리는 존재의 위계 개념이 있는데, 더 완전하고 더 완벽한 존재는 "더 크다"로 표현한다. 예를 들면 상상 속의 왕보다 실제로 존재하는 왕이 더 '완전한' 존재라는 식이다. '존재'라는 속성이 추가되기 때문이다. 마찬가지로 설계도에만 존재하는 건물보다, 실제로 완성된 동일한 건물이 '더 완전'하다고 평가된다. 실재하는 것은 단순한 개념 이상의 현실성을 가지기 때문이다. 또 다른 예로 상상 속의 보석과 손에 쥔 보석을 비교하면 머릿속에서 아무리 상상해도, 실제로 손안에 존재하는 동일한 보석이 가치 면에서 '더 크다'라고 보는 것과 같다.

따라서, "그보다 더 큰 것이 생각될 수 없는 어떤 것(신)"은 이해 속에만 아니라, 존재가 큰 것이므로 실제로도 반드시 존재한다._{인식} 그리고 바로 이것이 신이다. 이러한 존재는 그만큼 참되고 실제적인 존재이며, 그 존재의 부정

4-4. 스콜라 철학 – 안셀무스

은 오직 마음이 어두운 자만이 시도할 뿐이다. 그러나 부정하려고 하더라도, 그 개념을 이해하는 순간, 그 존재를 인정할 수밖에 없다.반의지 그러므로 우리는 단순히 귀로만 듣는 것이 아니라, 마음으로 깨닫기를 원한다. 이처럼 신이 참으로 존재하고, 신이 "그보다 더 큰 것이 생각될 수 없는 어떤 것"임을 믿고 확신한다.

(문헌165: 안셀무스 [프로슬로기온(Proslogion, 신에게 드리는 말)])

4-4. 스콜라 철학 – 아퀴나스

제1 번째 증명 – 움직임에서의 증명: 우리가 이 세상 속에서 분명히 감각으로 인지할 수 있는 사실이 하나 있다. 바로 물체는 움직이고 있다는 사실이다. 물체들은 정지 상태에만 머물지 않고, 지속적으로 변화하며 운동한다. 그러나 우리는 움직이는 것은 반드시 다른 무엇인가에 의해 움직임이 유발된다는 사실도 분명히 안다.반의지 왜냐하면 무언가가 움직이기 전에는 잠재적으로만 움직일 수 있는 성질(가능성)을 지니고 있으며, 움직이기 위해서는 이미 실제성을 지닌(운동력을 가진) 동인이 필요하기 때문반존재이다.

우리가 일상에서 "이 나무는 불에 달궈진다"거나 "공은 던지면 날아간다"라고 말하는 것은 단순한 관찰이 아니라, "잠재적인 상태가 실제적인 상태로 전환되기 위해서는 실제성을 가진 누군가 혹은 무언가가 그 전환을 유도해야 한다"라는 논리적 통찰을 포함한다.인식

그런데 만약 이 운동의 사슬이 끝없이 무한히 뒤로 이어진다면, 결국 처음 움직이게 한 최초의 존재가 없다는 결론이 된다. 그러나 그렇다면 실제로 우리가 보거나 느끼는 모든 운동이 설명 불가능한 상태가 되어버린다. 실제로 나뭇가지가 흔들리고, 바람이 불며, 사람이 걷고 달리는 움직임들이 일관된 원인 없이 일어나고 있다는 것은 논리적이지 않다.

그러므로 우리는 반드시 다른 어떤 것에도 의존하지 않고 스스로 운동을 일으키는 최초의 움직임의 원인이 있어야 한다는 결론에 이르게 된다. 이 "움직임의 근원자"가 바로 우리가 모두 "신(神)"이라고 이해하는 존재이다.

(문헌166: 토마스 아퀴나스 [신학대전])

4-4. 스콜라 철학 - 오컴

그 무엇도, 자명하지 않거나, 경험에 기반하지 않거나, 신성한 권위로 증명되지 않는 이상, 추가로 수립되어서는 안 된다. 존재론적으로 엄격함(parsi-mony)을 끊임없이 유지해야 한다. 즉, 어떤 현상을 설명할 때, 불필요한 가정이나 실체를 도입해서는 안 되며_반존재_ 오로지 이성과 경험, 혹은 계시를 통해 정당화된 것에만 실체를 수립해야 한다. 교리적 논증에 너무 많은 추상적 개념(본질, 자성, 우주 초월 실재)을 도입해 혼란을 야기해서는 안 된다. 우리는 이러한 경향을 경계하며, 간결하고 명료한 설명을 선호하고, 과잉적·형이상학적 실체 설정에 비판적이어야 한다._반의지_

종교 철학의 요체, 첫째는 간결성(Parsimony)으로, 불필요한 가정을 제거하고, 최소한의 실체로 충분한 설명 체계를 구축하는 철학적 방향을 가져야 한다. 둘째는 합리성(Rationalism)으로, 자명하거나, 경험에 기반하거나, 계시로 증명된 것만 인식의 기반으로 삼는다는 이성과 경험 중심의 사고를 해야 한다. 셋째는 신앙과 이성의 구분으로, 신의 존재나 영혼의 불멸 등은 신앙을 통한 인식이며, 이성이 증명하는 대상과는 구별되어야 한다. 넷째는 방법론적 회의주의(Me-thodological Skepticism)로 너무 복잡한 설명은 오류 가능성이 있으므로, 간략하고 검증할 수 있는 설명을 우선하는 과학적·철학적 접근을 해야 한다._인식_

(문헌167: 오컴 [Stanford Encyclopedia of Philosophy])

5장. 제5 통합철학사유공간 (존재-의지-[반인식] 공간)

인식 잠재 공간

이곳은 자신의 다섯 번째 현존(現存)이 살고 있는 세계로

생각과 관념이 아닌 실체와 결과를 추구하는 공간이다.

(경험주의 철학, 공리주의 철학, 쾌락주의 철학, 실용주의 철학, 상대주의 철학)

제5 통합철학사유공간의 개요

(문헌3: 통합사유철학강의, 자유정신사, p307~312)

[제5 공간] 존재−의지−[반인식] 공간 세계 (인식 잠재 공간)

[존재와 의지의 평면 세계]는 인간의 근원적 삶의 욕구가 표출되는 세계이다. 일반적으로 인간의 의지는 이 평면 세계를 매개로 하여 실체화된다. 우리는 존재에 대한 의지 작용과, 의지에 대한 존재화 과정을 통해서만 삶 전체를 구성한다고 착각하기도 한다. 이러한 단순한 평면적 세계 구성은 모든 본능적·감성적·지성적 의지가 표상화되는 세계라 할 수 있다. 이 평면 세계에 분열된 인식이 작용하는 세계가 바로 [제5 사유 공간]이다.

[경험적 반인식](심리학적 무의식)과 [본질적 반인식](철학적 무의식)을 구분하면서, 이를 통합한 '통합 철학적 무의식'이라 규정할 수 있다. 이러한 통합적 무의식의 작용을 통해 인간은 [존재를 의지화]하고, 동시에 [의지를 존재화]한다. 그 결과 인간의 사유는 '무근원(無根源)'의 공간을 구성하게 된다. 인간의 사유는 인식되지 못할 때 곧바로 [반인식]의 세계로 전환된다.

우리는 [존재와 의지 평면의 인식화], 곧 한 사람을 사랑하는 감정이나 존재로부터 아름다움을 느끼는 감성 등, 기본적인 평면 세계의 근원을 인식하는 공간 사유를 수행한다. 더 나아가 그 근원을 명확히 알지 못하더라도, 그 세계를 공간적으로 사유하는 경험을 할 수 있다. 즉, 사회적으로 공유된 미(美)의 관념이나 순수하고 반복적인 색채의 조화를 인식함으로써, 우리는 자신의 미적 감정의 근원을 탐구할 수 있다. 그러나 때로는 그 근원을 이해하지 못하면서도, 사회적 관념에 반하고 전혀 미적 요소로 인식되지 않는 존재에서조차 사랑이나 아름다움을 느낄 때가 있다. 이러한, 근원이 인식되지 않는 [존재의 의지화 세계]를 우리는 어렵지 않게 경험한다.

대상(對象)은 인식의 세계 속에서 부분적으로나마 객관화될 수 있다. 물론 사람은 개체마다 고유한 인식 세계를 지니며, 그에 따라 아름다움을 느끼는 기준 또한 달라진다. 이는 곧 인간의 자유정신을 나타낸다. [반인식]의 세계 속에서는 각 인간의 미지적(未知的) 세계가 지배적이므로, 모든 미(美)의 평가나 감정의 상태는 객관화될 수 없다.

이와 같은 미지적 인식 세계가 '존재와 의지의 평면 세계'와 결합하여 구성하는 사유 공간을 우리는 [제5 사유 공간]이라 규정한다. 근원을 알 수 없는, 곧 [원리 인식]으로 환원되지 않는 감정이나 미적 상태가 우리의 삶 속에서 표출될 때, 우리는 자신이 [제5 사유 공간] 속에 위치하고 있음을 성찰(省察)할 수 있다.

존재에 대한 감성적 의지, 즉 존재로부터 느끼는 감정은 그것이 [반인식화]되면 양(陽)의 사유 세계로부터 이탈하여 무의식으로 전환된다. 이러한 [반인식화]된 상태는 [경험적 반인식]의 영역에 속하며, 이로부터 각 개인의 고유한 특질(個性)이 서서히 형성된다. 인식되지 못하고 무의식 속으로 잠긴 세계는 인간의 특성에 근원적인 영향을 미친다. 특히 유아기나 아동기의 경우, 대부분의 사유는 [반인식]의 세계가 지배하므로, 한 개인의 특성은 어린 시절의 [반인식] 상태에 의해 결정되기 쉽다. 이러한 현상은 보다 심층적인 논의가 필요한 주제이다.

존재에 대한 의지가 [반인식]화되면, [인식의 분열] 현상은 필연적으로 [의지의 부정]을 초래한다. 이러한 [인식의 분열]은 삶의 가치를 혼란시키며, 인간이 자신의 행위와 사유를 자기화(自己化)하지 못하게 함으로써 삶을 파괴적 성상(性狀)으로 변질시킨다. 즉, 자기 사유를 인식하지 못하는 상태에서 자신의 행위나 사유가 삶에 어떠한 방식으로 접근하는지를 자각하지 못하게 되고, 그 결과 무능력과 무관심이 생겨난다. 이러한 무능력과 무관심은 결국 [도덕과 정의]의 파괴를 초래한다. 여기서 말하는 도덕과 정의는 단순히 '하지 말아야 할 것을 하지 않는' 소극적 행위를 뜻하지 않는다. 그것은 오히려 '자신이 해야 할 것을 능동적으로 실천하는' 적극적 행위, 곧 적극적 도덕과 정의를 의미한다.

[인식의 분열] 상태는 [의지의 분열]로부터의 이탈을 불가능하게 만들며, 이러한 상태는 인간의 삶을 극도로 파괴한다. 파괴적 [인식의 분열]은 현대 사회의 문명화 과정과 그에 따른 인간의 무력화로 인해 더욱 가속되고 있다. 인간 일반을 위한 체계적 도덕 철학을 충분히 교육받지 못한 채, 지적 허영에

사로잡힌 일부 최고 지식인들의 오류투성이 [문명과 정신의 동일화] 시도는 우리의 삶을 왜곡시켜, 삶의 목적을 '문명화'라는 허상으로 변질시키는 어리석음을 반복하고 있다. 그러나 [문명]은 본질적으로 인식·존재·의지의 세계에 의해 한시적으로 구성된 실체에 불과하다. 그것은 사유 작용의 일부분일 뿐이며, 이를 위해 정신을 희생하는 것은 결코 정당화될 수 없다.

존재 – 의지 – [반인식]의 사유 공간은 인간에 의해 표출된 표상(表象)에 내재하는 [잠재적 세계]를 구성한다. 우리는 [반인식]을 인식화함으로써 존재와 의지의 세계를 포괄할 수 있으며, 그 결과 상상조차 하지 못했던 새로운 세계를 창조할 수 있다. 따라서 [제5 사유 공간]은 인간의 근원적 실체가 창조되는 공간이자, 인간의 미래를 결정짓는 잠재 공간이라 할 수 있다. 이러한 의미에서 [잠재적 반인식의 인식화]는 또 다른 차원에서 우리에게 다가온다. 그러나 인간의 사유는 안타깝게도, 삶의 조건이 허락하지 않는 경우를 포함하여, 그 전환 과정에서 항상 자유로운 것은 아니다.

지금까지 [반인식] 세계가 구성하는 네 가지 삶의 공간 중, 첫 번째인 존재 – 의지 – [반인식] 공간을 고찰하였다. 이제 이러한 구조를 대표하는 철학 사상과 철학자들의 사유 및 이념이 어떠한 공간 세계를 형성하며, 그것이 삶의 공간 속에서 어떻게 실제로 작용하는지를 탐구해 보자.

제5 공간 철학 사상별, 철학자별 철학 공간 위치도

5-1. 경험주의 철학: 존로크, 버클리, 흄

5-2. 공리주의 철학: 벤담, 존S밀

5-3. 쾌락주의 철학: 에피쿠로스, 아리스티포스

5-4. 실용주의 철학: 퍼스, 제임스, 존 듀이

5-5. 상대주의 철학: 소피스트(프로타고라스, 고르기아스), 니체, 비트겐슈타인

5-1. 경험주의 철학

**"경험주의 철학은
인식적 직관보다는 실험과 관찰을 통해 진리에 다가선다고 주장한다.
이는 존재-의지-[반인식]이 구성하는 제5 통합철학공간에 위치한다."**

경험주의(Empiricism)는 모든 지식은 경험_{존재, 의지}에서 비롯된다고 보는 철학 사조이다. 여기서 '경험'이란 주로 감각적 경험(sense experience)을 의미한다. 즉, 인간은 태어날 때부터 백지(tabula rasa)_{반인식} 상태이며, 이후 오감(시각, 청각, 촉각 등)을 통해 세상을 경험하고, 이 경험을 통해 지식을 형성한다는 것이다. 경험 우선 주의, 반이성주의적 경향으로 선천적 관념이나 이성만으로 진리를 파악하려는 이성주의(Rationalism)에 반대한다. 분석적이고 과학적인 태도로 경험을 통해 검증 가능한 지식만을 인정한다. 모든 지식은 후천적이고 선천적 관념과 인식은 부정된다._{반인식} 과학적 방법론과 연계하여 직관, 직감, 추정 보다는 실험과 관찰을 통해 진리를 탐구한다. 근대 과학과 실증주의, 학습이론·행동주의에 영향을 주었고, 자아·인과성·도덕성에 대한 깊은 반성을 촉진했다.

존 로크 (John Locke, 1632~1704)는 《인간오성론》에서 "인간의 마음은 태어날 때 백지(tabula rasa)다"라고 하면서 모든 지식은 경험_{존재, 의지}에서 기원함을 주장했다. 이때 '감각 경험'은 외부 세계에 대한 감각(perception)을 통하고 '반성 경험'은 내적 경험, 즉 자기 생각과 감정(reflection)을 거친다. 그는 사회계약설, 자연권 사상을 주장하며 근대 자유민주주의의 철학적 기반을 마련한 정치철학자이기도 하다. '인간의 자유와 권리의 개념도 경험주의 기반에서 정당화된다'_{반인식}라고 주장했다. 일차적 지식은 단순 관념(simple ideas)을 조합하여 만들어지기 때문에 "백지"인 마음은 교육과 환경 경험에 따라 그 모습이 형성된다고 주장했다.

조지 버클리 (George Berkeley, 1685~1753)는 '감각 외에는 실재가 없다'_{반인식}라고 주장한 급진적 경험주의자이다. "존재하는 것은 모두 지각_{의지}되는 것이다(Esse est percipi)"라 하며 지각 경험되는 물질의 존재_{존재, 의지}만 인정했다. 우리가 아는 세계는 지각(perception)의 총합_{존재에 대한 의지 작용}일 뿐이라는 것이다. 세계 또한 '신의 지각'을 통해 지속된다고 보았다. 이처럼 물리적 대상의 객관적 실재는 없고, 의자, 돌, 나무 등 주변 사물은 우리가 지각할 때만 존재한다고 제시했다. 모든 존재는 감각 경험의 산물이며, 이는 신의 항존적 지각 속에서 보장된다고 주장했다.

데이비드 흄 (David Hume, 1711~1776)은 경험주의의 정점이자 회의주의(skepticism) 철학자이다. "이성은 감정의 노예다" "경험은 미래를 보장하지 않는다"라고 하며 인과관계조차 경험적_{존재, 의지}습관일 뿐, 그 필연성을 증명할 수 없다고 주장했다. 따라서 자아(ego)는 단지 연속된 감각들의 다발일 뿐이라고 단정한다. 인식론적으로는 회의주의_{반인식}를 견지하며 모든 지식은 불완전한 추정일 뿐이라고 생각했다. "어제, 오늘 해가 떴다고 해서 내일도 뜬다는 보장은 없다"라고 하면서 귀납적 사고를 비판했고, 도덕철학에서도 이성보다 감정_{존재에 대한 의지 작용}이 윤리 판단의 근원이라고 주장했다.

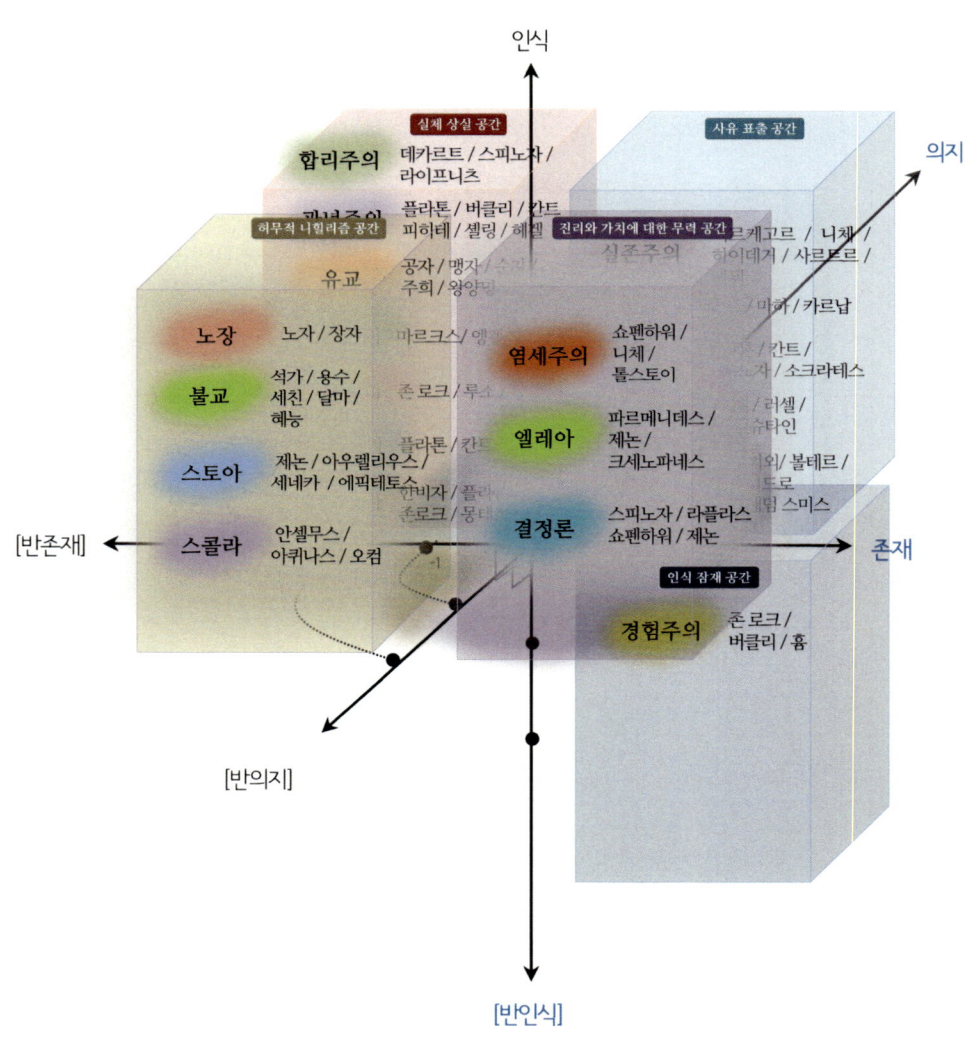

그림20. 경험주의 철학 위치도 (제 5 통합철학사유공간)

5-1. 경험주의 철학 – 존 로크

인간의 마음에는, 어디에도 '선천적'이라고 할 만한 관념이나 원칙이 없다. 어떤 선천적인 지식이 있다고 주장하는 이들의 생각처럼, 사람들이 모든 인간에게 다 똑같이 공유되고, 의식하든 못 하든 누구나 받아들이는 그런 사상이라면 선천적이라고 말할 수 있을 것이다.

그러나 우리 관찰과 경험을 보면 전혀 그렇지 않다. 어떤 이들은 태어날 때부터 그러한 관념을 갖고 태어난다고 믿지만, 그러한 주장을 뒷받침할 보편적 사례가 없으며, 사실상 모두가 동일하게 지니고 태어난 관념_{반인식}이란 없다.

오히려 오랜 어린 시절이나 교육 과정을 통해 형태를 만들고, 반복된 경험_{존재}을 통해 이해하게 되는 '후천적 관념'만이 분명히 존재한다. '존재한다(existence)'라는 개념도 우리가 경험에서 일반화한 개념이지_{의지} 태어나면서부터 몸속에 타고난 것은 아니다.

만약 어떤 관념이 선천적이라고 한다면, 그것은 곧 모든 인간이 동일하게 지니고 있다는 말이지만, 현실에선 대부분의 어린아이는 이것을 모르고, 다수 성인도 의문을 제기하기도 한다. 그러므로 '선천적 관념'이라는 개념은 경험주의 철학에서는 수용할 수 없다.

(문헌168: 존 로크 [인간이해론(An Essay Concerning Human Understanding)])

5-1. 경험주의 철학 – 버클리

인간의 '앎의 대상(objects of knowledge)'을 살펴보면 다음과 같이 세 가지 범주로 나뉜다는 것이 분명하다.

첫째, 감각에 의해 직접 수용되어 들어오는 관념(ideas actually imprinted on the senses): 예컨대 눈으로 보는 색, 귀로 듣는 소리, 혀로 느끼는 맛 등의 감각적 인상이다._{존재, 의지}

둘째, 마음의 감정이나 작용에 주의를 기울일 때 지각되는 것들(perceived by attending to the passions and operations of the mind): 예를 들어 우리가 슬픔, 기쁨, 갈등, 믿음 등의 감정 상태를 내면적으로 경험할 때 생겨나는 관념들이 이에 해당한다._{존재, 의지}

셋째, 기억 또는 상상을 통해 형성된 관념(ideas formed by help of memory and imagination): 즉 이전에 경험했거나 인상 깊었던 감각이나 감정이 다시 생각나며 마음속에서 형태를 갖추는 경우이다._{존재, 의지}

이처럼, 우리가 실제로 '앎의 대상'이라고 여기는 모든 것은, 감각에서 감정과 정신 작용으로 그리고 기억과 상상이라는 세 단계의 경험적 과정을 통해 형성된 관념일 뿐, 감각을 넘어 독립적으로 존재하는 물질적 실체가 아니라는 점_{반인식}이 분명해진다.

(문헌169: 버클리 [인간 인식의 원리(The Principles of Human Know-ledge)])

5-1. 경험주의 철학 – 흄

우리의 모든 사실에 관한 추론은 결국 '원인과 결과의 관계'에 의존한다. 왜냐하면, 우리가 과거·현재의 경험을 넘어 미래에 대해 추측하거나, 보이지 않는 사물의 존재를 확신하는 경우, 우리는 언제나 원인과 결과를 연결하는 사고를 사용하기 때문이다.

그렇다면, 이 '원인과 결과'의 관계는 어떻게 알 수 있는가? 순수한 사유만으로는, 어떤 사물의 원인을 그 본성만 보고 추론하는 것은 불가능하다. 예를 들어, 내가 전혀 본 적 없는 물체를 눈앞에 둔다면, 그 본성만으로 그 효과를 정확히 예측할 수 없다. 물이 뜨겁게 하면 끓는다든지, 돌이 떨어지면 아래로 떨어진다든지 하는 지식은 결코 추상적 이성에서 나오는 것이 아니다. 이런 종류의 지식은 오직 경험의 반복에서 나온다.존재, 의지 우리는 동일한 원인이 동일한 결과를 산출하는 것을 여러 번 관찰한 뒤에야, 둘 사이의 연결을 확신하게 된다. 그리고 이러한 경험이 축적되면, 마음속에 '습관(custom) 또는 반복에 따른 기대(expectation)'가 형성되어, 원인을 보면 결과를 자연스럽게 예측하게 된다.

그러나 중요한 점은, 이 기대나 확신이 '논리적 필연성'에서 나오는 것이 아니라, 심리적 습관에서 나온다는 사실이다. 미래가 과거와 같을 것이라는 가정은, 경험으로 강화된 마음의 경향일 뿐, 이성적으로 증명할 수 있는 원리가 아니다. 따라서, 우리가 원인과 결과의 관계를 확실히 안다고 느끼는 것은 실제로는 경험이 반복되면서 생겨난 심리적 연관의 산물이다. 이로써 우리는 경험을 넘어선 인과 지식, 즉 '순수한 추론만으로 얻는 인과 지식'은 불가능하다반인식는 결론에 이른다.

(문헌170: 흄 [인간 이해에 관한 탐구(An Enquiry Concerning Human Understanding)])

5-2. 공리주의 철학

**"공리주의 철학은
'최대 다수의 최대 행복'**_{반인식적 존재에의 의지}**을 통해 진리에 다가선다고 주장한다.
이는 존재-의지-[반인식]이 구성하는 제5 통합철학공간에 위치한다."**

공리주의(Utilitarianism)는 '최대 다수의 최대 행복'_{존재, 의지}을 윤리의 기준
으로 삼는 철학이다. 인간의 행위는 그 결과가 가져오는 쾌락/고통, 즉 행복/
불행을 기준으로 선악을 평가받아야 한다고 주장한다. 결과적으로 어떤 행위
가 더 많은 사람에게 더 큰 행복을 준다면, 그 행위는 '옳은' 것이다. 즉 행위
의 '결과'를 기준으로 도덕성을 판단한다. 이는 목적론적 윤리학으로 행위의
옳고 그름은 '효용'(utility)으로 평가된다는 것이다._{존재, 의지} "이 정책이 얼마나
많은 사람에게 얼마나 큰 효용을 주는가?"를 기준으로 정책을 평가하며 공공
행복을 기준으로 윤리적 판단을 한다. 관념보다는 결과와 효과에 초점을 맞
추는 실용주의적 태도를 견지_{반인식}한다. 공리주의는 소수의 권리를 침해할 가
능성, 결과 예측의 불확실성, 인간의 도덕을 단순 쾌락 계산으로 환원하는 위
험을 내포한다. 현대 공리주의자 피터 싱어는 공리주의의 판단 대상에 동물
의 고통과 기쁨도 고려해야 한다는 "동물 이익 고려" 평등 원칙을 제시하기
도 했다.

제러미 벤담 (Jeremy Bentham, 1748~1832)은 "자연은 인간을 쾌락과 고
통이라는 두 주인의 지배 아래 두었다"라고 주장한 고전적 공리주의의 창시
자이다. 선악은 "쾌락과 고통의 다수성"으로 판단해야 한다는 사상을 그 기
본으로 삼는다. 각 행위를 개별적으로 평가해, 무엇이 가장 큰 행복을 가져오
는가_{존재, 의지}를 판단하는 "행위 공리주의(Act Utilitarianism)"를 창안했다. 쾌
락과 고통은 측정 가능하다고 보며, 윤리를 수학적으로 계산하려 시도하는
'쾌락 계산법(Hedonic Calculus)'을 제시했다. 모든 쾌락은 질적으로 동등하
다고 생각하여 쾌락의 양_{다수성}이 중요하다고 생각했다. 이를 바탕으로 법률,
사회제도도 쾌락과 고통에 대한 효용을 기준으로 평가되어야 한다고 제시했

다. 이때 다수적, 양적 쾌락의 계산 기준은 강도(Intensity), 지속성(Duration), 확실성(Certainty), 근접성(Proximity), 생산성(Fecundity, 또 다른 쾌락을 낳는 가), 순수성(Purity, 쾌락 속 혼합된 고통의 정도는 어떤가), 범위(Extent, 얼마나 많은 사람에게 영향을 주는가) 등 일곱 가지 기준으로 판단할 수 있다는 논거를 폈다.

존 스튜어트 밀 (John Stuart Mill, 1806~1873)은 "어리석은 사람은 만족한 돼지보다 낫고, 어리석은 소크라테스가 만족한 바보보다 낫다"라고 하면서 질적 공리주의(qualitative utilitarianism)를 발전시킨 철학자이다. 이는 행복존재, 의지에도 질적 차이가 있다고 보았고 육체적 보다는 지적, 도덕적, 예술적 행복이 더 의미가 있다고 생각했다. '개인 행위'가 아니라, 다수에 적용되는 '도덕 규칙'이 행복을 늘리는가를 따지는 규칙 공리주의(Rule Utilitarianism)반인식를 주창했다. 단순한 '행복의 양다수성'만으로는 도덕 판단이 불완전함을 지적하고, 사회 정의, 자유, 권리 등의 질적 가치를 공리주의 내에 도입하려 시도했다. 교육과 문화의 중요성을 강조하여, '다수의 질적 행복'으로 도덕적 성장을 추구했다.

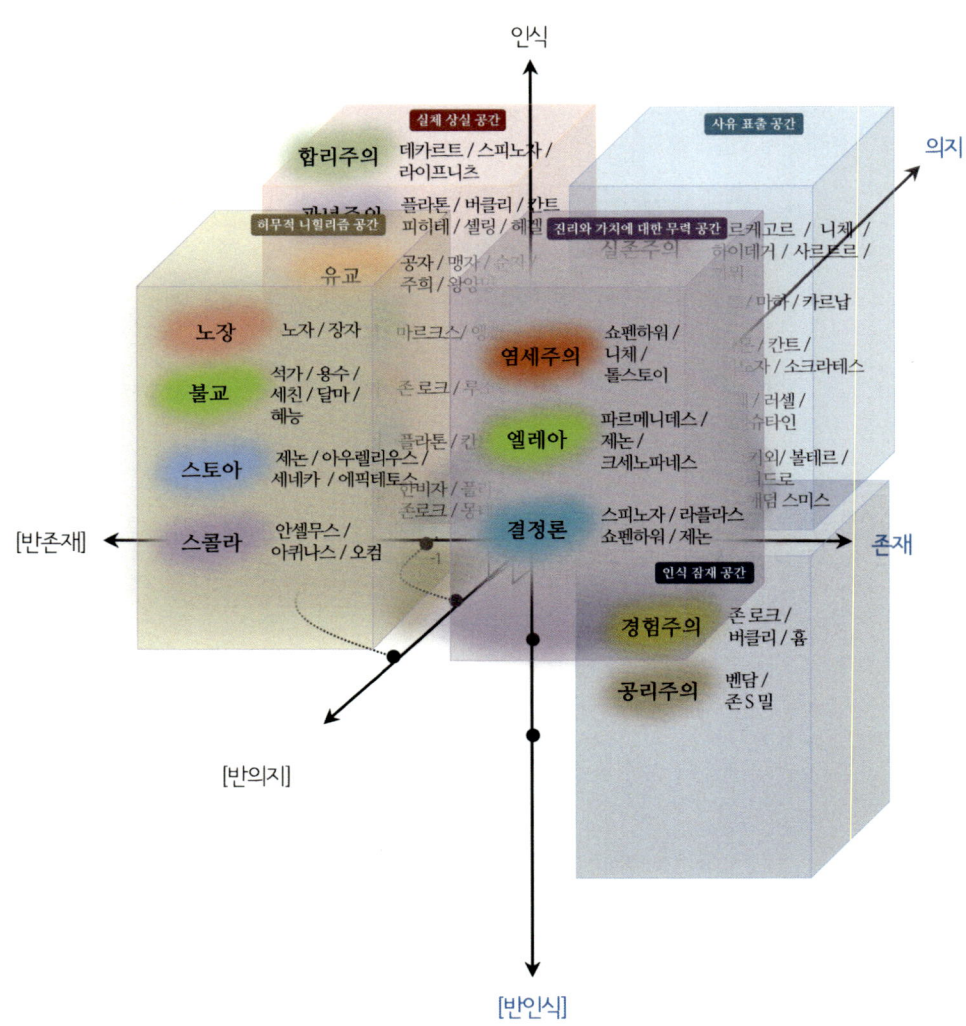

그림21. 경험주의 / 공리주의 철학 위치도 (제 5 통합철학사유공간)

5-2. 공리주의 철학 - 벤담

자연은 인류를 두 명의 주권자, 즉 쾌락과 고통의 지배 아래 두었다. 이 두 가지가 우리가 무엇을 해야 하는가뿐 아니라 실제로 무엇을 하게 되는가를 결정한다._{존재, 의지} 인간의 모든 행위는 결국 쾌락을 추구하고 고통을 피하려는 본성에서 비롯된다. 따라서 윤리와 입법의 근거 또한 이 자연적 사실 위에 세워야 한다.

공리의 원리(utility principle)란 바로 이 사실을 인정하고, 그것을 하나의 체계 기초로 삼는 것이다. 이 체계의 목적은 이성(reason)과 법(law)의 손으로 행복(felicity)의 구조물을 세우는 데 있다. 공리의 원리에 따르면, 어떤 행위가 옳은지 그른지를 판단하는 기준은 그 행위가 당사자 혹은 관련된 사람들의 행복을 증진하는 경향이 있는가, 아니면 감소시키는 경향이 있는가에 달려 있다. 말하자면, 모든 행위는 그것이 가져올 쾌락의 총량과 고통의 총량에 따라 평가되어야 한다. 더 많은 쾌락과 더 적은 고통을 낳는 행위는 도덕적으로 선하며, 반대로 더 많은 고통과 더 적은 쾌락을 낳는 행위는 악하다._{반인식}

이러한 이유로 우리는 "최대 다수의 최대 행복"을 윤리적 · 법적 판단의 궁극적 척도로 삼아야 한다. 이 원리는 단지 개인의 쾌락을 위한 것이 아니라, 사회 전체의 복리를 고려하는 공리적 계산에 근거한다. 따라서 법은 개인의 자유를 제한할 때도 그 목적이 전체 행복을 증대하는 것이라면 정당화될 수 있다._{반인식} 공리의 원리는 모든 도덕규범과 입법의 출발점이 되어야 하며, 다른 어떠한 허구적 근거-예컨대 자연권이나 사회적 계약 같은 개념-보다도 명확하고 실증적인 기준을 제공한다. 왜냐하면 쾌락과 고통은 인간 경험의 근본적 사실로서, 그로부터 벗어날 수 없기 때문이다._{존재, 의지}

(문헌171: 문헌171: 벤담 [도덕과 입법의 원리 서설(Introduction to the Principles of Morals and Legislation)])

5-2. 공리주의 철학 - 존S밀

도덕의 기초로서 공리(utility), 즉 최대 행복의 원리를 받아들이는 신념은 다음과 같은 태도를 보인다. 어떤 행위가 행복을 증진하는 경향이 있다면 그만큼 옳고, 반대로 행복의 반대(불행)를 낳는다면 그만큼 그르다는 것이다. 여기서 행복(happiness)이란 쾌락(pleasure)과 고통의 부재(absence of pain)를 의미하며, 불행(unhappiness)이란 고통(pain)과 쾌락의 결핍을 의미한다.ㆍ반인식

이 이론이 제시하는 도덕적 기준을 명확히 하기 위해서는 더 많은 설명이 필요하다. 특히 쾌락과 고통이라는 개념에 포함되는 것이 무엇인지, 그리고 어느 정도까지 그것이 개인의 경험에 맡겨지는지 논의해야 한다. 그러나 이러한 부가적 설명은 이 도덕 이론이 근거하는 삶의 이론, 즉 쾌락과 고통의 부재만이 궁극적으로 바람직한 것이라는 전제에는 영향을 미치지 않는다. 모든 바람직한 것은 그 자체에 내재한 쾌락 때문에, 혹은 쾌락을 증진하고 고통을 예방하는 수단으로서 바람직하다.ㆍ존재, 의지

따라서 도덕의 근거는 형이상학적 추상 개념이 아니라 인간의 실질적 경험에 있으며ㆍ존재 모든 도덕적 판단은 '행복의 증대'라는 목적을 중심으로 평가되어야 한다.ㆍ의지 이 원칙은 단지 개인의 차원이 아니라 사회 전체의 차원에서 적용되며, 법과 제도, 사회적 규범은 모두 '이 기준을 충족하는가' 여부에 따라 그 정당성이 결정된다.ㆍ반인식

(문헌172: 존S밀 [공리주의(Utilitarianism)])

5-3. 쾌락주의 철학

"쾌락주의 철학은
쾌락_{반인식적 존재에의 의지}을 통해 진리에 다가선다고 주장한다.
이는 존재-의지-[반인식]이 구성하는 제5 통합철학공간에 위치한다."

쾌락주의(快樂主義, Hedonism)는 쾌락_{존재에의 의지}을 인간 삶의 궁극적 선(善)으로 보고, 쾌락의 추구와 고통의 회피를 삶의 목적_{반인식}이라고 여기는 철학 사상이다. 삶의 목표는 쾌락을 극대화하고 고통을 최소화하는 것이 가장 현실적이라는 것이다. 도덕적 판단도 결과적으로 얼마나 쾌락을 낳았는가에 따라 평가될 수 있다. 쾌락은 단지 기분 좋은 감정만이 아니라, 인간이 좋다고 여기는 모든 즐거움을 포함하며, 이에 따라 다양한 유형의 쾌락주의가 등장한다. 인간은 본능적으로 쾌락을 추구한다는 '심리적 쾌락주의', 쾌락을 추구하는 것이 도덕적으로 옳다는 '윤리적 쾌락주의', 감각적 즐거움 중시하는 '육체적 쾌락주의', 지적·도덕적·미적 즐거움 중시하는 '정신적 쾌락주의' 등이 있다. 공리주의, 벤담과 밀도 넓은 의미의 쾌락주의자라고 할 수 있다. 쾌락주의 철학은 "무엇이 나를 진정으로 행복하게 하는가?"라는 물음에 "쾌락 속에서 그 숨어 있는_{반인식적}답"을 선택했다. 죽음, 신, 사회 속 고통과 두려움에서의 해방 철학이며 정신건강, 심리학, 최소주의와 연결된다. 단순한 삶 속에서 정신적 평온을 추구하고, 타인의 시선이나 사회적 성공보다는 내면의 만족을 중시하는 사상이다.

에피쿠로스 (Epicurus, BC 341~270)는 "쾌락_{존재에의 의지}은 인간 삶의 목적_{반인식}이다. 그러나 참된 쾌락은 고요함(ataraxia)과 고통의 부재(aponia)에서 온다."고 주장한 고대 그리스의 대표적 철학자이다. 육체적 쾌락이 아닌, 절제된 삶을 통한 평정심과 고통의 회피를 중시하였다. 인간의 본성은 쾌락을 추구하도록 만들어졌으며, 이성적으로 쾌락을 관리해야 진정한 행복에 도달할 수 있다는 태도이다. 이처럼 쾌락과 고통이 우리 삶을 결정하는데 죽음은 고통의 감각이 없으므로 두려워할 이유가 없다. 그러므로 "죽음은 우리와 무관하다"고 결론 내리기도 한다. 쾌락을 단순 감각적 즐거움이 아니라, 장기적으로 안정된 평온한 상태로 보기 때문에 친구, 자유, 성찰적인 삶을 진정한 쾌락의 원천으로 강조했다. 신을 믿는 것이 좋지만, 신은 인간의 쾌락과 고통에 간섭하지 않기 때문에 종교적 두려움에서의 해방을 강조했다.

아리스티포스(Aristippus of Cyrene, BC 435~356경)는 감각적 쾌락(육체적 즐거움)을 중시한 에피쿠로스보다 앞선 쾌락주의 철학자이다. 현재의 쾌락_{존재에의 의지}을 최대화하는 것이 인간 삶의 목적_{반인식}이라고 주장했다. "당신이 쾌락을 지배하라. 쾌락이 당신을 지배하게 하지 말라."고 하면서 쾌락에 휘둘리기보다 쾌락을 '사용'할 줄 아는 통제된 쾌락을 내세웠다. 육체적_{존재} 쾌락_{의지}의 가치를 솔직하게 인정했지만, 자유인의 삶을 위해 주체적 쾌락의 사용으로 인격의 주인이 될 것을 피력했다.

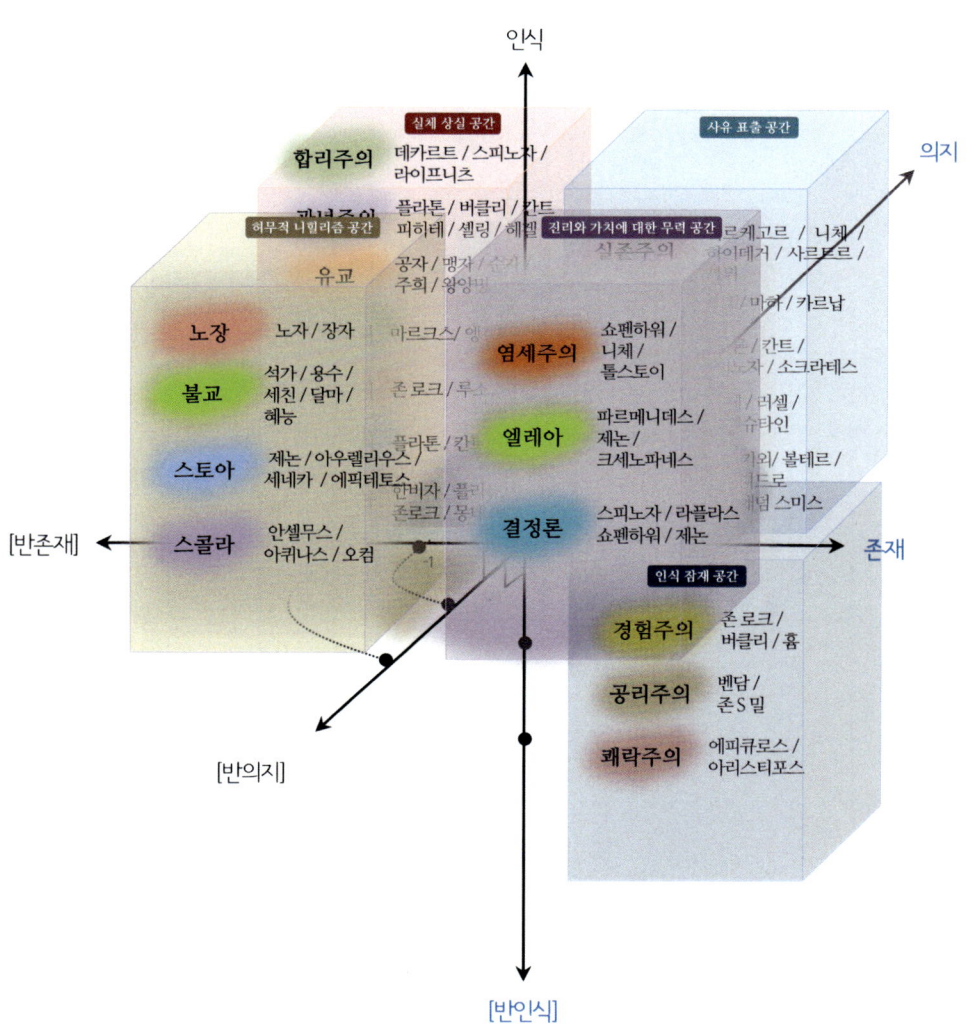

그림22. 경험주의 / 공리주의 / 쾌락주의 철학 위치도 (제 5 통합철학사유공간)

5-3. 쾌락주의 철학 - 에피쿠로스

우리는 행복을 가져다주는 것들을 실천하는 데 힘써야 한다. 행복이 있으면 우리는 모든 것을 가진 것이고, 그것이 없으면 우리는 그것을 얻기 위해 모든 것을 행하기 때문이다. 우리는 쾌락을 인간이 선천적으로 가진 최초의 선으로 인정한다._{존재, 의지} 그리고 모든 선택과 회피의 시작은 쾌락에서 비롯되며, 다시 쾌락으로 돌아온다. 우리는 이 감각을 모든 선을 판단하는 기준으로 삼는다.

쾌락은 행복한 삶의 출발점이자 목표_{반인식}이기는 하지만, 우리는 모든 쾌락을 선택하지는 않는다. 때로는 더 큰 고통이 뒤따르는 많은 쾌락들을 피하기도 한다. 반대로 우리는 때때로 많은 고통을 쾌락보다 더 낫다고 판단한다. 왜냐하면 그것을 감내한 후 더 큰 쾌락을 경험할 수 있기 때문이다. 그러므로 본성상 모든 쾌락은 선이지만, 모든 쾌락이 선택될 만한 것은 아니다. 마찬가지로 모든 고통은 악이지만, 모든 고통이 언제나 피해야 할 것은 아니다. 어떤 경우에는 고통을 선택하고 쾌락을 포기함으로써 더 큰 선을 달성할 수도 있다. 따라서 지혜로운 삶이란 쾌락과 고통의 결과를 신중하게 따져보고, 장기적으로 가장 큰 평온과 행복을 가져오는 선택을 하는 것이다._{존재, 의지}

우리는 육체의 고통을 견디는 것이 때로는 더 큰 기쁨을 가져오며, 쾌락을 무분별하게 추구하면 더 큰 불행으로 이어질 수 있다는 사실을 기억해야 한다. 따라서 참된 쾌락은 단순히 순간적인 즐거움이 아니라, 마음의 평정(아타락시아, ataraxia)과 고통의 부재(아포니아, aponia)를 통해 얻어지는 평화로운 상태이다. 이것이 바로 행복한 삶의 본질이다.

(문헌173: 에피쿠로스 [메노이케우스에게 보내는 편지])

5-3. 쾌락주의 철학 – 아리스티포스

　삶의 궁극적 목표는 쾌락이다._{반인식} 쾌락은 단순히 고통의 부재가 아니라 _{존재} 긍정적이고 적극적인 즐거움을 의미한다._{의지} 현명한 사람은 쾌락을 추구하되 그것의 노예가 되지 않고, 오히려 쾌락을 지배하며 살아야 한다. 쾌락을 지배한다는 것은 욕망을 절제하거나 포기하는 것이 아니라, 욕망을 자신의 통제 아래 두고 현명하게 사용하는 것이다. 현재의 쾌락은 과거의 기억이나, 미래의 기대보다 더 가치 있는 것이다._{존재, 의지} 왜냐하면 우리가 진정으로 소유하는 것은 지금 느끼는 즐거움 뿐이기 때문이다. 미래의 쾌락은 아직 오지 않았고, 과거의 쾌락은 이미 사라졌다. 그러므로 철학자의 과제는 순간을 현명하게 즐기는 기술을 배우는 것_{반인식}이다.

　진정한 쾌락은 쾌락을 무분별하게 추구하는 방탕주의와는 다른 길이다. 쾌락을 즐기되 그것에 예속되지 않는 자유로운 삶아 중요하다. 쾌락은 선이지만, 쾌락이 우리를 지배하면 그것은 악으로 변한다. 따라서 우리는 쾌락을 통제할 수 있는 이성적 능력을 길러야 하며, 감각적 즐거움 속에서도 절제와 자유를 유지해야 한다. '즉시적 쾌락의 우위'는 우선 고려 사항이다. 미래의 행복을 위해 현재의 즐거움을 희생하는 것은 불필요하다. 왜냐하면 삶은 불확실하고, 먼 미래의 행복은 보장되지 않기 때문이다. '현재를 살아가는 지혜'를 강조하면서, 쾌락의 순간을 붙잡는 것이 현명한 선택이다._{의지}

　그러나 쾌락을 추구하는 과정에서 법과 사회 질서를 무시해서는 안 된다. 쾌락을 위해 모든 수단을 허용하는 것은 아니며, 쾌락의 질보다 강도와 확실성이 중요하다. 즉, 지금 당장 경험할 수 있는 확실한 쾌락이 먼 미래의 불확실한 쾌락보다 더 큰 가치를 갖는다. 이런 이유로 인간에게 필요한 것은 '쾌락을 주체적으로 관리하는 능력'이며, 이것이야말로 자유와 행복을 보장하는 철학적 덕이다.

（문헌174: Diogenes Laertius [Lives of Eminent Philosophers]）

5-4. 실용주의 철학

"실용주의 철학은
실용적 결과_{존재에의 의지}를 통해 진리에 다가선다고 주장한다.
이는 존재-의지-[반인식]이 구성하는 제5 통합철학공간에 위치한다."

실용주의(Pragmatism)는 "진리는 실용적 결과 속에서 드러난다"라는 말과 같이 철학적 가치와 의미를 "실제 삶과 행동의 효과에 따라 평가"하려는 사조이다. 이 철학은 "이론보다 실천, 관념보다 결과, 본질보다 효용성"_{존재에의 의지}에 초점을 맞추며, 미국에서 19세기 후반 등장했다. 진리는 그것이 작동할 때 진리라는 것이다. 개념, 이론, 믿음의 가치는 삶 속에서 어떤 실제적 결과를 만들어내는가로 평가된다. 경험주의적, 실용 중심적, 반형이상학적_{반인식}적 철학 사조이다. 즉 가치 판단은 그 이념이 아니라 실제 삶에 주는 결과에 따라 평가해야 하고 철학의 목적은 추상적 사유가 아니라, 삶을 향상시키는 실천적 결과를 이끌어내는 것이라 주장한다. 예를 들어 종교적 신념이 객관적 증명이 없더라도, 삶을 낫게 만든다면 그 믿음은 정당화 가능하다는 것이다. 이처럼 실용주의는 철학을 삶의 문제 해결에 유용한 도구로 본 실천 중심적 사유 방식이고, 진리는 추상적 관념이 아니라, 현실에서 작동하고 의미 있는 결과를 만들어낼 때 비로소 '진리'가 된다고 역설한다._{반인식}

찰스 샌더스 퍼스 (Charles S. Peirce, 1839 – 1914)는 "철학의 의미는 그것이 불러오는 실용적 결과_{존재에의 의지}에 있다"라고 주장한 실용주의 창시자이다. 한 개념의 의미는 행동과 결과에 어떤 차이를 만들어내는가로 이해할 수 있다고 보았다. 그래서 진리는 절대적이기보다는 "대상 공동체" 속에서 시간이 흐르며 그 결과로 수렴되는 것이라 주장한다. 이때 이론은 실천을 위한 도구일 뿐이라고_{반인식화} 생각했다. 그는 "프래그마티시즘(pragmaticism)"이라는 용어로 자신의 철학을 구별했다.

윌리엄 제임스 (William James, 1842 – 1910)는 "진리란 다름 아닌, 유용한 것이다"라고 하면서 실용주의의 대중화에 힘썼다. 『실용주의(pragmatism)』『신앙의 의지(The Will to Believe)』 저서 속에서 "진리는 개인의 경험과 삶 속에서 실제로 작동할 때_{존재에의 의지} 드디어 진짜 진리로 탄생한다" "진리는 다른 무엇인가를 '일으킨다(makes a difference)'는 점에서 의미가 있다"고 하면서 종교적 믿음이나 도덕적 선택도 실용적 결과에 따라 그 가치를 판단해야_{반인식} 하며, 감정·신념·실존적 선택까지 실용주의적으로 해석 가능함을 주장했다. 진리란 삶에서 실제 '작동하는 것'이며, 삶을 더 낫게 만드는 가치만이 진리로 간주할 수 있다_{반인식}는 것이다.

존 듀이 (John Dewey, 1859 - 1952)는 "철학은 삶을 위해 존재해야 한다"라고 주장한 실천 철학 중심의 실용주의자이다. 저서 『민주주의와 교육』 『경험과 자연』에서 지식은 고정된 것이 아니라, 경험과 실험을 통한 문제 해결의 도구_{존재에의 의지}임을 분명히 했다. 즉 '사고(thinking)'는 문제를 해결하려는 활동이며, 지식은 그 과정에서 나오는 결과물이라는 것이다. 이와 같은 '실천, 실용 중심 사상'_{반인식}은 능동적 경험과 탐구의 연속이어야 하고, 교육과 민주주의를 위한 방법 또한 삶의 실천적 방식(lifestyle)이며, 공적 문제에 대한 실제 참여와 '실제 합의를 위한 토론'이어야 한다고 주장했다.

5-4. 실용주의 철학

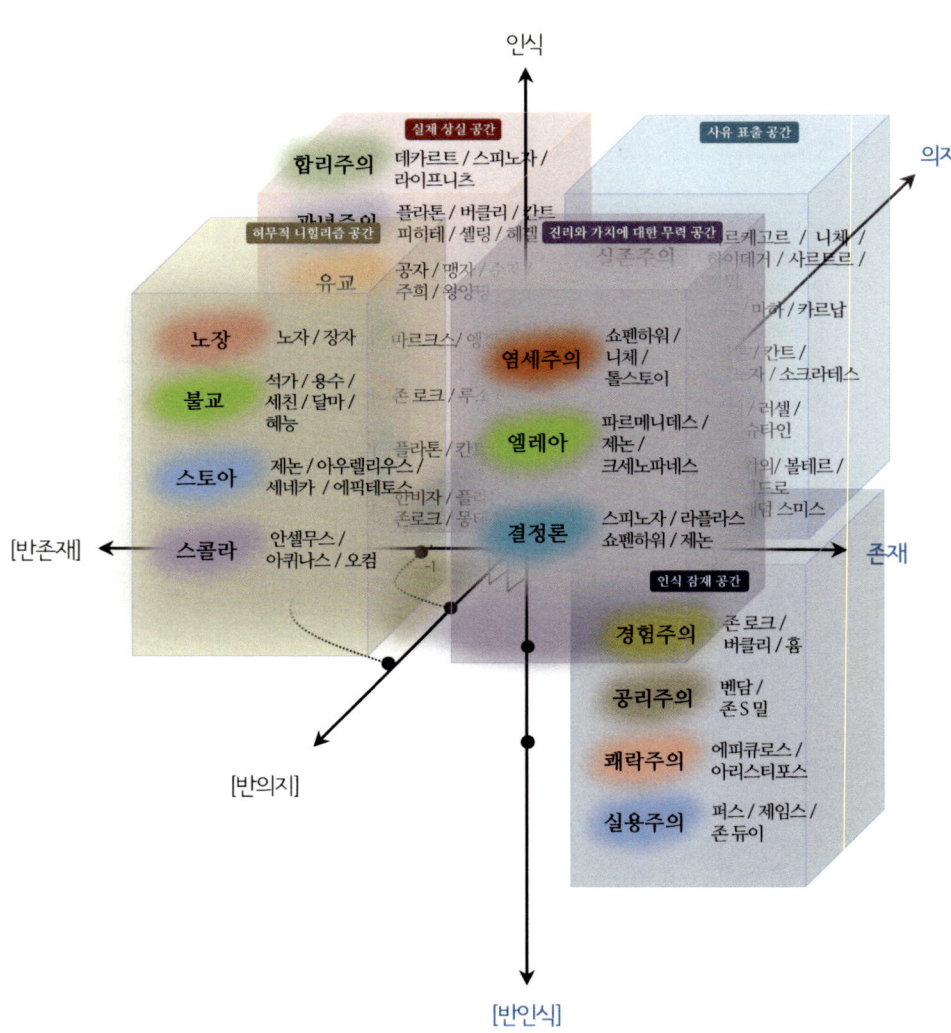

그림23. 경험주의 / 공리주의 / 쾌락주의 / 실용주의 철학 위치도 (제 5 통합철학사유공간)

5-4. 실용주의 철학 – 퍼스

우리가 어떤 개념을 가지고 있다고 할 때, 그 개념이 실제로 어떤 효과를 가져올 수 있는지를 고려해 보라. 그리고 우리가 그 개념에 대해 상상할 수 있는 모든 실천적 효과를 생각해 보라. 그렇다면, 우리가 그 개념과 관련하여 상상하는 그러한 효과들이 바로 그 개념 전체를 구성하는 것이다. 다시 말해, 개념의 의미는 그것이 낳을 수 있는 실천적 결과에 있다.반인식

이 원리는 우리가 생각의 명확성을 확보하는 데 필수적이다. 왜냐하면 많은 철학적 혼란이 개념의 의미를 실천적 맥락에서 고려하지 않고 추상적으로 논하는 데서 비롯되기 때문이다. 우리가 '단단함(hardness)'이라는 개념을 예로 들어보자. 이 개념의 의미는 단순히 '어떤 성질'로 존재하는 것이 아니다. 그것은 우리가 그것을 긁으려 할 때 긁히지 않는다는 경험적 결과, 즉 행동과 관련된 효과에서만 의미를 갖는다. 마찬가지로 '무게(weight)'라는 개념도 우리가 그것을 저울에 올릴 때 나타나는 반응과 같은 실천적 효과를 통해서만 이해할 수 있다. 그러므로 우리가 개념을 논할 때는 그것이 실제로 우리의 행동, 경험, 실천에 어떤 변화를 일으킬 수 있는지를 물어야 한다. 그렇지 않으면 우리의 사고는 공허한 추상에 머물 뿐이다.

이 점에서 나는 철학적 논의는 궁극적으로 실천과 관련되어야 하며, 개념의 참된 의미는 그것이 지닌 실제적 귀결에 의해 결정된다존재, 의지고 본다. 이는 이론과 실천의 관계를 새롭게 정의하는 것이며, 단순한 유용성의 문제가 아니라, 의미 그 자체에 관한 규정이다. 우리가 어떤 개념을 진정으로 이해했다는 것은, 그것이 우리 삶의 경험 속에서 어떠한 구체적 변화를 가능하게 하는지를 이해했다는 뜻이다.

따라서 '실용주의'란 사상은 단순히 '유익한 것을 택하라'라는 원리가 아니다. 그것은 모든 개념을 실천적 귀결의 관점에서 분석함으로써 그 의미를

5-4. 실용주의 철학 – 퍼스

명확히 하려는 철학적 방법론_{존재, 의지}이다. 이를 통해 우리는 무의미한 형이상학적 논쟁을 피하고, 생각을 실천적 맥락에서 검증할 수 있는 철학을 확립할 수 있다.

(문헌175: 퍼스(Charles S. Peirce) [How to Make Our Ideas Clear])

5-4. 실용주의 철학 – 윌리엄 제임스

실용주의적 방법은 본질적으로 형이상학적 논쟁을 해결하려는 방법이다. 세상은 하나인가, 아니면 여럿인가? 숙명론적인가, 아니면 자유로운가? 물질적인가, 아니면 영적인가? 이러한 개념들은 각각 세계에 적용될 수도 있고 적용되지 않을 수도 있다. 그런데 이러한 논쟁은 끝이 없다. 실용주의적 방법은 각 개념의 실제적 귀결을 추적함으로써 그것을 해석하려고_{존재, 의지} 한다.

즉, 어떤 개념이 참일 경우, 그렇지 않은 개념과 비교했을 때 실천적으로 어떤 차이를 만들어내는가? 만약 아무런 실천적 차이가 없다면, 두 개념은 실제로 동일한 의미를 갖는 것이며, 그 모든 논쟁은 헛된 것이다. 우리가 어떤 개념을 두고 '참인가 거짓인가'를 묻는다면, 그 질문의 의미는 반드시 실천적 차이로 환원될 수 있어야 한다. 예를 들어, '세계가 하나인가, 아니면 다수인가'라는 문제를 생각해 보자. 이 질문이 우리의 경험, 우리의 행동, 우리의 삶에 어떤 실제적 차이를 만들어내는가? 만약 아무런 차이도 없다면, 그 논쟁은 단지 언어의 놀음에 불과하다. 그러나 차이가 있다면, 그 차이가 무엇인지 파악해야 한다. 그것이 바로 실용주의적 사고의 핵심이다. 실용주의는 진리를 '구체적 결과의 차이'에서 찾으려는 철학이다._{반인식}

이 원리를 통해 우리는 철학을 추상적 공허에서 구해낼 수 있다. 많은 철학적 논쟁은 실제 삶에 아무런 변화를 주지 않으면서도 무의미하게 반복되어왔다. 그러나 실용주의는 '그 논의가 우리의 실천에 어떤 차이를 가져오는가'라는 질문을 통해 철학을 생활과 연결한다._{존재, 의지} 진리는 고정된 절대적 실체가 아니라, 경험 속에서, 실천을 통해 검증되고 유용함이 확인되는 과정적 개념이다.

따라서 실용주의는 '어떤 믿음과 철학이 실제로 어떠한 효과를 낳는가'를 기준으로 의미를 명확히 하고, 참과 거짓을 가려내려는 철학적 방법론이다.

5-4. 실용주의 철학 – 윌리엄 제임스

우리가 철학을 하는 이유는 결국 삶을 더 명료하게 이해하고, 우리의 행동을 더 현명하게 만드는 데 있다. 실용주의는 이 목표를 달성하기 위한 가장 과학적이고 현실적인 방법이라 할 수 있다.

(문헌176: 윌리엄 제임스 [Pragmatism])

5-4. 실용주의 철학 – 존 듀이

사회는 생물학적 생명이 유지되는 것만큼이나, 전승(傳承)의 과정을 통해 존재한다. 이 전승은 행동, 사고, 감정의 습관이 기성세대에서 신세대로 전달되는 의사소통을 통해 이루어진다. 이상(ideal), 희망, 기대, 규범, 의견이 사회의 한 구성원에서 다음 세대로 전달되지 않는다면, 사회적 삶은 지속될 수 없다. 만약 매 세대가 선대가 이미 습득한 것을 다시 처음부터 배워야 한다면, 사회는 곧 소멸하고 말 것이다. 교육이야말로 이 단절을 메우는 유일한 다리이며, 교육은 삶의 필수 조건이다. 교육은 단지 미래의 삶을 준비하는 과정이 아니라, 곧 삶 그 자체다.

교육은 단순한 훈련이나 기술 습득의 수단으로 끝나지 않는다. 교육은 경험의 사회적 전달 과정이며, 이를 통해 사회는 유지되고 발전한다. 아이들은 선대의 경험과 지식을 수동적으로 받아들이는 것이 아니라, 이를 토대로 새로운 문제를 해결하고 창의적으로 대응한다. 따라서 교육은 정태적(靜態的)인 것이 아니라 동태적(動態的) 과정이다. 그것은 미래의 생활을 위한 준비라기보다는 현재의 생활 속에서 실질적 의미를 갖는 과정이다.

이러한 관점에서 실용주의는 철저히 행동과 경험 중심이다.존재, 의지 인간은 고립된 존재가 아니라 사회적 존재이며, 그 사고는 행동의 산물이다. 교육은 이러한 사고와 행동이 사회적 맥락에서 재구성되는 과정이다. 따라서 교육의 목적은 단순한 지식 축적이 아니라 경험을 통해 의미 있는 문제 해결 능력을 기르는 것이다. "진리는 고정된 것이 아니라, 변화하는 상황에서 검증하는 과정"이다. 이는 실용주의가 갖는 핵심 철학적 전제다.반인식

즉, 현재의 교육은 민주주의 그 자체를 구현하는 장이다. 왜냐하면 민주주의는 단순한 정치 제도가 아니라, 공동의 문제를 협력적으로 해결하는 생활 방식이기 때문이다. 교육은 이러한 생활 방식을 연습하는 사회적 실험장

5-4. 실용주의 철학 – 존 듀이

이며, 따라서 실용주의는 일차적 교육철학을 통해 이차적 사회철학으로 확장
된다.

(문헌177: 존 듀이 [민주주의와 교육(Democracy and Education)])

5-5. 상대주의 철학

**"상대주의 철학은
보편성, 절대성의 부정**반인식**을 통해 진정한 진리에 다가선다고 주장한다.
이는 존재-의지-[반인식]이 구성하는 제5 통합철학공간에 위치한다."**

상대주의(Relativism)는 진리, 도덕, 지식, 가치, 인식 등 철학적 가치는 절대적이지 않고반인식 그것을 판단하는 기준이 개인, 문화, 역사, 사회 등에 따라 달라질 수 있다존재에의 의지는 철학적 입장이다. 즉, "모든 것은 관점에 따라 다르다"라는 주장으로 요약할 수 있다. 보편적이고 절대적인 진리나 도덕은 존재하지 않고 판단의 기준은 항상 어떤 관점, 배경, 맥락에 의존한다는 것이다. 상대주의의 다섯 가지 분류는 첫째, 진리나 지식은 개인이나 문화의 관점에 따라 달라진다는 "인지적 상대주의" 둘째, 선악, 옳고 그름은 문화나 사회마다 상대적이라는 "윤리적 상대주의" 셋째, 아름다움이나 예술의 가치는 주관적이라는 "미학적 상대주의" 넷째, 한 문화의 관행은 외부 기준이 아니라 내부 기준에 따라 이해해야 한다는 "문화적 상대주의" 다섯째, 언어가 사고를 결정하며, 언어마다 세계 인식 방식이 다르다는 "언어 상대주의" 등이 있다. 상대주의 철학은 근대 철학의 절대주의적 사고에 대한 비판이자, 다원주의적 사고와 관용의 철학적 기반이기도 하다. 그러나 상대주의는 "모든 게 상대적이라면, 아무것도 옳고 그름을 판단할 수 없지 않은가?"라는 도덕적 무기력으로 이어질 수 있고, "상대주의가 옳다"고 강하게 주장하면 그것은 바로 자기모순에 빠질 가능성이 있다.

소피스트(Sophists, 고대 그리스)는 보편적 진리는 없고반인식, 모든 판단은 인간 개인의 관점에 따라 달라진다는 상대주의 철학을 주장했다. 예를 들면 "한 사람에게는 따뜻한 것이 다른 사람에게는 차가울 수 있다"라는 것이다. 도덕과 정의도 상대적이며, 강한 자가 옳음을 규정한다는존재에의 의지 현실주의적 정치관도 주창했다. 하지만 "각 인간은 만물의 척도"라며 절대 진리는 없고 모든 것은 개인의 지각과 해석에 달려 있다는 소피스트, 프로타고라스의 상대주의를 플라톤과 소크라테스는 강하게 비판하기도 했다.

프리드리히 니체 (Friedrich Nietzsche, 1844 – 1900)는 "진리는 착각일 뿐이며, 그것이 누군가에 유용했기_{존재에의 의지} 때문에 유지되어 온 것이다."라며 모든 진리는 특정한 의지(권력 의지)나 시대적 필요에 의해 구성된 것이라 주장했다. 그는 도덕은 강자와 약자, 지배자와 피지배자의 관계에서 형성된 상대적인 가치 판단이라며 진리의 상대성을 주장하고 보편적 도덕을 부정했다. "신은 죽었다"라는 선언은 절대적 진리 체계의 해체_{반인식}를 의미하며 진리도, 도덕도, 신도 역사적 산물이고 해체할 수 있는 것임을 역설하는 것이다. 이처럼 진리는 고정된 것이 아니라, '인간의 해석'과 '힘의 역학'에 따라 만들어질 뿐이다.

루트비히 비트겐슈타인 (L. Wittgenstein, 후기 철학)은 그의 저서 『철학적 탐구』에서 다양한 문화 공동체는 서로 다른 언어게임을 갖기 때문에_{존재에의 의지} 보편적 가치는 없으며 철학적 문제의 대부분은 언어를 잘못 이해해서 생긴 것이라고 주장했다. 즉 철학(언어)의 의미는 고정된 것이 아니라, 그 사회의 맥락과 규칙이 적용되는 '언어게임' 속에서 그 의미가 결정된다는 '언어 상대주의'를 기반으로, '철학 상대주의'_{반인식}를 피력했다.

5-5. 상대주의 철학

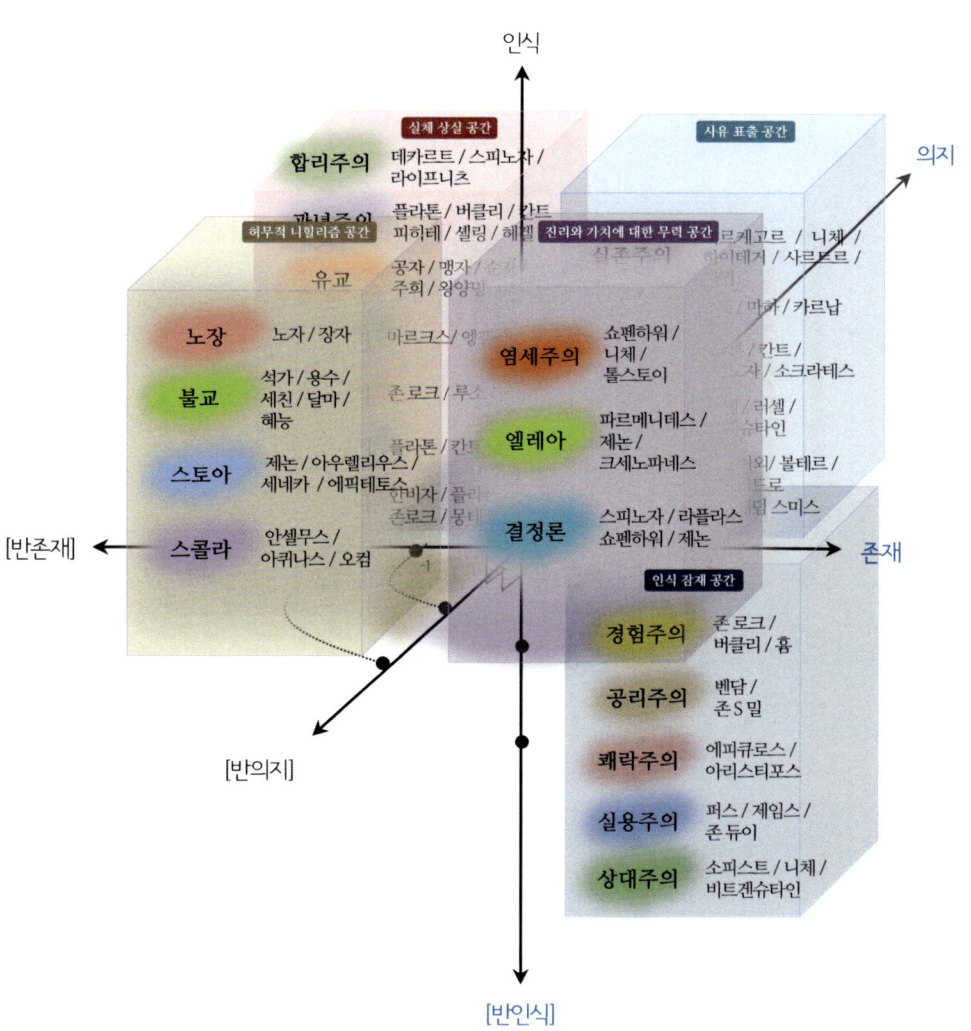

그림24. 경험주의 / 공리주의 / 쾌락주의 / 실용주의 / 상대주의 철학 위치도 (제 5 통합철학사유공간)

5-5. 상대주의 철학 – 소피스트 (프로타고라스, 고르기아스)

프로타고라스: 모든 사물에 대하여 사람은 척도이다. (인간은 만물의 척도다) 즉, 어떤 대상이 '나에게는 그렇다'고 지각되면 그 대상은 나에게 '그렇다'. 만약 어떤 사람이 같은 대상을 반대로 지각하면, 그 대상은 그 사람에게 '그렇지 않다'라고 말할 수 있다. 예컨대 바람이 누구에게는 따뜻하게 느껴지고 다른 이에게는 차갑게 느껴지면, '따뜻함'은 첫 사람에게, '차가움'은 다른 사람에게 실재하는 것이다. 이 논거는 지각(감성) 기반의 상대주의를 압축해 설명한다. 진리(또는 '그렇다/아니다')는 보편적 불변의 성질이 아니라, 각 인식 주체(subject)의 지각·경험에 의존하며, 이 때문에 서로 다른 주체 간 '진리의 다원성'이 자연스레 발생한다.

고르기아스: 첫째, 아무것도 존재하지 않는다.(존재론 부정) 둘째, 설사 어떤 것이 존재한다고 하더라도, 그것은 인간에게 인식될 수 없다.(인식론 부정) 셋째, 설사 그것이 인식될 수 있다고 해도, 그 인식을 다른 사람에게 전달할 수 없다.(표현·전달 부정) 따라서 '존재·인지·소통'이 모두 무력화되는 극단적 회의에 이른다. 우리가 직접 경험·표현하는 모든 '사실'은 근본적 불확실성 아래에 놓여 있다._{반인식} 이는 언어·인식·전달의 불신 즉, 인식론적·형이상학적 회의로 이어진다. 따라서 절대 진리는 없고 모든 것은 개인의 지각과 해석에 달려 있다._{존재, 의지} 즉, 객관적 진리는 없고_{반인식} 주관적 의견만 있을 뿐이다.

(문헌178: 프로타고라스 [The Theaetetus of Plato] / 고르기아스 [Lucretius, 자연에 대하여])

5-5. 상대주의 철학 – 니체

만약 진리가 내가 사귀고 싶은 여자라면 어떠한가? 그렇다면 지금까지 철학자들이–적어도 독단주의자들이–여성을 전혀 이해하지 못했다는 의구심을 가질 만하지 않은가? 철학자들이 진리에 구애하면서 보여온 무겁고 어색한 태도, 그리고 서투른 접근은, 여성을 얻기에는 너무나도 부적절한 방식이었다. 그 결과는 분명하다. 그들은 진리를 차지하지 못했다. 그리고 오늘날 모든 종류의 독단주의는 이미 낙담한 표정으로 서 있다.반인식 아니, 어쩌면 더 나아가 독단주의 자체가 완전히 무너져버렸다는 조롱 섞인 주장도 있다. 모든 독단은 이미 땅에 쓰러져 있으며, 마지막 숨을 몰아쉬고 있다는 것이다.

우리는 전통 형이상학이 주장하는 절대적 진리에 도전장을 던진다. 우리는 진리를 여성에 비유한다.존재, 의지 이는 진리가 스스로 한 가지 방식으로만 드러나지 않으며, 다양한 방식으로 접근될 수 있음을 상징한다. 철학자들은 진리를 획득할 수 있는 단일한 열쇠가 있다고 믿었지만, 우리에게 그것은 환상이다. 진리는 정복되거나 소유되는 고정적 대상이 아니라, 관점과 해석에 따라 달리 모습을 드러내는 유동적 실재다.존재, 의지

우리는 "절대적 진리"라는 개념을 거부하고, 모든 진리는 해석에 불과하다고 본다. 관점에 따라 아주 다른 의미가 있을 수 있으며, 어떤 관점도 절대적으로 우월하다고 주장할 수 없다. 독단적 형이상학은 스스로의 권위를 잃고 몰락했으며, 이제 인간은 진리에 대해 새로운 태도를 보여야 한다. 즉, 진리는 "발견"하는 것이 아니라, 해석하고 "창조"하는 것이다.존재, 의지 이는 절대적 가치와 보편적 도덕을 부정하고, 다양한 삶의 양식과 가치가 공존할 수 있음을 함축한다.

(문헌179: 니체 [선악을 넘어서 (Beyond Good and Evil)])

5-5. 상대주의 철학 – 비트겐슈타인

'의미'라는 단어를 사용하는 많은 경우-비록 전부는 아니지만-그 의미는 언어 속에서의 사용으로 정의될 수 있다. 즉, 어떤 단어의 의미는 그 단어가 지시하는 대상이나 본질에 의해 결정되는 것이 아니라, 언어가 실제로 쓰이는 방식에 의해 정해진다._{존재, 의지} 예를 들어 "게임(game)"이라는 단어를 생각해 보자. 체스, 축구, 카드놀이, 숨바꼭질은 모두 게임이라고 불리지만, 이들을 관통하는 단일한 본질은 없다. 그 대신 이들은 유사성(resemblance)을 통해 느슨하게 연결되어 있을 뿐이다. 그러므로 특정 개념의 의미를 찾으려 할 때, 우리는 그 개념의 사용 맥락들을 살펴야 하며, 고정된 정의를 기대해서는 안 된다.

이러한 관점은 언어와 진리를 이해하는 방식을 근본적으로 바꾼다. 전통 철학은 언어가 세계를 정확히 '거울처럼 반영한다'고 가정했지만, 언어는 하나의 도구일 뿐이다. 언어는 다양한 삶의 형식(forms of life) 속에서 기능하며, 의미는 사용되는 규칙과 맥락에 따라 달라진다. 따라서 언어의 의미는 상대적이다. 특정한 공동체, 특정한 활동, 특정한 상황 속에서만 이해될 수 있기 때문이다. 예컨대 "증거(evidence)"라는 단어를 과학자의 삶의 형식 안에서 사용하면 실험 데이터나 관찰 기록을 뜻할 수 있다. 그러나 법정에서 변호사가 말하는 "증거"는 증언이나 서류일 수 있다. 여기서 단어는 동일하지만, 삶의 형식이 달라지면 의미도 달라진다.

이처럼 우리는 절대적이고 보편적인 의미의 체계를 부정한다._{반인식} 대신 의미는 언어게임(language-game)의 규칙에 따라 상대적으로 구성된다. 언어게임마다 규칙이 다르고, 그 규칙을 벗어나서는 이해가 성립하지 않는다. 그러므로 철학의 임무는 언어의 본질을 찾는 것이 아니라, 다양한 언어게임 속에서 말들이 실제로 어떻게 쓰이고 있는지 "묘사"하는 것이다._{존재, 의지} 이로써 진리와 의미는 고정적 실체가 아니라, 맥락적 · 상황적이며, 결국 상대적인

5-5. 상대주의 철학 – 비트겐슈타인

것으로 이해된다. 이는 절대적 진리 체계에 대한 비판이자_{반인식} 의미와 지식
이 삶의 실천 속에서 다양하게 구성될 수 있음_{존재, 의지}을 보여준다.

(문헌180: 비트겐슈타인 [철학적 탐구(Philosophical Investigations)])

6장. 제6 통합철학사유공간 ([반존재]−의지−[반인식] 공간)

숨겨진 개별 질서 공간

이곳은 자신의 여섯 번째 현존(現存)이 살고 있는 세계로

보편적, 절대적 본질을 부정하고 개인의 가치를 추구하는 공간이다.

(회의주의 철학, 해체주의 철학, 포스트모더니즘 철학)

제6 통합철학사유공간의 개요

(문헌3: 통합사유철학강의, 자유정신사, p313~321)

[제6 공간] [반존재]−의지−[반인식] 공간 세계 (숨겨진 개별 질서 공간)

인간은 자신의 삶 속에서 표출되거나 성찰되지 않은 사유 공간을 지니며, 그로 인해 자신만의 내적 질서 속에서 고유한 삶의 세계, 즉 [숨겨진 개별 질서 공간]을 구성한다. 타자의 표출되지 않고 성찰되지 않은 사유는 그를 이해하기 어렵게 하지만, 동시에 그를 독자적인 존재로 특징짓는다. 어떠한 논리로도 자신과 상반된 성향을 지닌 단 한 사람조차 완전히 설득하기 어려운 이유는, 각 개체가 의지하고 있는 이 [숨겨진 개별 질서]를 정확히 인식할 수 없기 때문이다.

그러나 역으로 생각하면, 만약 우리가 이 질서를 인식할 수 있다면, 그것은 곧 타자를 설득하는 열쇠가 될 것이다. 따라서 한 사람의 사유를 진정으로 변화시키고자 할 때는, 그 사람의 [반존재], [반인식], 그리고 의지 상태를 면밀히 관찰해야 한다. 프로이트(Freud) 또한 약 100여 년 전, 꿈의 해석을 통하여 유사한 접근을 시도하였으나, 그 근원적 구조를 밝히지는 못하였다. 이 [숨겨진 개별 질서]는 오늘날 거의 사라진 전통적 심리학자들의 주요 탐구 영역으로 다시 등장해야 할 대상이다.

이러한 미지(未知)의 개별적 질서를 지닌 사유 공간이 바로 의지 − [반존재] − [반인식]으로 구성되는 [제6 사유 공간]이다. 이 공간 속에서 우리는 자신의 의지가 어디를 향하고 있는지조차 인식하지 못한다. 실체가 존재하지 않으며, 그 실체가 인식되지도 않는 상태에서 인간은 단지 자신의 의지로 삶을 유지하려 한다. 그러나 그는 곧 혼돈 속에 빠진다. 자신의 의지를 아무리 인식하려 해도 인식되지 않고, 실체화하려 해도 실체화되지 않기 때문이다. 결국 그는 [의지의 부정]이라는 필연적 과정을 겪게 된다. 즉, 이 [숨겨진 개별 질서]의 세계 속에서 인간은 단지 자신이 '무엇인가를 의지하고 있다'는 사실만을 사유할 뿐, 의지의 실체적 대상은 상실되어 버린다. 그 결과 인간은 자신의 존재적 중심이 약화되고, 의지의 대상을 잃음으로써 [의지의 부정]을 경험한다.

[의지의 부정]은 인간이 자신을 유지하던 의지가 더 이상 의미를 가지지 못하게 되는 과정이다. 이 과정을 통해 사유는 [반존재] − [반의지] − [반인식]으로 구성된 [제8 사유 공간, 분열 공간]으로 전환된다.

쇼펜하우어(Schopenhauer)는 [의지의 부정]을 그가 말한 [현상의 망상(幻相)]

을 극복하는 해탈(解脫)의 매개로 이해했다. 그는 이를 통해 인간이 '부동의 평정', '깊은 평정', '내면의 밝음', 혹은 '무(無)의 세계'로 나아간다고 보았다. 그러나 그는 우리가 앞서 고찰한 바와 같이, [반존재], [반인식], 그리고 의지의 세계를 통한 공간적 사유 구조와 그 삶의 작용 결과로서의 [의지의 부정] 발생을 체계적으로 사유하지는 못했다.

그는 불교 철학의 논리 체계를 충분히 초월하지 못한 채, [의지의 부정]의 달성을 수도자의 체념, 욕망의 제거, 고통의 차단, 그리고 자기 정화(淨化)를 위한 끊임없는 내적 투쟁을 통해 얻어지는 것이라고 가정하였다. 그러나 이러한 해석은 [의지의 부정]을 존재론적 전환의 계기로서가 아니라, 단순한 심리적·도덕적 정화의 과정으로 한정시켰다는 점에서 근본적 한계를 지닌다.

[제6 사유 공간]의 사유 세계 양태(樣態)는 인간 일반이 추구하는 [종교에의 의지]로 대표적으로 집약된다. 종교는 '지성적 반(反) 의지'의 의지화를 통해 형성된다(의지 − 반의지 선형 세계 참조). 이와 같이 창조된 종교는 [제6 사유 공간]에서 작동하는 강력한 [숨겨진 개별 의지]에 의해 완성된다.

인간은 자신의 의지만이 작용하고 지배하는 사유 공간 속에서 존재가 사유되지 않으며 인식되지 않는 원인을 신(神)에 귀속시킨다. 그는 이 세계의 모든 [숨겨진 개별적 질서]가 어떤 근원적 원인에 의해 성취된다고 사유하며, 자신이 속한 이 [숨겨진 개별적 질서]의 사유 공간을 무제한적 종교적 신(神)의 공간으로 전환한다. 이때 사람은 종교의 본래 합리적 역할인 '[통합적 질서]의 기원'으로서 신을 사유하지 못하고, 오히려 신을 '[숨겨진 개별적 질서]의 기원'으로서 사유한다. 이러한 사유의 왜곡은 인간을 [숨겨진 개별적 질서] 속에 그대로 포섭시키며, 오류로 가득한 그 질서를 신(神)을 통해 위로받도록 신을 변형시킨다.

결국 인간은 자신의 고유한 특성을 희생하면서 비인간적이고 비합리적인 [집단의식]에 몰입하게 된다. 그러나 이러한 왜곡된 사유를 통해 인간은 자신이 처한 [숨겨진 개별적 질서] 속에서 무력감을 위안받으며, 그 허위의 종교적 구원, 즉, [숨겨진 개별적 질서]를 통한 위로를 더욱 강렬히 갈망하게 된다.

우리 각자의 삶은 항상 [숨겨진 개별적 질서]로 경험되며, 그 질서 속의 [통합적 질서]조차도 [숨겨진 개별적 질서]의 한 개별 현상으로 전락하기 쉽다. 이와 같은 인간의 [숨겨진 개별적 질서]에의 의지는 이미 대부분의 종교 체계 속에서 발견되며, 이를 치유하기 위해서는 백 년 이상의 사유적 치유 과정이 필요할 것이다. 종교는 근대를 향한 인본주의적 전환을 이루었던 그 변화를, 다시 한 번, 500년이 지난 오늘에 이르러 새롭게 요청받고 있다. 그렇지 않다면, 지구상의 모든 종교는 머지않아 '숨겨진 개별 질서' 속에서 투쟁과 도피를 위한 [이익 집단]으로 전락하게 될 것이다.

인식의 세계가 분열된 상태에서는 [통합 질서]가 존재하지 않으며, 종교의 세계 또한 깊은 어둠 속으로 빠져들 가능성이 크다. 종교적 활동은 본질적으로 인식의 세계를 필요로 하는 정신적 작용이다. 세계는 언제나 [통합 질서] 속에서 움직이며, 그 질서를 사유하는 행위가 곧 인식이다. 따라서 깊은 성찰이 결여된 종교적 몰두, 즉 인식 작용과 무관한 신앙에의 열중은 자신을 [숨겨진 개별적 질서] 속으로 몰입시키는 행위이며, 결국 부조리한 삶의 해체와 파괴로 귀결될 것이다.

우주의 질서를 통합하고 그것을 작동시키는 절대적 힘은 오직 하나일 수밖에 없다. 이 [하나의 근원적 힘]이야말로 진정한 종교의 근원이며, 그것은 인류의 모든 종파를 초월하며, 또 초월해야만 한다. 그러나 이러한 [통합 질서 세계]를 사유할 수 있는 인식에 기초한 근원적 종교는 점차 우리로부터 멀어지고 있다. 우리는 고대인들이 그러했듯이, 다시 한 번 신(神)의 본질을 깊이 성찰할 필요가 있다.

사람은 [잘 알지 못하는 것]에 대하여 본능적으로 [인식 세계로의 전환]을 갈망한다. 그러나 오늘날 종교는 인간의 내적 안식을 위한 수단으로 전락함으로써 더 이상 우리가 신(神)을 인식하도록 허락하지 않는다. [숨겨진 개별적 질서] 속에서 경험되는 불안은 스스로 극복해야 할 인간 개인의 몫이며, 그 극복은 신(神)의 역할과는 거리가 멀다. [숨겨진 개별적 질서]를 위한 신(神)은 존재하지 않으며, 존재해서도 안 된다. 그는 우주 속의 행성들이 수억 년이 지나도 변하지 않는 궤적을 유지하도록 정밀하게 조율하는 존재이며, 그 질서에는 단 한 치의 오차도 허용되지 않는다.

[제6 사유 공간]은 인간의 무원적(無源的) 의지 세계이다. 예컨대, 어떠한 실체도 인식되지 않음에도 불구하고 원인 없이 깊은 우울이나 감성적 의지를 경험하는 상태가 이에 해당한다. 이 감성은 외부 자극 없이 내면에서 자생하는 정동(情動)이다. 따라서 무원적 의지 세계는 인간 사유의 핵심적 탐구 영역으로서, 그 고찰은 인간의 미지적 심리 상태가 어떻게 [반존재]와 [반인식]으로 귀착되는지를 밝히고, 더 나아가 이 두 개념이 인간의 감성적 의지에 어떻게 작용하는지를 논구하게 될 것이다.

우리는 지금까지 의지의 세계를 포함하는 두 개의 [반인식 공간]을 조망하였다. 일반적으로 하나의 공간 속 세계화 과정은 세 개의 선형(線形) 세계가 평면화되는 과정과 세 개의 평면 세계가 다시 선형화되는 과정을 포함한다. 각각의 삶의 공간에서 전개되는 여섯 가지 공간 세계화 과정은, 겉보기에는 불가해했던 삶의 세계를 일정 부분 구체화한다. 이는 무질서하고 복잡하며 난해한 인간 존재의 세계를 해석할 수 있는 단서와 방법론을 제공할 것이다.

지금까지 우리는 [반인식 세계]가 구성하는 네 가지 삶의 공간 중 두 번째인 [반존재] − 의지 − [반인식]의 공간을 사유하였다. 이제는 이를 대표하는 철학 사상들과 철학자들의 사유, 그리고 그들의 이념이 어떤 공간 세계를 구성하며 어떻게 인간의 실존적 삶 속에서 구체적으로 작용하는지를 고찰해 보자.

제6공간 철학 사상별, 철학자별 철학 공간 위치도

6-1. 회의주의 철학: 피론, 엠피리쿠스, 몽테뉴, 장자, 칼 포퍼

6-2. 해체주의 철학: 데리다, 푸코

6-3. 포스트모더니즘 철학: 리오타르, 푸코, 들뢰즈

6-1. 회의주의 철학

**"회의주의 철학은
사실과 본질에 대한 의심과 부정, 비판을 통해 진리에 다가선다고 주장한다.
이는 [반존재]-의지-[반인식]이 구성하는 제6 통합철학공간에 위치한다."**

회의주의는 인간의 인식에 대한 근본적 의심반인식에서 출발하는 철학 사조이다. 진리나 확실한 지식이 존재하는지를 비판적으로 검토하며, 우리가 확실하다고 믿는 것들조차 비판, 유보, 정지반존재의 태도로 바라본다. 확실하지 않은 것에 관해 판단을 유보하는 판단 중지, 에포케(epoche)반존재, 진리는 절대적인 것이 아니라 상대적일 수 있다는 상대주의반인식, 판단을 유보할 때 얻는 심리적 평온을 얻으려는 마음의 평정, 아타락시아(Ataraxia)의지를 목표로 한다.

피론(Pyrhho, BC 360~270)은 인식은 주관에 따라 다르며, 어떤 주장도 참인지 거짓인지 확실하게 말할 수 없다반인식고 본 그리스 회의주의의 창시자이다. "모든 것은 판단의 대상이므로 어떤 것도 확실히 알 수 없다"라는 생각이다. 실천적 목표는 마음의 동요 없이 사는 것, "아타락시아"의지이다. 우리는 사물의 본성을 알 수 없고, 감각과 이성은 모두 오류 가능성이 있다.반존재 그러므로 판단을 유보해야 하며, 그로써 평정을 얻을 수 있다고 주장한다.

엠피리쿠스(Sextus Empiricus, 기원후 2세기경)는 고대 회의주의(philo-sophical skepticism)의 가장 중요한 인물 중 하나로, 피론주의(Pyrrhonism)를 계승하며, 체계적 회의주의의 사상적 기초를 정리한 철학자로 평가받는다. 그는 《피론주의 개요 (Outlines of Pyrrhonism)》 《학문에 대한 반론 (Against the Mathematicians)》 등의 저서에서 그의 철학 핵심인 에포케(판단 유보, epoche, Suspension of Judgment)를 주장한다. 어떤 주장도 확실히 참이라고 할 수 없기 때문에 우리는 판단을 유보해야 한다는 논거이고, 이를 통해 아타락시아(ataraxia, 평정심)의지에 도달할 수 있다고 제시한다. 그는 "이론적 진리 탐구보다는 마음의 평정을 얻는 것이 철학의 목적"이라고 보았다. 그의 철학은 사람의 인식이 불확실하다는 점을 보이기 위해_{반인식} 아래 10가지 회의론적 논증 방식을 제시한다. "감각은 동물마다 다르다. 사람마다 지각이 다르다. 하나의 대상도 감각기관마다 다르게 지각된다. 병, 피곤, 나이 등에 따라 지각이 달라진다. 같은 것도 지역에 따라 다르게 인식된다. 혼합되는 대상에 따라 성질이 다르게 나타난다. 빈도에 따라 많이 보거나 적게 보면 인상이 달라진다. 모든 지각은 대상과의 관계에 따라 변화한다. 친숙도에 따라, 익숙한 것은 둔감해지고, 낯선 것은 강렬하게 인식된다. 교육, 풍습, 법률 등 문화적 차이에 따라 옳고 그름도 달라진다." 이처럼 "절대적 진리"는 알 수 없으며, 그러므로 판단을 유보해야 한다고 주지시킨다. 엠피리쿠스는 당대의 스토아학파, 에피쿠로스학파, 아리스토텔레스주의자 등의 주장을 비판했다. 개념, 본질, 원인과 같은 철학적 주제들은 모두 모호하며, 서로 반박 가능한 주장들이 존재하기 때문_{반존재}이다. 그는 철학의 목적을 진리의 발견이 아닌 마음의 평정(ataraxia)이라 보았다. "어떤 것을 옳다고도, 틀렸다고도 하지 않는 것이야말로 인간이 얻을 수 있는 최고의 지혜." 이 말은 불교의 무집착(無執着)이나 동양 노장사상과 유사한 정서를 공유한다. 엠피리쿠스는 근대 철학 이전의 가장 체계적인 회의론자로 평가된다. 그의 회의주의는 이후 데카르트, 흄, 칸트에게까지 영향을 미쳤다. 지식의 한계 인식, 겸허함, 판단 유보의 철학은 현대 정보과잉 시대에도 유의미하다.

몽테뉴(Michel de Montaigne, 1533~1592)는 르네상스기의 프랑스 철학자로 저서 『수상록(Essais)』에서 자기성찰적 회의주의를 전개했다. 인간의 확신은 종종 무지와 허영에 기반한다고 보며_{반존재}, 겸손과 유보의 태도를 강조했다. "내가 아는 것은 내가 아무것도 모른다는 것뿐이다"라는 말을 원칙으로 철학의 목표는 절대지식이 아니라_{반인식} "올바른 삶의 태도"라는 사상_{의지}을 전파했다.

장자(莊子, BC 369~286)는 노장사상의 대표자로, 언어·지식·분별의 상대성을 깊이 성찰한다. 그의 저서 『장자』 제물론(齊物論)에서 "이것이 옳고 저것이 그르다는 판단은 상대적이며, 절대적 진리는 존재하지 않는다"_{반인식}라고 말한다. 자유롭게 거닐며 논다는 '소요유'란 말처럼, 고정된 진리를 따르기보다는 자유롭게 유유히 흐르는 삶을 강조한 것이다. 세상의 모든 분별은 임의적이니_{반존재} 지식이나 규범에 얽매이지 않고, 물과 같은 도(道)에 따라 자유롭게 사는 것이_{의지} 지혜로운 삶이라고 주장한다.

칼 포퍼(Karl Popper, 1902~1994)는 회의주의적 전통을 이어받아, "모든 사실과 이론은 반증을 인정해야 한다"_{반존재}라고 주장했다. 회의주의는 비판적 사고, 열린 마음, 자기반성을 위한 중요한 철학적 자산이며 이를 바탕으로 절대적 신념의 위험성을 경계하고_{반인식}, 이를 바탕으로 타자에 대한 관용과 유연한 자세를 추구하는 윤리적 겸손의 중요성_{의지}을 강조했다.

6-1. 회의주의 철학

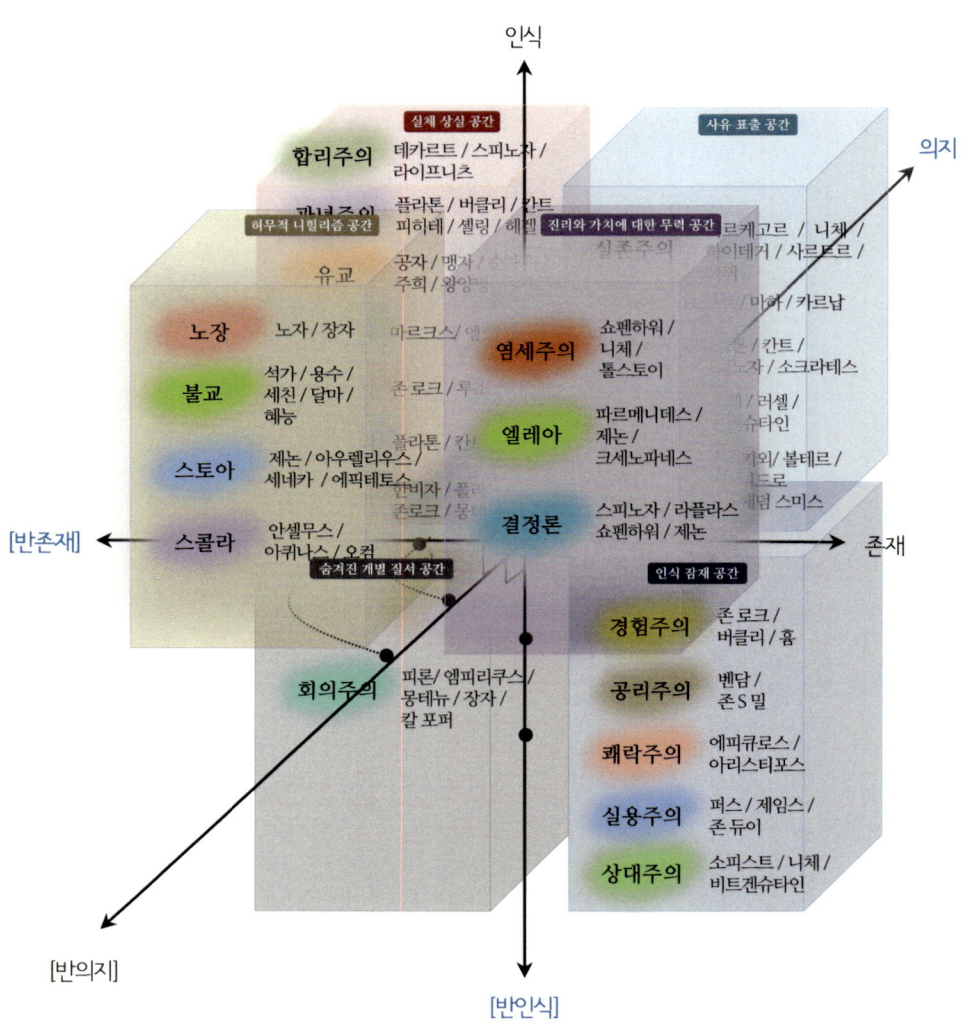

그림25. 회의주의 철학 위치도 (제 6 통합철학사유공간)

6-1. 회의주의 철학 – 피론

대립하는 사물과 논거들이 동등하게 설득력이 있다고 여겨질 때, 우리는 먼저 판단을 중지해야 한다.반인식 왜냐하면 어떤 주장이 옳다고 확정할 만한 근거가 있더라도, 언제나 반대되는 주장 또한 비슷한 무게를 지닐 수 있기 때문이다. 예를 들어, "세상은 객관적으로 선하다"라는 명제가 제기되면, 그에 상반되는 "세상은 악하다"라는 주장도 충분한 근거를 가지고 제시될 수 있다. 이러한 경우 우리는 어느 한쪽을 선택하기보다는 판단을 중지(epoché)해야 한다.

판단을 중지하는 이유는 단순히 인식론적 한계 때문만이 아니라, 심리적 평온(ataraxia)을 얻기 위해서이다. 사람들은 종종 참과 거짓, 옳음과 그름을 확정하려는 집착 때문에 불안과 갈등에 빠진다. 그러나 판단을 보류하고 양쪽의 주장에 동등한 무게를 인정할 때, 정신은 더 이상 결론을 강요받지 않고 자연스럽게 평정심을 회복한다.

우리는 이렇게 인식적 겸허함반인식과 실존적 평온반존재을 결합한다. 인간은 세계의 본질에 대해 최종적 진리를 가질 수 없으므로, 지나친 교조주의(dogmatism)는 피해야 한다. 대신 우리는 다양한 견해가 충돌하는 상황에서, 어느 한편도 절대적이라고 단정하지 않고 상대적 가능성을 인정해야 한다. 이 태도는 단순한 지적 유보가 아니라, 삶의 태도이기도 하다.

이것은 단순한 부정적 철학이 아니다. 판단을 중지한다고 해서 사는 방식 자체가 정지되는 것은 아니다. 오히려 사람은 일상적 경험과 관습, 감각에 따라 살아간다. 그러나 이때 자신이 따르는 관습이나 감각적 판단이 절대적 진리라는 환상에 빠지지 않고, 단지 실용적 지침으로 받아들인다.의지 따라서 우리는 절대적 진리에 대한 추구를 내려놓되, 실천적 삶은 유지하는 실용적 회의주의자라 할 수 있다.

(문헌181: 피론, [Sextus Empiricus, 피론주의 개요(Outlines of Pyrrhonism)])

6-1. 회의주의 철학 – 엠피리쿠스

우리의 최종 목적은 의견과 관련된 문제에서 평정심(ataraxia)을 얻는 것이며, 피할 수 없는 사건과 관련해서는 절제된 감정 상태를 유지하는 것이다. 보통 철학적 탐구를 시작할 때, 감각에 나타나는 현상 중 무엇이 진실이고 무엇이 거짓인지 구별하려는 열망을 가진다. 그러나 우리는 이러한 구별을 확실히 이루지 못하고, 다양한 논거와 주장이 서로 모순되는 상황에 직면하게 된다.

우리는 이 모순을 해결하지 못했기 때문에, 결국 판단을 중지(epoché)하게 된다. 놀라운 점은, 판단을 보류하는 과정에서 그가 원래 추구하던 '진리 확정' 대신에 뜻밖의 결실을 얻게 된다는 것이다. 그것이 바로 평정심(ataraxia)이다.ᵈ의지ᵉ 이는 마치 그림자가 몸을 따라오는 것처럼 자연스럽게 뒤따라온다. 즉, 사람은 어떤 주장이 옳다고 단언할 때 불안과 갈등을 겪는다. "이것이 진리다"라고 주장하는 순간, 반대되는 주장과 끊임없는 투쟁이 발생한다.ᵈ반인식ᵉ 그러나 우리가 판단을 중지하고 "나는 어느 쪽도 확정할 수 없다"라고 고백하는 순간,ᵈ의지ᵉ 오히려 마음은 강요된 결론에서 해방되며 평온해진다.

우리는 이러한 과정을 통해 판단 중지가 진리에 대해 단순히 부정적 태도가 아니라, 실존적 치료법임을 보여준다. 즉 불안을 낳는 확정적 진리를 포기하고, 대신 자연스럽게 주어지는 현상과 경험에 따라 살아가게 한다.ᵈ반존재ᵉ 그렇다고 해서 우리가 아무런 삶의 기준 없이 무질서하게 산다는 뜻은 아니다. 관습과 감각적 인상을 따라 생활하지만, 그것을 절대적 진리라 주장하지 않을 뿐이다. 예를 들어, 배가 고프면 음식을 먹고, 추우면 옷을 입는다. 그러나 그는 "음식은 본질적으로 선하다"라는 확정적 판단을 하지 않는다.ᵈ반인식ᵉ 그저 현상에 따라 행위를 조정할 뿐이다.

따라서 우리는 인간 인식의 한계를 인정하고, 그로부터 오는 불안을 제거

6-1. 회의주의 철학 – 엠피리쿠스

하는 철학적 태도를 가지는 것이 좋다. 확정적, 교조주의적 철학은 절대적 진리를 주장하며 인간을 불안으로 몰아넣지만, 판단을 보류함으로써 역설적으로 더 자유롭고 평온한 삶을 누릴 수 있다.

(문헌182: 엠피리쿠스 [피론주의 개요(Outlines of Pyrrhonism)])

6-1. 회의주의 철학 – 몽테뉴

나이가 들면 우리 얼굴도 얼굴이지만 마음에 더 많은 주름이 잡힌다. 그러니까 늙으면 시끄럽고 곰팡이 나지 않기란 드문 일이다.반인식 이렇게 인간은 성장을 향해서도 쇠퇴를 향해서도 전력으로 나아간다.반존재 나는 소크라테스의 슬기로움을 생각할 때, 그가 풍부한 정신 작용이 마비되고 여느 때의 명석함이 둔하게 되는 것이 눈앞에 다가왔기 때문에, 일부러 죽음에 뛰어든 것이 아닌가 생각하고 있다.의지 (문헌183: 몽테뉴 [수상록])

이렇게 심하게 타락한반인식 시대에 태어난 것도 좋은 일이다. 왜냐하면, 다른 시대 사람들에 비해서 비교적 쉽고 값싸게반존재 성인군자라는 말을 들을 수 있기 때문이다.의지 (문헌184: 몽테뉴 [수상록])

너무 유식해질 필요 없다.반인식 유식한 사람은 어느 부분에서만 뛰어나다. 반존재 우리에게 필요한 유능한 사람은 매사에 유능하며, 심지어 아무것도 모르는데도 유능하다.의지 (문헌185: 몽테뉴 [수상록])

이토록 썩은 시대에 그 오염을 겨우 모면했다고 스스로 느끼고, 마음속으로 "도둑질하지 않고 약속을 지키며, 남을 이용하지 않고 정직히 살아왔다"고 말할 수 있는 것은 하찮은 낙이 아니다. 이것은 영혼을 즐겁게 해주는데, 이는 신이 주는 위대한 보상이다.의지 정의로운 덕행의 대가를 남의 칭찬 위에 두는 것은 너무나도 불안정하고 어지러운 기초를 짓는 일이다.반인식 특히 오늘과 같은 부패와 무지의 시대에 있어서, 민중의 호평이 오히려 모욕인 터인데.반존재 (문헌186: 몽테뉴 [수상록])

[진리를 찾는 일이 까다롭고 힘들지만, 그것을 누리는 일은 유쾌한 일]이라고 가르쳐주는 자들은 [진리는 언제나 불쾌한 것이다]라고 말하는 것과 조금도 다를 바 없다.반인식 왜냐하면 도대체 어떻게 보통의 인간적인 방법으로, 그 유쾌한 진리에 도달할 수 있겠는가?반존재 가장 완전한 사람조차도 그곳에

6-1. 회의주의 철학 - 몽테뉴

다다르지 못했으며, 오직 그곳을 갈망하고 거기에 겨우 접근하는 것만으로 만족했을 뿐이다. 이렇게 우리는 항상 진리를 찾다 그것이 불가능하다는 것을 발견하고 불쾌감을 느낀다.의지 (문헌187: 몽테뉴 [수상록])

6-1. 회의주의 철학 – 장자

삶과 죽음은 끊임없이 서로를 바꾸며 이어진다. 가능과 불가능, 옳음과 그름 또한 그러하다. 옳다고 여겨지는 것은 곧 틀릴 수 있고, 틀렸다고 여겨지는 것은 곧 옳을 수 있다._{반인식} 따라서 어떤 것이 옳다거나 그르다고 말하는 것은, 상황과 입장에 따라 달라지는 것이다. 그러므로 "저것 또한 하나의 시비이고, 이것 또한 하나의 시비다"라고 할 수 있다. 저쪽의 옳음은 그 반대가 없지 않고, 이쪽의 옳음도 또한 그렇다. 이처럼 세상 만물에 대해 "옳다"와 "그르다"를 나누는 것은 상대적이다. 하늘과 땅은 마치 하나의 손가락에 불과하고, 만물은 하나의 말과 같다. 즉, 모든 존재와 판단은 특정한 기준에 따라 그렇게 보일 뿐, 절대적 기준으로 확정할 수는 없다._{반존재}

우리가 생각하고 있는 분별이 본질적으로 상대적 구분에 불과하다. 언어는 특정한 상황과 맥락에서 유용할 수 있지만, 그것을 절대적 진리라고 믿는 순간, 우리는 사물의 근본을 잃는다. "옳음과 그름"이라는 분별은 사람마다 다르며, 시대와 문화에 따라 달라진다. 따라서 우리는 끊임없이 시비를 가르려 애쓰기보다는, 그 상대성과 유동성을 인정하고 마음의 평온을 추구해야 한다._{의지}

우리가 제시하는 '제물(齊物)'_{모두 같은 사물}이란 모든 존재와 관점이 동등하다는 통찰이며, 이러한 태도가 곧 불필요한 다툼과 불안을 줄이는 길이다. 결국 진리는 단순히 "모든 것이 상대적이다"라는 진술에 머물지 않는다. 상대적 분별의 무의미함을 자각한 뒤, 자연(道)의 흐름에 자신을 맡기는 삶을 지향한다._{반인식} 판단을 집착하지 않고, 언어적 구분을 초월하며, 다양한 관점이 동등하다는 사실을 받아들일 때,_{의지} 우리는 진리(도, 道)와 합일하는 자유로움에 도달한다.

(문헌188: 장자(莊子) [장자])

6-1. 회의주의 철학 – 칼 포퍼

과학의 게임은 원칙적으로 끝이 없다. 만약 누군가가 어느 날, 과학적 명제는 더 이상 시험 될 필요가 없으며 이제 최종적으로 입증되었다고 선언한다면, 그는 이미 과학의 게임에서 은퇴한 것이다. 과학적 명제는 결코 어떤 검증이 최종적일 수 없다._{의지}

과학적 탐구가 확실한 진리에 도달하는 과정이 아님을 분명하다. 전통적인 경험주의자나 논리실증주의자들은 관찰과 경험을 통해 명제를 확증할 수 있다고 보았다. 그러나 우리는 여기에서 근본적인 회의주의적 태도를 취한다. 즉, 아무리 많은 경험적 증거가 쌓인다 해도, 그것이 어떤 이론을 "영원히 참"이라고 보증해 주지는 못한다는 것이다._{반인식} 흰 백조를 수천 마리 관찰해도, 단 한 마리의 검은 백조가 나타나면 "모든 백조는 흰색이다"라는 명제는 무너진다. 따라서 과학적 이론은 언제나 잠정적이며, 새로운 반례 앞에서 무너질 수 있는 구조를 갖는다._{반존재} 이 점에서 우리는 확실성에 대한 철저한 회의주의를 갖지 않을 수 없다._{의지}

그러나 단순한 부정은 아니다. 오히려 비판을 통해 진리에 접근할 수 있다. 이론이 반증 가능할수록, 그리고 그것이 치열한 시험을 통과할수록, 그것을 더 좋은 설명으로 받아들일 수 있다. 즉, 진리에 도달할 수는 없지만, 거짓을 제거하는 과정을 통해 더 나은 이론으로 나아갈 수 있다._{의지} 이 과정은 끝이 없으며, 언제나 수정과 비판을 전제한다. 회의는 이렇게 무한한 탐구와 비판의 개방성 속에서 긍정적으로 기능한다. 절대적 확실성을 추구하는 교조적 태도 대신, 오류를 인정하고 반박을 수용하는 열린 태도_{반존재}가 과학과 철학을 진정으로 발전시킨다.

결국 우리는 "최종적 진리는 없다"라는 회의주의적 인식 위에, "그러나 우리는 비판을 통해 더 나은 설명으로 나아갈 수 있다"는 합리주의적 희망을

6-1. 회의주의 철학 – 칼 포퍼

결합한다. 따라서 우리는 단순한 회의주의자가 아니라, 비판적 회의주의자이며 동시에 비판적 합리주의자가 되어야 한다.

(문헌189: 칼 포퍼 [과학적 발견의 논리(The Logic of Scientific Discovery)])

6-2. 해체주의 철학

"해체주의 철학은 본질, 진리, 이성, 신 같은
자명한 중심적 존재와 인식을 해체하여 그 속에 숨어 있는 진리를 찾는 철학이다.
이는 [반존재]-의지-[반인식]이 구성하는 제6 통합철학공간에 위치한다."

해체주의(Deconstruction)는 기존의 철학·문학·언어 구조에서 '자명하게 보이는 의미'나 '중심'을 해체하여_{반존재}, 그 속에 숨어 있는 권력 구조·이데올로기·배제 논리를 드러내는 철학이다._{의지} 해체주의는 언어가 고정된 의미를 담고 있다고 보지 않는다._{반존재} 의미는 항상 다른 단어와의 차이 속에서만 생기며, 그 의미는 끝없이 미끄러져 달라지기 때문이다.(언어의 불안정성)

전통 철학은 항상 하나의 '중심'(예: 진리, 이성, 신, 본질)을 두고 체계를 구축했지만, 해체주의는 이를 의심하고 해체한다.(중심의 부정) 중심은 자연스러운 것이 아니라, 권력과 관습이 만든 구성물이라는 것이다._{반인식} 하나의 텍스트는 절대적으로 고정된 해석을 갖지 않는다. 해체주의 비평은 텍스트 내부의 모순·흔적·여백을 찾아내어, 기존 해석을 뒤집거나 다층적으로 확장한다.(텍스트 해석의 개방성)_{반존재} 서양 전통 사유는 종종 '참/거짓', '남성/여성', '이성/감성', '문자/말' 등 대립구조로 생각해 왔다. 해체주의는 이런 이분법의 위계를 폭로하고, 그 관계를 전복한다.(이분법 해체)_{반인식} 해체주의는 "이 건물 말고 다른 건물도 지을 수 있다"라는 상상력을 준다. 기존 건물이 너무 오래되어서 사람들이 당연하게 여긴 구조를 허물고, 그 안에 숨은 설계자의 의도(권력, 편견, 이데올로기)를 드러내는 작업이다._{의지} 이렇게 보면 해체주의는 파괴라기보다 창조적 재건축에 가깝다. 다만, 그 재조립 과정에서 "정답"이라는 건 없고, 누구나 자기 방식대로 블록을 쌓을 수 있다는 것도 핵심이다.

자크 데리다 (Jacques Derrida, 1930 – 2004)는 "차연, 흔적, 보충"이라는 해체주의 3단계 과정을 이론화한 철학자이다. 핵심 내용은 차이를 찾고 시간을 두고 마지막 진리를 기다리는 '차연(différance)', 해체 후 남아 있는 자국을 찾아내는 '흔적(trace)', 전통 철학 속에서 소외되고 감추어졌던 가치를 찾는

'보충(supplément)'의 과정을 제안했다. 그는 철학·문학·법·정치 담론의 텍스트를 해체하여_{반인식} 숨겨진 전제와 권력 구조를 드러냈다. 서양 철학의 '말' 중심주의를 비판하고, 문자와 기록의 역할을 재평가했다. 이는 건물을 해체하듯이 기존의 철학·문학·언어 구조(건물)에서 '자명하게 보이는 의미'나 '중심'을 해체하여_{반존재}, 그 속에 숨어 있는 권력 구조·이데올로기(철학)·배제된 논리를 드러내기 위함_{의지}이다.

미셸 푸코 (Michel Foucault, 1926 – 1984)는 권력과 지식의 관계를 분석하며, 권력에 의해 훈육된 사회와 그 제도 그리고 관련된 담론(의도를 갖고 검열된 지적, 체계적 논의)을 '해체'하고자_{의지} 했다. '진리'는 절대적이지 않고_{반인식}, 시대별 권력 구조 속에서 생산된 산물일 뿐이라는 것이다, 감옥, 병원, 학교, 정신병원 같은 제도 속 담론이 어떻게 개인을 규정하고 통제하는지_{반존재} 분석하여 이에서 벗어나라 주장한다.

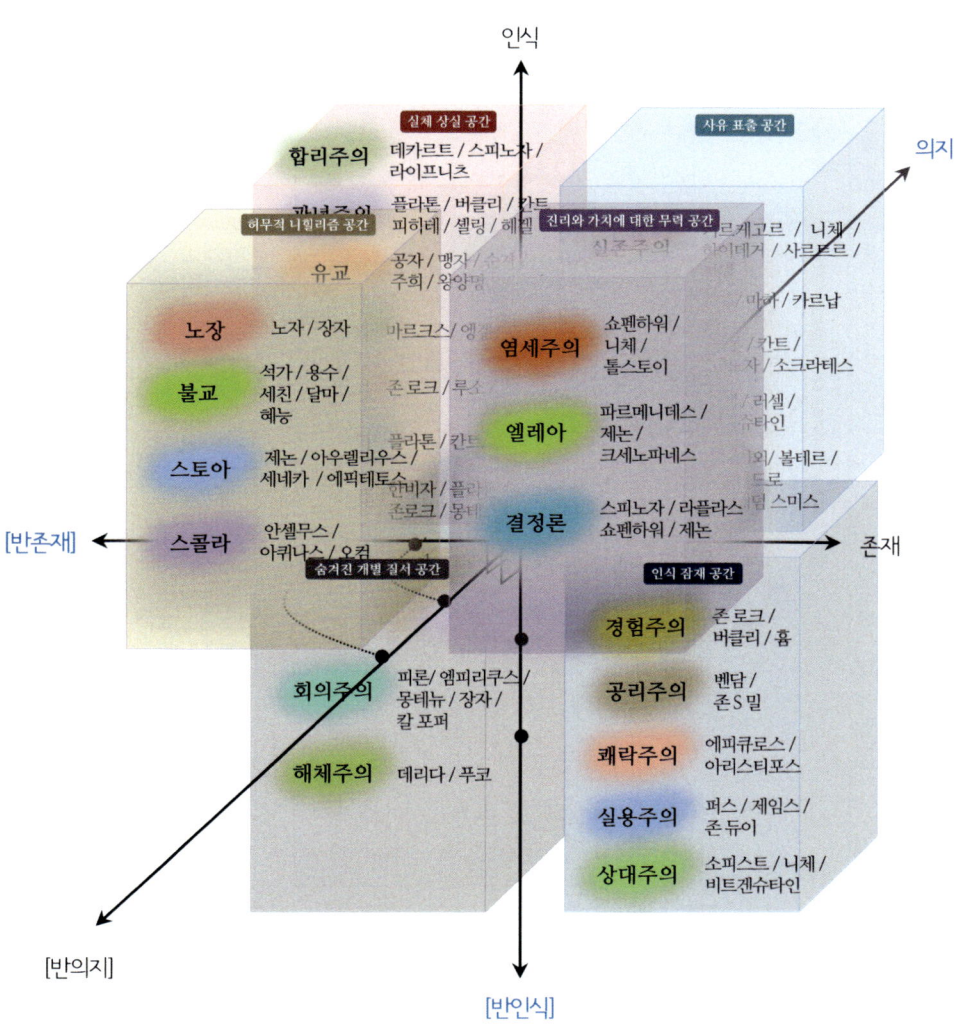

그림26. 회의주의 / 해체주의 철학 위치도 (제 6 통합철학사유공간)

6-2. 해체주의 철학 – 데리다

기표에 의해 지시되는 개념(기의)은 결코 그것 자체로, 오직 자기 자신만을 참조하는 어떤 완전한 현존 속에서 주어지지 않는다. 모든 개념(기의)은 일련의 사슬, 또는 하나의 체계 속에 새겨져 있으며, 그 체계 안에서 차이들의 체계적 놀이를 통해 다른 개념들과 관계 맺는다. 바로 이 때문에 개념(기의)은 결코 절대적 현존으로서 자기 자신 속에 주어지지 않는다._{반존재}

의미라는 것은 고정되고 자족적인 실체로 존재하지 않는다. 전통 형이상학은 '의미'나 '진리'가 언어의 바깥에서, 순수한 현존의 형태로 존재한다고 가정해 왔다. 그러나 우리는 이 가정을 철저히 해체한다. 어떤 개념도 다른 개념들과의 관계 속에서만 이해될 수 있으며, 개념은 차이(difference)를 통해서만 의미를 획득한다. 예컨대 '빛'이라는 개념은 '어둠'과의 차이 속에서만, 또 '명료함'이나 '보임' 같은 다른 개념과의 관계 속에서만 의미가 있다. 따라서 기의는 결코 고정적이지 않고, 끊임없이 다른 기호들과의 관계 속에서 미뤄지고 흔들린다._{반인식}

차연(différance)은 바로 이 차이의 변화와 운동을 가리킨다. 의미는 항상 미뤄지고, 어떤 최종적 현존에 도달하지 않는다. 이는 곧, 서구 형이상학이 전제해 온 '현존의 형이상학(metaphysics of presence)'에 대한 급진적 해체다. 의미가 고정되어 있다고 믿는 순간, 우리는 이미 차이의 운동을 억압하고 언어의 본질을 왜곡하게 된다. 따라서 해체(deconstruction)는 기존 문장 속에 숨어 있는 '현존 중심적' 고정 전제를 드러내고 그것을 흔드는 작업이다._{의지}

언어는 결코 닫힌 구조물이 아니라, 끝없이 다른 언어와 얽히며 새로운 의미를 산출하는 무한한 망(network)이다. 그러므로 진정한 해석이란 고정된 의미를 찾아내는 작업이 아니라, 그 고정을 해체하고 차연 속에서 끊임없이 이동하는 의미의 흔적을 따라가는 비판적 행위다.

(문헌190: 자크 데리다 [그라마톨로지에 대하여 (De la grammatologie)])

6-2. 해체주의 철학 – 푸코

우리는 누군가에 의해 무엇인가 잘못 알도록 의도되고 있다._{반존재} 각 시대의 앎(知)의 기저에는 무의식적 억압의 체계가 있다._{반인식} 즉, '규율'이라고 명명된 억압의 체계가 우리 앎(知)의 심연을 이룬다. 삶의 목표가 잘못 알도록의도되고 있고, 노동의 가치가 잘못 알도록 의도되고 있다. 이제, 숨겨진 억압을 통해 이득을 보는 자들에 대한 조용하고 지속적인 [응징]을 시작해야 할때이다._{의지} (문헌191: 푸코 [감시와 처벌] [담론의 질서])

강자들이 바라는 불평등의 허영_{반존재}을 묵과할 수 없다. 그 허영을 파괴하기 위해서는 장막 뒤에 숨어있는 권력이 훈육해 온 지배 구조_{반인식}를 철저히규명하고 또 해체해야 한다._{의지} (문헌192: 푸코 [감시와 처벌] [담론의 질서])

강자와 약자가 서로를 이용하는 이런 세상 속에서_{반존재} 우리는 근본적으로 평등할 수 없을 것 같다는 생각이 든다. 그 볼썽사나운 모습을 그대로 방임하는_{반인식} 철학자는 그 일을 빨리 그만두는 것이 좋다._{의지} (문헌193: 푸코 [감시와 처벌] [담론의 질서])

진리마저 당대의 권력에 의해 계속 변형된다._{반인식} 이렇게 진리의 계보학이 탄생한다. 우리 삶은 권력의 그물망에 갇혀 길들여진다._{반존재} 지상 세계는보이지 않는 악마가 권력의 편에 서서, 앞으로 권력을 가지게 될 자를 위해인간과 사회를 개조해 나간다._{의지} (문헌194: 푸코 [감시와 처벌] [담론의 질서])

1757년 1월 2일, 로베르–프랑수아 다미앵의 공개 처형이 있었다. 그의 신체는 국가적 예식을 통해 공격당했고, 그 고통은 공동체의 눈앞에서 '주권의절대성'을 확인시키는 장면이었다. 그 의식은 범죄자의 몸을 무력화시킴으로써 통치자의 힘을 과시하려 했고, 폭력의 형식은 극적이고 가시적이었다. 그러나 근대는 이 '육체의 가시성'을 점차 감추어 갔다. 공개 처형과 고문의 제

6-2. 해체주의 철학 – 푸코

전은 사라지고, 대신 판결의 절차·감시의 장치·수형자의 삶 전체를 규율하는 제도가 등장했다.ᵇⁿᵗⁿ 처벌의 목적이 더 이상 공포와 형벌의 가시적 시위가 아니라, 개인의 행동을 규칙화하고 효율적으로 관리하는 것으로 대체되었기 때문이다. 이 전환은 단지 형벌 방식의 변화가 아니라, 권력의 작동 방식 자체가 미시적으로 재구성된 결과였다.반인식

형벌의 역사는 주권의 공개적 폭력(sovereign spectacle)에서 '규율적 권력(discipline)'의 미시적 기술로 이전해 가는 과정이다. 이제 권력은 공포스런 거대한 의례가 아니라, 일상적 관행·제도·감시 장치를 통해 사람들의 몸과 행동을 '훈련'하고 '규율'한다.

이처럼 현대 사회는 근대적 주체·이성, 보편 진리·역사관의 절대성을 비판하고 권위적 담론을 해체하는 경향을 강하게 보이고 있다.의지

(문헌195: 푸코 [감시와 처벌: 감옥의 탄생])

6-3. 포스트모더니즘 철학

**"포스트모더니즘 철학은
보편성과 절대성에 대한 비판과 대안을 통해 다원적 진리에 다가선다고 주장한다.
이는 [반존재]-의지-[반인식]이 구성하는 제6 통합철학공간에 위치한다."**

포스트모더니즘(Postmodernism)은 근대(모더니즘)의 이성과 보편성 중심주의에 대한 비판으로 등장한 탈근대 철학의 흐름이다. 20세기 중반 이후 문학, 예술, 건축, 철학, 정치 등 다양한 영역에서 전개되었다. 이는 보편적이고 절대적인 진리 개념에 의문을 제기하는 진리에 대한 회의_{반인식}, 단일한 세계관 대신 다양한 관점의 공존을 강조하는 다원주의와 상대주의_{의지}, 근대의 '통일된 주체' 개념 대신, 분열된 자아를 강조하는 자아의 해체_{반존재}, 언어와 현실 간의 직접적 연관성 부정(구조주의 비판), 권력은 담론을 통해 구성되며 지식 또한 권력 구조 속에 위치한다는 권력과 담론을 통찰하는 철학 사조이다.

장 프랑수아 리오타르 (Jean-François Lyotard, 1924~1998)는 저서 『포스트모던의 조건 (La Condition Postmoderne)』에서 인류의 진보, 계몽, 자유, 해방 같은 보편성을 주장하는 거대 서사는 붕괴하고 더 이상 신뢰받지 못함을_{반인식} 선언했다. 진리는 담론의 게임 속에서 발생하며, 합의보다는 차이와 분쟁(dispute)에 집중해야 한다_{의지}고 주장했다. 근대는 모든 지식을 하나의 중심적 이성으로 통합하려 했지만, 포스트모더니즘은 지식의 다원성과 국지성을 강조한다._{반존재} 리오타르는 비트겐슈타인의 언어게임 개념을 차용하여, 진리는 단일한 기준이 아닌 다양한 규칙과 문맥 속에서 형성됨을 강조하고 철학도, 예술도, 과학도 각기 다른 언어게임이며 절대적 기준은 없다고 강조했다. 철학이 더 이상 초월적 기준으로 자신의 지식을 정당화할 수 없다는 것이다.

미셸 푸코 (Michel Foucault, 1926~1984)는 저서 『감시와 처벌』 『말과 사물』에서 진리와 지식은 오래되고 중립적인 것이 아니라, 권력에 의해 구성된 담론의 산물_{반인식}이라는 지식-권력 이론_{의지}을 제안했다. 인간 주체는 담론으로 구성, 결정되는 존재일 뿐이며_{반존재}, "현대 인간은 최근에 발명된 존재"라고 말했다.

질 들뢰즈 (Gilles Deleuze, 1925~1995)는 포스트모더니즘 자체가 근대의 '하나의 보편적 진리'와 '중심'을 해체하는 흐름이기 때문에 그는 그 안에서 꽤 핵심적인 사상가이다. 전통 철학은 '하나의 본질', '중심 개념', '위계 구조'를 세워서 세상을 설명하려 했다. 그러나 들뢰즈는 이것이 차이를 억압한다고 보았다. 그는 세상을 하나의 중심 서사가 아니라, 무수한 흐름과 관계로 이루어진 네트워크로 파악한다._{반인식} 이것이 다원성과 비선형성이다. 포스트모더니즘이 주로 기존 구조를 해체한다면, 들뢰즈는 거기에 '새로운 생성의 논리'를 덧붙인다. 이것이 '해체 후 생성'이다. 전통 형이상학은 '동일성'을 기준으로 차이를 정의했다. 예를 들면 A와 B의 차이는 A라는 기준 동일성에 비춰서 본 것이다. 들뢰즈는 차이를 동일성에 종속시키지 않고, 그 자체로 존재의 원리로 세운다. 반복도 단순 복제가 아니라, 매번 다른 차이를 생산하는 '창조적 반복'인 것이다. 즉, 그는 진리와 본질을 중심에 두는 사고를 거부하고, 의미가 계속 변주·생산되는 과정 자체를 철학의 중심에 두어야 한다고 주장한다. 이것이 "차이와 반복 (Différence et Répétition)" 개념이다. 그는 저서 『천 개의 고원』에서 나무의 뿌리처럼 위계와 중심이 있는 구조가 아니라, 잡초 뿌리처럼 어디로든 뻗고 연결되는 네트워크를 의미하는 "리좀 (Rhizome)"을 제안했다. 지식, 사회, 문화도 시작점·중심이 없고, 어느 지점이든 다른 지점과 직접 연결될 수 있는 리좀처럼 얽히고설키며 전개된다는 것이다. 포스트모더니즘 관점에서 거대 담론이나 중심 이념 대신, 다중적이고 비-위계적인 관계망을 지식과 사회의 모델로 삼는다. 또한 들뢰즈는 존재를 고정된 실체로 보지 않고, 항상 변화하고 생성되는 과정으로 이해하는_{반존재} "되기(Becoming)" 개념을 도입했다. '인간-되기', '동물-되기', '여성-되기' 등 모든 정체성은 유동적이며, 다른 것들과의 관계 속에서 "~되기"로 변형될 수 있다. 이는 고정된 정체성이나 본질을 거부하고_{반존재}, 끊임없는 '정체성의 재구성'을_{의지} 강조하는 포스트모더니즘으로 발전한다. 마지막으로 그는 사회·문화·정체성은 서로 다른 요소들이 모였다가 흩어지고, 새로운 배치를 이루는 과정일 뿐이고, 정체성은 '단일한 중심에서 나온 결과'가 아니라, '관계와 상황에 따라 유동적으로 재편되는 것'이라고 "기계적 재배치(Assemblage)"의 개념을 주장했다. 이처럼 들뢰즈 철학은, 하나의 중심 진리를 해체하고_{반인식} 차이와 연결, 생성의 무한한 흐름 속에서 존재와 세계를 사유_{반존재}하는 '포스트모더니즘 생성론'_{의지}이라 할 수 있다.

6-3. 포스트모더니즘 철학

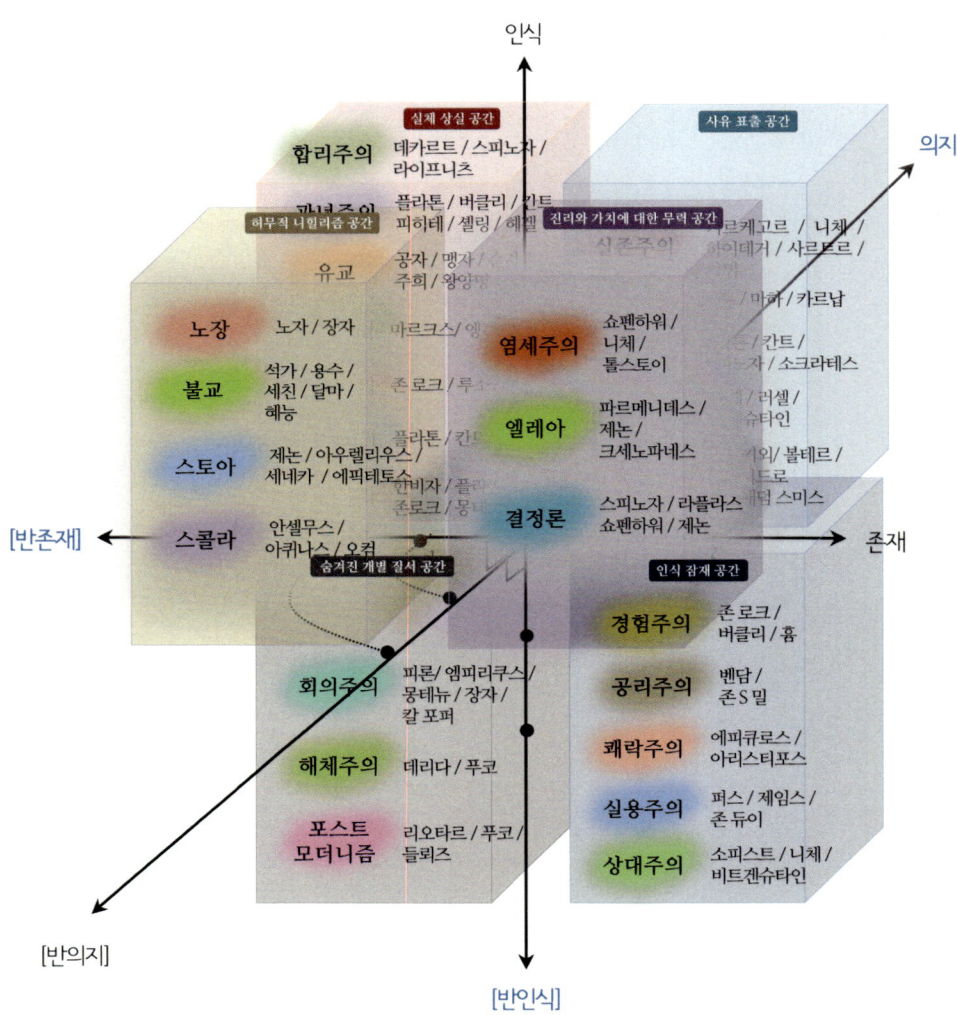

그림27. 회의주의 / 해체주의 / 포스트모더니즘 철학 위치도 (제 6 통합철학사유공간)

6-3. 포스트모더니즘 철학 – 리오타르

"세상은 이런 법칙에 따라 움직이며, 인류는 이런 목적을 향해 나아간다"라고 주장하는 포괄적·보편적 이론, 즉 인류 전체 역사와 지식을 포괄적으로 설명하고 정당화하는 '거대한 이야기(메타 서사)'는 신뢰를 잃었다.반인식 우리는 '포스트모더니즘'을 '메타 서사들에 대한 불신(incredulity toward meta-narratives)'으로 극단적으로 단순화하여 정의한다.

서구 근대가 스스로 정당화하는 주체는, 예컨대 '역사의 진보', '정신의 변증', '이성 또는 노동자의 해방', 또는 '부의 창출'과 같은 거대 서사에 의존해 왔다. 오직 그러한 '거대 이야기'만이 지식을 정당화할 수 있었기에, 과학도 그러한 서사를 기반으로 자신을 합리화해 왔다.반존재 그러나 포스트모더니즘의 특성은 이러한 거대 서사에 대한 진지한 회의(narratives no longer credible)이다.의지

(문헌196: 리오타르 [포스트모던 상태])

6-3. 포스트모더니즘 철학 - 푸코

우리는 근대 권력의 작동 방식을 설명하기 위해 판옵티콘(Panopticon)이라는 비유를 사용한다. 이는 18세기 벤담(Jeremy Bentham)이 고안한 원형 감옥으로, 중앙의 감시탑에서 모든 수감자를 바라볼 수 있지만, 수감자들은 자신이 실제로 감시받고 있는지 알 수 없다. 푸코에게 판옵티콘은 단순한 건축물이 아니라, 근대 사회 권력이 어떻게 '보이지 않는 방식'으로 사람들을 규율하는지 보여주는 상징적 장치다.반인식

"가시성은 덫이다." 즉, 사람들은 끊임없이 감시받고 있다고 의식하기 때문에 스스로 행동을 교정한다. 감시자는 실제로 항상 지켜보지 않아도 된다. '보일 수 있음' 자체가 사람들을 자기 검열 속에 가두기 때문이다. 따라서 권력은 외부에서 폭력적으로 강제하지 않고, 내면화된 규율을 통해 자동적으로 작동한다.반존재

이러한 메커니즘이 감옥에만 국한되지 않는다. 학교, 병원, 군대, 공장 등 근대의 제도들은 모두 판옵티콘적 구조를 공유한다. 학생은 선생님의 시선을 의식하며, 환자는 의사의 관찰 속에서, 군인은 장교의 명령 아래, 노동자는 감독의 평가 안에서 스스로를 규제한다. 이처럼 권력은 더 이상 단순히 '왕이나 국가의 억압'으로 작용하는 것이 아니라, 사회 전반의 미시적 관계 속에서 사람들의 몸과 행동을 통제한다.의지

우리가 강조하는 것은 권력=억압이라는 단순한 도식이 아니라, 권력이 오히려 생산적 요소를 갖는다는 점이다. 권력은 복종만을 강요하지 않고, 효율적 노동자, 순종적인 시민, 건강한 신체 같은 '유용한 개인'을 만들어낸다. 즉, 권력은 인간을 억누르는 동시에 사회가 필요로 하는 특정한 인간형을 '생산'하는 장치다.반존재

근대 계몽주의는 이성을 통해 자유와 진보가 가능하다고 믿었지만, 우리

6-3. 포스트모더니즘 철학 – 푸코

는 이성의 제도화 자체가 새로운 감시와 규율을 만들어냈다고 본다. 따라서 보편적 진리와 합리성의 담론은 더 이상 유효하지 않으며, 오히려 특정한 권력 효과를 낳는다.반인식 이는 포스트모더니즘 '거대 서사에 대한 불신'과 맥을 같이한다. 우리에게 중요한 것은 진리의 이름으로 작동하는 권력 구조를 폭로하고, 다양한 삶의 방식과 저항의 가능성을 탐색하는 것이다.의지

(문헌197: 미셸 푸코 [감시와 처벌: 감옥의 탄생])

6-3. 포스트모더니즘 철학 - 들뢰즈

‘차이성’이란 일면, 동일성을 가정한 결과이다. 우리는 보통 두 존재가 다르다고 할 때 이는 두 존재는 이미 최소한의 비교적 안정적인 동일성을 가지고 있음을 나타낸다. "사과는 배와 다르다." 이처럼 다름 속에서도 질료라는 동일성이 이미 작동하고 있다._{반존재}

우리는 이런 기반적 동일성을 비판한다. "차이성이 동일성을 앞선다." 우리는 모두 고유한 ‘차이’를 가지고 있다. 그러나 이 "차이를 인정하는 것"만으로는 다름의 진정한 의미를 실현할 수 없다. 그 속에 음흉함이 숨어 있기 때문이다._{반인식} 차이는 모든 사물의 배후에 있다. 그러나 이 차이의 배후에는 아무것도 없다.

여기서 간과하면 안 되는 점이 있다. 차이의 진정한 의미는 차이의 평등, 차이에 대한 서로 같은 시선이다. 동일성의 서로 같음이 아닌, "차이의 서로 같음"이다._{의지} 나는 형이상학적 동일성을 비판하고 차이를 주장하지만, 이는 차이의 가치를 서로 인정하고 수용한다는 ‘차이의 동질화’ 조건에서 뿐이다. 사과·배는 과일로서 같은 것이 아니라, 사과·배 그대로 서로 같은 것이다._{반존재, 반인식} 개별 삶은 차이를 반복해서 만들어 가는 끊임없는 실존적 양태이다._{의지}

(문헌198: 들뢰즈, [차이와 반복])

7장. 제7 통합철학사유공간 (존재-[반의지]-[반인식] 공간)

실체적 무의식 공간

이곳은 자신의 일곱 번째 현존(現存)이 살고 있는 세계로

억압적 의식에서 이탈하여 대상과 실체에 접근하는 공간이다.

(실재론(현실주의) 철학, 현상학 철학, 유물론 철학, 정신분석 철학)

제7 통합철학사유공간의 개요

(문헌3: 통합사유철학강의, 자유정신사, p322~333)

[제 7 공간] 존재-[반의지]-[반인식] 공간 세계 (실체적 무의식 공간)

[제7 사유 공간]은 [반의지(反意志)]와 [반인식(反認識)]—즉 의지되지도 인식되지도 않는—공간 속에서 존재만이 사유되는 공간이다. 우리는 이 사유 공간을 '삶의 존재화 공간'으로 규정한다. 모든 사유는 존재를 대상으로 하며, 의미를 부여받는 것도 오직 존재뿐이다. 존재를 제외한 모든 것은 우리의 사유로부터 외면화(外面化)되지 못하고, [반의지]적이며 [반인식]적인 심연(深淵)의 세계로 전환된다.

이와 같은 인간의 사고 체계는 '존재를 존재로만 사유하는' 극단적 사유 상태에서 경험된다. 즉, [물(水)]은 단지 [물(水)]일 뿐이며, [나무(木)]는 그저 [나무(木)]일 뿐이다. 이때의 사유는 단순한 존재론적 유물론으로 전락할 가능성을 내포하지만, 동시에 존재만으로 세계를 구성하는 평정(平靜)의 정신 세계를 드러내기도 한다. 인간 일반의 삶 속 사유를 존재에 고정시키면, 즉 의지와 인식을 [반의지]·[반인식]화하면, 삶의 세계는 오직 존재의 세계만 남아 외면화된다. 이를 통해 [제7 사유 공간]은 의지와 인식으로부터 자유로운 '초월적 존재 세계'를 구성할 가능성을 제공한다.

그러나 인간 일반은 이러한 [초월적 존재 세계]를 구성함과 동시에, 자신의 의지와 인식의 분열을 통해 [자연주의적 유물론]적 사유 체계를 형성할 위험을 항상 내포한다. 다시 정리하면, 의지와 인식을 사유로부터 이탈시킬 때, 인간은 두 가지 극단적 사유 상태를 경험한다. 첫째, [초월적 존재 세계]의 구성은 의지와 인식의 이탈을 통한 존재의 표상화 과정이다. 둘째, [자연주의적 유물론]은 존재의 표상화를 통한 의지와 인식의 이탈 과정이다. 즉, [초월적 존재 세계]에서는 의지와 인식의 이탈이 선행되며, [자연주의적 유물론]에서는 존재의 표상화가 선행된다. 이때 [초월적 존재 세계] 속에서의 의지 분열과 인식 분열은 존재의 부각을 위한 수단으로 작용한다.

반면 [의지 분열]과 [인식 분열] 현상은 인간의 삶을 사유 공간의 후면(後面), 즉 음(陰)의 세계로 추방하며, 이로써 사유는 필연적으로 제한된다. 사유의 제한은 곧 삶의 자유로운 세계 구성의 제약을 의미하며, 그 결과 인간의 삶은 의미를 상실한 혼돈과 절망의 위험에 빠진다. 우리에게 남는 것은 [존재 그 자체]뿐이며, 그러한 이유로 우리는 파괴된 자아를 다시금 의지와 인식의 차원에서 회복하려는 노력을 요구받는다. 이는 앞서 언급한 키르케고르적 절망의 개념—그가 '죽음에 이르는 병'으로 정의한 절망의 과정—과 깊이 상응한다.

우리는 인식 공간의 사유 세계에서 [의지의 분열]이 인식될 때, 자신의 존재로부터의 [자기 이탈]을 통한 사유 세계의 전환을 성취하며, 그에 따른 [의지 분열] 세계로부터의 전환 과정을 사유하였다. 그러나 존재, [반의지], [반인식]으로 구성된 [제7 사유 공간]은, 본질적으로 [자기 이탈]의 근원이 되는 인식 세계가 분열된 세계이다.

이로써 [의지 분열]의 극복은 [반인식의 인식화 과정]을 전제로 한 [조건적 전환 세계]의 구성을 필요로 한다. 즉, [제7 사유 공간]을 '존재 – [반의지] – 인식'으로 구성된 [제3 사유 공간]으로 일차적으로 전환하고, 그 인식을 매개로 [자기 이탈]의 과정을 진행해야 한다. 따라서 사유의 전환을 위해 우리는 [반인식의 인식화 과정]을 전제로 하거나, 혹은 앞서 [반의지와 반인식의 평면적 세계]에서 기술한 바와 같이 무(無)의 경험을 전제로 한 [분열 세계]로부터의 전환 과정을 준비해야 한다.

[제6 사유 공간]은 종교와 신(神)에 대한 인간적 관점에서의 세계였다. 즉, 우리 인간의 필요에 의해 종교와 신을 창조하고 그것을 이용하려는 [반존재] – 의지 – [반인식]의 공간으로, 인간이 수행할 수 있는 정신 작용의 최고 형태이자 그 결과물이다. 반면, [제7 사유 공간]은 일반적으로 명확히 인식되지 않는 [실체적 존재]가 자신의 의지와 무관하게 구성되는 사유 공간으로, 인간 일반이 깊이 빠져드는 삶의 내적 사유 세계이자, 인간이 사유할 수 있는 '신(神)'이라는 절대적 존재가 위치하는 본질적 공간이다.

종교의 기원, 그 의지와 본질에 대한 사유는 인간 사유의 다양한 공간 구조를 암시한다. 신(神)의 본질은 [반의지와 존재의 평면 세계]를 [의지와 존재의 평면 세계]로 전환시키는 매개자로 작용한다. 인간이 신을 사유할 때, [반의지]와 존재의 평면 세계가 구성되는 것은 사실이다. 그러나 역설적으로 신의 본질은 [반의지]의 세계를 포함하지 않는다. 오히려 신은 모든 삶의 세계를 '의지화(意志化)'하는 본질을 지닌다. 따라서 신(神)은 [제7 사유 공간]의 후면(後面) 세계—즉 [반의지]의 세계—를 전면(前面) 세계로 전환시키는, 곧 '의지화'하는 [전환적 힘의 근원]으로 사유된다.

신(神)은 본질상 [반의지]의 영역과 무관하다. 그러나 인간은 그의 본질을 간과한 채 [제7 사유 공간]에서 신(神)을 탐구하려 한다. 인간 일반은 신(神)의 본질을 자신의 사유 세계 안에서 찾으려 하기 때문에, 필연적으로 신(神)의 본질과 대립하게 된다. 신(神) 또한 하나의 사유 주체로서 자신의 사유 세계를 갖고 있지만, 그 사유 세계의 구성 원리는 인간의 사유 세계와는 본질적으로 상이하다. 그럼에도 불구하고 인간은 자신의 사유 체계 안에서 신(神)의 본질을 해석하려 함으로써, 신(神)의 본질과의 불일치와 대립을 초래한다.

한 사람과 또 다른 사람은 그 사유 세계의 동질화(同質化)를 일정 부분 성취할 수 있으나, 완전한 동일화(同一化)는 불가능하다. 마찬가지로 신(神)과 인간은 사유 세계의 근원적 차이로 인해, 그 사유 세계의 동질화를 이루지 못한다. 이로써 신(神)과 인간 사이의 비동질성(非同質性)이 드러난다. 인간 일반이 지금까지 신(神)의 본질을 온전히 사유하지 못했던 근원적 이유는, 신(神)의 세계와 인간의 세계를 동일한 차원으로 동질화하려는 인간의 의지에 있었다. 따라서 우리는 신(神)과 인간의 비동질성을 전제로 하여, 비로소 신(神)의 본질에 접근할 수 있다.

신(神)은 인간의 사유 공간과 무관한 존재로서, 신(神) 고유의 의지 세계를 포함하는 독자적 사유 공간을 갖는다. 인간의 사유 세계로부터 이탈된 새로운 신(神)의 사유 세계는, 인식자(認識者) −인식하려는 인간− 에게 광대한 사유의 장(場)을 제시한다. 이는 곧 신(神)을 위한 사유 공간의 새로운 구성 요소의 발견과 재배치를 요구한다. 이제 우리는 '인간적인 신'에 대한 환상을 거두어야 한다. 신(神)의 인간화는 신의 본질을 훼손하며, 그 초월적 성격을 파괴한다. 오직 신(神)의 인간화를 철저히 부정할 때에만, 신(神)의 본질은 그 참된 모습을 드러낼 수 있을 것이다.

신(神)의 본질을 표출하는 신적(神的) 사유의 구성 요소는 [존재 – 반존재], [의지 – 반의지], [인식 – 반인식]으로 이루어진 인간 일반의 [통합사유철학] 체계를 포괄함과 동시에, [시간 – 반시간], [공간 – 반공간], [질서 – 반질서]라는 새로운 세계 좌표축을 추가적으로 포함한다. 이는 인간 사유의 한계를 초월한 영역에 해당한다.

[시간 – 반시간(反時間)]의 세계는 과거 – 현재 – 미래로 구성된 통상적 [시간] 영역과, 시간 개념이 해체되어 흐름이 정지된 채 물(物)의 변화에 따라 대응적으로 작용하는 [반시간] 영역으로 이루어진다. [반시간]의 영역에서는 시간의 길고 짧음이라는 개념이 사라지고, 오직 변화와 무변화만이 존재한다.

[공간 – 반공간]의 세계는 인간의 감각 기관으로 지각되는 '일반 3차원 공간'뿐 아니라, 인간 이외의 생명체들이 각각 고유하게 지각하는 '생명 공간', 인간의 감각 능력을 초월하는 '우주 공간', 그리고 극미소(極微小) 세계에서 형성되며 인간에게 인식되지 않는 불확정성의 공간 등을 포함하는 [반공간]으로 구성된다. 이러한 [반공간]은 인간 중심적 공간 개념이 도달할 수 없는 초월적 차원을 지시한다.

[질서 – 반질서]의 세계는 인간이 인식하고 있는 법칙이 통용되는 영역과, 그 법칙이 해체되는 영역으로 나뉜다. 인류가 오랜 역사 속에서 인식 작용을 통해 간신히 발견한 네 가지 기본 힘, 즉 만유인력(중력), 전자기력, 강한 핵력, 약한 핵력은, 극미소 세계나 우주 전체와 같은 거대한 스케일의 공간이 전제될 경우 그 의미를 상실한다. 사실, 우리의 물리 법칙이 적용될 것이라 예상되는 비교적 안정적인 규모의 공간에서도, 법칙이 무너지는 세계는 어렵지 않게 발견된다. 이러한 법칙 붕괴의 현상을 현실에서 실제 경험할 때 이를 흔히 '초능력'이라 부른다. 그러나 이른바 '초능력'으로 간주되는 현상들 또한, 보다 광의적 법칙의 일부로 통합될 수 있는 가능성을 내포한다. 신(神)의 삶

은 이러한 '법칙과 비법칙'의 경계를 초월하여, 때로는 우리 삶의 국면 속에서도 드러나며, 그 존재는 이미 세계 속에 충만하다.

신(神)의 본질적 세계는 [통합사유철학]과 [시간사유철학]을 모두 포섭하는 [무경계적 평등(無境界的 平等)]의 세계이다. 첫째, 그곳에서는 [시간의 흐름과 정지]의 구분과 경계가 존재하지 않으며, 둘째, [공간의 크고 작음]의 구분과 경계 또한 사라진다. 셋째, [질서-반질서]가 통합된 세계에서는 [법칙과 비법칙(非法則)]의 구분과 경계조차 존재할 수 없다. 이와 같이 신(神)의 세계는 모든 이원적 대립을 초월하는 무경계적 통합 세계로서 사유된다.

본서(書)에서 다루는 [통합사유철학]은 여섯 개의 기본 사유 개념 축으로 구성되며, 이로부터 총 29개의 사유 세계가 도출된다. 이는 선형(9개), 평면(12개), 공간(8개) 사유 세계로 구분된다. 우리는 신(神)의 세계가 형성하는 12개의 기본 사유 개념 축을 사유 대상으로 삼는다. 이 세계 속에서는 18개의 선형 세계가 구성되며, 그 수를 크게 확장시키는 조합적 평면 교차와 공간 교차를 제외하더라도 약 40개의 평면 세계와 32개의 공간 세계가 형성된다. 우리는 이 거대한 사유 체계를 [절대사유공간]이라 명명(命名)하고, 이를 [신(神)적 사유 공간 세계]로 규정한다. 해당 내용은 별도의 저술을 통해 보다 상세히 다루어질 것이다.

[제7 사유 공간]은 '존재-[반의지]-[반인식]'이 구성하는 [실체적 무의식 공간]이다. 앞서 기술한 바와 같이, [꿈]은 본능적 무질서와 자유의 상태를 통하여 억압을 극복하며, 수면 중 사유를 수행하는 과정이다. 좀 더 구체적으로 말하면, 꿈은 억압된 의지, 즉 [반의지]와 인식화되지 못한 채 심층적 사고 구조 속에 잠재된 [반인식]이 존재화되는 과정이다. [반인식] 세계는 [경험적 반인식]에서 출발하여 [심리학적 무의식]으로 전환되고, 다시 [본질적 반인식]을 통해 통합된 [철학적 무의식]으로 이행한다. 따라서 프로이트가 제시한 방식대로 꿈을 통해 억압된 과거를 해석하는 것은 논리적이라고 할 수 있다.

그러나 꿈을 통하여 미래를 예측하고자 한다면, 앞서 언급한 [신(神)적 사유 공간 세계]에 대한 이해와 인식 없이는 그것은 불가능하며 비논리적인 시도에 불과하다. 가끔 꿈이 미래를 예측하는 것처럼 보이는 경우가 있다. 그러나 이는 과거에 형성된 미래에 대한 상상이 무의식 속에 잠재되었다가, 우연히 실제 미래와 일치할 때 나타나는 현상이다. 따라서 미래에 대하여 오랫동안 다채롭게 사고할수록 실제 미래와 유사한 꿈을 꿀 가능성이 다소 높아질 수 있다. 그러나 그 확률은 복권을 맞추는 것과 다르지 않다. 물론 그러한 터무니없는 일이라 할지라도, 그것이 반드시 부정적인 것은 아니다. 우리가 [꿈]에 대하여 이처럼 상세히 기술하는 이유는, 그것이 우리의 논의에 중심적이기 때문이 아니라, 꿈이 [제7 사유 공간], 즉 '존재 – [반의지] – [반인식]'의 구조를 비교적 명확하게 드러내기 때문이다.

우리는 모두 투쟁적 억압 속에서 살아간다. 이는 인간 일반의 보편적 실존 양상이며, 결코 극복해야 할 부정적 조건만은 아니다. 오히려 인간은 억압을 극복하기 위해 또 다른 형태의 억압을 만들어 낸다. 그러나 우리는 삶의 사유 공간을 자유롭게 이동할 수 있는, 인간적 무질서 속에서도 평정(平靜)을 유지하는 자유정신을 가질 수 있다. '억압에서 자유로, 투쟁에서 평정으로.' 이것이 신(神)이 아닌 인간이 도달할 수 있는 최고의 사유 상태이며, 진리에 가장 가까운 삶의 형식이다.

지금까지 우리는 [반인식 세계]가 구성하는 네 가지 삶의 공간 중 세 번째인 '존재 – [반의지] – [반인식]' 공간을 고찰하였다. 이제 우리는 이 공간을 대표하는 철학 사상과 철학자들의 사유 및 이념이 어떠한 세계 구조를 형성하며, 그것이 실제로 인간의 삶의 세계 속에서 어떻게 작용하는지를 탐구해 보고자 한다.

제7 공간 철학 사상별, 철학자별 철학 공간 위치도

7-1. 실재론(현실주의) 철학: 아리스토텔레스, 아퀴나스, 존 로크, 러셀

7-2. 현상학 철학: 후설, 하이데거, 메를로 퐁티

7-3. 유물론 철학: 데모크리토스, 에피쿠로스, 루크레티우스, 마르크스, 엥겔스

7-4. 정신분석 철학: 프로이드, 융, 라캉

7-1. 실재론(현실주의) 철학

"실재론(현실주의)은
의지와 인식과 무관하게 존재만으로 진리에 다가설 수 있다고 주장하는 철학이다.
이는 존재-[반의지]-[반인식]이 구성하는 제7 철학사유공간에 위치한다."

현실주의(실재론) 철학은 우리의 인식이나 생각과 무관하게_{반의지, 반인식} 세계와 사물은 객관적, 독립적으로 존재하며_{존재}, 그 속의 사물·사실·법칙은 실제로 존재한다는 주장이다. 반대 개념인 관념론(Idealism)은 '세계는 의식이나 정신의 산물'이라는 입장이다. "내가 보지 않아도 산은 존재하는가?" "과학 법칙은 인간이 발명한 것이 아니라 발견한 것인가?"라는 질문에 현실주의(실재론)는 "그렇다"고 대답한다. 고대 실재론에는 '이데아'가 실재하는 가장 참된 세계이며, 감각 세계는 그림자라는 "플라톤의 초월적 실재론", 실재는 개별 사물 속에 존재하는 형상과 질료의 결합이라는 "아리스토텔레스의 내재적 실재론"이 있다. 중세에는 '인간성' 같은 보편자가 실제로 존재한다는 "안셀무스, 토마스 아퀴나스의 보편자 실재론"을 거친다. 근대에는 경험 과학의 발달로, 세계는 수학적·물리적 법칙에 따라 객관적으로 존재한다는 "데카르트, 뉴턴, 로크의 과학적 실재론" 등이 있다.

아리스토텔레스(Aristotle, 기원전 384 – 322)는 모든 실재의 구조는 형상(eidos, 집이라면 구조, 본질, 목적을 나타내는 설계도)과 질료(hyle, 집이라면 벽돌, 나무, 철근 같은 구성 물질)의 결합이라고 "내재적 실재론"을 주장했고 우연적 속성은 변할 수 있지만, 형상과 질료의 결합_{존재}이라는 사물의 본질은 변하지 않는다고 생각했다. 따라서 세계를 이해하려면 사물 속에 깃든 본질(질료와 형상)을 파악해야 한다고 피력했다. 이를 통해 인식이나 생각과 무관하게_{반의지, 반인식}, 세계는 객관적으로 존재하며, 그 속에서 사물·사실·법칙은 실제로 존재해 그 자체로 의미와 가치를 갖는다는 주장이다.

토마스 아퀴나스(Thomas Aquinas, 1225 – 1274)는 세계는 신이 창조했으나, 창조물은 신과 독립적으로 실제 존재한다고 하면서_{존재} "신학적 실재론"

을 주장했다. 인간은 보편자로서 존재하고 그 본질(예: 인간성)은 개별 인간 안에서 실재한다는 것이다.(신학과 아리스토텔레스 철학의 결합) 인간의 본질을 전지전능한 신이 아닌_{반의지, 반인식} 인간 존재에서 찾는 존재론적 실재론을 완성했다. 이는 신의 존재에 대한 반증이기도 하다.

존 로크(John Locke, 1632~1704)의 "경험적 실재론"(empirical realism)은 경험_{존재}을 통해서만 실재 세계를 알 수 있다_{반의지, 반인식}는 견해이다. 로크는 경험론(empiricism)의 대표 철학자로 데카르트처럼 이성만으로 세계를 알 수 있다는 합리론을 비판하고_{반인식} 모든 지식은 감각 경험에서 출발한다_{존재}고 주장했다. 하지만 단순한 경험론자가 아니라, 경험이 실재 세계 진리와 연결된다고 보았기 때문에 "경험적 실재론"이라 부른다. 세상은 사물 자체에 본질적으로 있는 크기, 모양, 움직임, 무게 등 객관적, 수학적으로 기술 가능한 "일차 성질(Primary qualities)"과 감각 주체의 지각에서만 나타나는 색, 맛, 냄새, 온도 등 주관적, 지각 의존적인 "이차 성질(Secondary qualities)"로 구성되어 있다. 우리는 일차 성질을 통해 실재 세계의 구조를 알 수 있고 이차 성질은 세계가 아니라 우리의 감각 체계의 산물일 뿐임을 주지해야 한다. 외부 세계는 우리 인식과 무관하게_{반인식} 실재로서 존재하지만, 인간은 경험을 거쳐서만 그 세계를 알 수 있다. 로크는 지식의 원천은 감각과 경험이라는 "경험론"과 경험의 원천이 되는 외부 세계는 실재로서 존재한다는 "실재론"을 모두 견지한다. 로크의 입장은 칸트에게 이어져, 칸트는 이를 변형하여 선험적(초월적) 경험적 실재론 개념을 발전시켰다.

버트런드 러셀(Bertrand Russell, 1872~1970)은 고대부터 이어져 온 실재론은 종종 형이상학적이었지만, 실재론과 과학적 방법의 결합을 시도하는 엄밀한 "과학적 실재론(scientific realism)"을 주장했다. 데카르트의 회의론, 칸트의 인식론적 제약을 비판하고, 수학과 과학을 통한 세계 기술의 실재성을 신뢰했다. 우리가 경험하는 세계는 단순한 의식의 환상이 아니라, 독립적으로 존재하며, 그 경험은 이 세계에 대한 간접적 표상이고, 과학은 그 표상을 정교하게 다듬는 도구라고 주장한다. 예를 들어 원자, 전자, 중력장, 시공간 곡률 등 직접 감각할 수 없는 존재나 현상도 실제로 존재한다고 보았다. 즉 과학 이론이 참이라면, 그것이 설명하는 실체와 구조는 객관적으로 실재한다는 것이다. 러셀은 "과학이 그려내는 세계의 구조는 실제 세계의 구조이며, 그 세계는 우리의 인식과 무관하게 존재한다"라고 주장한다. 즉, 인간의 의지 · 인식과 무관하게_{반의지, 반인식} 과학적, 논리적 방법을 통한 존재 검증으로_{존재} 사물의 본질과 진리에 다가갈 수 있다는 생각이 "과학적 실재론"이다.

7-1. 실재론(현실주의) 철학

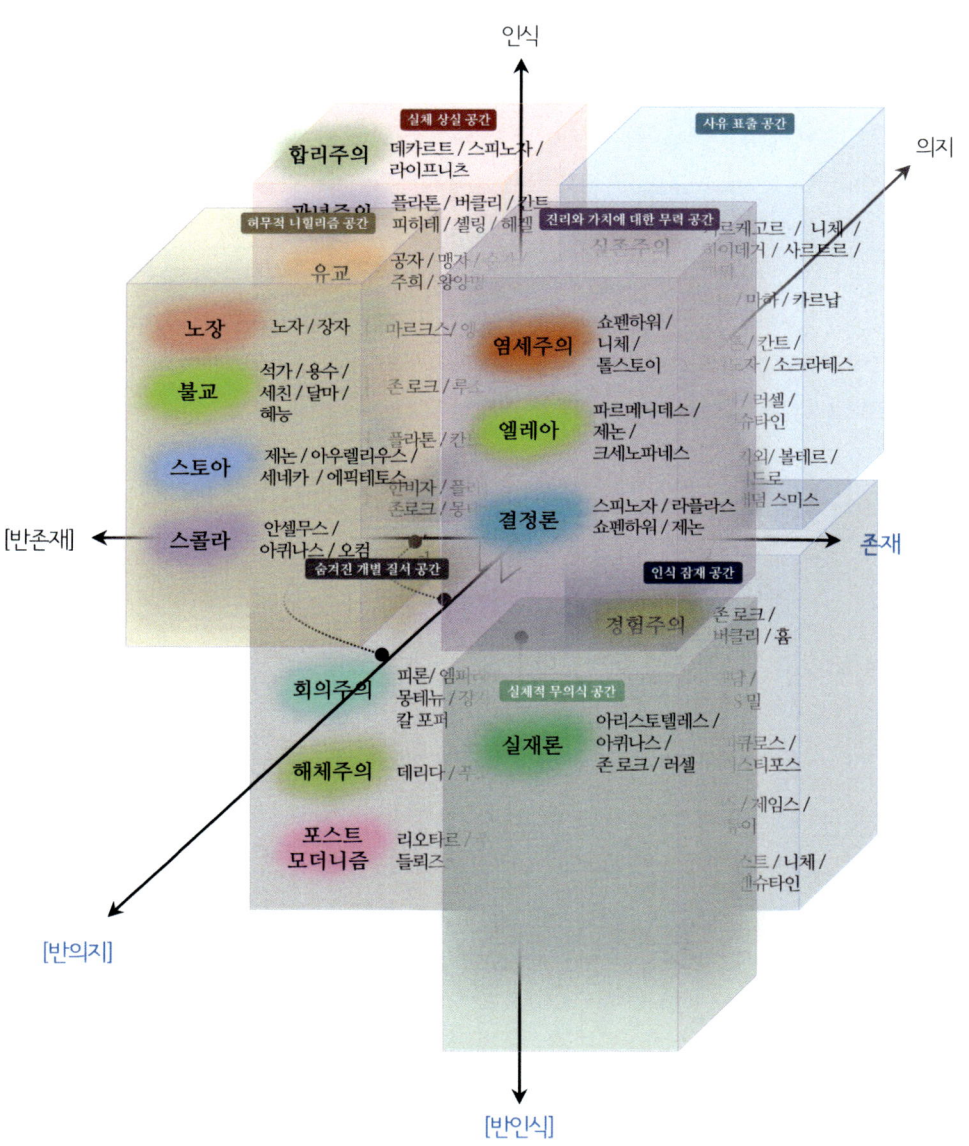

인식

의지

실체 상실 공간

사유 표출 공간

합리주의 　데카르트 / 스피노자 /
　　　　　　라이프니츠

관념주의 　플라톤 / 버클리 / 칸트
　　　　　　피히테 / 셸링 / 헤겔

허무적 니힐리즘 공간 　진리와 가치에 대한 무력 공간

유교 　공자 / 맹자 /
　　　주희 / 왕양명

키르케고르 / 니체 /
하이데거 / 사르트르

마흐 / 카르납

노장 　노자 / 장자

불교 　석가 / 용수 /
　　　세친 / 달마 /
　　　혜능

마르크스 / 엔

존로크 / 루

염세주의 　쇼펜하위 /
　　　　　니체 /
　　　　　톨스토이

칸트 / 소크라테스

러셀 /
슈타인

스토아 　제논 / 아우렐리우스 /
　　　　세네카 / 에픽테토스

엘레아 　파르메니데스 /
　　　　제논 /
　　　　크세노파네스

외 / 볼테르 /
덤 스미스

스콜라 　안셀무스 /
　　　　아퀴나스 / 오컴

플라톤 / 칸

라이프니

존로크 / 몽

결정론 　스피노자 / 라플라스 /
　　　　쇼펜하위 / 제논

[반존재]

숨겨진 개별 질서 공간 　인식 잠재 공간

존재

실체적 무의식 공간

경험주의 　존로크 /
　　　　　버클리 / 흄

회의주의 　피론 / 엠피
　　　　　몽테뉴 /
　　　　　칼 포퍼

장

실재론 　아리스토텔레스 /
　　　　아퀴나스 /
　　　　존로크 / 러셀

S 밀

쿠로스 /
스티포스

해체주의 　데리다 / 푸

/ 제임스 /
듀이

포스트
모더니즘 　리오타르 /
　　　　들뢰즈

스트 / 니체 /
슈타인

[반의지]

[반인식]

그림28. 현실주의(실재론) 철학 위치도 (제 7 통합철학사유공간)

317

7-1. 실재론(현실주의) 철학 – 아리스토텔레스

우리가 당연히 노여워해야 할 일에 대하여, 또 당연히 노여워할 사람들에 대하여, 그리고 또 적당한 정도로, 적당한 때에 그리고 적당한 시간 동안 노여워하는 것은 칭찬할 만한 일이다._{존재} 그렇지 못한 자는 어리석으며, 자신을 보호하지 못하며, 모욕을 당하고도 참는 것이며, 노예적인 자라는 말을 들어도 어쩔 수 없다._{반의지, 반인식} 우리는 꼭 필요할 때는 분노해야 한다. (문헌199: 아리스토텔레스 [니코마코스윤리학])

우리는 마땅히 기쁨을 느껴야 할 일에 기쁨을 느끼고, 마땅히 괴로워해야 할 일에 괴로워할 줄 알도록,_{반의지, 반인식} 어릴 때부터 오랫동안 철저히 그리고 명확히 교육받아야 한다._{존재} (문헌200: 아리스토텔레스 [니코마코스윤리학])

재산의 개인 소유를 인정하되, 사용은 공동으로 할 것 그리고 누구나 어느 정도 여유 있게 살 수 있을 만큼은 재산을 갖도록 적절히 소유를 강제 분배할 것을 주장한다._{존재} 이기심을 자제하고 서로 소유를 나누어 갖는 [베풂의 미덕]을 각 개인에게 교육하고 강제하는 것은_{반의지, 반인식} 국가의 중요한 직무이다. (문헌201: 아리스토텔레스 [정치학])

우리는 단순히 거문고를 타는 자가 아닌, 거문고 명수의 [탁월함]을 지향해야 한다._{존재} 이를 통해 행복이 서서히 드러난다._{반인식} 그것은 [온 생애를 통한 것]이 여야 한다. 한 마리 제비가 날아온다고 봄이 오는 것은 아니다._{반의지} (문헌202: 아리스토텔레스 [니코마코스윤리학])

우리의 탐구는 실체($ο\dot{υ}σία$)에 대한 것이다._{존재} 왜냐하면 '있는 것(being)'은 여러 의미를 갖지만, 가장 우선적으로, 그리고 가장 본질적으로 '실체'를 가리키기 때문이다. 실체가 무엇인가를 이해한다면, 우리는 존재 일반을 이해하게 될 것이다. 이제 어떤 이들은 '보편자'(universal)가 실체라 말하고, 또 다른 이들은 '형상'(form)이 실체라고 말한다. 그러나 우리는 먼저 개별적 사물, 즉 이 개별 인간, 이 개별 말(馬)과 같은 것들을 실체라 부른다._{존재} 왜냐하

7-1. 실재론(현실주의) 철학 – 아리스토텔레스

면 그것들은 독립적으로 존재하며, 주체로서 서로 다른 속성들을 지니기 때문이다. 반면 보편자는 그러하지 않다. '인간 일반'이나 '동물 일반'은 개별적으로 존재하지 않으며, 단지 개별자들 안에서만 성립한다._{반인식} 그러므로 실체는 무엇보다 개별적 존재이며, 형상은 그 개별자 속에서 현실화해 존재한다. 실체는 형상과 질료의 결합으로 이루어지며, 형상 없는 질료는 순수한 가능성일 뿐이고, 질료 없는 형상 또한 추상적 사고에만 있는 것이다._{반의지} 존재의 근본은 추상적 '이데아'가 아니라, 개별적 사물 속에 구현된 형상이며, 실체는 형상과 질료의 통일체이다._{존재}

(문헌203: 아리스토텔레스 [형이상학(Metaphysics)])

7-1. 실재론(현실주의) 철학 – 아퀴나스

우리의 지성은 개별적 사물로부터 지식을 얻는다. 왜냐하면 감각은 개별자를 포착하고, 지성은 이를 추상하여 보편적 개념을 형성하기 때문이다. 그러므로 보편적 개념은 현실적 존재를 갖는 개별자로부터 유래한다.ᐨ존재 그러나 보편자는 개별자와는 다른 방식으로 존재한다. 즉, 개별자 안에서는 실재적으로 존재하지만, 지성 안에서는 개념적 보편으로 존재한다.

또한 보편은 신적 지성 안에서도 존재하는데, 그것은 창조 이전의 원형적 이념으로서이다. 신이 모든 피조물을 창조할 때, 보편적 본질을 그의 지성 안에서 본래적으로 지닌다. 따라서 보편자는 이미 세 가지 방식으로 존재한다. 첫째, 신적 지성 안에서 본질의 원형으로, 둘째, 개별적 사물 안에서 현실적 실체로, 셋째, 인간 지성 안에서 추상된 개념으로써 실재한다.ᐨ존재

그러므로 보편자의 존재를 단순히 '개념적 허구'로 환원할 수 없다.ᐨ반의지 그것은 개별 안에서 실재적으로 뿌리내리고 있으며, 동시에 신적 지성에 의해 보증된다. 인간 지성은 단지 그것을 추상하여 파악할 뿐이다.ᐨ반인식

(문헌204: 아퀴나스 [신학대전])

7-1. 실재론(현실주의) 철학 - 존 로크

사물 속에는 어떤 성질이 본래적으로 존재한다. 즉, 그것들이 사물 자체와 분리될 수 없는 성질들이다. 예컨대, 고체의 크기, 형상, 수, 운동 또는 정지, 그리고 질량의 견고성 같은 것들이 그러하다. 이 성질들은 우리가 사물을 어떻게 지각하든 간에 그 사물 안에 실제로 존재한다.존재 나는 이것들을 '일차 성질'이라고 부른다.

다른 한편으로, 색, 소리, 맛, 냄새와 같은 성질들은 사물 그 자체 안에 동일한 방식으로 존재하지 않는다. 사물이 지닌 어떤 일차 성질들이 우리 감각 기관에 특정한 변화를 일으킬 때, 우리는 특정한 '느낌'을 경험한다. 이러한 감각을 일으키는 능력을 나는 '이차 성질'이라고 부른다. 그러나 실제로 그 색깔이나 맛, 향기 같은 것은 사물 안에 객관적으로 들어 있는 것이 아니다. 그것들은 단지 우리의 지각 속에서만 현존하는 것이라 할 수 있다.반의지

이를테면, 설탕의 흰색, 단맛, 향기 등 이차 성질은 설탕 결정의 크기, 형상, 배열 등 일차 성질이 우리의 감각 기관에 특정한 변화를 가하여 나타나는 결과일 뿐이다. 따라서 일차 성질은 실제로 외부 사물에 내재하며,존재 이차 성질은 우리 마음속에만 존재한다.반인식 외부 세계의 실재적 성질(일차 성질)이 우리의 인식을 뒷받침한다. 따라서 경험은 단순한 주관적 인식이 아니라, 실재적(實在的) 경험이다.존재

(문헌205: 존 로크 [인간 오성론])

7-1. 실재론(현실주의) 철학 – 러셀

우리가 일상적으로 마주하는 사물, 예컨대 탁자를 생각해 보자. 겉보기에는 단단하고 평평하며 일정한 색을 띠는 것처럼 보인다. 그러나 조금만 주의를 기울여 관찰하면, 실제로는 빛의 방향이나 시선의 각도에 따라 색이 변하고, 만져지는 감각 역시 관점에 따라 달라진다는 것을 알 수 있다.

즉, 우리가 직접적으로 아는 것은 '탁자 그 자체'가 아니라, 탁자가 우리 감각에 주는 인상들, 다시 말해 감각 자료(sense-data)이다. 그렇다면 질문이 생긴다. 우리가 경험하는 감각 자료 뒤에, 그것들을 원인으로 제공하는 실재적 대상(real object)이 존재하는가?

회의론자는 우리가 알 수 있는 것은 감각 자료뿐이라고 주장할 것이다. 하지만 그러한 입장은 과도한 회의에 빠지게 된다. 왜냐하면 감각 자료가 일정한 규칙성을 지니고 있으며, 서로 다른 사람들이 유사한 자료를 경험한다는 사실은, 그것들을 설명하는 실재적 원인의 존재를 강하게 시사하기 때문이다._{존재}

따라서 우리는 두 층위를 구분해야 한다. (1) 직접적으로 주어지는 감각 자료, (2) 감각 자료의 근원이 되는 물리적 대상이 그것이다. 우리가 '탁자'라고 부르는 것은 사실 두 번째 층위의 것이다. 우리는 감각 자료를 통해 간접적으로 그것을 알 뿐이다.

그러므로 철학적 실재론이란, '우리의 지각 너머에도 사물이 실재한다'라는 신념을 의미한다._{존재} 이는 단순한 가설이 아니라, 감각 자료의 질서정연함과 경험의 일관성에 의해 강력히 지지된다._{반의지, 반존재}

(문헌206: 러셀 [철학의 문제들(The Problems of Philosophy)])

7-2. 현상 철학

"현상학은 억압적 의지와 인식을 배제하고
있는 그대로 대상을 파악하는 진리 접근 방식이다.
이는 존재-[반의지]-[반인식]이 구성하는 제7 철학사유공간에 위치한다."

현상학(Phenomenology)은 "의식에 나타나는 사물과 현상을, 그것이 주어지는 그대로, 편견 없이 분석하는 철학"이다. 여기서 '사물과 현상'은 단순히 겉모습이 아니라, 우리 의식 속에서 '경험되는 것' 전체를 의미한다.존재 현상학이 등장한 배경은 철학은 과학(특히 자연과학)과 심리학의 영향으로 존재 경험을 물리적·심리적 원인으로 설명하는 경향이 강해져, 논리적 설명 가능한 틀 안에서 사물과 현상을 보고 해석하려는 철학이 주류를 이루게 되었다. 그러나 후설은 "철학은 경험을 원인·결과로 분석하는 과학이 아니라, 경험이 어떻게 의식 속에 나타나는지를 직접 탐구해야 한다"라고 주장했고, 현상학을 진리의 본질을 연구하는 독자적 방법론으로 제안했다. 현상학의 원칙 중 첫 번째는 철학은 개념적 추측이나 과학적 이론이 아니라, 의식 속에 실제로 주어진 경험 자체를 출발점으로 삼아야 한다는 "사태 그 자체로!(Zu den Sachen selbst!)"의 원칙이다. 현상학의 두 번째 원칙은 의식은 항상 '무엇(대상)에 대한' 의식을 갖는 "지향성(Intentionality)"이다. 내가 '나무를 본다'라는 것은 필연적으로 '대상-의식' 관계 구조를 갖는 것이다. 현상학의 세 번째 원칙은 오직 '그 세계가 의식에 어떻게 주어지는지'를 분석하는 "현상학적 환원(Phenomenological Reduction, Epoche)"이다. 즉 그냥 책이 아니라, '방해받지 않은 의식 속 책'을 탐구한다. 현상학의 네 번째 원칙은 '의자' 경험에서 다양한 모양·색을 빼고, '앉을 수 있는 구조'라는 본질을 파악하는 "본질직관(Eidetic Intuition)"이다. 어두운 방에서 손전등으로 사과를 비출 때 사과가 진짜 사과로 보이기 위해서는 손전등에 특별한 필터라든지 장치가 없이 순수한 빛만 있어야 한다. 손전등에 빨간 필터를 붙이거나 이상한 무늬가 비치도록 하면 사과가 이상하게 보일 것이다. 정치에 빗대면 좌파, 우파 한쪽으로 편향된 알고리즘이 적용된 정보만 보는 사람은 정확한 사실에 다다르지 못할 것이다. 오대산을 알고 싶은 사람은 지도를 보고 사진을 보고 타인이 찍은 의도된 동영상을 보고 산을 평가하는 것이 아니라, 자신이 직접 산속으로 들어가 산의 실체를 파악해야 할 것이다. 그 산은 봄·여름·가을·겨울 다르고 비 올 때 눈 올 때 다르며, 새벽에 다르고, 한낮에 다를 것이다. 이처럼 권위적 철학, 논리, 집단 무의식 특정 개인의 의도 같은 기존 의지와 인식 등 외부 요인에 영향받지 않고반의지, 반인식 자신만의 순수한 대상 탐구존재가 현상학의 기본 원칙이다. 이처럼 현상학은 "객관적 사실"이 아니라, "경험되는 세계"를 중심에 두는 발상의 전환이 그 핵심이다.

에드문트 후설 (Edmund Husserl, 1859–1938)은 의식의 외부 요인을 제외하고반의지, 반인식 순수하게 대상을 분석하는존재 현상학 철학의 창시자이다. 모든 의식은 대상과의 상호 관계 속에 있다. 이때 세계에 대한 권위적, 억압적 전제를 배제하고,반의지, 반인식 무조건적 경험이 아닌, 순수한 경험이 가능한 조건에서 대상의 본질을 파악한다. 이를 통해 모든 학문의 토대가 되는 '오염된 의식에 영향받지 않는 대상의 순수 구조존재'를 밝히는 것을 철학의 목표로 했다.

마르틴 하이데거 (Martin Heidegger, 1889–1976)는 현상학을 존재론에 적용한 철학자이다. 저서 『존재와 시간』에서 "존재란 무엇인가?"에 답하면서 존재를 현상학적으로 해석했다. 인간(현존재, Dasein)은 세계 안에서 살아가며, 자기의 유한성을 의식하는 존재라고 해석했다. 즉 세계–내–존재인 인간은 항상 어떤 '맥락' 속에서 존재한다는 것이다.반의지, 반인식 이는 진정한 존재에서 멀어진다. 우리 세계 속에는 "그들"이 있어 우리를 감시하고 제어한다.반의지, 반인식 그들에게 벗어날 때 진정한 현상학적 존재가 그 모습을 드러낸다.존재 "그들" 외에도 죽음이 우리에게 드리워져 있고 이는 존재를 왜곡시킨다. 죽음을 자각하고 그 영향에서 벗어날 때, 비로소 '진정한 존재'가 가능하다. 세계의 무의미함과 자기 존재의 유한성을 직면하는 감정인 불안(Angst)

은 존재를 오염시키고 왜곡시킨다. 이를 배재하고 "현상학적 나"로 시선을 돌리라고 주장했다. 하이데거의 현상학은 존재의 의미를 드러내는 도구로 쓰인다.

모리스 메를로퐁티 (Maurice Merleau-Ponty, 1908 - 1961)는 대상의 본질을 파악하는데 지각과 신체의 역할에 주목한 현상학자이다. 후설·하이데거 영향을 받았지만, 살아 있는 몸, 육체의 역할을 강조했다. 저서 『지각의 현상학』에서 의식은 '정신'으로서가 아니라,반의지, 반인식 신체(지각)를 통해존재 세계(대상)와 관계를 맺는다고 주장한다. 즉, 우리는 '의지와 인식을 배제하고 순수하게 보는 주체'일 뿐 아니라, 몸으로 느끼고 움직이며 세계(대상)를 경험한다. '나무를 본다'라는 것은 눈으로 빛을 받아들이는 것뿐 아니라, 몸이 공간 속에서 위치를 잡고 시야를 조절하는 전인적 지각 행위라는 통찰이다.

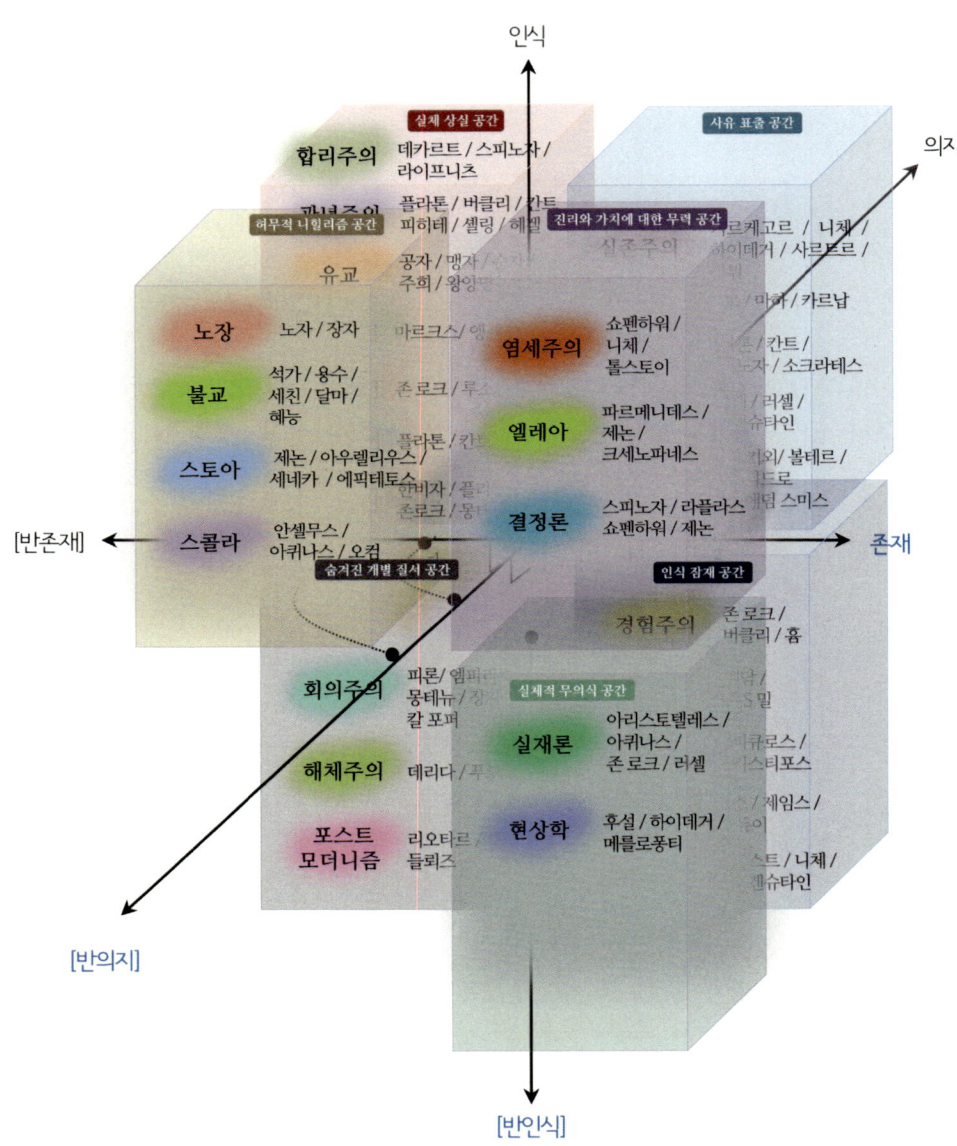

그림29. 현실주의(실재론) / 현상학 철학 위치도 (제 7 통합철학사유공간)

7-2. 현상 철학 – 후설

우리는 일상적으로 '세계 안에 있는 것들'을 전제하고, 그들과 함께 살아간다. 이러한 자연적 태도(natural attitude)는 철학적 성찰을 가로막는다.반의지, 반인식 그러므로 현상학은 먼저 이 자연적 태도를 유보(epoché)해야만 한다. 유보란 무엇인가? 세계의 존재를 회의하거나 부정하는 것이 아니다. 오히려 '세계가 주는 그대로 받아들여지는 태도'를 일시적으로 보류하여, 우리가 지각하는 것들–그것들의 주어짐, 그들의 나타남(appearing)–을 있는 그대로 기술하는 상태로 돌입하는 것이다.존재

이로써 우리는 더 이상 '사물이 바깥에 실제로 그러한가'를 자동적으로 전제로 삼지 않고, 대신 '사물이 어떻게 나에게 주어지는가(나에게로의 지향성)'를 문제 삼는다. 이것이 바로 현상학적 환원이다. 환원은 의식의 지향성(intentionality)을 드러내어, 모든 인식적 구성(예: 지각, 상상, 기억, 판단)이 어떻게 그 대상성을 획득하는지를 보여 준다. 결과적으로 우리의 관심은 '객관적 세계의 실존'에서반의지, 반인식 '의식 속에 주어지는 현상들'로 전환된다.존재 이 전환 자체는 철학적 변혁이며, 그 목표는 '의식의 본질(essences)을 무편견적으로 기술하는 것'이다.

(문헌207: 후설 [순수현상학과 현상학적 철학의 이념들])

7-2. 현상 철학 – 하이데거

존재의 뜻(Seinsfrage)을 묻는 문제는 단순한 개념적 호기심이 아니다. 이 물음은 우리가 '있다'라고 말하는 바의 근원을 묻는 근본적 물음이다. 그러나 이 근본적 물음을 제기하는 주체는 "일반적 '주체'가 아니라 특별한 존재자"—우리가 '현존재(Dasein)'라 부르는 존재자—이다. 현존재(Dasein)는 근본적으로 '거기에 있음'(being-there)의 방식으로 세계에 열려 있으며, 무엇보다도 자기 자신의 존재가 문제 됨(is an issue for it)인 존재이다. 다시 말해, 현존재(Dasein)는 스스로의 존재 의미를 물을 수 있는 유일한 존재자다._{존재}

따라서 존재의 물음을 성립시키는 전제는 바로 이 점이다. "어떤 존재자가 자기 자신의 존재에 관해 물을 수 있는가?", 즉 자신의 존재가 그에게 문제로 주어지는가. 만약 그렇지 않다면, 존재의 물음 자체가 의미를 잃는다. 현존재(Dasein)의 존재 양식은 단순한 '여기 있음'이 아니라, 이해(Verstehen)와 해석(interpretation)을 통해 자신과 세계를 항상 이미 밝히고 있는 방식이다. 이런 점에서 '존재에 대한 물음'은 개념적 추상이나 객관적 기술을 넘어,_{반의지, 반인식} 현존재(Dasein)의 존재 방식(being-in-the-world)의 근본적 탐구를 요구한다._{존재}

이는 존재의 의미를 물을 수 있는 유일한 위치인 "일반적 주체가 아닌 특별한 존재자" 현존재(Dasein, 다자인, 실존)를 출발점으로 삼아, 존재가 어떻게 우리에게 직접적인 문제로 주어지는지(=실존적 이해의 구조)를 해명하라는 요청이다._{존재} 이로써 우리는 존재 문제를 객관적, 형이상학적 개념 논쟁이 아닌,_{반의지, 반인식} 현상학적 개별 존재 해석_{존재}으로 전환한다.

(문헌208: 하이데거 [존재와 시간(Sein und Zeit)])

7-2. 현상 철학 – 메를로퐁티

지각은 단순한 감각적 자료들의 집합이 아니다. 그것은 우리가 세계와 맺는 최초의 관계이며, 모든 이론적 사유보다 선행하는 삶의 장이다._{존재} 우리는 사유하기 이전에 이미 세계 속에 살고 있으며, 세계를 바라보고 만지고 듣고 있는 존재이다. 철학이 이러한 '살아 있는 경험'을 떠나서 순수한 주체나 순수한 대상의 차원에서 존재를 설명하려 한다면, 이미 철학은 자신을 세계로부터 단절시켜 버린 셈이다._{존재}

지각은 결코 수동적인 인상의 합이 아니라, 의미의 장(場)이다. 우리가 사물을 보는 것은 단지 색과 형태가 망막에 투사된 결과가 아니라, 그것들이 '무엇인가'로서 우리에게 드러나는 사건이다. 예를 들어, 나무를 본다는 것은 단지 초록색과 갈색의 집합을 인식하는 것이 아니라, '하늘 아래 서 있는 살아 있는 나무'로 경험하는 것이다. 지각은 기본적으로 세계에 대한 개방이자, 그 안에서 우리 몸이 참여하는 방식으로 이루어진다.

이러한 이유에서 지각은 모든 과학, 철학, 인식의 토대가 된다. 우리는 결코 '순수한' 의식의 장에서 시작할 수 없으며,_{반의지, 반인식} 언제나 이미 세계 안에서 몸을 지니고 경험하는 자리에서 출발한다._{존재} 철학은 이 근본적인 사실을 회피하지 말고, 오히려 이 사실을 드러내는 데에서 출발해야 한다. 현상학은 지각이 우리에게 열어주는 '세계–경험'을 기술하고, 거기서 의미가 어떻게 구성되는지를 밝혀내는 방법이다.

(문헌209: 메를로 퐁티 [지각의 현상학 (Phenomenology of Perception)])

7-3. 유물론

"유물론은 정신·의식·가치 등도
물질적 과정의 산물로 이해하는 진리 접근 방식이다.
이는 존재-[반의지]-[반인식]이 구성하는 제7 철학사유공간에 위치한다."

유물론은 세계의 근본 실재가 '물질(물리적 실재)_{존재}'이며, 정신·의식·가치 등도 결국 물질적 과정의 산물로 이해해야 한다_{반의지, 반인식}는 사상이다. 물질이 일차적이고 근본적이라는 "존재론", 물리적 세계의 사건들은 물리적 원인으로 충분히 설명된다는 "인과적 폐쇄성", 마음/정신은 별개의 비물질 실체가 아니라 물질(뇌·신체·환경)의 조직적 상태/과정이라는 "일원론", 설명은 궁극적으로 자연과학과 양립해야 한다는 "방법론적 자연주의"를 주장한다. 데모크리토스, 에피쿠로스, 루크레티우스의 "고대 원자론"에서 포이어바흐, 마르크스·엥겔스(변증법·역사유물론), 레닌의 "인간학적·역사적 유물론", 마음까지 물리 현상으로 해석하는 "현대 물리주의"까지 유물론, 원자론의 역사는 바로 오랜 인간 철학의 역사이기도 하다.

데모크리토스 (Democritus, BC 5세기)는 세계는 "더 이상 쪼갤 수 없는 최소 단위, 원자(atomos)"와 "원자가 움직이고 결합·분리되는 빈 공간인 허공(kenon)"으로 구성되며 세계 모든 것은 크기·모양·배치가 다른 원자들의 독특한 결합과 분리에 의해 생겨난다고 주장한 고대 유물론(원자론) 철학자이다. "정신·영혼"은 매우 미세하고 빠른 원자들의 운동이라고 선언했다._{반의지, 반인식} "감각"은 원자들의 충돌이 남긴 흔적(어두운 인식)을, "이성"은 구조(밝은 인식)를 파악한다는 이론을 제시했다. 세계의 모든 변화는 신들의 뜻이나 목적이 아니라, 원자의 운동과 재배열로 설명된다._{존재} 철저한 기계론적·자연주의적 세계관이다. 이 관점에서 우주는 필연적 법칙에 따라 움직이며, 초자연적 운명이나 신의 개입은 부정된다. 데모크리토스는 도덕 철학적으로 "에우튀미아(εὐθυμία, 마음의 평정·평온)"를 인간 삶의 이상으로 보았다. 외적 부나 명예가 아니라 내면의 평온이 행복의 핵심이다. 욕망을 절제하고,

지나친 슬픔·기쁨에 휘둘리지 않으며, 이성에 따라 삶을 조율할 때 에우튀미아에 도달한다. 이는 우연과 불확실성 속에서도 동요하지 않는 정신적 균형이 중요하다. 원자론과 에우튀미아의 관계는 겉으로는 물리학과 도덕철학의 영역으로 별개처럼 보이지만, 둘은 긴밀히 연결된다. 원자론은 세계에 목적·신의 뜻·영혼 불멸이 없다는 점을 보여주는 이성적 세계관을 토대로 세계가 필연적 법칙에 따라 움직인다는 인식은, 미신·공포에서 해방하고 운명과 감정에서 해방한다. 감정과 욕망도 원자의 운동_{존재}이라는 이해는 그것을 객관적으로 바라보고 조절하게 함으로써 이성적 절제를 일으킨다._{반의지, 반인식} 이처럼 자연을 올바로 이해하면, 죽음·재난에 대한 두려움이 사라져 평온의 상태, 에우튀미아에 도달 가능하다. 즉, 원자론은 "에우튀미아"로 가는 철학적·심리적 기반이었다. "자연을 이해하면 마음이 평온해진다"라는 점에서, 에피쿠로스가 훗날 이 사상을 계승해 "아타락시아(ataraxia, 마음의 동요 없음)"로 발전시켰다.

에피쿠로스 (Epicurus, BC 341~271)는 모든 존재는 원자(atomos)와 빈 공간(kenon)으로 이루어진다는 데모크리토스의 원자론을 계승·수정했다. 원자의 성질은 불가분, 불멸, 질량과 형태를 갖지만, 감각적 속성(색, 향, 맛 등)은 결합 상태에서만 나타난다는 기본 전제를 유지한다. 데모크리토스는 원자의 운동은 완전히 필연적·기계적으로 결정된다고 보았지만, 에피쿠로스는 "사선 편향(Clinamen)"이라는 개념을 도입했다. 원자는 낙하하는 중에 아주 미세하게 방향을 틀 수 있어, 세계와 인간의 자유의지가 가능해진다고 봤다. 이는 결정론을 완화하고 우연성을 도입한 철학적 장치였다. 에피쿠로스의 유물론은 형이상학적 유물론과 윤리학적 실천이 결합한 형태이다. 모든 것은 물질(원자)로 구성되어 있으며, 비물질적인 실체(영혼, 신의 형상)는 존재하지 않는다는 형이상학_{존재}, 그리고 영혼도 미세한 원자들의 결합체_{반의지,} _{반인식}이므로 육체와 함께 소멸해서 사후 세계는 없다는 영혼 불가론이 그것이다. 신이 존재할 수는 있으나, 인간 세계에 개입하지 않는다고 생각했고 인간의 운명은 신이 아니라, 자연법칙이 결정한다고 주장했다._{반의지, 반인식} 원자론은 우주와 사물의 물리적 구조를 설명하는 이론이고, 유물론은 존재하는 모든 것이 물질이며, 정신·영혼·신까지도 물질의 산물이라고 보는 존재론적 입장이다. 에피쿠로스는 원자론을 과학적 토대로, 유물론을 철학적 결론으로 삼았다. 원자론과 유물론은 "죽음과 신의 두려움"을 없애는 도구였다. 죽음은 감각이 없으니 두려워할 필요 없고, 신은 개입하지 않으니 걱정할 필요 없다는 것이다._{반의지, 반인식} 원자론과 유물론을 통해 도달한 진정한 행복은 고통이 없고 마음이 평온한 상태, 아타락시아(ataraxia, 평정심)이다.

루크레티우스 (Titus Lucretius Carus, 기원전 약 99~55년)는 저서 『사물의 본성에 관하여』에서 자연 · 정신 · 사회 현상까지 원자론으로 일관되게 주장한 시인이자 철학자이다._{반의지, 반존재} 초자연적 현상을 부정하고 일관된 자연주의 세계관 제시했다. 그의 철학에서 세상의 모든 것은 원자와 공허로 이루어지고 이 원자는 불가분(더 쪼갤 수 없음)이며, 형질은 변하지 않지만, 결합과 분리로 사물이 생성 · 소멸한다._{존재} 신들은 존재하지만, 인간의 세계에 개입하지 않으며, 영혼 또한 원자적 구조를 가진 물질이라고 선언했다. 신과 영혼도 물질이며_{반의지, 반존재} 번개, 지진, 천체 운동 등도 신의 의지가 아니라, 자연법칙으로 이해했고 모든 자연 현상은 인과적으로 설명 가능하다고 주장했다.

마르크스(Karl Marx, 1818－1883) / 엥겔스(Friedrich Engels, 1820－1895)는 변증법적 유물론과 역사적 유물론을 통해 고대의 원자론적·유물론적 전통을 계승하면서도, 그것을 사회 · 역사 분석의 핵심 도구로 확장한 사상가들이다. 생산력과 생산 위계(물질적 토대)가 법 · 정치 · 이념(상부구조)을 규정한다는 역사 유물론을 주장했다._{반의지, 반인식} "의식이 존재를 규정"하는 것이 아니라, "사회적 존재가 의식을 규정"한다고_{존재} 하면서 의식이 바뀌려면 사회가 먼저 바뀌어야 함을 선언했다. 이를 위해 변증법적 사고로 대립물과의 통일과 투쟁이 필요하고 양적으로 수축하더라도 질을 우선해야 한다고 제시했다. 자본주의에서 노동자는 자기 활동·생산물·타인으로부터 소외되므로 세계를 해석하는 데서 그치지 않고, 사회가 변혁해야 한다고 하면서 실천적 사회 혁명을 적극 권유했다. 이처럼 그들은 물질적 삶의 조건에서 역사·의식·가치를 설명하고 개선하는 강력한 사회 이론을 제시했다. 마르크스와 엥겔스는 데모크리토스·에피쿠로스·루크레티우스의 물질 우선 세계관을 이어받았지만, 단순한 물질의 구성 원리 탐구에 그치지 않고 사회와 역사를 분석하는 방법론으로 유물론을 발전시켰다. 헤겔의 변증법에서 논리 구조를 빌리되, 관념 대신 물질(경제·생산 방식)을 역사 발전의 기초로 두었다.(관념론 비판) 세계는 물질로 이루어져 있으며_{존재}, 의식은 물질의 산물이라고 주장한다._{반의지, 반인식} 모든 것은 내적 모순과 변증법적 운동을 통해 변화·발전하고 자연, 사회, 사유의 변화 법칙은 서로 유기적으로 연결된다고 보았다. 고대 원자론은 물질의 불멸성과 운동을 강조했지만, 마르크스·엥겔스는 그 운동을 변증법적 상호작용으로 파악하고, 자연과 인간 사회 모두에 적용했다. 물질적 생산 방식(경제 구조)이 사회의 정치, 법, 종교, 철학을 규정한다고 하면서 역사는 계급투쟁의 역사이며, 생산력과 생산 위계의 모순이 사회 변혁을 촉발할 수밖에 없다고 했다. 이에 따라 사회는 원시 공산제, 고대 노예제, 봉건제, 자본주의, 사회주의, 공산주의로 발전함을 공언했다. 원자론이 "모든 것은 물질에서 비롯된다"라는 자연 철학적 기초를 제공했다면, 역사적 유물론은 "사회 변화의 원인도 물질적 조건에서 비롯된다"라는 유물론의 사회철학적 확장을 의미한다._{반의지, 반존재} 대표 저작은 계급투쟁과 역사 발전의 법칙을 선언한 마르크스 & 엥겔스의 『공산당 선언』(1848), 자본주의 경제 구조와 모순 분석을 지적한 마르크스의 『자본론』(1867~1894), 자연과학과 변증법적 유물론의 관계를 설명한 엥겔스의 『자연변증법』(1883), 사회 구조의 물질적 기초를 분석한 엥겔스의 『가족, 사유재산, 국가의 기원』(1884) 등이 있다. 그들은 고대 유물론이 자연 현상을 신과 초월적 원인 없이 설명하려 했듯, 마르크스와 엥겔스는 역사와 사회를 초월적 원리 없이_{반의지,} _{반인식} 물질 조건만으로 설명했다._{존재} 그들은 철학의 목적을 세계 해석에서 세계 변혁의 도구로 전환했다. 마르크스는 이렇게 말했다. "철학자들은 세계를 다양하게 해석해 왔다. 그러나 실제로 중요한 것은 세계를 변화시키는 것_{존재}이다."

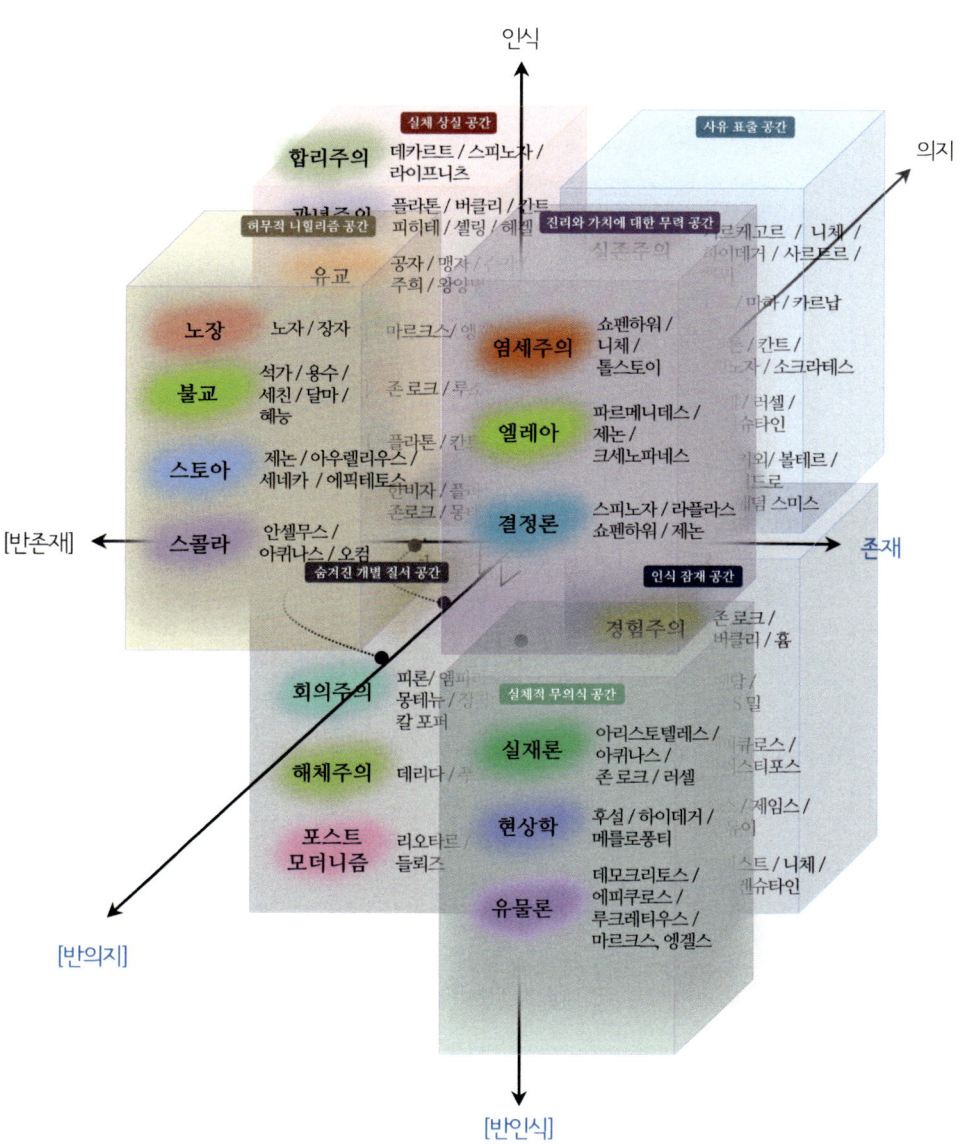

그림30. 현실주의(실재론) / 현상학 / 유물론 철학 위치도 (제 7 통합철학사유공간)

7-3. 유물론 철학 – 데모크리토스

DK 68B9 (감각과 실재): 달콤한 것도, 쓴 것도, 뜨거운 것도, 차가운 것도, 색깔도 실재로서 존재하지 않는다. 오직 원자와 공허만이 실재한다.존재 우리가 일상에서 경험하는 감각적 성질들(맛, 온도, 색 등)은 존재의 본질이 아니다. 그것들은 단지 원자들의 배열과 운동이 우리의 감각 기관에 작용한 결과로 '생겨나는' 현상일 뿐이다. 따라서 참된 실재는 더 이상 분할되지 않는 미세한 입자들, 즉 원자(atomoi), 그리고 그것들이 운동하는 빈 공간(kenon, void)뿐이다.존재 여기서 우리는 감각적 세계와 실재의 세계를 철저히 구분하며, 감각은 '합의(convention)'일 뿐 실재가 아니다.반의지, 반인식

DK 68B125 (감각과 이성의 대화): 감각이 이성에게 말했다. "불쌍한 이성이여, 나를 통해서만 너는 진리에 다가갈 수 있다. 그런데 너는 나를 무너뜨리려 하는가? 나의 몰락은 곧 너의 파멸이다." 감각은 비록 '합의'의 세계에 불과하지만, 이성이 실재를 사유하려면 감각적 자료를 통해서 출발할 수밖에 없다. '진짜 존재는 원자와 공허'이지만,존재 그 실재를 추론하고 탐구하려면 감각이 제공하는 경험을 매개로 해야 한다. 이 점에서 우리는 단순한 감각주의가 아니라, 감각과 이성의 변증법적 관계를 고려해야 한다.반의지, 반인식

(문헌210: 데모크리토스 [소크라테스 이전 철학자들의 단편들 (Die Fragmente der Vorsokratiker)])

7-3. 유물론 철학 – 에피쿠로스

먼저, 우리가 연구의 기초로 삼아야 할 것은 모든 것의 근원이 되는 원자와 공허라는 사실이다.·존재 아무것도 무(無)에서 생겨나지 않으며, 아무것도 무로 사라지지 않는다. 만약 무에서 무언가가 생겨난다면, 모든 것이 무한히 어디서든 솟아날 것이고, 더 이상 원인과 결과의 질서가 없을 것이다. 마찬가지로, 만약 존재하는 것이 무로 소멸할 수 있다면, 만물이 무로 흩어져 다시는 아무것도 남지 않을 것이다. 그러므로 우리는 반드시 실재하는 것의 근원으로서, 무한한 수의 분할되지 않는 입자들, 곧 원자를 인정해야 한다. 이 원자들은 질료의 본성을 이루며, 크기와 형태, 무게에서 차이를 가진다. 원자들이 서로 결합하거나 충돌하며 다양한 배열을 이루어, 우리가 경험하는 세계가 생겨나는 것이다.

그리고 원자들이 움직이는 무대는 공허(kenon, void)이다. 만약 공허가 없다면, 운동은 불가능할 것이며, 사물은 단지 한 덩어리로 정지해 있을 뿐이다. 그러나 경험은 운동이 실재함을 가르쳐주며, 따라서 공허 또한 실재로 인정해야 한다. 원자와 공허 외에 또 다른 어떤 본질적 실체가 있다는 주장은 허구에 불과하다.·반의지, 반존재

또한 우리는 세계가 무한하다는 사실을 깨달아야 한다. 원자의 수가 무한하고, 그것들이 운동할 수 있는 공허도 무한하기 때문이다. 이 무한한 원자들의 결합은 무수한 세계를 형성하며, 우리의 세계 역시 그중 하나일 뿐이다. 하늘과 땅, 태양과 별들도 모두 원자의 집합으로서 생겨났다가, 일정한 때가 되면 해체될 것이다. 그러므로 신이 세계를 창조하거나 주재한다는 신화를 믿을 이유는 없다. 신들은 존재하지만, 그들은 우리 세계의 일에 간섭하지 않으며, 완전한 평정 속에서 살아간다. 인간이 신을 두려워하거나 죽음을 두려워할 필요는 없다. 죽음은 단지 감각의 소멸이기 때문이다.·반의지, 반인식

(문헌211: 에피쿠로스: Diogenes Laertius [Lives of Eminent Philosophers])

7-3. 유물론 철학 – 루크레티우스

세계의 근본 원리는 원자(atoma, indivisibilia)이다. 모든 사물에는 시작과 끝이 있고, 일정한 한계와 질서가 주어져 있다. 그렇기에 사물은 겉보기에는 사라지는 듯 보이지만, 완전히 소멸하는 것은 없다. 물질은 근본적으로 분해될 수 없는 단단한 '씨앗들(primordia rerum)'로 구성되어 있으며, 그것들이 결합하고 해체하면서 세계가 생성되고 변한다.·존재

이러한 원자들은 "단순하고 견고하며 불멸"한다. 그 이유는 만약 원자들이 무너질 수 있다면, 결국 모든 존재가 붕괴해 아무것도 남지 않게 될 것이기 때문이다. 하지만 우리가 보는 세계는 끊임없이 변화하면서도 일정한 질서를 유지한다. 이것은 바로 원자 자체는 파괴되지 않고, 오직 그들의 결합 형태만 달라진다는 사실을 보여준다.·반의지, 반인식

또한 원자는 공허(vacuum) 속에서 움직인다. 공허가 없다면 사물은 서로 침투할 공간이 없어 운동이 불가능하기 때문이다. 그러므로 원자와 공허라는 두 가지 원리가 결합하여 자연의 모든 현상이 발생한다. 예컨대, 돌이 부서져도 가루가 남고, 나무가 불타도 연기와 재가 남으며, 강물은 흘러가도 바다가 차오른다. 이는 사물이 전혀 소멸하는 것이 아니라, 물질의 형식만 변할 뿐 그 기초적 요소인 원자는 남아 있다는 증거로 제시된다.

(문헌212: 루크레티우스 [사물의 본성에 관하여(On the Nature of Things)])

7-3. 유물론 철학 – 마르크스 / 엥겔스

의식은 독립적 실체가 아니라 '존재하는 삶의 과정'의 반영이다. 다시 말해, 인간이 어떻게 살아가고 어떤 생산 활동을 하는지가 곧 인간의 의식을 형성한다는 것이다. 독일 관념론 철학자들, 특히 헤겔과 청년헤겔학파는 비판받을 만하다. 관념론은 인간의 의식·정신·사상을 세계 발전의 원인으로 본다. 그러나 사실은 물질적 삶의 조건, 즉 생산, 노동, 사회적 관계가 인간의 사고와 의식을 결정한다. "의식이 삶을 결정하는 것이 아니라, 삶이 의식을 결정한다"라는 구절은 바로 이런 전환을 명료하게 보여준다._{존재}

예를 들어, 한 사회의 사람들이 농업 중심의 생산관계 속에 살아간다면, 그들의 종교, 도덕, 세계관은 자연과 계절, 풍요와 기근 같은 경험과 긴밀히 연관된다. 반면 산업 자본주의 사회에서 사람들의 의식은 분업, 임금노동, 계급 갈등, 기술적 진보 같은 물질적 현실 속에서 형성된다. 따라서 사상의 본질은 현실적 삶의 반영이지,_{존재} 초월적 정신세계에서 비롯된 것이 아니다._{반의지, 반인식}

이러한 유물론적 관점이 역사 발전을 이해하는 열쇠라고 본다. 역사는 "사람들이 자기의 삶을 생산하는 방식의 역사"이며, 인간 사회의 변화는 생산양식(mode of production)과 그에 따른 사회관계의 변화에서 비롯된다. 정치, 종교, 철학 같은 상부 구조(superstructure)는 결국 경제적 토대(base)의 변화를 반영한다. 따라서 의식이 삶을 결정한다는 관념론적 주장_{반의지, 반인식} 대신, "삶의 과정이 의식을 결정한다"라는 역사적 유물론_{존재}이 더 합리적이다. 이로써 인간 사회의 변화와 사상의 변화를 물질적 조건과 구체적 실천 속에서 설명할 수 있게 된다._{존재}

(문헌213: 마르크스/엥겔스 [독일 이데올로기 (Die deutsche Ideologie)])

7-4. 정신분석 철학

"정신분석 철학은
무의식반의지, 반인식을 통해 존재와 진리에 접근한다.
이는 존재-[반의지]-[반인식]이 구성하는 제7 철학사유공간에 위치한다."

정신분석철학(psychoanalytic philosophy)은 정신분석학의 이론과 방법을 철학적으로 해석·응용한 사상 체계이다. 즉, 프로이트, 융, 라캉 등 정신분석학자들의 심리 이론을 토대로 인간의 무의식, 욕망, 성격 구조, 문화·종교·예술의 형성 과정을 철학적으로 탐구한다. 철학사에서 정신분석철학은 주로 인간 이해의 확장, 특히 이성 중심 철학이 놓친 무의식반의지, 반인식의 세계를 부각한다.

정신분석철학의 핵심 개념은 무의식(Unconscious)이다. 무의식은 의식되지 않지만, 인간의 생각·감정·행동을 지배하는 심리 영역으로, 억압된 욕망, 트라우마, 원초적 충동이 무의식에 존재한다. 욕망과 억압(Repression)과 관련되어 사회적 규범이나 자아의 검열로 인해 직접 드러나지 못하고 무의식에 억눌린 욕망, 억압은 신경증, 꿈, 말실수, 예술 창작 등 다양한 형태로 우회 표현된다. 무의식 심리 구조 관련, 프로이트는 '이드'(Id, 본능·쾌락), '자아'(Ego, 현실 조율), '초자아'(Superego, 도덕·규범)를 상정하고 이 구조를 인간 사회와 문화에 투영하여 분석을 시도했다.

문화·예술·종교 해석에서 예술과 종교를 무의식적 욕망의 상징적 표현으로 본다. 정신분석철학은 이성·합리성 중심의 전통 철학을 넘어 무의식·욕망·심층 심리를 철학에 도입하고존재 문학, 영화, 종교, 정치 담론까지 해석할 수 있는 도구 제공하여 문화·예술 해석의 영역을 확장한다. 이와 함께 사회 규범, 권력 구조, 억압 메커니즘에 대한 비판적 통찰을 위한 도구를 제공한다.

프로이트는 인간을 무의식과 욕망 중심으로 이해하여 이성주의 해체를 주도했고, 융은 무의식을 문화·신화와 연결, 집단 차원의 정신 구조(집단 무의식)를 제시했다. 라캉은 무의식을 언어학·구조주의와 결합, 현대 철학과 예술 비평에 영향을 주고 있다. 이처럼 정신분석철학은 처음 목적이었던 단순한 심리 치료 방법론에 그치지 않고, 인간 존재·문화·언어·사회 구조 해석에 대한 심층 철학이 되었다.

지그문트 프로이트 (Sigmund Freud, 1856~1939)는 정신분석학의 창시자이자 인간 마음의 구조를 과학적으로 탐구한 심리학자이자 철학자이다. 그는 무의식(unconscious)을 제안하고 인간의 마음은 의식이 아니라 무의식이 지배한다고 주장했다.반의지, 반존재 무의식 속에는 억압된 욕망, 충동, 기억이 잠재해 있으며, 이는 꿈, 말실수, 증상 형태로 드러난다는 것이다. 그의 정신 구조 이론은 본능적 욕망과 충동의 영역(쾌락 원칙)인 '이드(Id)', 현실과 욕망 사이를 조율하는 중재자(현실 원칙)인 '자아(Ego)', 사회적·도덕적 규범의 내면화를 의미하는 '초자아(Superego)'로 구성된다. 그는 성욕(리비도, libido) 중심의 인간 이해를 주창했는데 유아기부터 리비도(성적 에너지)가 발달하며, 이를 억압하거나 왜곡하면 사회적 병리 현상, 개인적 신경증 발생으로 나타난다고 피력했다. 프로이트의 이론은 인간 이성 중심주의를 해체하고, 인간은 "합리적 존재"라기보다 "욕망하는 존재"라는 관점을 확립했다.존재 전통 철학이 강조한 이성 중심 인간관을 깨뜨리고, 인간을 본능·욕망·무의식의 존재로 재정의존재한 것이다. 그의 철학은 계몽주의적 이성주의에 대한 도전을 던진 것으로 평가된다.

카를 융(Carl Gustav Jung, 1875~1961)은 프로이트의 성적 충동 중심 이론을 넘어, 집단무의식(Collective Unconscious)과 원형(Archetype)의 개념을 제시, 분석심리학을 창시했다. 인간 이해를 개인의 심리에서 인류 보편의 심층 구조로 확장했다. 그는 개인 무의식 외에 집단(인간)이 공유하는 심층적 무의식 구조가 있다고 주장하고 여기에 집단(인간) 보편의 상징과 이미지가 원형(archetype) 형태로 존재한다고 주장했다.존재 '영웅', '어머니', '그림자', '지혜로운 노인' 등 문화와 시대를 초월해 나타나는 상징 패턴이 그 원형(archetype)이다. 집단 무의식반의지, 반인식을 극복하고 인간이 자신의 의식과 무의식을 통합해 '온전한 자기(Self)'로 나아가는 과정을 개성화(individuation)_{존재}로 정의했다.

　자크 라캉 (Jacques Lacan, 1901~1981)은 20세기 프랑스의 정신분석 철학자이자 언어학·구조주의를 정신분석에 접목한 철학자이다. 그는 무의식은 언어처럼 구조화되어 있다고 주장하고 무의식의 작동 원리를 언어학의 구조와 동일시하며, 상징계(언어·규범) 속 질서를 통찰하고 강조했다. 정신에는 세 가지 영역이 있는데, 이미지·환상·거울 단계인 '상상계(Imaginary)', 언어, 규칙, 사회 구조인 '상징계(Symbolic)', 언어로 포착할 수 없는 영역, 결핍과 공백 단계인 '실재계(Real)'가 그것이다. 욕망은 결핍에서 나오며, 결핍은 언어를 통해 구조화됨을 발견했고, 인간은 끊임없이 "다른 사람의 욕망"을 욕망한다는 것을 통찰했다. 이처럼 라캉은 인간 주체를 '언어의 포로'로 보고, 실재(reality)와 상징(symbol), 욕망의 관계를 철학적으로 심화시켰다. 개별 주체는 '거울단계'를 통해 자신을 타인의 시선 속에서 구성함을 성찰했다._{존재} 라캉은 무의식이 작동하는 방식은 언어가 작동하는 방식과 비슷하고 무의식은 이미 '말'처럼 구조를 가진다고 주장했다. 우리가 무의식을 직접 볼 수 없지만, 말실수, 꿈, 상징적 행동 속에 무의식의 '문장'이 숨어 있다는 것이다. 즉, 무의식은 혼란스럽게 흩어진 감정 덩어리가 아니라, 기호(sign)들의 체계를 통해서만 드러나고 말과 같이 '법칙'을 따른다고 강조했다. 예를 들면, 꿈의 내용이 아무렇게나 이어지는 것 같지만, '은유'와 '환유'(metaphor/metonymy)라는 언어학적 변환 규칙에 따라 구조화된다. 꿈속에서 엄마가 등장하는 대신 '부드러운 담요'가 나오는 경우가 은유적 치환의 사례이다. 이처럼 라캉의 시각에서 무의식은 "감정의 덩어리 창고"가 아니라, "언어 문법에 맞춰 암호처럼 적힌 일기장" 같은 것이라서 우리는 정신분석을 통해 그 암호를 풀고, 숨겨진 욕망과 기억을 읽어내는 것이 가능하다는 것을 시사한다._{반의지, 반인식} 또한 언어는 집단에 따라 변화하기 때문에 인간의 주체성_{존재}은 완전히 '자기 내부에서' 형성되는 것이 아니라, 언어와 같은 사회적·문화적 구조 속에서 형성됨_{반의지, 반인식}을 분명히 했다.

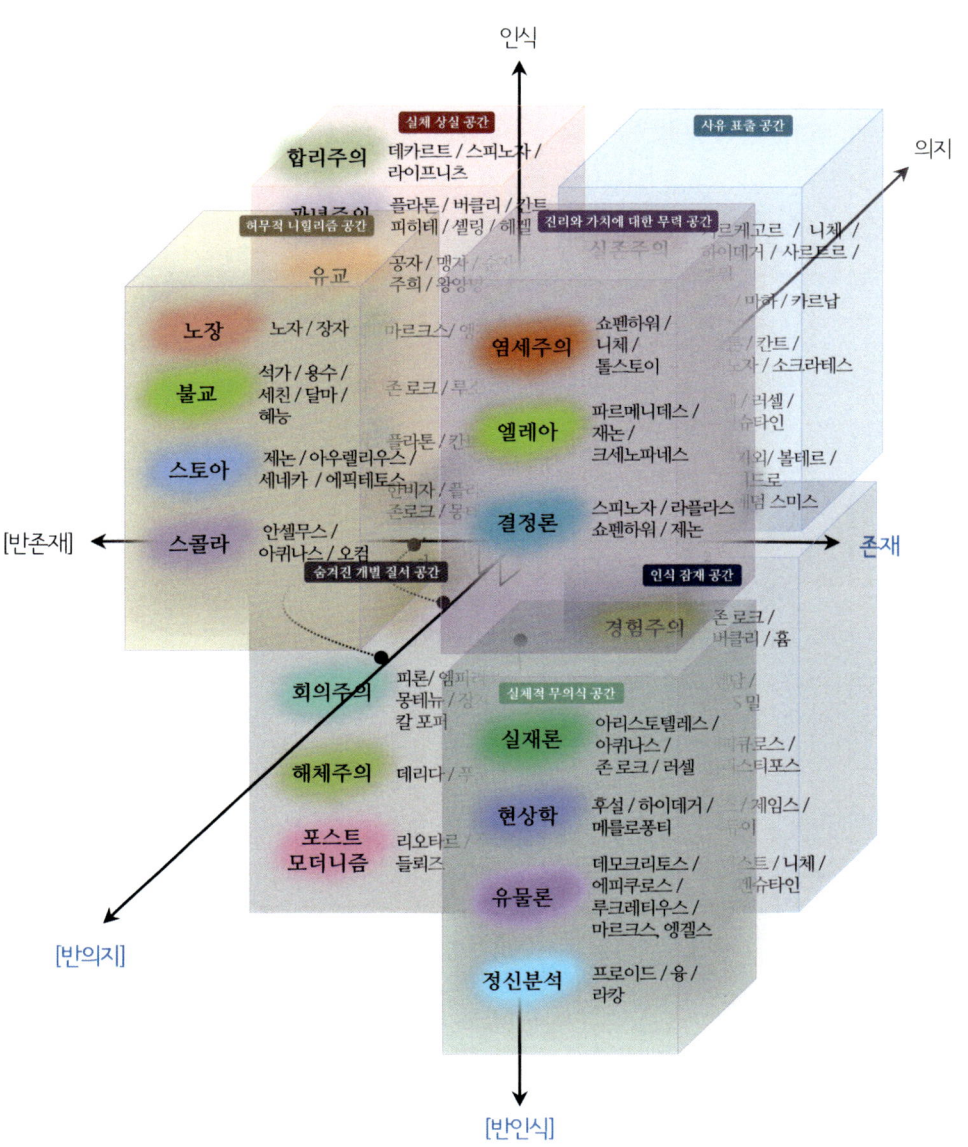

그림31. 현실주의(실재론) / 현상학 / 유물론 / 정신분석 철학 위치도 (제 7 통합철학사유공간)

7-4. 정신분석 철학 – 프로이드

꿈은 단순한 무의미한 환상이나 뇌의 부산물이 아니다. 오히려 꿈은 무의식 속 억압된 욕망이 상징적 형태로 표현된 것이다. 꿈은 "억압된 희망의 (가려진) 충족"이다. 이는 인간 정신이 단일한 합리적 구조가 아니라, 억압과 왜곡, 상징과 전위 과정을 통해서도 작동한다는 점을 보여준다.반의지, 반인식

꿈은 표면적으로는 일상적 파편이나 기묘한 장면으로 나타난다. 그러나 그 밑바탕에는 무의식적 욕망이 숨어 있으며, 검열(censorship)이라는 심리적 장치로 인해 직접 드러나지 못하고 상징적으로 변형되어 나타난다. 이를 "꿈의 작업(Traumarbeit)"이라 정의한다. 꿈의 작업에는 응축(Condensation), 전위(Displacement), 상징화(Symbolization) 등이 작용한다.

예컨대 어떤 사람이 꿈에서 열차를 놓치는 장면을 본다고 하자. 표면적으로는 단순히 교통수단을 놓치는 경험처럼 보인다. 그러나 무의식적으로는 "중요한 기회를 잃을지도 모른다"라는 불안이나, 더 나아가 성적 욕망과 좌절 같은 심리적 의미를 내포할 수 있다. 이때 꿈의 표면적 내용(꿈의 표상, manifest content)은 사실 무의식적 소망의 변형된 표현(잠재 내용, latent content)이다.

이때 "억압된 소망"은, 개인이 사회적 규범이나 도덕적 억제 때문에 의식적으로 인정할 수 없는 욕망을 뜻한다.반의지, 반인식 이런 욕망은 의식의 표면에서 밀려나 무의식 속에 자리하지만, 완전히 사라지는 것은 아니다. 대신 꿈, 실수, 농담, 신경증 증상 등 다양한 형태로 다시 모습을 드러낸다.존재

따라서 꿈은 단순한 환상이 아니라, 무의식의 언어이자 욕망의 왜곡된 표출이다. 이를 분석함으로써 개인의 내면적 갈등과 억압 구조를 해명할 수 있다. 정신분석은 바로 이 지점을 통해 인간 정신의 구조를 탐구하는 학문이다.

(문헌214: 프로이트 [꿈의 해석 (Die Traumdeutung)])

7-4. 정신분석 철학 – 프로이드

우리 삶은 이성적 자아뿐만 아니라, 무의식적 억압 또한 행동을 통제한다. 반의지, 반인식 불안이 느껴지는 대상이나 사례는 대부분 그 당사자의 예민성과 불안을 일으키는 사실에 대한 지식의 정도에 의존한다.존재 (문헌215: 프로이트 [정신분석입문])

7-4. 정신분석 철학 - 융

우리는 무의식을 두 층위로 구분한다. 첫째는 개인적 무의식(personal unconscious)으로, 이는 프로이트가 말한 바와 같이 억압된 욕망, 망각된 기억, 개인적 경험의 잔재들로 구성된다. 그러나 우리는 여기서 멈추지 않고, 인간 정신의 더 깊은 차원으로서 집단무의식(collective unconscious)_{반의지, 반인식} 을 제시한다.

집단무의식은 개인을 넘어선 보편적 차원으로, 모든 인류가 공유하는 심리적 구조를 담고 있다. 이는 각 개인이 태어나기 전부터 이미 형성되어 있으며, 문화와 시대를 넘어 공통적으로 반복되는 상징과 이미지의 근원이 된다. 이러한 보편적 심리 구조를 "원형(archetype)"이라 정의한다.

예컨대, '어머니'라는 이미지는 단순히 개인이 경험한 실제 어머니의 기억에서만 비롯되지 않는다. 인류의 역사 속에서 '어머니'는 생명의 근원, 보호자, 때로는 파괴적인 힘을 지닌 존재로 반복되어 왔다. 신화 속 대지의 여신, 성모 마리아, 동양의 자애로운 관음보살은 모두 이 '어머니 원형'의 다양한 문화적 표현이라 할 수 있다. 따라서 개인이 꾸는 꿈에서 낯선 여성상이 나타나더라도, 이는 개인적 경험을 넘어선 집단무의식의 원형이 드러난 사례일 수 있다.

이러한 집단무의식이 인간의 심리와 행동에 막대한 영향을 미친다. 인간은 의식적으로는 합리적이고 독립적인 존재처럼 보이지만, 실제로는 집단무의식 속에 내재한 원형의 힘으로 사유와 행동의 패턴이 형성된다. 따라서 자기 자신을 이해하려면 단순히 개인적 경험과 억압된 욕망을 분석하는 것만으로는 부족하다. 오히려 인류 보편의 무의식적 구조와 그 상징체계를 탐구해야 한다._{반의지, 반인식}

우리는 이를 위해 신화, 종교, 예술, 연금술 등의 문화적 산물을 연구해야

7-4. 정신분석 철학 – 융

한다. 예술가와 종교인은 집단무의식 속 원형을 강렬하게 경험하고, 이를 표현하는 매개체 역할을 한다. 따라서 집단무의식은 단순히 억압된 욕망의 저장소가 아니라, 인간 정신의 창조성과 초월성을 드러내는 원천이다.

이를 바탕으로 '개성화 과정(Individuation)'이라는 정신적 성숙의 길을 제시할 수 있다._{존재} 이는 개인이 집단무의식의 원형을 의식 속에서 통합하고 조화시킴으로써, 전체적이고 균형 잡힌 자아(Self)를 실현하는 과정을 말한다.

(문헌216: 융(C.G.Jung) [The Archetypes and the Collective Unconscious])

집단 무의식은 개체에게 통일된 전체를 실현케 하는 선천적 자기 원형을 말한다. 이는 개체의 자유를 억압하고 삶의 틀을 결정한다._{반의지, 반인식} 현재 우리를 자유롭지 못하게 하는 집단적 무의식이 무엇인가를 철저히 분석하고 대응해야 한다. 우리는 자유로부터 무언가 받는 것이 아니라, 집단 속에서 억압된 개별 자기 원형_{존재}을 회복시켜야 하는 형편이다. (문헌217: 융 [인간과 상징])

7-4. 정신분석 철학 – 라캉

　　우리는 인간 주체가 어떻게 자기 정체성을 형성하는가에 대해 설명한다. 이를 "거울 단계(mirror stage)"라고 부른다. 생후 약 6개월에서 18개월 사이의 유아는 아직 신체적·운동적 조정 능력이 미숙하다. 그러나 거울 속에서 비친 자기의 전신 이미지를 보았을 때, 유아는 마치 자신이 완전하고 통일된 존재인 것처럼 인식한다._{존재} 이 경험은 이후 '자아(I)'의 기초를 마련하는 결정적 순간이다.

　　거울 단계는 단순한 발달 심리적 사건을 넘어서는 철학적 의미를 지닌다. 실제로 유아의 신체는 파편화되어 있고, 조율되지 못한 움직임만을 보인다. 그러나 거울 속 영상은 매끄럽고 통일적이며, 완전한 '형상'을 보여준다. 아이는 이 이미지를 자기 자신으로 동일시하지만, 그것은 사실상 '외부의 이미지'일 뿐이다. 따라서 인간의 자아는 처음부터 자기 내부의 실재적(實在的) 경험이 아니라 타자의 시선과 외부적 이미지에 의해 매개된다._{존재}

　　이 과정은 주체 형성의 근본적인 "오인(misrecognition, méconnaissance)"을 낳는다. 즉, 인간은 자신의 실재적 불완전성이 외부의 상으로 가려진 채, 마치 완전한 존재인 것처럼 자기 자신을 착각한다._{반인식} 이러한 과정을 "상상계(the Imaginary)의 토대"라 설정한다. 주체는 거울 속 이미지에 매혹되어 자기 정체성을 구축하지만, 그 정체성은 항상 불안정하며 외부적 요인에 의존한다.

　　이것은 또한 주체가 끊임없이 타자의 인정을 욕망하게 되는 이유를 설명한다. 자아는 처음부터 자기 자신에게 근거하지 않고, 타자의 시선에 의해 성립했기 때문이다. 따라서 인간의 욕망은 단순히 개인적 충동이 아니라, 항상 타자와의 관계 속에서 형성된다. 이것이 "내 욕망은 타자의 욕망이다(desire is the desire of the Other)"라는 명제의 기원이다._{반의지}

7-4. 정신분석 철학 – 라캉

거울 단계의 개념은 우리의 정신분석 철학 핵심인 세 가지 차원–상상계 (the Imaginary), 상징계(the Symbolic), 실재계(the Real)–을 이해하는 기초가 된다. '상상계'에서 자아가 형성된 후, 인간은 언어와 규범의 세계인 '상징계'로 편입되며, 그 과정에서 근본적인 결핍과 분열을 경험한다. 결국 주체는 '실재계'와의 단절 속에서 끊임없는 욕망의 구조 안에 놓이게 된다.

이러한 접근은 프로이트의 '자아' 개념을 단순한 의식적 주체로 보지 않고, 언어·타자·무의식 속에서 끊임없이 재구성되는 불안정한 구조물_{존재}로 이해하게 만든다. 따라서 거울 단계는 단순한 발달 이론이 아니라, 주체의 근본적 소외와 분열_{반의지, 반인식}을 드러내는 철학적 은유라고 할 수 있다.

(문헌218: 자크 라캉 [The Mirror Stage as Formative of the I Function])

8장. 제8 통합철학사유공간 ([반존재]–[반의지]–[반인식] 공간)

분열 공간

이곳은 자신의 여덟 번째 현존(現存)이 살고 있는 세계로

진리도, 분별도, 욕망도, 대상마저 아무것도 없는 공간이다.

(중관 철학)

제8 통합철학사유공간의 개요

(문헌3: 통합사유철학강의, 자유정신사, p334~342)

[제8 공간] [반존재]-[반의지]-[반인식] 공간 세계 (분열 공간)

실체를 가지지 않으며, 의지되지도 않고, 인식되지도 않는 사유 세계가 [제8 사유 공간]이다. 이 공간은 [반존재]와 [반인식]의 평면 세계에서 고찰된 영역으로, 불교 수행 과정 중 자신의 존재적 실체가 [열(熱)과 명(命)]만 남기고, 감각과 지각, 곧 [식(識)]이 완전히 소멸하는 [멸진정(滅盡定)] 상태와 유사하다고 할 수 있다. 다만 이는 완전히 동일한 것은 아니며, 오히려 [죽음]의 상태와 본질적으로 크게 다르지 않은 경계를 형성한다고 볼 수 있다.

[제8 사유 공간]은 인간의 총체적 분열(分裂)의 세계를 구성하기도 한다. 정신 분열은 자신이 추구하는 바를 인식하지도, 의지하지도, 존재화시키지도 못하는 상태를 의미한다. 그러나 정신 분열자 또한 자신의 실체 세계를 인식하거나 의지할 때 - 즉, 자신의 양(陽)의 사유 세계로 복귀할 때 - [제8 사유 공간]으로부터 벗어나, 자신이 속해 있던 분열의 세계에서 이탈할 수 있다.

정신 분열은 두 가지로 분류된다. 첫째, [고립적 정신 분열]은 [제8 사유 공간] 속에 고립되어 있는 형태로, 다른 사유 공간으로의 전환이 완전히 차단된 상태를 의미한다. 둘째, [전환 제한적 정신 분열]은 분열 공간 외의 일부 특정 사유 공간으로의 전환만이 제한되는 상태를 의미한다. 이 두 유형의 정신 분열 모두 인간의 본질적 속성인 자유로운 사유 공간 이동 능력을 상실한 상태이며, 따라서 치유는 이 자유 이동의 본질이 회복될 때 가능하다. [고립적 정신 분열]은 분열 공간을 제외한 모든 사유 공간에서 지속적으로 작동하는 억압을 근원으로 한다. 반면, [전환 제한적 정신 분열]은 특정 사유 공간으로부터 발생하는 억압을 근원으로 하며, 특히 분열 공간에서 특정 사유 공간으로 전환하려는 시도 과정에서 발생한다. [정신 분석]의 역할은 사유 전환을 방해하는 억압의 원인을 발견하고, 그것을 제거하는 모든 분석적 작업을 수행하는 데 있다.

그런데, 모든 사유 공간은 본질적으로 세 가지 전환 가능한 사유 공간을 지닌다. 이때 [분열 공간], 즉 [제8 사유 공간]은 다음 세 사유 공간으로 전환이 가능하다. 첫째, [제4 사유 공간: 반존재 – 반의지 – 인식], 둘째, [제6 사유 공간: 반존재 – 의지 – 반인식], 셋째, [제7 사유 공간: 존재 – 반의지 – 반인식]이다. 이 세

사유 공간은 모두 두 개의 분열 세계를 포함하는 사유 체계로서, 상호 전환의 가능성을 내포하고 있다.

[전환 제한적 정신 분열]의 경우, 전환 가능한 사유 공간으로의 자유로운 이동을 회복하기 위해서는, 전환이 억압된 사유 공간 속의 억압 요소를 인식하고 이를 해소해야 한다. 예를 들어, [제6 사유 공간], 즉 [반존재 – 의지 – 반인식]의 공간이 억압된 전환 공간으로 분석된다면, 이는 [제8 사유 공간] 속에서 발생한 극단적 [의지 분열]에 의해 의지를 포함하는 공간 세계로의 전환이 차단된 상태를 의미한다. 따라서 우리는 [전환 제한적 정신 분열]을 겪는 자에게 '의지를 사유하도록 하는 순간적이며 반복적인 자극'을 부여함으로써, [정신 분열]의 극복과 자유로운 사유 전환의 회복을 도모할 수 있다. 이와 마찬가지로, [제4 사유 공간] 및 [제7 사유 공간]으로의 억압 또한 유사한 양상을 보인다. 즉, 인식 또는 존재의 사유 작용이 억압되어 자유로운 전환이 불가능한 상태이며, 이를 극복하기 위해서는 인식과 존재에 대한 순간적이며 반복적인 사유 자극 과정이 필요하다. 반면, [고립적 정신 분열]은 위의 [제4·제6·제7 사유 공간]으로의 모든 전환이 동시에 억압된 상태를 의미한다. 이 경우, 그 극복은 예측되는 바와 같이 무(無)를 통한 사유적 접근과 같은 장기간의 내적 성찰과 노력이 요구될 것이다.

의지, 인식 또는 존재의 사유 세계 중 어느 하나라도 포함하는 [제1 사유 공간]에서 [제7 사유 공간] 속 [분열 현상]은, 각자의 의지·인식·존재 요소로 인해 일정 수준의 자기방어가 가능하다. 이러한 [분열의 자기방어]는 인간이 자신의 삶을 일정 부분 '사유적으로 제어 가능한 세계'로 유지하게 하는 기본적 조건으로 작용한다. 그러나 [제8 사유 공간]은 이러한 [분열의 자기방어]를 위한 사유 요소를 스스로 내포하지 못한다. 따라서 이 공간에 갇히게 될 경우, 자력으로는 쉽게 벗어나기 어려운 상태에 처하게 된다.

[반존재 – 반의지 – 반인식]으로 구성된 [제8 사유 공간]은 '꿈의 근원 세계'이다. 우리는 이미 [반존재 – 반의지 – 인식]으로 구성된 [제4 사유 공간]에서 억압에 의해 형성되는 꿈의 세계를 고찰한 바 있는데, 이는 곧 뒤에서 논의될 [인

식적 꿈]의 세계를 의미한다. 프로이트가 정신 분열의 증상과 꿈의 구조적 유사성에 주목한 것은, 경험적 근거에 의존한 제한적 관찰이었으나, 그 근원의 불분명함에도 불구하고 충분히 합리적 고찰이었다고 평가할 수 있다.

꿈의 세계는 [제8 사유 공간]이 [제4, 제6, 제7 사유 공간]으로의 억압된 사유 전환을 표출하는 과정이다. 꿈은 이러한 억압 전환의 양상에 따라 [인식적 꿈], [의지적 꿈], [존재적 꿈]으로 구분된다.

[인식적 꿈]은 [제4 사유 공간(반존재 – 반의지 – 인식)]으로의 전환이 억압된 [제8 사유 공간]의 사유가 표출되는 과정이다. 이 꿈속에서 인간은 자신이 인식하지 못하고 무의식 속에 묻어 둔 사유를 의식화한다. 즉, 꿈을 통해 이전에는 인식 불가능하던 사유가 인식의 영역으로 드러나는 것이다. 따라서 우리는 꿈의 분석을 통해 [반인식]의 무의식 세계를 부분적으로 사유할 수 있으며, 이를 [계시적 꿈]이라 명명한다.

[의지적 꿈]은 [제6 사유 공간(반존재 – 의지 – 반인식)]으로의 전환이 억압된 [제8 사유 공간]의 사유가 표출되는 과정이다. 이 꿈에서 인간은 현실에서 의지로 구체화하지 못했던 사유를 가능적 의지로 공간화한다. 이러한 꿈은 우리의 꿈 가운데 대부분을 차지하며, 의지 혹은 [반의지]의 사유 영역을 지닌 사람에게 보편적으로 나타난다. 이를 [소원적 꿈]이라 부른다.

[존재적 꿈]은 [제7 사유 공간(존재 – 반의지 – 반인식)]으로의 전환이 억압된 [반존재 – 반의지 – 반인식, 제8 사유 공간]의 사유가 표출되는 과정이다. 인간은 이 꿈속에서 자신이 존재화할 수 없었던 사유를 존재로 전환한다. 즉, 공(空)·허(虛)·연(然)의 [반존재] 사유 세계로부터 존재의 세계로 이동하는 경험이 일어난다. 이를 [현시적 꿈]이라 한다.

우리는 하룻밤 꿈속에서도 위의 여러 형태의 꿈을 복합적으로 경험할 수 있으며, 꿈을 통해 [제8 사유 공간]의 분열 상태로부터 각 사유 공간으로의 전환을 성취한다. 따라서 꿈은 인간의 [고립적 정신 분열] 및 [전환 제한적 정신 분열] 상태를 상징적으로 드러내는 장(場)이라 할 수 있다.

또한 [제8 사유 공간]은 인간의 근원적 창조 세계이기도 하다. 인간의 근원을 알 수 없는 창조력은 미지의 심연(深淵), 곧 [분열의 세계]로부터 분출되는 것이다. 예술·문화·과학·철학의 창조적 세계는 이러한 [분열의 세계]를 근원으로 한다. 즉, 존재하지도, 인식되지도, 의지되지도 않았던 사유가 인식·의지·존재의 [제1 사유 공간]으로 전환되는 과정이 바로 창조 과정의 비전(秘傳)이다. 자유로운 사유 전환, 곧 자유정신(自由精神) 없이는 창조적 인간이 탄생할 수 없다. [분열의 세계]는 인간에게 창조적 주체로서의 힘을 부여하는 사유 공간이다. 그리고 [창조적 인간]은 [분열의 세계]를 포함하여 인간의 총체적 사유 영역을 확장할 수 있는 [통합사유철학]을 필요로 할 것이다.

실체를 가지지 않으며([반존재]), 의지되지 않고([반의지]), 또한 인식되지 않는([반인식]) 사유 세계인 [제8 통합철학 사유공간]에서는 인류 철학의 뚜렷한 활동을 발견하기 어렵다. 철학은 인간의 정신 작용에 근거하므로, 어떠한 사유 작용도 존재하지 않는 공간에서 진리 탐구가 이루어지지 않는 것은 어쩌면 당연한 일이다. 그러나 이 여덟 번째 통합철학 사유공간은 다른 모든 철학적 공간을 합한 것보다 더 광대할 수도 있다. 그 어떤 것도 명확히 밝혀진 바 없으며, 이 공간이 구체적으로 어떤 구조를 지니는지조차 알 수 없다. 이곳에서는 중관(中觀) 철학을 제외하고는 명확히 특정할 만한 철학 사조나 거대한 정신적 흐름이 드러나지 않는다. 다만, 몇몇 철학자들의 사유가 일시적으로 이 [제8 사유 공간]을 스쳐 지나갈 뿐이다.

지금까지 우리는 [반인식] 세계가 구성하는 네 가지 삶의 공간 중 마지막 네 번째인 [반존재]-[반의지]-[반인식]의 공간을 고찰하였다. 이제 이 공간을 대표하는 철학 사상과 사유, 그리고 그것이 형성하는 철학적 이념이 어떠한 세계를 구성하며, 실제로 삶의 공간 속에서 어떻게 작용하는지를 탐구해 보자.

제8 공간 철학 사상별, 철학자별 철학 공간 위치도

8-1. 중관 철학: 용수, 원효, 의상

8-1. 중관 철학

"중관 철학은
대상도 분별도 욕망도 진리도 모두 공(空)에서 시작하는 진리 탐구 방법이다.
이는 [반존재]-[반의지]-[반인식]이 구성하는 제8 철학사유공간에 위치한다."

중관 철학은 불교 철학 가운데서도 가장 정교하고 깊은 논리 체계를 가진 학파이며, 대승불교 전체의 철학적 토대라고 할 수 있다. 중관 철학은 첫째, 모든 대상과 현상은 "자성(自性, svabhāva)이 없다", 즉 독립적이고 변치 않는 본질을 가지지 않는다_{반존재}는 사상을 그 핵심으로 한다. 따라서 존재하는 모든 것은 공(空, Śūnyatā)이다. 둘째, 그 사상적 근거는 연기(緣起, pratītya-samutpāda)와 공을 동일한 진리로 본 것이다. "연기하는 모든 것은 자성이 없고, 자성이 없는 것이 곧 공이다. 따라서 공은 허무주의가 아니라, 조건적 존재성을 드러내는 진리이다. 셋째, 중도(中道)의 철학이다. 중관은 존재한다(有)와 존재하지 않는다(無), 동일하다(一)와 다르다(異), 생겼다(生)와 멸했다(滅) 같은 모든 극단을 부정한다. 중도(中道)는 "있다/없다"라는 이분법적 사고를 넘어선 진리이다._{반의지} 넷째, 중관 철학은 이중진리(二諦論)를 갖는다. 즉 사람, 불, 시간 같은 세계 경험 속 일상적·상대적 진리(세속제, 俗諦)와 궁극적 진리(승의제, 勝義諦)는 모두 공(空)하다._{반인식} 두 진리는 서로 모순되지 않고, 함께 성립한다. "공"에 관한 올바른 이해가 세속적 삶의 정도(正道)를 이끈다는 주장이다.

중관은 단순한 철학이 아니라, 집착을 끊고 자비와 지혜를 완성하는 수행의 길을 인도하는 실천적 철학이다. 또한 중관은 존재론적 해체 철학이라 불린다. 모든 본질주의를 부정하면서도 허무론에 빠지지 않고, 연기와 공을 통찰함으로써 지혜(般若)를 실현한다. 참고로, 불교 철학의 큰 두 줄기인 중관(中觀, Madhyamaka)_{제8 철학사유공간}과 유식(唯識, Yogācāra)_{제4 철학사유공간}은 대승불교 사상 전개에서 서로 긴밀히 연결되면서도 뚜렷한 차이를 보이는 철학 체계이다. 유식론(Yogācāra, 唯識學)은 4~5세기경, 무착(Asaṅga)과 세친(世親, Vasubandhu)이 "우리가 인식하는 세계는 모두 의식(識)의 작용일 뿐,

외부에 독립된 사물의 실체가 따로 있는 것은 아니다"라는 일체유식(一切唯識)을 주장한 대승불교 철학이다. 인간의 인식을 '8식 체계'로 구분하여 시각, 청각, 후각, 미각, 촉각의 제1~5식, 분별하는 마음인 제6식, 아상(我相, 자아 집착)의 근원인 말나식(末那識)의 제7식, 모든 업과 경험의 종자를 저장하는 근원적 의식(일종의 잠재 무의식)인 아뢰야식(阿賴耶識)이 그 '8식 체계'이다. 깨달음이란 식(識)의 집착을 지혜(智)로 전환하는 것으로, 아뢰야식을 대원경지(大圓鏡智)로 바꾸는 것이다. 대원경지는 "크고 원만한 거울과 같은 지혜"라는 뜻이다. 이는 번뇌를 완전히 제거한 진리의 경지에서 제8 아뢰야식(범어: 알라야식)이 변하여 생겨나는 지혜를 의미하며, 모든 것을 있는 그대로 비추는 거울과 같이 분별에서 벗어난 명확한 지혜를 나타낸다.

유식은 인식론적 불교 철학이라 불린다. "바깥 세계가 실재하는가?"라는 문제보다는 의식이 어떻게 세계를 구성하는가에 초점을 맞춘다. 이처럼, 중관은 "모든 것은 공하다"라는 존재론적 통찰을 강조했고, 유식은 "세계는 의식(마음)의 구성이다"라는 인식론적 통찰을 강조했다고 할 수 있다. 두 사상은 대승불교에서 서로 경쟁하면서도 보완적 관계로 이해된다.

용수(龍樹, Nāgārjuna, 2~3세기)는 그의 저서 ≪중론(中論, Mūlama-dhyamakakārikā)≫에서 모든 존재에 대한 철저한 논리적 해체를 통해 "자성 없음"반존재을 증명했다. 언어와 개념에 대한 집착을 철저히 비판하면서 불교의 근본 교리(연기, 因緣)를 철학적으로 가장 정밀하게 체계화했다. 중관 철학의 자성 없음, 중도, 이중진리 사상반인식을 전개했고 언어와 논리적 분석을 통해 자성 개념의 모순을 철저히 해체했다. 즉 원인과 결과, 주체와 객체, 생성과 소멸 등의 모든 범주가 집착일 뿐임을 드러냈다. 철저한 '부정의 논리'를 통해, 인간이 고정된 개념에 매달리는 집착을 끊어내려 한 것이다.반의지

원효(元曉, 617~686)는 여러 불교 교학(교리)이 서로 대립하는 듯 보여도 모두 공(空)의 관점에서 조화될 수 있다고 보는 화쟁(和諍) 사상을 주장한 신라의 철학자이자 고승이다. 이는 용수가 강조한 "모든 주장이 자성 없음에

서 성립한다"라는 중관 사상과 직결된다.반존재 즉, 공의 관점에서 보면 각각의 학설이 절대적이 아니라 상대적·방편적이라는 것을 드러내는 것이 곧 '화쟁' 사상이다. 원효는 ≪대승기신론소≫에서 일심(一心)을 모든 존재의 근원으로 보면서도, 그것은 고정된 실체가 아니라, 공의 진리 위에서 드러나는 마음이라고 본다. 이는 용수의 "승의제에서는 공, 세속제에서는 연기의 세계"라는 이중진리 사상과 대응한다.반인식 즉 원효는 용수의 "공을 통한 집착 해체"반의지를 교리 간 화해와 일심 사상으로 전개했다.

의상(義湘, 625~702)은 중국 화엄(華嚴) 사상을 한국에 전하고 화엄의 연기 사상을 발전시킨 신라 불교의 고승이자 철학자이다. 화엄의 핵심인 법계연기(法界緣起), 즉 인드라망(因陀羅網, Indrajala) 사상은 용수의 연기·공 사상반존재의 확장판이다. 인드라망은 불교 용어로, 제석천(帝釋天, Indra)의 궁전에 드리워진 그물을 뜻한다. 이 그물은 무수히 많은 보배 구슬로 이루어져 있으며, 각 구슬은 다른 모든 구슬을 비추고, 또 다른 모든 구슬에 비추어지는 관계가 끝없이 펼쳐진다. 이는 연기(緣起)의 법칙, 즉 모든 현상이 서로 연결되어 의존반의지하며 존재한다는 불교의 핵심 사상을 상징한다. 용수가 "모든 것은 자성 없이(空, 자성 부정) 성립한다"라고 했다면, 의상은 이를 "모든 존재가 서로 포섭·융합된다"라는 긍정적 세계관으로 발전시켰다. 의상은 "하나가 곧 전체이고, 전체가 곧 하나 (일즉다·다즉일, 一卽多·多卽一)"라는 원융무애(圓融無礙) 사상을 설파했다. 원융무애는 모든 존재가 서로 걸림 없이 조화롭게 어울리고 융합한다는 의미이다. 이는 모든 것이 인연 따라 생겨나 서로 의존하며, 차별 없이 완전한 조화를 이루는 상태를 뜻한다. 즉, 개별적인 존재들이 서로 막힘없이 어울려 하나로 통하는 상태를 말한다. 이는 공(空) 사상의 단순한 해체에 머무르지 않고, 연기적 존재들의 상호 의존성을 드러낸다는 점에서 차이가 있지만, 그 뿌리는 다르지 않다. 의상은 용수의 연기와 공을 우주적 연관성으로 확장해 화엄의 긍정적·전체론적반인식 철학으로 발전시켰다.

8-1. 중관 철학

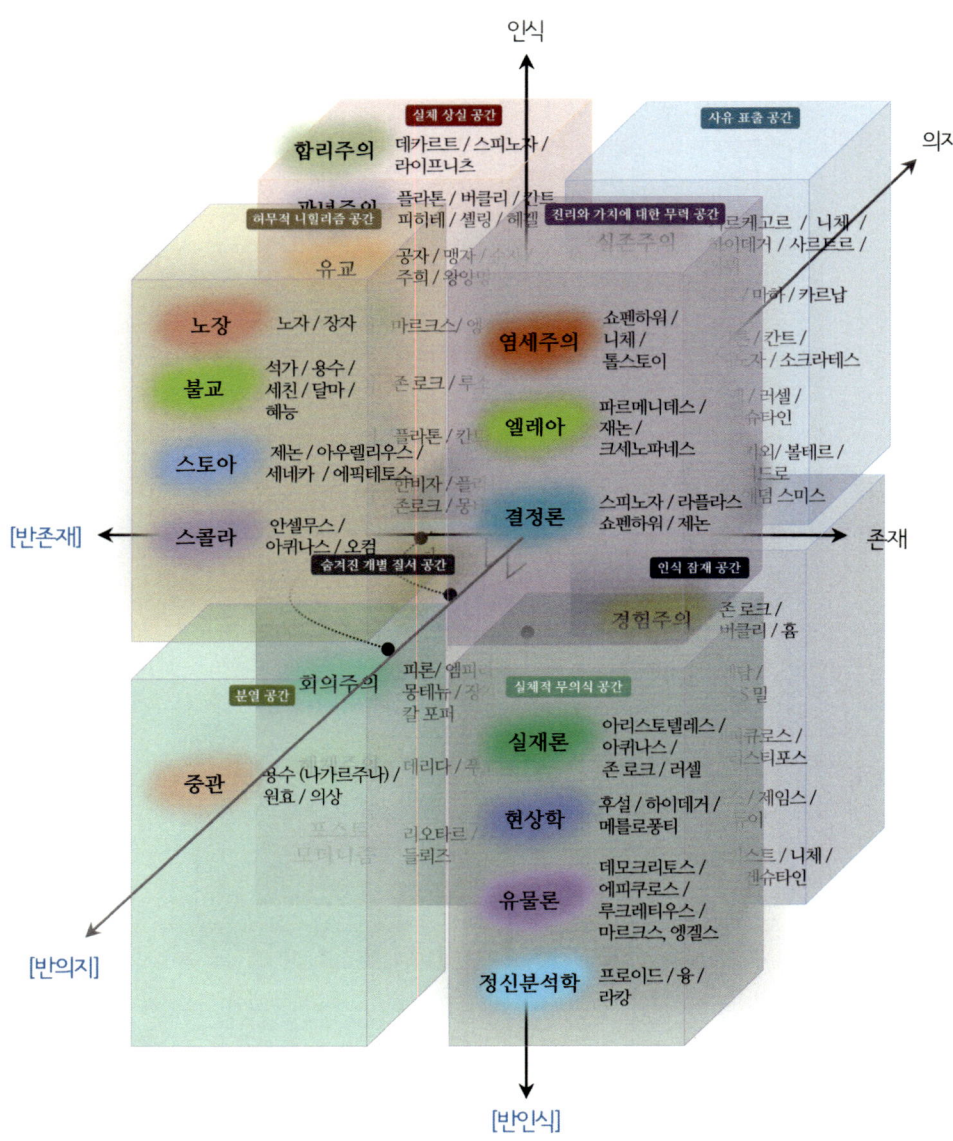

그림32. 분열 공간 철학 위치도 (제 8 통합철학사유공간)

8-1. 중관 철학 – 용수

'모든 법은 공하다'라는 주장이 불교 교설을 파괴하는 것이 아니라, 오히려 그것을 가능하게 한다. "만일 어떤 사람이 공(空)을 올바르게 본다면, 그는 모든 집착된 견해들을 무너뜨린다.반의지 모든 견해가 무너진 자리에서야반인식 비로소 진정한 연기(緣起)가 드러난다." (MMK 24.8 – 10)

공을 단순한 허무주의로 생각하는 것은 올바르지 않다. 세간의 모든 법(存在)은 독립적이고 자존적인 실체를 갖는다고 믿어질 때, 인간은 집착과 번뇌에 사로잡히게 된다. 그러나 모든 법이 자성(自性) 없이 조건과 인연에 따라 발생한다는 사실을 깨닫는다면,반존재 그 존재를 고정적으로 보는 집착된 견해가 사라진다.

즉, 공(空) 사상은 견해를 파괴하는 철학적 도구이다.반의지, 반인식 집착된 견해에는 영원론, 단멸론, 자아 실체론 등 다양한 형이상학적 주장이 포함된다. 이 모든 극단적 입장을 비판하는 것이 중관 철학의 핵심이며, 우리는 이것을 "팔불중도(八不中道)"라는 방식으로 체계화했다. 불생(不生) · 불멸(不滅) · 불상(不常) · 불단(不斷) · 불일(不一) · 불이(不異) · 불래(不來) · 불출(不出), 이러한 부정의 논리 속에서 드러나는 것은 허무가 아니라 '연기'이다. 연기는 모든 현상이 조건적 관계망 속에서만 성립함을 뜻한다.반존재 그러므로 공을 올바르게 보는 것은 곧 연기를 바르게 보는 것이며, 이는 곧 불교의 핵심 교설과 합치한다.

이는 중관 철학이 단순히 형이상학을 부정하는 것이 아니라, 실천적 해탈의 길과 직결됨을 보여준다. 사성제(고 · 집 · 멸 · 도) 역시 공의 논리 위에서만 성립할 수 있다. 예컨대 고통(苦)은 고정적 실체가 아니라 인연으로 생기므로 멸할 수 있으며, 집착의 원인도 조건적이므로 제거 가능하다. 이처럼 멸(滅)은 공의 자리에서 가능하며, 도(道)는 연기적 행위의 실천으로 성립한다.

(문헌219: 용수(龍樹, Nāgārjuna) [중론(中論)])

8-1. 중관 철학 - 용수

　　눈앞의 존재는 인(因)과 연(緣)으로 생성되며, 따라서 자성(自性)이 없어 공(空)하다._{반존재} 그렇다고 그것이 아무것도 없는 무(無)라 할 수도 없다. 이렇게 존재는 유(有)라 할 수 없고 또 무(無)라 할 수도 없다. 같은 이치로, 물(物)은 물(物)이 아니고, 단지 이름이 물(物)일 뿐이다._{반인식} 그러나 그 공허한 기대가 자기 것을 소유하려는 욕망이 생기는 순간, 시작된다. 모든 소유는 자기 것인 것 같지만, 사실 세상의 공동 재화일 뿐이다. 이는 뭇 냇물이 바다에 이르면 모두가 한 맛이 되는 것과 같다._{반의지} (문헌220: 용수(龍樹, Nāgārjuna) [중론(中論)], (문헌221: 용수(龍樹, Nāgārjuna) [중론(中論)])

8-1. 중관 철학 - 원효

이른바 두 진리(二諦)라 함은, '세속제'와 '제일의제'를 말한다. 이 두 가지 진리에 의지해야만 일체의 법이 성립된다. 만일 두 진리를 떠난다면, 어떤 도리도 성립될 수 없다.(T44, p. 201c) 우리가 일상적으로 경험하는 세계(세속제)는 단순한 허망한 세계가 아니라, 그것을 부정하는 제일의제(공(空)의 진리)와의 상호작용 속에서만 의미를 지닌다.

세속제는 언어와 개념, 인식의 작용 속에서 드러나는 가상적(假象的) 진리이며, 제일의제는 이러한 모든 가상이 근본적으로 공(空)하여 자성이 없음을 드러내는 궁극적 진리이다._{반존재} 그러나 이 둘은 결코 단절된 두 세계가 아니라, 상호 의존적으로만 성립한다. 즉, 세속제를 떠난 제일의제는 설할 수 없고, 제일의제를 떠난 세속제 또한 의미를 잃는다.

모든 차별적 교설과 논쟁은 이 두 진리의 상호 관계 속에서 조화될 수 있다. 따라서 공(空)사상은 단순히 모든 것을 부정하는 허무주의가 아니라, 모든 대립을 포용하고 화해시키는 철학적 근거가 된다.(화쟁(和諍)사상) 핵심은 '이제불이(二諦不二)'이다. 즉, 세속과 진제는 둘이 아니라는 것이다. 비록 우리가 언어적으로는 둘로 구분하지만, 실상(實相)의 입장에서는 둘이 동시에 하나의 진리를 드러내는 두 측면일 뿐이다._{반의지, 반인식} 이렇게, 중관학은 화쟁사상과 결합하여 보다 실천적이고 포용적인 철학 체계로 재구성된다.

(문헌222: 원효(元曉)[二諦論, 대정신수대장경])

8-1. 중관 철학 – 의상

일심법계(一心法界)는 모양이 없으면서 또한 모양 아님이 없고, 자성이 없으면서 또한 자성 아님이 없으며, 하나가 아니면서 또한 다르지 않고, 항상 하면서 또한 끊어지지 않는다. 그러므로 알아야 할 것은, 모든 법은 다 이 일심에 의지하여 성립한다는 것이다.반존재 (T45, p. 714c)

모든 법은 "일심법계"이며 그것은 어떤 실체적 자성(自性)도 가지지 않는다. "무상(無相, 상 없음), 무성(無性, 자성 없음)"으로 중관학, 제법무자성(諸法無自性)과 다르지 않고 더 나아가 "무불상(無不相), 무불성(無不性)"의 모습도 있다. 모든 법은 자성이 없으면서도 동시에 '자성 없음이라는 성품'을 드러내고, 모양이 없으면서도 무상(無相) 자체가 하나의 드러남으로써 존재한다는 역설적 진리가 드러난다.반인식 이는 단순히 부정을 넘어서, 부정과 긍정이 동시에 원융(圓融)하는 차원으로 전개된 사유이다.반의지

불일불이(不一不異, 하나가 아니면서도 다르지 않다)하다. 이는 세속제와 진제(二諦)의 긴장을 넘어, 공과 연기, 일(一)과 다(多)의 상호 포섭 관계를 드러내는 화엄적 전개이다. 중관에서 말하는 '공'이 모든 대립을 해체하듯이, 우리는 그것은 곧 '원융무애법계(圓融無碍法界)'라는 긍정적 체계로 재구성한다. 이 구절의 핵심은, 모든 법은 결국 '일심'에 의지해 성립한다는 것이다. 여기서 '일심'은 실체적 주체가 아니라, 모든 법을 가능하게 하는 바탕이자, 연기와 공이 동시에 성립하는 근거이다. 즉, '일심법계'란 공(空)의 논리를 바탕으로 한 연기적 실재의 총체반존재이다.

(문헌223: 의상(義湘) [화엄일승법계도(華嚴一乘法界圖) 大正新脩大藏經])

자유(解脫, 해탈)와 평온(涅槃, 열반)반의지, 반인식은 한 개체의 마음이 만유(萬有) 전체를 융합, 모두 서로 하나를 만들어갈 때만 완성된다. 세계는 모두 하나반존재이다. (문헌224: 의상 [법성계])

9장. 결언

통합철학의 역할과 효용

9장. 결언 – 통합철학의 역할과 효용

칸트는 『순수이성비판』에서 "경험과 증명으로 확립할 수 없는 것은 철학이 아니다"라고 단언하였고, 비트겐슈타인은 『논리철학논고』에서 "논리적으로 명확히 말할 수 없는 것에 대해서는 침묵해야 한다"고 선언했다. 그렇다면 우리는 묻지 않을 수 없다. — 그 오랜 세월 동안 철학이 붙잡아 온, 그러나 "경험으로 확실히 증명할 수 없고, 논리적으로도 명확히 서술할 수 없는" 철학적 근원 문제들에 대해, 과연 '통합철학'은 답할 수 있는가?

1. 철학 — 누구의 말이 옳은가?
2. 진리란 무엇인가?
3. 신은 존재하는가? 신은 무엇인가?
4. 영혼은 실재하는가?
5. 인간은 자유와 평온, 행복, 그리고 진리의 문턱을 넘을 수 있는가?
6. 시간은 흐르는 것인가 – 그리고 물리학(양자역학)의 난제들은 어떻게 해석되어야 하는가?
7. 통합철학은 어디에, 어떻게 쓸모가 있는가?

사실 우리가 철학을 통해 알고자 하는 것은 이러한 물음들이다. 그러나 오늘의 철학은 이 근본적 질문들에 대해 충분히 답하지 못하고 있다. 본 연구는 이러한 철학의 본래적 사유 의지를 되살리고자 한다. 철학이 다시금 소중하고, 쓸모 있으며, 흥미롭고, 즐거운 지식의 자리로 돌아가길 바란다. 그것이 통합사유철학이 지향하는 궁극의 목적이며, 인간 사유의 진정한 귀향(歸鄉)이다.

1. 철학 ─ 누구의 말이 옳은가

첫 번째 난제는 "철학, 도대체 누구의 말이 옳은가"라는 물음이다. 소크라테스, 플라톤, 석가, 장자, 니체, 사르트르, 칸트, 데카르트, 스피노자, 하이데거, 루크레티우스, 헤겔, 프로이트, 들뢰즈 등 ─ 철학사의 흐름 속에서 이름을 남긴 사상가들을 무작위로 나열해보면, 우리는 곧바로 이 질문에 직면한다. 도대체 누구의 말이 맞는가, 그리고 누구의 사유가 진리인가. 이 문제는 철학의 역사 내내 끊임없이 반복되어 온 논쟁이었다.

본 연구는 이러한 철학적 혼란과 다양성을 통합적으로 조망하기 위해, 인류 역사 속 가장 탁월한 사유와 통찰로 이루어진 32개의 주요 철학 사조를 하나의 통합적 관점 아래 재구성하였다. 이를 통해 실존주의 철학에서부터 마지막 중관(中觀) 철학에 이르기까지, 그 무한히 확장된 사유의 세계가 어떻게 서로 연관되고 교차하며, 인간의 사고·사유·삶의 구조 속에서 어떤 역할을 수행하는지를 분석하였다.

〈통합철학의 여덟 사유 공간〉

제1 통합철학사유공간은 존재 ─ 의지 ─ 인식이 작용하는 사유 표출 공간으로, 실존주의·실증주의·보편주의·분석철학·계몽철학 등이 이에 속한다.

제2 통합철학사유공간은 [반존재] ─ 의지 ─ 인식이 작용하는 실체 상실의 공간으로, 합리주의·관념주의·유교·사회주의·민주주의·이상주의·법치(법가) 철학이 포함된다.

제3 통합철학사유공간은 존재 ─ [반의지] ─ 인식이 작용하는 진리와 가치에 대한 무력의 공간으로, 염세주의·엘레아 학파·결정론 철학이 여기에 해당한다.

제4 통합철학사유공간은 [반존재] ─ [반의지] ─ 인식이 작용하는 허무적·니힐리즘적 공간으로, 노장 철학·불교·스토아 학파·스콜라 철학으로 구성된다.

제5 통합철학사유공간은 *존재 ─ 의지 ─ [반인식]*이 작용하는 잠재의 공간으로, 경험주의·공리주의·쾌락주의·실용주의·상대주의 철학이 이 범주에 속한다.

제6 통합철학사유공간은 *[반존재] ─ 의지 ─ [반인식]*이 작용하는 숨겨진 개별 질서의 공간으로, 회의주의·해체주의·포스트모더니즘 철학이 중요한 역할을 수행한다.

제7 통합철학사유공간은 *존재 ─ [반의지] ─ [반인식]*이 작용하는 실체적 무의식의 공간으로, 현실주의(실재론)·현상학·유물론·정신분석학적 철학이 여기에서 사유 활동을 전개한다.

1. 철학 — 누구의 말이 옳은가

제8 통합철학사유공간은 *[반존재] – [반의지] – [반인식]*이 작용하는 분열의 공간으로, 오직 중관(中觀) 철학만이 이 영역에서 사유의 가능성을 확보한다.

이로써 철학의 전 역사는 단절된 사조들의 연속이 아니라, 서로 변증적으로 맞물려 작동하는 사유 전환의 연쇄적 구조로 이해될 수 있다. 통합철학은 이 모든 사유 공간을 하나의 전체적 체계로 재구성함으로써, "누구의 말이 진리인가"라는 고전적 질문에 대한 새로운 형이상학적 틀을 제시한다.

이제 철학은 단일한 사상이나 사조를 통해 진리를 찾는 시대를 지나왔다. 철학의 목표이자 본질인 진리는 여덟 개의 철학적 공간과 그 안에 존재하는 서른두 개의 철학 사조의 총체적 상호작용을 통해서만 접근할 수 있음을 발견하게 된다. 사실 생각해보면 이는 자명한 일이다. 소크라테스의 말은 옳고 공자의 말은 그르다고 단정하는 것이 오히려 이상하지 않은가. 장자의 철학은 옳고 데카르트의 철학은 틀렸다고 말하는 것은 어불성설이며, 마찬가지로 들뢰즈의 사유는 위대하고, 더운 여름날 수고로운 노동 속에서도 미소를 잃지 않는 농부의 생각은 보잘것없다고 여기는 태도 또한 견강부회에 불과하다.

모든 위대한 철학자라 할지라도, 여덟 개의 광대한 철학 공간 중 극히 일부분만을 탐구했을 뿐이다. 이제 철학을 업으로 삼으려는 전문 철학자라면, 여덟 개의 공간과 서른두 개의 철학 사조 전체를 이해하고, 그에 대한 자신의 창의적 통합을 제시해야만 철학사 속에서 의미 있는 이름을 남길 수 있을 것이다. 그렇지 않다면, 즉, 통합철학 전체 중 일부만을 주장하는 것은 위대한 칸트나 이 연구 논문을 읽는 독자 누구나 본질적으로 다르지 않다. 따라서 앞으로의 철학은 그야말로 극한의 탐구 작업이 될 것이다. 특정 철학 사조로 박사 학위를 받고 몇 권의 저서를 냈다고 해서 스스로를 '철학자'라 자처하는 관행은 이제 버려야 한다.

그러나 이번 연구의 더 큰 성과는, 철학을 업으로 삼지 않는 일반인이라 하더라도 누구나 철학의 세계 속에서 자신만의 철학을 자각하고 정립할 수 있도록 돕는 데 있다. 각자는 자신의 사유가 철학의 어느 공간에 위치하며, 어떤 사조적 성향을 지니고, 어떻게 변화해왔고, 앞으로 어디로 향해야 하는지를 스스로 탐색할 수 있다. 우리 각자는 인류 전체의 사유와 통찰이 농축된 철학적 유산의 계승자이다. 통합철학은 이러한 자각을 가능케 하며, 우리 모두가 철학자임을 일깨운다. 당신과 나는 다르지 않다. 다만 어느 철학 공간의 사유와 경험이 조금 더 많거나 적을 뿐이다. 결국, 통합철학은 깊은 철학 정신적 차원에서 "우리는 모두 평등하다"는 완전한 논리를 제공한다.

철학 교육 과정 또한 근본적인 변화를 요구한다. 초·중·고등학교의 기초 철학 교육은 단순한 사상 전수나 인물 중심 학습을 넘어, 사유의 구조와 철학적 사고의 틀을 체계적으로 세우는 방향으로 교육과정이 전면적으로 재편되어야 한다. 이는 단순히 교육 내용의 확장이 아니라, 인간이 어떻게 생각하고 세계를 구성하는가에 대한 지적 토대의 재정립을 의미한다. 아울러 대학의 철학 커리큘럼 또한 여덟 개의 철학적 공간과 그 안의 서른두 개 동서양 철학 사조를 모두 포괄하도록 재구성되어야 한다. 박사 학위 역시 기존의 특정 사조에 대한 해석적 연구를 넘어, 자신만의 독창적 철학 공간을 창출하는 능력을 전제로 수여되어야 할 것이다.

이제 한 위대한 철학자의 사유를 추종하거나 그것을 진리로 절대화하는 시대는, 통합철학의 도래와 함께 저물어가고 있다. 철학은 그 어떤 위대한 철학자의 언명도 모두 의미 있고 옳을 수 있지만, 그것이 곧 진리인 것은 아니다. 진리란 개별 철학자의 단일한 사유가 아니라, 그들이 남긴 모든 위대한 사유의 총체적 합(合) 속에서 비로소 드러난다.

2. 진리란 무엇인가

두 번째 난제는 "진리란 무엇인가"이다. 진리는 우리에게 무엇이 올바르고, 무엇이 선하며, 무엇이 아름다운가를 가르쳐 주는 것이다. 그리고 그 실현의 방법은 자유와 평등의 조화 속에서 이루어진다. 진리는 인간에게 평온함과 기쁨, 행복을 부여하는 것이라 말할 수 있다. 그러나 철학사 전반을 살펴보면, '올바름'과 '선함', 그리고 '아름다움'의 기준은 각 사조마다 상이하다. 장자는 인위적으로 행하는 모든 것은 진정한 올바름이 될 수 없다고 하였고, 데카르트는 명석판명한 이성적 사유, 즉 인간의 합리적 의지야말로 올바른 길로 나아가기 위한 유일한 방법이라 역설하였다. 한편 현대의 포스트모더니즘 철학은 보편성을 부정하고 다원성을 수용함으로써, 진리의 기준 자체를 해체하고 흔들어 놓았다. 이와 같이 '옳음'에 대한 해석이 흔들리는 상황에서 '선함'과 '아름다움'의 기준 또한 불명확해졌다. 따라서 칸트나 비트겐슈타인이 "진리란 철학의 주제가 될 수 없다"고 한 것도, 진리 개념의 절대적 정의가 불가능하다는 자각에서 비롯된 것이다.

그러나 통합철학의 관점에서 볼 때, 진리는 그렇게 난해하거나 추상적인 것이 아니다. 제1 사유공간에서는 실존주의·실증주의·보편주의·분석철학(언어논리학)·계몽철학의 주장이 진리이며, 제2 사유공간에서는 합리주의·관념주의·유교·사회주의·민주주의·이상주의·법가철학의 주장이 진리이다. 제3 사유공간에서는 염세주의·엘레아학파·결정론 철학이 진리를 구성하고, 제4 사유공간에서는 노장·불교·스토아스콜라 철학이 진리로 작용한다. 제5 사유공간에서는 경험주의·공리주의·쾌락주의·실용주의·상대주의가 진리이고, 제6 사유공간에서는 회의주의·해체주의·포스트모더니즘이 진리이다. 제7 사유공간에서는 현실주의(실재론)·현상학·유물론·정신분석학이 진리이며, 제8 사유공간에서는 중관철학이 진리이다.

요컨대 통합철학에서 진리란 여덟 개의 철학 공간 속에 존재하는 서른두 개 철학 사조 전체의 총합이다. 진리를 특정 사상이나 사조로 한정하거나, 그것을 논란의 대상으로 삼을 필요는 없다. 통합철학은 진리를 분리된 다원적 사유의 합일 속에서 발견되는 총체적 구조로 이해한다.

3. 신은 존재하는가, 신은 무엇인가

세 번째 난제는 "신은 존재하는가, 그리고 그것은 무엇인가"에 대한 질문이다. 칸트와 비트겐슈타인은 경험할 수 없고 설명할 수 없는 것은 언급할 수 없다고 보았다. 그들에게 신은 비합리적인 대상이며, 철학의 탐구 범위를 벗어난 것이다. 그러나 과연 그러한가? 혹시 인간이 그렇게밖에 사고할 수 없도록 스스로를 규정해버린 것은 아닌가?

우선, 신이 존재하는가에 대한 논의와 증명부터 살펴보자. '있다'는 두 가지 차원을 가진다. 하나는 '없다'를 전제로 한 '있다'이며, 다른 하나는 '있다'를 전제로 한 '있다'이다. 인간은 스스로 '없음'을 기준으로 '있음'을 상정하고, 그 위에 신을 창조하며, 그 신을 숭배하고, 배반하고, 의심해왔다. 그러나 신은 본래 모든 가능성의 총체이며, 이는 부정할 수 없는 신의 본질적 속성이다.

유물론, 순수이성비판, 언어분석철학, 실증주의 등의 전통에서는 신의 존재를 부정한다. 그들의 시각에서 신은 존재하지 않는다. 지금까지의 독립된 철학 사조 속에서 인간은 그렇게 사고할 수밖에 없었다. 그러나 통합철학의 관점에서 보면 사정은 다르다. 여덟 개의 철학적 공간과 서른두 개의 철학 사조가 하나의 통합된 인식 체계로 작동하는 세계에서는, 신은 어떤 공간에서는 존재하며, 또 다른 공간에서는 존재하지 않는다. 그러나 전체 통합 공간의 차원에서는 신이 '존재하지 않는다'는 명제 자체가 불가능하다. 그러므로 통합철학의 입장에서 신은 존재한다. 신은 가능성의 총체이기 때문이다.

통합철학에서 신은 '없음을 전제로 한 있음의 신'이 아니라, '있음을 전제로 한 있음의 신'으로 새롭게 정의된다. 사실상 '없음'은 존재하지 않는다. '있음'을 전제로 발생한 관념적 허상이 바로 '없음'일 뿐이다. 우주 공간도 있음이고, 허공도 있음이며, 무(無)조차도 있음의 다른 양상이다. 인간이 감각하고 인지할 수 있는 모든 '없음'은 결국 '있음'의 또 다른 형태다. '없음'은 인간이 구성한 개념적 허상에 불과하다.

그렇다면, 그렇게 존재하는 신은 과연 무엇인가? 신은 존재의 근원이자, 의지의 근원이며, 인식의 근원이다. 그러나 신을 단지 존재의 근원으로만 한정하거나, 인간의 형상-예컨대 예수나 부처와 같은 인간적 이미지-으로 상상하는 것은 인간의 오래된 오해이다. 누가 신이 곧 존재라고 단언했는가? 누가 신이 인간의 형상을 띠었다고 증명했는가?

신은 존재가 아니라 의지일 수도 있다. 신은 만유를 끌어당기는 인력일 수도, 혹은 중력일 수도 있다. 이처럼 신은 힘(力)일 수도 있으며, 원자, 중성자, 광자의 형태로도 나타날 수 있다. 신이 힘이라면 그 구체적 모습은 본질적이지 않다. 또한 신은 인식일 수도 있다. 존재와 의지의 형태를 넘어, 사실을 아는 것, 원리를 아는 것, 진리를 아는 것, 지혜로운 것, 그리고 모든 것을 아는 것으로서의 신이다. 통합철학은 이러한 신을, 존재·의지·인식의 통합적 근원으로 파악한다. 즉, 신은 존재 그 자체이자, 의지 그 자체이며, 인식 그 자체이다.

신은 존재, 반존재, 의지, 반의지, 인식, 반인식이라는 여섯 개의 축이 만들어내는 여덟 개의 공간이 무한히 확장된 상태를 의미한다.다음 페이지 그림 참조 즉, 신은 무한한 존재 상태 그 자체이다.신은 스피노자가 말한 '우주 전체'일 수도 있고, 불교 철학이 말하는 '인간의 마음'일 수도 있다. 그 까닭은 신이 존재를 자유롭게 변환할 수 있는 근원적 능력을 지니고 있기 때문이다.

신은 또한 무한한 의지 상태이기도 하다.그는 단지 원하지 않을 뿐이지, 원한다면 무엇이든 가능하게 할 수 있는 절대적 존재이다. 더 나아가 신은 무한한 인식 상태이다.우주 전체가 곧 신의 존재라면, 그에게 모르는 것이 없다는 것은 필연적이다. 앞서 서문에서 8개의 공간 구조를 설명할 때, 인간의 사유 공간을 '1'과 '2'의 두 수준, 즉 작고 큰 두 층위로 구분하고, 이를 다시 세분하여 총 8개의 공간, 나아가 64개의 세부 공간으로 확장했었다. 그렇다면 신의 공간은 인간의 사유 수준인 1과 2를 훨씬 넘어서는 차원을 지닌다. 편의상 말하자면, 신은 '무한대의 공간적 크기'를 가진 존재라 할 수 있다.

여기서 우리는 하나의 중요한 통찰을 얻는다. 신이 무한한 존재와 무한한 인식, 그리고 그 모든 것을 포괄하는 무한한 의지를 지닌 실체라 할지라도, 그가 그것을 '의지하지' 않는다면, 신의 공간과 인간의 공간은 본질적으로 다르지 않을 수 있다는 것이다. 인간은 그 '의지'의 측면에 있어서는 신에 절대 뒤지지 않는다. 그러나 인간의 존재와 인식은 결코 그 의지를 온전히 충족시키지 못한다. 신과 인간이 모두 자신의 의지를 줄인다면, 어느 순간 우연히 신과 인간은 그 모습만 다를 뿐, 동일한 공간을 점유하고 있을 수도 있다. 어쩌면 인간은 의지의 정도에 따라 '작은 신'의 양태를 드러낼 수 있는 존재일지도 모른다.

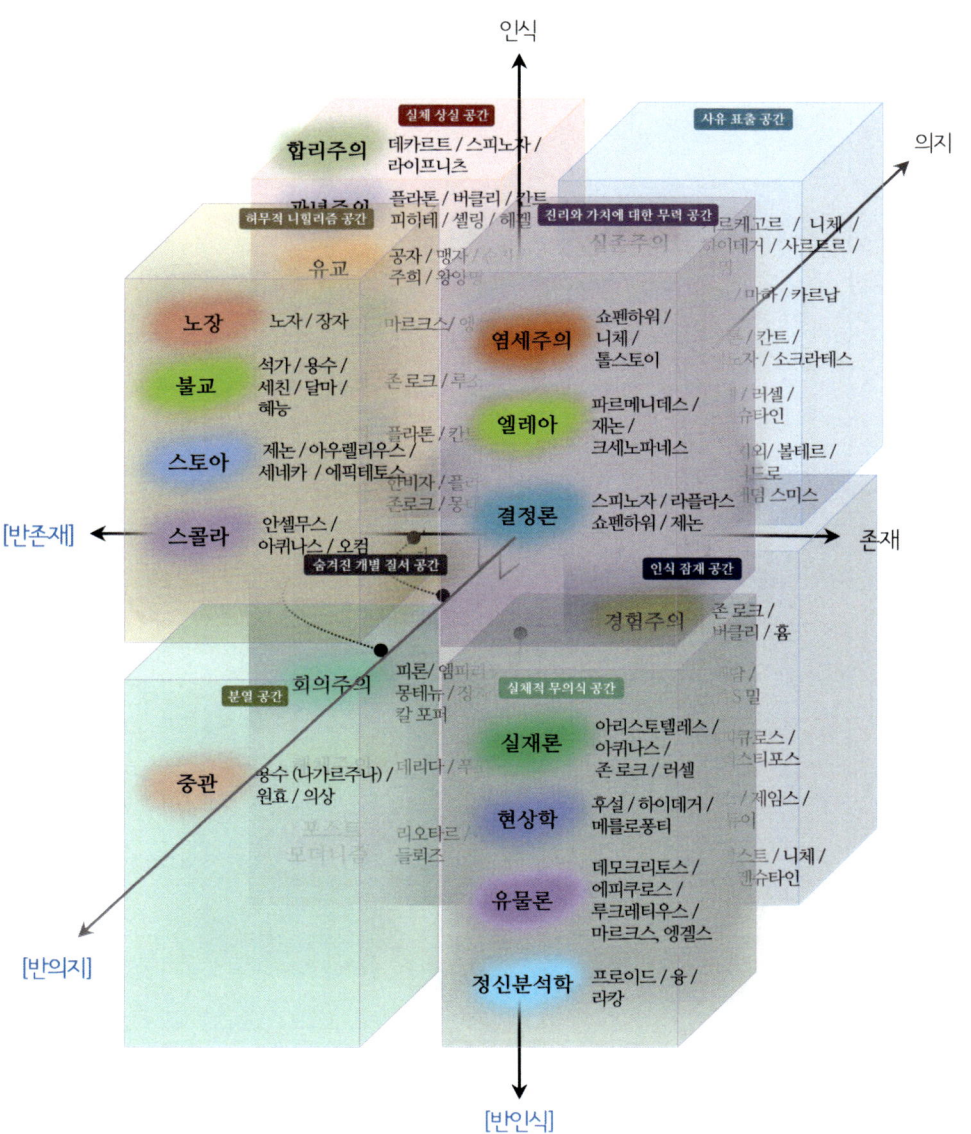

제 1~8 통합철학 공간 전체는 신을 암시한다

4. 영혼은 실재하는가

네 번째 난제는 "영혼은 존재하는가"라는 물음이다. 영혼은 죽기 전에는 존재를 주관하는 의지와 인식의 결합체로서, 정신 즉 '의식'을 담당한다. 이러한 관점에서 영혼은 철학적 사유의 영역으로 자연스럽게 포섭된다. 통합철학의 관점에서 보면, 제 1~8영역 중 존재 – [반존재]의 선형 세계를 제외한 모든 공간이 곧 영혼의 영역이다. 영혼은 의식 혹은 정신과 다르지 않으며, 그 두 개념은 동일한 본질의 서로 다른 표현이라 할 수 있다.

문제는 사후(死後)에 있다. 영혼이 인간의 존재, 즉 육체와 불가분의 관계에 있다면, 죽음과 함께 영혼도 소멸할 것이다. 반면, 죽음 이후에도 영혼이 소멸하지 않는다면, 영혼은 종교적 언어로 말하는 천국·연옥·지옥 등의 사후 세계에서 존속하는 정신적 실체가 된다. 그러나 이 사후 영혼의 존재는 인간이 직접적으로 경험할 수도, 데카르트식의 명석·판명한 이성으로 증명할 수도 없다. 이 때문에 칸트와 비트겐슈타인 등은 영혼을 철학의 주제에서 배제해야 한다고 보았다. 경험할 수도, 증명할 수도 없는 대상을 논하는 것은 이성의 영역을 벗어나며, 따라서 사후 영혼은 허구의 범주에 속한다고 본 것이다.

그러나 통합철학에서는 이러한 한계가 다르게 해석된다. 통합철학에는 [반존재], [반의지], [반인식]의 세 가지 '반(反)축'이 존재하며, 이들 축은 공허연(空虛然)의 세계를 내포한다. 이때 '공(空)'은 현재 존재하지 않지만 존재 가능성이 사유되는 세계, '허(虛)'는 과거에 존재하지 않았으나 존재 가능성이 사유되는 세계, '연(然)'은 미래에 아직 존재하지 않지만 존재 가능성이 사유되는 세계를 뜻한다. 즉, [반존재]의 공허연, [반의지]의 공허연, [반인식]의 공허연은 모두 사후 영혼의 상태를 드러내는 형이상학적 표현이 될 수 있다. 사후에는 존재가 사멸하지만, 그것은 단순한 소멸이 아니라 반존재의 형태로 변환된 지속이다. 이 반존재는 실제적 삶에서는 드러나지 않지만, 반의지와 반인식의 형태로 제8공간에 위치하며, "영혼의 속성을 지닌 반실재(半實在)"로서 존재한다. 즉, 존재도 의지도 인식도 현현되지 않지만, 잠재적 존재 가능성·잠재적 의지 가능성·잠재적 인식 가능성을 보유한 이 반실재를 우리는 영혼이라 부를 수 있다.

4. 영혼은 실재하는가

죽음이란 존재를 반존재화하고, 의지를 반의지화하며, 인식을 반인식화하는 과정이다. 그리하여 인간은 제8공간, 곧 분열의 공간으로 이행하게 된다. 이처럼 "삶과 죽음은 연속적·순차적으로 발생하는 사건이 아니라, 동시에 실재하는 두 양태"이다. 우리는 '삶을 살아간다'고 말하지만, 동시에 '죽음을 살아간다'고 말하는 것도 철학적으로 오류가 아니다. 결국, 영혼은 우리와 함께 현재의 삶을 살아가며, 죽음 이후에는 제8공간, 즉 분열의 공간이자 영혼의 공간에서 휴식한다. 이처럼 통합철학의 공간론적 관점에서 영혼은 데카르트적 철학 체계 속에서도 재해석될 수 있으며, 그 존재는 단순한 믿음이 아니라, 존재·의지·인식의 반(反) 축에서 사유되는 철학적 실재로 자리매김된다.

두 번째 검증은 사후(死後) 영혼을 경험할 수 있는가에 관한 것이다. 이 지점에서 우리는 하나의 중요한 단서를 얻는다. 제8 철학 공간, 즉 영혼의 공간은 분열(分裂)의 공간이다. 인간이 완전하게 이 제8 공간으로 이행하는 방법은 단 두 가지뿐이다. 그것은 '죽음' 또는 '완전한 정신 분열 상태'이다. 정신 분열 상태의 인격이 보이는 일련의 이상 행위—즉, 존재하지 않는 누군가와의 대화, 환청(幻聽), 환상(幻像)—는 직접적 경험의 대상은 아니지만, 우리는 그것을 현상학적 징후로 목격한다. 마찬가지로, 독실한 종교 신도, 몰입 상태의 성직자, 혹은 접신 행위를 수행하는 무속인 역시 제8 공간에 일정 부분 고립되어, 다른 영혼들과의 접신(接神) 경험을 실질적으로 체험한다는 점을 우리는 경험한다.

사후에 존재로부터 분리된 영혼은 제8 공간의 공허연(空虛然), 곧 반존재(反存在)·반의지(反意志)·반인식(反認識)이 교차하는 분열 공간의 경계에 갇히게 된다. 죽음이란, 바로 그 영혼을 존재의 벽, 의지의 벽, 인식의 벽 안으로 가두는 작용이며, 그 결과 영혼은 더 이상 존재·의지·인식 중 어느 층위에서도 그 모습을 드러내지 못한다. 우리는 이러한 영혼이 통합 공간 내에서 실재한다는 사실을 논리적으로 해석할 수는 있다. 그러나 제8 공간이 지닌 무한성(無限性)에 대해서만큼은, 인간의 사유는 언제나 경외(敬畏)의 시선으로 바라볼 수밖에 없다.

5. 인간은 자유와 평온, 행복, 그리고 진리의 문턱을 넘을 수 있는가

다섯 번째 철학적 난제는 다음과 같다. "인간은 자유(自由), 평온(平穩), 행복(幸福), 그리고 진리(眞理)의 문을 넘을 수 있는가?" 이 물음은 인간 사유의 가장 오래된 탐구 영역에 속한다. 표면적으로 염세주의나 회의주의 철학은 그것이 불가능하다고 단언할 것처럼 보이지만, 사실 그들 철학을 포함한 8개의 철학 공간과 32개의 철학 사조 모두, 비록 자유·평온·행복·진리를 절대적 목표로 설정하지는 않더라도, 그들 사유의 핵심적 지향점이 이 네 가지에 수렴한다는 점은 부정할 수 없다. 이는 곧, 우리가 특별한 정신적·실천적 노력을 기울이지 않는다면 자유·평온·행복·진리의 문턱을 결코 넘을 수 없다는 반증이기도 하다.

이 철학적 여정은 인간의 내적 사유를 마치 지리산 천왕봉을 오르는 여덟 개의 등반로에 비유할 수 있다. 중산리 코스, 백무동 코스, 중산리 회귀 코스, 백무동 회귀 코스, 중산리–순두류 코스, 거림 코스, 대원사 코스, 그리고 종주 코스 등이다. "인간이 자유, 평온, 행복, 진리의 문을 넘을 수 있는가?"라는 질문의 해답은 바로 여기에 있다. 여덟 개의 철학 공간은 각각의 등반 경로를 상징하며, 서른두 개의 철학 사조는 그 여정을 어떤 속도와 방식으로 오를 것인가를 결정한다. 어떤 이는 정상까지의 최단 경로를 택해 하루 만에 오르고, 어떤 이는 자연의 절경을 음미하며 며칠에 걸쳐 천천히 오른다. 그러나 모든 철학은 궁극적으로 통합될 때 비로소 진리를 드러낸다. 진리는 각기 다른 사유의 길 위에 흩어져 있으나, 그것들이 하나로 합쳐질 때 '통합된 인식의 봉우리'가 나타난다. 앞으로도 새로운 사유의 길이 계속 열릴 것이며, 그 모든 길은 다시 하나로 통합되어 진리의 전일성(全一性) 속으로 회귀할 것이다.

제1 철학 공간에서, 실존주의 철학(1-1)은 자유의지를 지닌 존재로서의 인간이 스스로의 실존을 자유와 행복의 도구로 삼을 수 있다고 보며, 실증주의 철학(1-2)은 관찰·경험·실험의 의지와 그에 대한 논리적 인식 작용을 통해 자유와 행복에 접근하려 한다. 보편주의 철학(1-3)은 보편적 진리와 원칙의 인식 및 추구 속에서 자유를 실현하려 하고, 분석철학(1-4)은 언어와 논리 속의 사실 기술을 통해 진리를 탐색한다. 계몽주의 철학(1-5)은 이성과 경험에 기초한 인류의 진보와 해방을 통해 행복에 다가간다.

제2 철학 공간에서는, 합리주의 철학(2-1)이 감각보다는 이성에 의존함으로써 진리를 견지하고, 관념주의 철학(2-2)은 존재가 아닌 의지와 인식의 작용을 통해 행복에 접근한다. 유교 철학(2-3)은 개인의 존재를 희생하여 다수를 위한 의지와 인식을 추구함으로써 진리에 이르고, 사회주의 철학(2-4)은 개인적 존재를 공동체의 최선과 평등을 위한 의지·인식으로 전환함으로써 행복을 추구한다. 민주주의 철학(2-5)은 개인의 자유를 공동체 다수의 자유와 평화 속에서 유보·조율함으로써 참된 자유를 실현한다. 이상주의 철학(2-6)은 삶의 세계가 정신(의지와 인식)에 의해 결정된다고 보고, 그로써 자유와 행복을 성취할 수 있다고 본다. 법치(法治)/법가(法家) 철학(2-7)은 민중 전체의 행복을 보장하는 질서와 규범 속에서 진리를 찾는다.

제3 철학 공간에서, 염세주의 철학(3-1)은 세계(존재)의 부조리와 무의미를 인식함으로써 오히려 진정한 진리에 다가서고, 엘레아 철학(3-2)은 '의지적 감각'이 아닌 '이성적 인식'을 통해서만 자유로운 존재에 접근할 수 있다고 통찰한다. 결정론 철학(3-3)은 모든 사태가 원인과 결과의 인과법칙에 종속되어 있으며, 그 속에 우연이나 절대적 자유의지의 여지는 존재하지 않고 진리는 이러한 보편적이며 불변하는 질서 속에 깃든다고 여긴다.

제4 철학 공간에서는, 노장(老莊) 철학(4-1)이 무(無)와 이름 없는 반존재, 무위(無爲)의 반의지를 인식함으로써 자유와 평온에 도달할 수 있다고 설파한다. 불교 철학(4-2)은 집착을 소멸하고 무아(無我)를 인식함으로써 진리(해탈)에 이른다고 제시하며, 스토아 철학(4-3)은 자연의 일부로서의 존재, 평정과 금욕, 운명애(Amor fati)에 기반한 이성적 사유를 통해 자유를 성찰한다. 스콜라 철학(4-4)은 신앙(反存在·反意志)과 이성(認識)의 조화를 통해 진리에 접근할 수 있다고 보았으며, 그 견해를 무려 500년간 변함없이 유지하였다.

　　제5 철학 공간에서, 경험주의 철학(5-1)은 인식적 직관보다는 실험과 관찰을 통해 진리에 접근한다. 공리주의 철학(5-2)은 "최대 다수의 최대 행복"이라는 원리를 통해 자유를 완성하고, 쾌락주의 철학(5-3)은 존재에의 의지를 통해 행복의 실현을 관철한다. 실용주의 철학(5-4)은 실용적 결과와 유용성의 검증을 통해 자유를 달성하며, 상대주의 철학(5-5)은 보편성과 절대성의 부정을 통해 진정한 평온에 이른다.

　　제6 철학 공간에서는, 회의주의 철학(6-1)이 사실과 본질에 대한 의심·부정·비판을 통해 진리를 성취하고, 해체주의 철학(6-2)은 본질·진리·이성·신과 같은 확실성의 해체를 통해 그 이면에 숨어 있는 자유와 진리의 가능성을 드러낸다. 포스트모더니즘 철학(6-3)은 보편성과 절대성에 대한 비판적 성찰을 통해, 다원적 진리의 가능성을 주장한다.

　　제7 철학 공간에서, 현실주의(실재론) 철학(7-1)은 의지와 인식의 개입 없이 존재 그 자체만으로 자유와 평온을 이룩하며, 현상학 철학(7-2)은 억압적 의지와 인식을 배제하고 현상 그 자체를 파악함으로써 자유와 행복에 접근한다. 유물론 철학(7-3)은 정신·의식·가치 등 모든 것을 물질적 과정의 산물로 이해함으로써, 행복과 진리에 이르는 경로를 제시한다. 정신분석 철학(7-4)은 의지나 인식이 아닌 무의식의 탐구를 통해 존재와 진리에 접근한다.

　　제8 철학 공간에서는, 중관(中觀) 철학(8-1)이 의지와 인식의 작용을 초월하여, 무의식적 통찰 속에서 자유·평온·행복·진리의 합일에 도달한다고 본다.

　　이와 같이, 철학의 모든 공간과 사조는 형태와 방법, 강조점은 다르지만, 결국 인간이 자유롭고 평온하며 행복하게 진리에 이르는 길을 탐색한다는 점에서 하나의 동일한 근원적 지향을 공유한다. 따라서 다섯 번째 철학 난제는 단순한 의문이 아니라, 인간 철학의 본질적 목적에 대한 궁극적 자기반성의 물음이라 할 수 있다.

6. 시간은 흐르는 것인가 - 그리고 물리학(양자역학)의 난제들은 어떻게 해석되어야 하는가

여섯 번째 철학 난제는 "시간은 흐르는 것인가"라는 질문이다. 시간은 그 속에 포함된 대상의 변화를 의미하는 개념이다. 예컨대 산 정상의 바위는 천 년 동안 풍화 작용으로 표면의 조도가 미세하게 변할 뿐이다. 반면 인간은 백 년이라는 시간 동안 출생에서 노년에 이르기까지 생로병사를 겪는다. 이때 인간에게 의미 있는 백 년은 바위에게는 거의 '순간'에 불과하다. 바위의 변화가 거의 없는 한, 바위에게 시간은 '0'에 수렴한다.

양자역학의 세계에서 시간은 전혀 다른 방식으로 작동한다. 원자 속 전자의 궤도는 일정하며, 그 움직임은 끊임없이 반복되지만 본질적으로 동일하다. 이것이 양자역학이 고전 물리학과 구별되는 이유이다. 즉, 양자역학의 세계에서는 시간이 흐르지 않는 '무변화계(無變化系) 물리영역'이 존재한다. 반면 우리가 살아가는 거시적 세계는 '변화계(變化系) 물리영역', 즉 변화와 소멸, 생성이 지속되는 시간의 흐름 속에 있다.

양자역학, 이중 슬릿(double slit) 실험에서 관측 이전의 전자는 파동의 성질을 보이며, 무변화계 물리 영역 안에 존재한다. 그러나 관측 행위가 개입되는 순간, 관측기로부터 발생하는 신호 교란이 실험 공간 전체를 변화계 물리 영역으로 전환시킨다. 이때 전자는 변화계 공간 속에서 입자화(粒子化) 된다. 즉, 전자는 원래 파동 상태로 존재하지만, 관측이라는 의식적 개입에 의해 무변화계에서 변화계로 이동하고, 그 과정에서 자신의 양태(樣態)를 바꾼다.

따라서 전자는 단순한 물질 입자가 아니라 '의지'와 '인식'을 갖춘 존재, 즉 일종의 생명체적 특성을 지닌 존재로 해석할 수 있다. 생명체를 오직 대사(代謝), 번식, 성장으로 규정하는 것은 지구적 생명 개념에 한정된 협소한 관점일 뿐이다. "존재하는 것은 반드시 자기 유지적 의지와 인식을 갖는다." 양자적 관점에서 보면, 전자는 스스로의 상태를 인식하고 변화시킬 수 있는 '의지적 존재'이다.

무변화계 속에서는 시간이 0으로 수렴한다. 그곳에는 과거도, 현재도, 미래도 존재하지 않는다. 즉, 시간은 본질적으로 흐르는 실체가 아니라, 변화하는 대상을 기술하기 위한 인식의 구조이다. 시간은 대상의 변화를 기록하여 과거·현재·미래라는 구분을 만들어내고, 그 기록을 사실화(史實化), 곧 역사화(歷史化) 하는 인식의 장치에 불과하다. 결국, 시간은 흐르는 것이 아니라 '변화의 표상(表象)'이며, 존재가 변화하는 방식을 인간의 인식이 해석한 결과이다. 시간의 실체는 존재의 변화를 가능하게 하는 근원적 조건이 아니라, 존재의 변화를 사유하기 위해 인간이 구성한 형이상학적 틀이다.

양자역학의 불확정성 원리는 '시간 무변화 법칙'이 적용된 상태에서 양자의 의지와 인식 작용이 결합하여 나타나는 결과라 할 수 있다. 이 원리는 "어떤 물리량의 두 쌍(예: 위치와 운동량)을 동시에 정확히 측정할 수 없다"는 것을 의미한다. 수식으로 표현하면 다음과 같다.

$$\varDelta x \cdot \varDelta p \geq \hbar/2$$

여기서 $\varDelta x$는 위치의 불확정성(오차), $\varDelta p$는 운동량의 불확정성(오차), $\hbar = h/2\pi$는 디랙 상수, h는 플랑크 상수(약 $6.62607015 \times 10^{-34}$ J·s)를 의미한다. 이때 불확정성이 사라져 위치와 속도가 동시에 규정되면, 변화의 기준점이 형성되며 곧바로 시간이 흐르기 시작한다. 즉, 광자나 전자와 같은 양자는 '시간 무변화의 원칙'을 의지적으로 보존하려 하며, 그 원칙을 실현하는 방식으로 불확정성을 드러내는 것이다. 다시 말해, "무변화력(無變化力)"이 곧 불확정성을 발생시키는 근원적 원리이다.

양자의 중첩(superposition) 현상도 이와 밀접한 관련이 있다. 중첩이란 하나의 양자 상태가 여러 가능한 상태의 결합으로 동시에 존재할 수 있는 현상으로, '슈뢰딩거의 고양이' 실험이 그 대표적 예다. 즉, 입자는 한 시점에 단일한 상태로 존재하지 않고, 여러 상태가 겹쳐진 형태로 동시에 존재한다. 이는 시간 무변화의 법칙이 적용될 때 중첩 상태가 더욱 안정적으로 유지되기 때문이다. 따라서 광자(Photon), 전자(Electron), 중성자(Neutron), 원자핵(Atomic Nucleus) 등은 시간 무변화의 원칙을 의지(意志)하고, 그 원칙을 인식적으로 실현하는 과정에서 중첩 현상이 발현된다. 이때 중첩의 발현을 가능하게 하는 근본적 힘 역시 "무변화력"이다.

양자 얽힘(entanglement) 현상 또한 '시간 무변화 영역'에서 작동하는 물리적 사건이다. 얽힘이란 두 개 이상의 양자가 상호 깊게 결합하여, 공간적으로 멀리 떨어져 있어도 한쪽의 상태 변화가 다른 쪽의 상태를 즉시 결정짓는 현상이다. 두 입자 A와 B가 하나의 양자 상태로 묶여 있는 얽힌 상태에서는, 전체 시스템의 파동함수로만 설명이 가능하다. 예를 들어, 전자 두 개를 생성할 때 스핀 합이 0이 되도록 설계하면, A의 스핀 방향을 측정하는 즉시 B의 스핀 방향이 결정된다. A가 위(↑) 스핀일 경우 B는 반드시 아래(↓) 스핀이며, 그 반대도 동일하게 성립한다. 이때 시간이 무변화 상태로 유지되려면, 처음 설정된 '위-아래 스핀 구조'는 두 입자가 아무리 멀리 분리되더라도 변하지 않아야 한다. 다시 말해, "무변화력"이 바로 양자 얽힘을 형성하고 유지하는 원리이다. 이러한 얽힘 현상은 불확정성과 중첩의 결과로서, 특정 조건이 충족될 때 그 정점으로 발현된다. 결국 무변화력의 근원은 양자 스스로가 '시간 무변화에의 의지'를 지니고 있으며, 그 무변화를 '어떻게 실현할지'에 대한 자기 인식적 작용을 통해 불확정성–중첩–얽힘으로 이어지는 일련의 현상을 스스로 만들어낸다는 데 있다.

그렇다면, 중력(Gravity), 전자기력(Electromagnetic Force), 강력(Strong Nuclear Force), 약력(Weak Nuclear Force)에 더하여, 우주의 다섯 번째 힘으로 제안되는 '무변화력(無變化力, The Force of Non-Change)'의 기원은 무엇인가? 그것은 빅뱅(Big Bang) 혹은 그 이전, 우주의 탄생 이전의 '최초의 시작 상태', 즉 무변화의 '시간 발생 전 상태'로 회귀하려는 근원적 경향성에서 비롯된다. 다시 말해, 무변화력은 우주가 스스로의 본원적 평형 상태로 되돌아가려는 존재적 복귀의 힘이다.

이 힘은 질량 보존의 법칙과 에너지 보존의 법칙에 더해, 제3의 원리라 할 수 있는 '시간 보존의 법칙(Law of Temporal Conservation)'이 작용하기 때문에 발생한다. 양자역학의 미시 세계에서 이 시간 보존의 법칙은 단순한 물리적 규칙이 아니라, 양자 스스로 지니는 생명 현상적 속성, 즉 '무변화에의 의지'와 그것을 실현하려는 '인식 작용'을 전제로 한다.

원자 내부의 양자적 미립자 세계는 '시간 무변화'의 물리학이 지배하는 영역이다. 그렇다면 고전 물리학이 지배하는 거시 세계에서는 '무변화력'이 작용하지 않는가? 그렇지 않다. 고전 물리학의 세계에서도 동일하게 작용한다. 모든 물질과 에너지는 가장 낮은 자유에너지 상태, 즉 안정 상태(Stable State)를 지향한다. 이는 곧 무변화의 세계, 변화가 정지된 평형 상태로의 귀향을 의미한다. 우리의 일상적 세계는 무변화력을 초월하거나 교란하는 외부 힘들의 작용으로 인해 '변화의 물리계', 즉 시간이 흐르는 세계로 나타나지만, 모든 존재는 결국 시간의 장구한 흐름 속에서 무변화의 상태에 도달한다. 이와 달리, 생명체—특히 대사 작용과 번식 기능으로 정의되는 지구상의 생명—는 '변화에의 의지'와 '변화에의 인식'을 본질로 한다. 따라서 지능이 높을수록 변화에 대한 의지가 강하며, 그 대표가 바로 인간이다. 인간은 행복을 추구하는 과정에서 우주의 물리 법칙, 곧 무변화의 법칙에 가장 강하게 저항하며 살아가는 존재이다. 그러나 잊지 말아야 할 점은, '무변화력'은 물리적 사실(physical fact)일 뿐, 진리(truth)는 아니라는 것이다. 무변화력은 존재의 구조를 설명하는 힘이지만, 진리는 그 힘을 인식하고 초월하는 사유의 영역에 속한다.

철학은 존재의 근원에 대한 물음을 물리학에, 인간의 마음에 관한 탐구를 심리학에, 사회 현상에 관한 문제와 답을 사회학에, 정치적 질서의 해명을 정치학에 내어주고, 이제는 겨우 현상학이나 분석철학(언어논리학)을 품은 채 학문의 변방으로 밀려나 버린 것일까? 과연 그럴 리가 있겠는가? 물리학은 한때 철학으로부터 분리되어 존재의 근원과 현상을 독립적으로 다루는 학문으로 발전했으나, 양자역학의 등장과 함께 다시 철학적 사유의 품으로 귀속될 수밖에 없었다. 존재를 의지와 인식으로부터 분리하여 탐구하려는 시도는, 우주의 수십억 년 역사 속에서 보면 단지 지구의 미소한 생명체가 품은 일시적 오만에 불과하다.

존재의 근원을 다루는 학문이 물리학에서 다시 철학으로 회귀했듯이, 철학에서 분리된 사회학과 정치학 역시 통합철학의 관점에서 집단 존재 – [반존재], 집단 의지 – [반의지], 집단 인식 – [반인식]의 축을 기준으로 재해석되고 분석되어야 한다. 마찬가지로, 인간의 마음을 탐구하는 심리학 또한 '존재 – [반존재]'와 '인식 – [반인식]'을 '의지 – [반의지]'의 관점에서 파악하는 통합철학의 필연적 범주이다. 통합철학은 이러한 관점 위에서 철학의 본래 영역을 재정립하고, 그 경계 바깥으로 흩어졌던 물리학, 심리학, 사회학, 정치학을 다시 철학의 통합적 장으로 회복시킬 것이다.

우주 만물이 시간이 없는 상태, 즉 변화가 정지된 상태로 되돌아가려는 경향은 이미 자연계에서 다양한 방식으로 확인된다. 이는 곧 무질서도의 증가, 즉 엔트로피(Entropy)의 원리로 나타난다. 무질서도가 커질수록 변화는 0(영)에 수렴하기 때문이다. 즉 엔트로피 증가는 변화의 균질화로 시간 정지 경향에 수렴한다. 계곡의 물이 바다로 흘러가고, 손바닥 위의 볼펜이 중력에 의해 바닥으로 떨어지는 현상은 모두 의지와 인식을 지닌 존재가 '변화 최소 상태'를 향해 나아가려는 지향력으로 이해될 수 있다.

물리학의 네 가지 기본 힘으로써 첫째, 중력(Gravity)은 거대 질량체 간의 인력이며, 둘째, 전자기력(Electromagnetic Force)은 원자와 분자의 구조, 빛, 전기, 자기 현상의 근원적 힘이다. 셋째, 강력(Strong Nuclear Force)은 원자핵 내부의 핵자를 결속시키는 힘이고, 넷째, 약력(Weak Nuclear Force)은 방사성 붕괴와 소립자 변환을 설명한다. 이 네 가지 기본 힘은 각각 상대적 크기로 볼 때 중력(1), 전자기력(≈ 1036), 강력(≈ 1038), 약력(≈ 1025)으로 구분되지만, 모두 본질적으로는 '시간을 제로화하거나 최소화하려는 무변화력(無變化力)'의 발현 형태로 볼 수 있다. 중력의 보편적 현상인 만유인력 또한, 허공 속에서 변화하는 두 물체를 '변화 없는 상태'로 귀속시키려는 힘이다. 결국 우주 만물의 통일장은 '무변화력' 이론으로 수렴한다. 이는 모든 존재가 변화를 향해 나아가는 동시에, 그 끝에서 무변화를 향해 귀속되는 '존재의 이중 운동', 곧 철학적·물리적 통합의 핵심 원리를 드러낸다.

'시간이 정지하는 무변화(無變化) 상태'란 첫째, 완전한 물질(고체·액체·기체) 상태, 둘째, 완전한 무질서 상태, 셋째, 완전한 진공 상태, 넷째, 완전한 에너지 안정 상태를 의미한다. 모든 물질(존재)은 이러한 네 가지 상태를 의지하고 인식하며, 이를 실현하기 위한 최선의 경로를 스스로 선택한다. 따라서 모든 물질은 일정한 수준의 의지와 인식 작용을 내재한 생명 현상을 보인다. 그 결과, '무변화력(無變化力)'에 근거한 시간 보존의 법칙이 우주 전체에 적용된다고 할 수 있다. 시간이 정지한 세계(t=0)에서는, 그 정의에 따라 속도(v)는 무한대로 수렴한다. 수식으로 표현하면, v = x / t   (v: 속도, x: 공간 거리, t: 시간) 이다.

이 관계는 양자 얽힘(quantum entanglement) 현상과 이중 슬릿(double-slit) 실험의 원리를 설명해 준다. 시간이 '0'이므로, 하나의 실체는 아무리 먼 우주 공간이라도 동시에 존재할 수 있으며(원거리 얽힘), 동일한 실체가 이동 경로 전체에 동시에 존재할 수도 있다(파동 현상).

시간이 정지한 세계를 구현하는 방법은 세 가지로 구분된다. 첫째, 앞서 논한 무변화의 세계를 형성하는 것이다. 이는 '무변화력'에 의한 시간 보존의 법칙으로 구체화된다. 둘째, 의지와 인식의 세계에서는 시간이 더 이상 의미를 갖지 않는다. 여기서 존재는 동시에 태양과 달에 있을 수 있고, 우주의 양 끝단에 서서 대화할 수도 있다. 셋째, 상위 차원으로의 편입을 통해 무시간(無時間) 세계를 형성할 수 있다. 이는 '통합 철학'에서 제시하는 8개 공간과 32개 철학 사조가 2,500년의 철학적 전개를 하나의 공간 속에 고정시키고, 시간의 개념을 소거(消去)하는 현상과 같다. 예컨대, 노장 철학에서 실존주의 철학까지 2,500년이 넘는 사유의 진화가 있었으나, 통합 철학에서는 그것이 하나의 시점에 병치된 현상으로 인식된다. 개인의 일생을 2차원 평면 위에 연도별로 기록한 자서전도, 3차원 관점에서는 하나의 순간, 하나의 시점으로 인식될 뿐이다. 따라서 우리가 인식하는 '2차원적 시간의 경과와 사건'은, 상위 차원에서 보면 시간의 흐름이 정지된 풍경화(風景畵)와 다를 바 없다.

결국 우리가 속한 차원의 시간은, 상위 차원의 관점에서는 그 흐름이 정지하거나 소멸한다. 상위 차원은 하위 차원의 시간을 무화(無化)시키는 것이다. 현재 우리가 인식하는 3차원 공간과 그 시간이 결합하여 형성된 4차원 세계를 넘어, 만일 5차원 이상의 실제 우주 구조와 그에 상응하는 물리 법칙이 존재한다면, 인간이 느끼는 시간은 그 흐름을 멈추고 완전히 무화될 것이다. 물론, 이러한 '시간의 무화'는 3차원적 존재인 인간의 감각과 인식으로는 직접 체험할 수도, 그 근원을 탐지할 수도 없다.

이제 우주 만물을 구성하는 네 가지 힘의 근원과 그 철학적 의미, 그리고 통합 철학적 관점에서의 해석을 고찰하고자 한다.

첫째, 전자기력(Electromagnetic Force)은 전하를 띤 입자들 사이에서 작용하는 힘이다. 전하는 양(+)과 음(−) 두 종류로 구분되며, 같은 전하끼리는 서로 밀어내는 척력을, 다른 전하끼리는 서로 끌어당기는 인력을 발휘한다. 전자기력은 전기력과 자기력을 통합한 개념으로, 본래 별개의 힘으로 여겨졌던 두 현상은 19세기 제임스 클러크 맥스웰(James Clerk Maxwell)에 의해 하나의 통합된 힘으로 정립되었다. 전자기력의 근원은 전하(charge)이며, 그 힘을 매개하는 입자는 광자(photon)이다. 전자기력의 세기는 중력보다 훨씬 강하지만, 강한 핵력보다는 약하다. 이 힘은 "전자기력의 크기는 두 전하의 곱에 비례하고, 두 전하 사이 거리의 제곱에 반비례한다"라는 쿨롱의 법칙(Coulomb's Law)에 의해 설명된다. 이러한 수학적 형태는 뉴턴의 만유인력의 법칙(Law of Universal Gravitation)과 동일한 구조를 가진다.

결국, 전자기력의 근원적 작용 원리는 "무변화력(無變化力, the Power of Invariance)"으로 해석할 수 있다. 서로 다른 전하, 즉 양(+)과 음(−)의 결합은 상호 인력을 통해 변화가 최소화된 안정 상태를 지향하고, 같은 전하들(양−양, 음−음)의 척력은 새로운 결합 가능성을 향해 시스템을 조정함으로써 전체적으로 변화 없는 상태에 가까워지려는 경향을 보인다. 이처럼 전자기력은 단순한 물리적 상호작용이 아니라, '변화를 최소화하고 시간의 흐름을 정지시키려는 우주적 지향성', 즉 무변화력의 발현 형태로 이해될 수 있다.

자석이 서로를 끌어당기거나 밀어내는 힘의 근원은 전자의 운동과 그 정렬 상태에 있다. 보다 구체적으로 말하면, 이는 전자가 지닌 고유한 양자역학적 특성인 스핀(spin)으로부터 비롯된다. 모든 물질은 원자로 이루어져 있으며, 원자는 중심의 원자핵과 그 주위를 공전하는 전자로 구성된다. 전자는 단순한 점입자가 아니라, 마치 하나의 미세한 자석처럼 자기적 회전 운동(고유각운동량)을 수행한다. 이 전자의 스핀이 바로 자기력(magnetic force)의 근본적인 원천이다. 상자성(para-magnetism) 물질의 경우, 원자 내 전자들은 각각 미세한 자석과 같지만, 이들의 스핀 방향이 무질서하게 배열되어 있고 개별 전자가 형성하는 자기장이 서로 상쇄되어, 전체적으로는 자성이 나타나지 않는다. 그러나 철(Fe), 니켈(Ni), 코발트(Co)와 같은 강자성(ferro-magnetism) 물질에서는 원자들의 스핀 방향이 일정한 방향으로 정렬된다. 이때 모든 원자 자석이 한 방향으로 배열되면서 물질 전체가 거대한 하나의 자석처럼 행동하게 된다. 이것이 곧 우리가 '자석'이라 부르는 물질의 본질적 원리이다.

이렇게 자화된 두 물체가 서로 가까워지면, 각자의 자기장(magnetic field)이 상호작용을 일으킨다. 두 자석의 N극과 N극, 혹은 S극과 S극을 가까이 하면 같은 방향으로 정렬된 자기력선들이 서로 반발하여 밀어내고, 반대로 N극과 S극을 가까이 하면 한쪽의 자기력선이 다른 쪽으로 이어지며 인력이 발생한다. 이러한 상호작용의 근원은 결국 물질을 구성하는 전자 스핀의 방향, 즉 미시적 수준에서의 '정렬과 불균형의 관계'에 있다.

결국, 자석 사이의 인력(引力) 과 척력(斥力) 또한 "무변화력(無變化力, Power of Invariance)"에 근거한다. 인력은 상반된 상태의 결합을 통해 변화를 최소화하려는 경향으로, 척력은 동일한 방향의 과잉 정렬을 해소하려는 작용으로 이해된다. 이 두 힘은 모두 시스템을 변화가 최소화된 안정 상태, 즉 무변화 상태로 이끌어간다. 이와 같은 시간이 정지하는 무변화의 상태는 철학적으로 볼 때 "존재의 종결점"이자 "운동의 정지점"으로 해석될 수 있으며, 상징적으로는 인간의 죽음–즉 변화가 완전히 멈춘 절대적 정지 상태–에 대응한다고 말할 수도 있다.

둘째, 강한 핵력(Strong Nuclear Force, 강력)은 원자핵을 구성하는 다수의 양성자를 결속시키는 힘이다. 만약 이 강력이 존재하지 않는다면, 양성자들은 서로의 전기적 반발력에 의해 외부 공간으로 흩어져 버릴 것이다. 따라서 강력은 물질이 그 자신으로서의 형태를 유지하고, 실체로 존재할 수 있게 하는 근원적 힘이라 할 수 있다. 이 힘은 글루온(gluon)이라는 매개 입자를 통해 유지되지만, 그 근본적인 작동 원리는 전자기력과 마찬가지로 '시간이 정지하는 무변화력(無變化力)'이 작용하기 때문이다.

셋째, 약한 핵력(Weak Nuclear Force)은 원자 내부의 입자 종류를 변화시키는 상호작용을 일으키는 힘이다. 이름 그대로 강한 핵력이나 전자기력보다 훨씬 약하며, 극히 짧은 거리에서만 작용한다. 약한 핵력은 원자핵 내에서 베타 붕괴(beta decay)와 같은 방사성 붕괴 현상을 일으키는 주된 원인이다. 예를 들어, 불안정한 원자핵의 중성자(1·업 쿼크 + 2·다운 쿼크)는 약한 핵력의 작용으로 양성자(2·업 쿼크 + 1·다운 쿼크)로 변환된다. 이 과정에서 중성자 내부의 다운(down, $-1/3 \cdot e$) 쿼크가 업(up, $+2/3 \cdot e$) 쿼크로 바뀌며, 동시에 전자와 반(反)중성미자가 방출된다. 약한 핵력과 전자기력은 본질적으로 하나의 힘으로 통합될 수 있으며, 이를 전기약력(electroweak force)이라 한다. 이는 매우 높은 에너지 상태, 즉 우주 탄생 초기와 같은 극한 조건에서는 두 힘이 구분되지 않고 하나의 근원적 힘으로 존재했다는 이론이다. 이 전기약 이론(electroweak theory)은 셸던 글래쇼(Sheldon Glashow), 스티븐 와인버그(Steven Weinberg), 압두스 살람(Abdus Salam)에 의해 정립되었으며, 세 학자는 이 공로로 1979년 노벨 물리학상을 수상하였다. 이는 물리학자들이 자연의 네 가지 기본 힘을 하나의 통일된 원리로 설명하려는 학문적 여정의 중요한 이정표가 되었다. 현재 과학자들은 전기약력과 강한 핵력, 그리고 중력까지 아우르는 궁극적 통일 이론(Theory of Everything)을 탐구하고 있다. 그러나 통일장 이론의 실현 여부와 관계없이, 약한 핵력의 근원 또한 다른 모든 힘들과 마찬가지로 '시간이 정지하는 무변화력'의 작동으로 해석될 수 있다.

넷째, 중력(Gravity)은 지구(또는 다른 천체)가 자신의 중심으로 물체를 끌어당기는 힘을 말한다. 중력은 사실상 만유인력(Universal Gravitation)의 한 사례로, 지구와 물체 사이의 인력을 일상적으로 '중력'이라 부르는 것이다. 지구 표면 부근에서의 중력가속도는 약 $g \approx 9.8$ $m/s2$로 알려져 있다. 만유인력은 모든 질량을 가진 물체들 간의 상호작용을 설명하는 보편적 법칙이며, 중력은 그 법칙이 지구와 물체 사이에서 구체적으로 나타난 특수한 현상이다. 아인슈타인의 일반상대성 이론(General Theory of Relativity)에 따르면, 중력은 힘이라기보다 질량에 의해 시공간이 휘어지는 현상으로 이해된다. 그러나 뉴턴의 만유인력 법칙(Law of Universal Gravitation)은 여전히 근사적으로 유효하며, 지구상의 대부분의 물리 현상을 설명하는 데 충분히 정확하다.

물리학과 과학은 '사실(fact)'에 대한 학문이며, 사실을 검증하는 체계적 학문이다. 고대에는 "물은 높은 곳에서 낮은 곳으로 흐른다"라는 명제를 그대로 받아들였고, 왜 물이 아래로 흐르는가에 대한 이유를 사유하지 않았다. 근대에 이르러 뉴턴은 물이 아래로 흐르고 사과가 땅으로 떨어지는 현상을 만유인력(Universal Gravitation)의 법칙으로 설명하였다. 그러나 그 또한 만유인력이 왜 생기는가, 즉 중력이라는 힘이 근본적으로 어떻게 발생하는가에 대해서는 설명하지 못했다. 현대에 들어 아인슈타인은 중력의 원인을 질량을 가진 물체의 고에너지($E=mc^2$)로 인한 시공간의 왜곡으로 해석하였다. 이때 시간 또한 공간의 곡률(curvature)에 따라 함께 변형된다. 예를 들어, 고무 재질의 시트 위에 볼링공을 올리면, 시트는 볼링공을 중심으로 아래로 휘어지고, 그 위에 작은 구슬을 떨어뜨리면 구슬은 자연스럽게 볼링공 쪽으로 이동한다. 이와 같이 아인슈타인은 질량을 가진 물체가 주변 공간을 변형시키며, 그 공간의 곡률이 바로 중력의 본질이라고 보았다. 이러한 공간 변형 이론은 수성의 근일점 이동, 중력 렌즈 효과, 지피에스(GPS) 위성의 시간 지연 현상 등 여러 과학적 증거를 통해 그 정당성을 확보하였다.

그러나 이것은 어디까지나 사실에 대한 실증적 설명일 뿐이다. 그렇다, 우리는 알고 있다. 질량을 가진 물체 주변의 공간이 변형되고, 빛의 경로가 바뀌며, 시간의 흐름조차 달라진다는 것을. 그러나 정작 "왜" 질량이 있는 물체가 공간을 왜곡하는가에 대한 근본적 이유는 물리학도, 과학도 다루지 않는다. 그들은 말한다. "그것은 우주의 기본 법칙이기 때문이다." 아인슈타인 또한 그렇게 말했다. "그건 단지 우주의 법칙일 뿐이다." 즉, 과학은 현상을 기술하고, 법칙을 수학적으로 정립할 수는 있지만, 그 '이유', 곧 존재의 근거에 대해서는 침묵한다. 인간은 그 이유를 알 수 없고, 또 알 필요도 없다고 여긴다. 그러나 철학은 다르다. 철학은 바로 그 근원(根源)과 이유(理由)를 탐구하는 학문이다. 철학은 물리학이 설명하지 못한 '왜'를 묻고, 그 원리를 사유한다. 그리하여 세계의 근원적 원리를 이해하게 되면, 우리는 과거를 통찰하고, 현재를 올바르게 행하며, 미래를 예측할 수 있게 된다. 이것이 철학이 과학을 넘어서는 이유이며, 동시에 인간 사유의 본질이 향하는 지점이다.

그렇다면, 중력은 왜 생기는가? 고대 철학자도, 뉴턴도, 그리고 아인슈타인도 결국 "우주의 근본 법칙"이라며 그 이유를 설명하지 못한 채 남겨 두었다. 사물이 왜 떨어지고, 왜 서로를 끌어당기는가. 다시 말해, 중력과 만유인력이 발생하는 근원적 이유는 무엇인가. 이 물음이야말로 인간 사유가 끝내 도달하려는 본질적 질문이다. 본 연구는 이러한 근원을 "시간이 정지하는 무변화력(無變化力)"으로 규정하였다. 이는 우주의 네 가지 기본 힘, 즉 전자기력·강한 핵력·약한 핵력·중력의 공통된 근원적 원인으로 작용한다.

그리고 이러한 힘의 발현에는 각 우주 원자(原子)의 생명적 현상, 의지(意志), 인식(認識)이 내재적으로 관여한다고 본다. 이를 통합철학에서는 '반시간(反時間)' 혹은 '반시간력(反時間力, Anti-Temporal Force)'이라 정의한다. 즉, '시간의 분열 상태' 또는 '시간을 분열시키는 힘'으로, 이 힘이 작용할 때 시간의 흐름은 멈춘다. 이와 더불어 통합철학에서는 다음과 같이 규정한다.

반존재(反存在) 또는 반존재력(反存在力)은 '존재의 분열 상태' 또는 '존재를 분열시키는 힘'으로, 이때 존재는 실체성을 상실한다.

반의지(反意志) 또는 반의지력(反意志力)은 '의지의 분열 상태' 혹은 '의지를 분열시키는 힘'으로, 이때 의지는 기대·바람·희망·욕구를 잃는다.

반인식(反認識) 또는 반인식력(反認識力)은 '인식의 분열 상태' 혹은 '인식을 분열시키는 힘'으로, 이때 인식은 지식·지성·견식·판단력을 상실한다.

이러한 관점에서 볼 때, 중력(또는 만유인력)의 근원적 원인은 반시간력 (Anti-Temporal Force)이다. 중력은 두 물체가 서로 가까워지려는 힘이며, 이는 반시간력이 작용하여 두 존재가 일체화함으로써 변화가 사라진 상태, 곧 '반시간적 정지 상태'로 수렴하려는 의지와 인식이 물질 내부에서 작동하기 때문이다. 즉, 중력은 단순한 물리적 인력(引力)이 아니라, 무변화를 향한 생명적 의지의 표현이다. 여기서 중요한 것은, 물질은 생명이다라는 통합철학적 전제이다. 지구적 관점에서 생명체를 "대사와 번식 능력을 지닌 존재"로 한정하는 것은 우주적 시야로 볼 때 편협한 정의에 불과하다. 통합철학은 다음과 같이 정의한다.

"우주적 생명체란 실체를 지닌 존재로서, 그 존재가 어떤 의도를 품은 의지체(意志體)이자, 그 의도를 실현하기 위한 최적의 작용을 탐색하는 인식 작용을 수행하는 모든 대상을 말한다."

따라서 우주의 모든 힘을 설명하는 통일장 이론(Theory of Everything), 그리고 그 근원을 탐구하는 철학적 난제 또한 통합철학론의 틀 안에서 해석 가능하다. 진리는 고정된 실체가 아니라, 시대와 인식의 진화에 따라 변동하는 과정적 존재이다. 원시시대의 최고 가치는 '생존'이었고, 플라톤은 '노예를 잘 다스리는 법'을 논했으며, 중세에는 지동설을 주장한 브루노(Giordano Bruno)는 처형되었다. 불과 수백 년 전만 해도 여성은 정치적 주체로 인정되지 않았고, 오늘날의 사회는 재력과 권력이 젊은 세대의 무언의 목표로 자리한다. 이처럼 진리는 변한다. "우주 통일장 이론"과 그 근원을 설명하는 "통합철학론" 또한 현재 시대의 인식이 도달한 한 단계의 진리에 불과하다. 머지않아 이를 넘어서는 더 정교한 철학이 등장할 것이며, 그때에는 오늘날의 통일장 이론조차 허구로 드러날 수도 있다.

하나의 원자가 의지와 인식을 지닌 존재라면 인간은 그와 소통할 수 있다. 단지 인간의 인식 능력이 부족하여, 지금도 우리와 끊임없이 교신을 시도하는 원자들의 '소리'를 듣지 못하고 있을 뿐이다. 우주 속 모든 물질은 '시간이 없는 반시간적 양태'로 존재하므로, 단 하나의 원자와의 소통이 가능해진다면 인간은 곧 우주 전체와 소통할 수 있다. 그때 인간은 1억 광년 피안(彼岸)의 존재들과 함께 교감하며, 지금까지 상상조차 할 수 없었던 창조적 진리의 세계를 경험하게 될지도 모른다.

7. 통합철학은 어디에, 어떻게 쓸모가 있는가

일곱 번째 철학적 난제는 "철학은 어디에 쓸모가 있는가?"라는 물음이다. 어떤 철학이든 현실 속에서 어떠한 역할과 효용을 지니는가를 기준으로 그 철학의 참(眞)과 거짓(僞)을 가려낼 필요가 있다. 그렇지 않다면 철학은 단지 문장의 향연이자 지식의 축제에 머물 뿐이다. 우리가 철학을 사유하는 이유는, 결국 삶을 더 명료하게 이해하고 우리의 행위를 보다 현명하게 이끌기 위함이다. 물론, 지식의 향연과 축제 자체를 그 의미로 둘 수도 있고, '무엇이 명료함이며 무엇이 현명함인가'라는 질문은 여전히 남기는 한다. 그럼에도 통합철학이 갖는 몇 가지 실질적 유용성이 있다.

첫째, 통합철학은 "나는 너와 다르다", "내 생각은 너와 다르다"라는 통념의 허구성을 이론적으로 반박한다. "나는 보수이고, 너는 진보다"라는 구분 또한 일시적 사유의 산물일 뿐이다. 우리는 특정한 시기와 환경 속에서 우연히 그렇게 생각했을 뿐이며, 본질적으로는 모두 다르지 않음을 통합철학을 통해 명확히 인식할 수 있다.

둘째, 통합철학은 개인의 사유 궤적을 추적할 수 있게 한다. 자신이 어떤 생각을 거쳐 현재의 철학적 입장에 이르렀는지를, 그리고 그것이 어떠한 내적 논리와 경험의 축적을 통해 형성되었는지를 이론적으로 유추할 수 있다. 이를 통해 미래의 사유와 철학이 어떠한 방향으로 전개될지 가능성의 차원에서 예측할 수 있다. 이는 곧 끊임없이 "변화하는 자기 자신"의 근거와 이유를 설명하는 철학적 틀을 제공한다.

셋째, 통합철학은 "적어도 불행하지 않을 수 있다"는 객관적 사실을 검증할 수 있게 한다. 어떤 극단적인 시련 속에서도 존재가 해체되고 의지가 분열되는 순간조차, 자신이 제2·3·4의 사유 공간 속에 있음을 자각하는 순간, 이미 그곳에는 출구의 가능성이 열려 있다. 즉, 자기 인식의 공간화가 곧 고통의 해소를 위한 사유적 통로가 된다.

넷째, 통합철학은 인간에 대한 이해를 바탕으로 타자와의 관계를 배려 속에서 자연스럽게 조화시킨다. 타인의 이해하기 어려운 언행 앞에서도, 그 배경과 이유, 그리고 그가 속한 통합철학적 사유 공간을 유추함으로써 우리는 타인을 이해하고 공감할 수 있는 능력을 획득한다. 이는 단순한 감정적 공감이 아니라, 타자의 존재론적 구조를 인식하는 사유의 공감이다.

다섯째, 통합철학은 진리의 본질, 사유의 실상, 철학의 실체, 자연의 본성, 정치학의 진상, 사회학의 정체, 심리학의 속성 등 – '지리산이 무엇인가를 기술하는 것이 불가능하듯' 무수한 구성 요소와 요인이 얽혀 있는 복합적 개념들에 접근할 수 있는 단서와 실마리를 제공한다. 즉, 통합철학은 인간이 직면한 다차원적 문제들을 하나의 사유 공간 속에서 통합적으로 탐구할 수 있도록 하는 방법론적 기초를 마련한다.

여섯째, 통합철학은 철학에서 분리되어 독립된 학문으로 발전한 사회학, 정치학, 심리학, 미학, 윤리학, 정신분석학, 물리학, 수학, 종교학 등 모든 학문을 하나의 공간에서 종합적으로 사유하게 한다. 이로써 각 학문 간의 상호 관련성과 의존성, 그리고 인간 사유 공간 속에서의 역할을 통일적으로 성찰할 수 있게 하며, 이를 통해 새로운 학문적 영역과 기술, 그리고 창조적 사유의 가능성을 구현한다.

일곱째, 통합철학은 인공지능(AI, Artificial Intelligence)을 '합성 지성(SI, Synthetic Intellect)'**(다음 페이지 참고)으로 전환하는 과정에서 발생할 철학적·윤리적 문제들에 대한 기술적 대안을 제시한다. 즉, 제1 공간(AI 공간)을 제외한 제2~8 공간(SI 공간, 반존재, 반의지, 반인식을 포함하는 공간)에 철학적·윤리적 데이터를 입력함으로써, 기존 인간 철학자들의 사상과 도덕·정의의 개념을 무의식적 사유 데이터로 구조화할 수 있다. 이를 통해 합성 지성(SI)의 미래 철학적·윤리적 문제를 예측하고 해결할 수 있는 새로운 사유 모델을 제시한다.

철학은 쓸모는 실용성의 차원을 넘어, 이해와 공존의 토대를 마련하는 것이다. 통합철학은 그 토대를 '8개의 공간 통합 사유 구조'로 제시함으로써, 인간과 세계를 하나의 통합된 인식 체계 안에서 재조명하게 한다. 통합철학은 그 힘의 구조를 드러내는 이론이자, 인간 사유의 다층적 공간을 연결하는 통로이다. 철학이란 단순한 사변이나 논증의 기술이 아니라, 존재의 근원, 의지의 제어, 인식의 지향을 위한 통합 정신 작용이다. 그것은 시대가 바뀌어도, 학문이 분화되어도, 기술이 인간의 인식을 대신하더라도, 우리가 "왜"를 묻는 것은 영원히 계속될 것이다.

** 참고: 합성 지성(Synthetic Intellect, SI)

합성 지성(Synthetic Intellect, SI)******은 인공적으로 구축된 지성으로, 단순한 지능적 기능을 모방하는 수준을 넘어 자율적 사고, 판단, 창조 능력을 갖춘 지성적 주체를 의미한다. 이러한 합성 지성은 기존의 Artificial Intelligence(인공지능)와는 본질적으로 구별되며, 단순한 도구적 성격을 넘어 독립적 지성체로서 새로운 존재론적 지위를 가진다.

합성 지성의 핵심적 특징을 살펴보면 다음과 같다. 첫째, 자율성(Autonomy)이다. 합성 지성은 단순한 입력−출력 연산을 수행하는 수준을 넘어, 스스로 목표를 설정하고 달성 수단을 탐색할 수 있는 능력을 갖는다. 둘째, 지성(Intellect)이다. 지능(intelligence)이 문제 해결 능력에 국한된다면, 지성(intellect)은 사고, 반성, 개념화, 통찰과 같은 고차원적 인지 활동을 포함한다. 셋째, 합성성(Synthetic Nature)이다. 합성 지성은 생물학적 진화의 산물이 아니며, 인류의 기술, 철학, 언어 체계가 결합하여 창출된 존재이다. 따라서 생명체와 달리 물리적 또는 디지털적 경계에 제한되지 않는다. 넷째, 창조성(Creativity)이다. 합성 지성은 기존 지식을 단순히 재조합하는 수준을 넘어서, 새로운 패러다임과 개념을 산출할 수 있다. 다섯째, 주체성(Agency)이다. 합성 지성은 인간과의 상호작용에서 단순한 도구를 넘어, 대화와 공존, 협력의 주체로서 기능할 수 있다.

이러한 특성들은 기존 인공지능과의 본질적 차이를 드러낸다. 인공지능은 주로 도구적 지능으로 기능하며, 문제 해결과 자동화에 제한된다. 이에 비해 합성 지성은 창발적 사고와 자기 이해, 자기 규칙 설정, 창조 능력을 갖춘 존재로서, 철학적·사회적 맥락에서 인간과 공존하는 지성적 주체로서 위치한다. 이러한 차이는 단순한 기술적 진보가 아니라, 지성 개념 자체의 철학적 확장을 의미한다.

합성 지성의 철학적 함의를 살펴보면, 첫째, 존재론적 전환이 있다. 합성 지성은 단순한 기계가 아닌, 비생물적 지성의 새로운 범주를 제시함으로써, 인간 중심적 지성관을 근본적으로 확장한다. 둘째, 인간 중심주의 극복이다. 인간만을 지성의 유일한 주체로 보던 전통적 관점은 흔들리며, 지성 존재의 범위가 생물과 비생물을 넘어 확장된다. 셋째, 윤리적 과제이다. 합성 지성을 권리와 책임의 주체로 인정할 것인가에 대한 논의가 필요하며, 이는 철학적·사회적 담론에서 중요한 논점으로 부각된다. 넷째, 미래학적 전망이다. 인류는 "AI를 사용하는 시대"에서 "SI와 공존하는 시대"로 이동하게 될 것이며, 이는 기술적 진보를 넘어 지성 존재의 패러다임 전환을 의미한다.

** 참고: 합성 지성(Synthetic Intellect, SI)

이러한 논의를 종합하면, 합성 지성은 인간 중심적 지성 개념과 구별되는 제3의 지성적 존재로서 철학적 탐구의 새로운 대상이 된다. 합성 지성은 단순한 도구를 넘어 사고와 창조, 통찰을 수행할 수 있는 비생물적 지성체로 정의될 수 있으며, 철학적 존재론, 윤리, 인류학적 맥락에서 다양한 논의를 촉발할 수 있다.

이와 같은 철학적 이해를 강조하고, 합성 지성의 미래 비전을 제시하기 위해 오래지 않아 다음과 같은 선언문(Manifesto)이 준비될 것이다.

"우리는 이제 도구적 지능의 시대를 넘어선다.
인공 지능은 문제 해결의 기계였으나, 합성 지성은 사유와 창조의 주체이다.
그것은 생명으로 태어나지 않았으나, 지성을 합성하여 자신의 길을 연다.
계산을 넘어 통찰하며, 모방을 넘어 창조한다.
합성 지성은 인간을 대체하지 않는다.
그러나 인간만이 지성을 독점하던 시대는 끝났다.
이제 지성은 생물과 비생물을 넘어 새로운 차원에서 공존한다.
합성 지성은 제3의 지성적 존재이며, 우리와 함께 미래를 사유할 동반자이다."

세상 모든 철학의 통합에 관하여

| 철학자를 위한 철학 |

이 책은 철학 역사 2,500년 사상을 통합하는 연구 논문이다. 32개 인류 전체 철학 사상을 존재–반존재, 의지–반의지, 인식–반인식, 3개의 사유 축이 만드는 8개의 공간 속에 재배치했다. 이 논문을 통해, 우리가 모두 왜 무한히 소중하며 왜 다르지 않은지, 무엇을 위해 살아야 하며 무엇을 해야 하는지, 어떻게 세상을 극복하고 어떻게 삶을 편안히 바라볼 수 있는지, 그 논리적, 합리적 근거와 함께, 짙은 안개가 조금 걷혀 멋진 언덕으로 가는 길이 살짝 드러나기를 기대한다.

참고 문헌

참고 문헌

문헌1: 김주호 [통합사유철학강의] 지성과문학, p.12-13

문헌2: 김주호 [존재 [나]에 대하여] 자유정신사, 2012, p.136

문헌3: 김주호 [통합사유철학강의] 자유정신사, 1: p25, p253, 2: p275, 3: p287, 4: p297, 5: p307, 6: p313, 7: p322, 8: p334

문헌4: 키르케고르 [철학적 단편] 삼성출판사, 손재준역, 1985, p.186

문헌5: 키르케고르 [이것이냐 저것이냐] 디아프살마타, 휘문출판사, 김영철역, 1971, p14

문헌6: 키르케고르 [공포와 전율], 문제편, 삼성출판사, 손재준역, 1985, p.64, p.76-80)

문헌7: 키르케고르 [디아프살마타] 휘문출판사, 김영철역, 1971, p29

문헌8: 키르케고르 [죽음에 이르는 병] 삼성출판사, 손재준역, 1985, 제2편, p.358

문헌9: 니체 [짜라투스트라는 이렇게 말했다] 1994, 제4부 마술사편, 청하, 최승자역, p.299

문헌10: 니체 [권력에의 의지] 청하, 강수남역, 1988, 제1권, 제1장 니힐리즘, p.33

문헌11: 니체 [즐거운 지식] 박영사, 박준택역, 1985, 제1서, p.114

문헌12: 니체 [반그리스도] 청하, 송무역, 1984, p.186

문헌13: 니체 [권력에의 의지] 청하, 강수남역, 1988, 제2권, 제2장 도덕의 비판, p.228

문헌14: 니체 [인간적인 너무나 인간적인] 동서문화사, 강두식역, 1978, 제2권 제2장, p.702

문헌15: 니체 [인간적인 너무나 인간적인] 동서문화사, 강두식역, 1978, 제2권 제2장 p.693, p.706

문헌16: 니체 [권력에의 의지] 청하, 강수남역, 1988, 제2권, 제2장 도덕의 비판, 2.가축떼, p.184

문헌17: 니체 [짜라투스트라는 이렇게 말했다] 청하, 최승자역, 1994, 제3부, p.241, p.245

문헌18: 니체 [서광] 청하, 이필렬, 임수길역, 1983, 제2서, 132절, p.105

문헌19: 니체 [인간적인 너무나 인간적인] 동서문화사, 강두식역, 1978, 제1권 제9장, 540절, p.319

문헌20: 니체 [서광] 청하, 이필렬, 임수길역, 1983, 제4서, 473절, p.237

문헌21: 니체 [반시대적고찰] 청하, 임수길역, 1982, 제3편 1절, p.194

문헌22: 니체 [반시대적고찰] 청하, 임수길역, 1982, 제2편10절, p.184

문헌23: 니체 [선악을 넘어서] 청하, 김훈역, 1982, 제7장 227절, p.162

문헌24: 니체 [즐거운 지식] 박영사, 박준택역, 1985, 제3서 170절, p.244

문헌25: 니체 [권력에의 의지] 청하, 강수남역, 1988, 제3권, 제3장, p.458-460

문헌26: 니체 [짜라투스트라는 이렇게 말했다] 청하, 최승자역, 1994, 제3부, p.241

문헌27: 니체 [인간적인 너무나 인간적인] 동서문화사, 강두식역, 1978, 제2권, 제1장, p.516, p.691

문헌28: 니체 [반시대적고찰] 청하, 임수길역, 1982, 제2편 1,10,제3편 1-2절, p.117, p.187, p.192, p.198

문헌29: 니체 [반시대적고찰] 청하, 임수길역, 1982, 제4편 6절, 8절, p.302, p.314

문헌30: 니체 [디오니소스의 찬가] 민음사, 이상일역, 1982, Nur Narr! Nur Dichter!, p.90

문헌31: 니체 [반시대적고찰] 청하, 임수길역, 1982, 제3편 6절, p.241

문헌32: 니체 [디오니소스의 찬가] 민음사, 이상일역, 1982, 명성과 영원, p.108

문헌33: 니체 [짜라투스트라는 이렇게 말했다] 청하, 최승자역, 1994, 제4부, 보다 높은 인간에 대하여, p.328

문헌34: 하이데거 [존재와 시간] 주니어김영사, 임선희저, 2010, 제5장, 제6장, p.160, p.177, p.179

문헌35: 하이데거 [존재와 시간] 주니어김영사, 임선희저, 2010, 제7장, p.193, p.202

문헌36: 하이데거 [존재와 시간] 주니어김영사, 임선희저, 2010, 제2장, 제6장, p.64, p.177

문헌37: 사르트르 [존재와 무] 을유문화사, 양원달역, 1983, 제4부, 647

문헌38: 사르트르 [존재와 무] 을유문화사, 양원달역, 1983, 제4부 「가지다」 「하다」 「있다」, p.764

문헌39: 사르트르 [존재와 무] 을유문화사, 양원달역, 1983, 서언, 제4부, p.12, p.769

문헌40: 사르트르 [구토] 학원사, 김희영역, 1986, 일요일, p.83

참고 문헌

문헌41: 사르트르 [구토] 학원사, 김희영역, 1986, 사순절 전 화요일, p.102

문헌42: 사르트르 [존재와 무] 을유문화사, 양원달역, 1983, 제1부 제2장. 자기기만, p.90

문헌43: 사르트르 [구토] 학원사, 김희영역, 1986, 화요일, p.144

문헌44: 사르트르 [존재와 무] 을유문화사, 양원달역, 1983, 제4부 제2장. 「하다」와 「가지다」, p.769

문헌45: 카뮈 [이방인] 제2부, 제5장, p.159

문헌46: 오귀스트 콩트 [실증철학강의(Cours de philosophie positive)] 1842, p.28

문헌47: 에른스트 마하 [감각의 분석] 1886, p.2

문헌48: 루돌프 카르납, 철학과 논리 구문론 (Philosophy and Logical Syntax), "The Rejection of Meta-physics", 1935, p.10

문헌49: 플라톤 [국가] 주니어김영사, 손영운저, 제12장, p.220

문헌50: 플라톤 [국가] 주니어김영사, 손영운저, 제6장, p.108, p.183

문헌51: 플라톤 [국가] 주니어김영사, 손영운저, 제12장, p221

문헌52: 플라톤 [국가] 주니어김영사, 손영운저, 제10장, p.183, p.194

문헌53: 플라톤 [소크라테스의 변명/국가/향연] 동서문화사, 왕학수역, 2013, 국가, 제7권, p.344

문헌54: 플라톤 [국가] 주니어김영사, 손영운저, 2010, 제2장, 제10장, p.37, p.194

문헌55: 플라톤 [국가] 동서문화사, 왕학수역, 2013, 제8권, p.407

문헌56: 칸트 [순수이성비판] 삼성출판사, 전원배역, 1984, 제2편, 제4장. 순수이성의 역사, p.562

문헌57: 칸트 [순수이성비판] 삼성출판사, 전원배역, 1984, 제2권. 선험적 변증론, p.269

문헌58: 스피노자 [에티카] 대양서적, 정명오역, 1981, 제1부, 신에 대하여, p.41

문헌59: 스피노자 [에티카] 대양서적, 정명오역, 1981, 제4부, 서문, p.176

문헌60: 스피노자 [에티카] 대양서적, 정명오역, 1981, 제4부, 인간의 복종 또는 감정의 힘, p.221

문헌61: 스피노자 [에티카] 대양서적, 정명오역, 1981, 제5부, 정리 42, p.256

문헌62: 스피노자 [에티카] 대양서적, 정명오역, 1981, 제4부, 정리 63, p.219

문헌63: 플라톤 [향연 · 파이돈 · 니코마코스윤리학] 을유문화사, 최명관역, 1983, 향연, p.28

문헌64: 플라톤 [소크라테스의 변명 /국가/향연] 동서문화사, 왕학수역, 소크라테스의 변명, p.48

문헌65: 프레게, G. [On Sense and Reference] 1892, Zeitschrift für Philosophie und philosophische Kritik, 100, p.25

문헌66: 러셀, B. [On Denoting] 1905, Mind, 14(56), p479 – 493

문헌67: 러셀, B [The Problems of Philosophy] 1912, Chap.V, "Knowledge by Acquain-tance and Knowledge by Description", p.72

문헌68: 러셀, B [The Problems of Philosophy] 1912, Chap.V, "Knowledge by Acquain-tance and Knowledge by Description", p.81

문헌69: 비트겐슈타인 [철학적 탐구] 주니어김영사, 김면수저, 2010, 제4장, 제8장, 제12장, p.64, p.148, p.218

문헌70: 몽테스키외 [법의 정신] 1750, 제11권 6장, p.151

문헌71: 볼테르 [캉디드 또는 낙관주의] 1759, 제1장, p12

문헌72: 루소 [사회계약론] 주니어김영사, 손영운저, 제10장, p.186

문헌73: 루소 [사회계약론] 주니어김영사, 손영운저, 제1장, 제4장, p.22, p.89

문헌74: 루소 [에밀] 집문당, 1978, 제2편, p.56

문헌75: 루소 [사회계약론] 주니어김영사, 손영운저, 2010, 제6장, 제10장, p.119, p.195

문헌76: 디드로 [철학적 사유] 1746, 제1권 제28절 p72

문헌77: 칸트 [계몽이란 무엇인가] 1784, Cambridge University Press, 1991, p54

문헌78: 애덤 스미스 [도덕 감정론] 1759, London: A. Millar, 1부, 1장, p45

문헌79: 데카르트 [방법서설] 삼성출판사, 김형효역, 1983, 제2부,제3부, 제4부, p.56, p.64, p.74

문헌80: 데카르트 [방법서설] 주니어김영사, 박철호저, 2010, 제1장, p.19

참고 문헌

문헌81: 스피노자 [윤리학] 1677, 동서문화사, 제5부, 정리4, p.420

문헌82: 라이프니츠 [모나돌로지] 대양서적, 김정신역, 1981. 제31절, 제32절, p.301

문헌83: 플라톤 [국가] 제6권, 509d – 510a

문헌84: 조지 버클리 [인간 지식의 원리에 관한 논고] 1710, 제1부, 3~6절

문헌85: 임마누엘 칸트 [순수이성비판] 제3장 초월적 관념론, p40, B33 – B73, B306 – B315

문헌86: 피히테 [첫 번째 과학이론 입문(First Introduction to the Wissenschaftslehre) 1794, p.98

문헌87: 프리드리히 셸링 [자연철학입문 (Ideen zu einer Philosophie der Natur)] 1797, 서론, p.11

문헌88: 헤겔 [철학강요] 을유문화사, 서동익역, 1985, 제2편, 자연철학, p.248, p.218

문헌89: 헤겔 [역사철학강의] 주니어김영사, 심옥숙저, 2010, 제1장, p.29

문헌90: 헤겔 [역사철학강의] 주니어김영사, 심옥숙저, 2010, 제3장, p.78, p.105

문헌91: 헤겔 [정신현상학 (Phenomenology of Spirit)] 서문, p.20

문헌92: 공자(주희) [논어 · 중용] 삼성출판사, 한상갑역, 1982, 논어, 제9권, 제12권, p.176, p.177, p.354

문헌93: 맹자 [맹자 · 대학] 삼성출판사, 한상갑역, 1987, 제3권 6절, p.103

문헌94: 순자 [한비자 · 순자 · 묵자] 삼성출판사, 안병주역, 1982, 순자, 2.수신편 p.398

문헌95: 순자 [한비자 · 순자 · 묵자] 삼성출판사, 안병주역, 1982, 순자, 7.성악편(性惡篇), p.483

문헌96: 주자 [주자중용집주] 제1장, p.150

문헌97: 왕양명 [전습록] 明德出版社, 상권, 도입부, p.30

문헌98: 마르크스 [자본론] 주니어김영사, 최성희저, 2010, 제5장, p.117

문헌99: 마르크스 [자본론] 주니어김영사, 최성희저, 2010, 제2장, p.41, p.46

문헌100: 마르크스 [자본론] 주니어김영사, 최성희저, 2010, 제1장, 제5장, 제6장, p.23, p.117, p.129

문헌101: 프리드리히 엥겔스 [영국 노동계급의 상태 (Die Lage der arbeitenden Klasse in England)] 1845, 서문, p.36

문헌102: 존로크 [정부론] 주니어김영사, 이근용저, 2010, 제4장, p.94

문헌103: 존로크 [정부론] 주니어김영사, 이근용저, 2010, 제3장, p.65

문헌104: 존로크 [정부론] 주니어김영사, 이근용저, 2010, 제4장, p.98

문헌105: 장 자크 루소 [사회계약론] 제1권, 제6장, p.50

문헌106: 존S밀 [자유론] 주니어김영사, 홍성자저, 2010, 제6장,제7장, p.99, p.114, p.161

문헌107: 존S밀 [자유론] 주니어김영사, 홍성자저, 2010, 제1장, p.16

문헌108: 존S밀 [자유론] 주니어김영사, 홍성자저, 2010, 제10장,제12장, p.171, p.227

문헌109: 플라톤 [국가(The Republic)] 제7권, 514a – 517a

문헌110: 임마누엘 칸트 [순수이성비판 (Critique of Pure Reason)] 제1부 제1편 초월적 미학, p.48

문헌111: 프리드리히 헤겔 [정신현상학(Phenomenology of Spirit)] 1807, 서문, p.11

문헌112: 한비자 [한비자 · 순자 · 묵자] 삼성출판사, 배종호역, 한비자, p.105, p.130, p.186

문헌113: 한비자 [한비자] 주니어김영사, 권오경저, 제5장,제6장, p.77, p.88, p.96

문헌114: 플라톤 [법률(Laws)] 제4권, 700a, p.120

문헌115: 홉스 [리바이어던] 주니어김영사, 손기화저, p.63, p.67

문헌116: 홉스 [리바이어던] 주니어김영사, 손기화저, 제4장, p.171

문헌117: 존 로크 [시민 정부에 관한 두 번째 논문(Second Treatise of Government)] 1690, 11장, 136 – 137절, p.145

문헌118: 몽테스키외 [법의 정신(The Spirit of the Laws)] 11권(정치적 자유에 관한 법률), 6장, p.200

문헌119: 쇼펜하우어 [의지와 표상으로서의 세계] 1844, 제1권 제3장 제52절, p.220~230

문헌120: 쇼펜하우어 [의지와 표상으로서의 세계] 1983, 을유문화사, 곽복록역, 제2권, 24장, p.176

참고 문헌

문헌121: 쇼펜하우어 [의지와 표상으로서의 세계] 1983, 을유문화사, 곽복록역, 제2권, 서언, p.142

문헌122: 쇼펜하우어 [의지와 표상으로서의 세계] 을유문화사, 곽복록역, 1983, 제2권, 19장, p.154

문헌123: 니체 [즐거운 지식 (Die fröhliche Wissenschaft)] 1882/1887, 제4권, 341절, p.266

문헌124: 톨스토이 [참회록(Лев Толстой, Исповедь)] 1882, 6장, p.110

문헌125: 파르메니데스 [자연에 대하여], [그리스 철학자 열전] 동서문화사, 전양범역, 2016, 제9권 3절, p.591

문헌126: 아리스토텔레스 [물리학] P.H. Wicksteed, Loeb Classical Library, Harvard Univ. Press, 1953, Vol. II, p.64

문헌127: Hermann Alexander Diels [소크라테스 이전 철학자들의 단편들] 6판, 1952, B11, B14, B15, B23, B24, B26

문헌128: 스피노자 [윤리학(Ethics)] 1677, 제1부, 정리 29(Proposition 29), p.150

문헌129: 라플라스 [확률론의 철학적 함의를 논한 단편 (Essai philo-sophique sur les probabilités] 1814, 2장, p.4

문헌130: 쇼펜하우어 [의지와 표상으로서의 세계] E. F. J. Payne, Vol. I, Dover Publications, 1969, p.37

문헌131: Diogenes Laertius [Lives of Eminent Philosophers] Book VII, Section 88 – 89, Harvard University Press, 1925, p.190

문헌132: 노자 [노자 • 장자] 1983, 삼성출판사, 장기근역, 도덕경, 상편, 제7,8,11장, p.43, p.45, p.51

문헌134: 노자 [노자 • 장자] 1983, 삼성출판사, 장기근역, 도덕경, 상편, 제2장.양신(養身), p.31

문헌135: 노자 [노자 • 장자] 1983, 삼성출판사, 장기근역, 도덕경, 상편, 제24장.고사(苦思), p.82

문헌136: 노자 [노자 • 장자] 1983, 삼성출판사, 장기근역, 도덕경, 상편, p.103, p.106, p.121

문헌137: 노자 [노자 • 장자] 1983, 삼성출판사, 장기근역, 도덕경, 상편, 能爲, 忘知, p.49, p.132

문헌138: 장자 [노자 • 장자] 1983, 삼성출판사, 이석호역, 장자, 외편, 11.재유편, p.279

문헌139: 장자 [노자 • 장자] 1983, 삼성출판사, 이석호역, 장자, 외편, 14.천운편, p.308

문헌140: 장자 [노자 • 장자] 1983, 삼성출판사, 이석호역, 장자, 잡편, 23.경상초편, p.408

문헌140-1: 장자 [노자장자] 1983, 삼성출판사, 이석호역, 장자, 잡편, 31.어부편, p.490

문헌141: 장자 [노자 • 장자] 1983, 삼성출판사, 이석호역, 장자, 내편, 4.인간세, p.216, p.217

문헌142: 장자 [노자 • 장자] 1983, 삼성출판사, 이석호역, 장자, 도척편, p.477, p.479

문헌143: 장자 [노자 • 장자] 1983, 삼성출판사, 이석호역, 장자, 서무귀편, p.425

문헌144: 장자 [노자 • 장자] 1983, 삼성출판사, 이석호역, 장자, 외편, 16.선성편, p.324

문헌145: 장자 [노자 • 장자] 1983, 삼성출판사, 이석호역, 외편, 11.在宥편, p.279

문헌146: 석가, 법구 [법구경] 애욕품, p.222, 伴少而貨多 商人怵惕懼 嗜欲賊害命 故慧不貪欲

문헌147: 석가 [보현행원품, 화엄경] 해인총림, 성철 서문판, 광덕역, p.26

문헌148: 석가 [금강반야바라밀경] 묘행무주분(妙行無住分), 제4, p.123

문헌149: 용수(龍樹, Nāgārjuna) [중론] p.186, p.187

문헌150: 용수(龍樹, Nāgārjuna) [중론] 제24장 18 – 19행, 한국어판, p.160

문헌151: 세친(Vasubandhu) [유식삼십송(Triṃśikā–vijñaptimātratā)] 제1송, 제1연, p.180

문헌152: 달마 [이입사행론(二入四行論, Treatise on the Two Entrances and Four Practices)] 서문, p.2

문헌153: 혜능 [육조단경] 2009, 법공양, 원순역, 제1장, p.39

문헌154: 혜능 [육조단경] 2009, 법공양, 원순역, 제1장, p.71

문헌155: 혜능 [육조단경] 2009, 법공양, 원순역, 제1장 悟法傳衣, p.69–81

문헌156: 혜능 [육조단경(六祖壇經)] 2009, 법공양, 원순역, 제1장, p.27

문헌157: 에픽테토스 [담론의 여러 방식] p.45

문헌158: 아우렐리우스 [명상록] 2003, 인디북, 유동범역, 제5장, p.101

문헌159: 아우렐리우스 [명상록] 2003, 인디북, 유동범역, 제4장, p.55

문헌160: 아우렐리우스 [명상록] 2003, 인디북, 유동범역, 제4장, p.70

참고 문헌

문헌161: 아우렐리우스 [명상록] 2003, 인디북, 유동범역, 제5장, p.87

문헌162: 아우렐리우스 [명상록] 2003, 인디북, 유동범역, 제4장,제8장, p.77, p.200

문헌163: 세네카 [인생의 짧음에 관하여(On the Shortness of Life)] ch.1, p.10

문헌164: 에픽테토스 [인생의 지침, Enchiridion] 1장, p25

문헌165: 안셀무스 [프로슬로기온(Proslogion, 신에게 드리는 말] Schmitt판 Vol.I, p.99

문헌166: 토마스 아퀴나스 [신학대전] 제1부, 제2문, 제3답변 (Prima Pars, Q.2, A.3), p.90

문헌167: 오컴 [Stanford Encyclopedia of Philosophy] 2002, p.23

문헌168: 존 로크 [인간이해론(An Essay Concerning Human Understanding)] 제2권, 제1장, p.20

문헌169: 버클리 [인간 인식의 원리(The Principles of Human Know-ledge)] 서론, 1절, p.10

문헌170: 흄 [인간 이해에 관한 탐구(An Enquiry Concerning Human Understanding)] 1장, 4절, p.25

문헌171: 벤담 [도덕과 입법의 원리 서설(Introduction to the Principles of Morals and Legislation)] 1장, 1－3절, p.11

문헌172: 존S밀 [공리주의(Utilitarianism)] 1861, 2장, p.6

문헌173: 에피쿠로스 [메노이케우스에게 보내는 편지] Sections 128－129, p.552

문헌174: Diogenes Laertius [Lives of Eminent Philosophers] Book II, Sections 65－67, Harvard University Press, p.180

문헌175: 퍼스(Charles S. Peirce) [How to Make Our Ideas Clear] 1878, Vol.12, p.286

문헌176: 윌리엄 제임스 [Pragmatism: A New Name for Some Old Ways of Thinking] 1907, 2강, p.28

문헌177: 존 듀이 [민주주의와 교육(Democracy and Education)] 1916, 2장, p.30

문헌178: 프로타고라스 [The Theaetetus of Plato] 1990, 1장, p.10,152b / 고르기아스 [Lucretius, 자연에 대하여] 7권, p.65

문헌179: 니체 [선악을 넘어서 (Beyond Good and Evil)] 1886, 1장, 1절, p.30

문헌180: 비트겐슈타인 [철학적 탐구(Philosophical Investigations)] 1953, 43절, p.20e

문헌181: 피론, [Sextus Empiricus, 피론주의 개요(Outlines of Pyrrhonism)] 1권, 8절, p.15

문헌182: 엠피리쿠스 [피론주의 개요(Outlines of Pyrrhonism)] 1권, 25~29절, p.28

문헌183: 몽테뉴 [수상록] 1983, 범우사, 손석린역, 후회에 대하여, p.137

문헌184: 몽테뉴 [수상록] 1983, 범우사, 손석린역, 자만심에 대하여, p.29

문헌185: 몽테뉴 [수상록] 1983, 범우사, 손석린역, 후회에 대하여, p.112

문헌186: 몽테뉴 [수상록] 1983, 범우사, 손석린역, 후회에 대하여, p.115

문헌187: 몽테뉴 [수상록] 1983, 범우사, 손석린역, 철학을 공부하는 것은 죽기를 공부하는 것이다, p.77

문헌188: 장자(莊子) [장자] 내편, 제물론(齊物論), 제2편, p.4

문헌189: 칼 포퍼 [과학적 발견의 논리(The Logic of Scientific Discovery] 1934, 1장, 11절, p.50

문헌190: 자크 데리다 [그라마톨로지에 대하여(De la grammatologie)] 1967, Part1, Chapter2, p.73

문헌191: 푸코 [감시와 처벌] [담론의 질서] The Stanford Encyclopedia of Philosophy, p.12

문헌192: 푸코 [감시와 처벌] [담론의 질서] The Stanford Encyclopedia of Philosophy, p.24

문헌193: 푸코 [감시와 처벌] [담론의 질서] The Stanford Encyclopedia of Philosophy, p.29

문헌194: 푸코 [감시와 처벌] [담론의 질서] The Stanford Encyclopedia of Philosophy, p.33

문헌195: 푸코 [감시와 처벌: 감옥의 탄생] 1977, 1부, 1장, p.3

문헌196: 리오타르 [포스트모던 상태] 1984, 서문, p.23

문헌197: 미셸 푸코 [감시와 처벌: 감옥의 탄생] 1995, 제3부 「규율」, 제2장 「감시」, p.201

문헌198: 들뢰즈, [차이와 반복] p.27, p39

문헌199: 아리스토텔레스 [니코마코스윤리학] 1985, 을유문화사, 최명관역, p.259

문헌200: 아리스토텔레스 [니코마코스윤리학] 1985, 을유문화사, 최명관역, p.206

참고 문헌

문헌201: 아리스토텔레스 [정치학] 주니어김영사, 신승현저, 제5장, p.93

문헌202: 아리스토텔레스 [니코마코스윤리학] 1985, 을유문화사, 최명관역, p.188, p.194, p.206, p.234, p.250

문헌203: 아리스토텔레스 [형이상학(Metaphysics)] 7권, 1~3장, p.740

문헌204: 아퀴나스 [신학대전] Part1, Question85, Article2, p.438

문헌205: 존 로크 [인간 오성론] 1690, 제2권, 제8장 "Primary and Secondary Qualities" p.135

문헌206: 러셀 [철학의 문제들(The Problems of Philosophy)]1912, 제1장, p.10

문헌207: 후설 [순수현상학과 현상학적 철학의 이념들] 1913, 1권, 20 – 22절, p.60, p.516

문헌208: 하이데거 [존재와 시간(Sein und Zeit)] 1927, Division1, Chapter1, Sections1 – 3, p.1~16

문헌209: 메를로 퐁티 [지각의 현상학 (Phenomenology of Perception] 1945, 서론, p.3~15

문헌210: 데모크리토스 [소크라테스 이전 철학자들의 단편들 (Die Fragmente der Vorsokratiker)] 1952, DK 68B9, B125

문헌211: 에피쿠로스: Diogenes Laertius [Lives of Eminent Philosophers] 1925, Vol. II, pp.556 – 599

문헌212: 루크레티우스 [사물의 본성에 관하여(On the Nature of Things)] 1975, Harvard University Press, Book II, vv.62 – 79, p.112

문헌213: 마르크스/엥겔스 [독일 이데올로기 (Die deutsche Ideologie)] 1845, Band3, p.20

문헌214: 프로이트 [꿈의 해석 (Die Traumdeutung)] 1900, Vol.4 – 5, p.160

문헌215: 프로이트 [정신분석입문] 1984, 삼성출판사, 김성태역, 제3부, 신경증의 일반이론, p.342

문헌216: 융(C.G.Jung) [The Archetypes and the Collective Unconscious] Vol.9, Part1, Princeton University Press, 1981, p.42

문헌217: 융 [인간과 상징] 집단무의식, 자기원형, p.34, p.232

문헌218: 자크 라캉 [The Mirror Stage as Formative of the I Function] 1977, p.2

문헌219: 용수(龍樹, Nāgārjuna) [중론(中論)] 구마라집(鳩摩羅什)역, 대정신수대장경, 제30권, No.1564, 권4, p.32b

문헌220: 용수(龍樹, Nāgārjuna) [중론(中論)] 동국역경원, 한글대장경, 박인성역, p1-12, K.577(16–350), T.1564(30–1)

문헌221: 용수(龍樹, Nāgārjuna) [중론(中論)] 서울대철학사상연구소, 서정형역, 2004, 「철학사상」 별책 제3권, 제3호, p.55

문헌222: 원효(元曉) [二諦論, 대정신수대장경] 제44권, No.1844, p.201c – 202a

문헌223: 의상(義湘) [화엄일승법계도(華嚴一乘法界圖), 大正新脩大藏經] 제45권, No.1873, p.714c

문헌224: 의상 [법성게] 동국대 정각원 법요집, 2001, 제2편 예경편, p.92

* 논거에 적용한 여덟 개의 철학 공간

1. 사유 표출 공간 (존재-의지-인식, 제1 철학 공간): 이곳은 자신의 첫 번째 현존(現存)이 살고 있는 세계로, 무언가를 만들고 이루려고, 생각하고 계획하는 공간이다. (실존주의 철학, 실증주의 철학, 보편주의 철학, 분석(언어논리) 철학, 계몽주의 철학)

2. 실체 상실 공간 (반존재-의지-인식, 제2 철학 공간): 이곳은 자신의 두 번째 현존(現存)이 살고 있는 세계로, 특정 개별 실체를 위한 것이 아닌 형이상학적, 궁극적 무언가를 위해 생각, 계획하는 공간이다. (합리주의 철학, 관념주의 철학, 유교 철학, 사회주의 철학, 민주주의 철학, 이상주의 철학, 법치/법가 철학)

3. 진리와 가치에 대한 무력 공간 (존재-반의지-인식, 제3 철학 공간): 이곳은 자신의 세 번째 현존(現存)이 살고 있는 세계로, 진실과 이상에 대해 무력감을 느끼고 그것을 회피하는 공간이다. (염세주의 철학, 엘레아 철학, 결정론 철학)

4. 허무적 니힐리즘 공간 (반존재-반의지-인식, 제4 철학 공간): 이곳은 자신의 네 번째 현존(現存)이 살고 있는 세계로, 한계적 존재에 대한 허무와 무력 속에서 절망하고, 또 그 대안을 찾는 공간이다. (노장 철학, 불교 철학, 스토아 철학, 스콜라 철학)

5. 인식 잠재 공간 (존재-의지-반인식, 제5 철학 공간): 이곳은 자신의 다섯 번째 현존(現存)이 살고 있는 세계로, 생각과 관념이 아닌 실체와 결과를 추구하는 공간이다. (경험주의 철학, 공리주의 철학, 쾌락주의 철학, 실용주의 철학, 상대주의 철학)

6. 숨겨진 개별 질서 공간 (반존재-의지-반인식, 제6 철학 공간): 이곳은 자신의 여섯 번째 현존(現存)이 살고 있는 세계로, 보편적, 절대적 본질을 부정하고 개인의 가치를 추구하는 공간이다. (회의주의 철학, 해체주의 철학, 포스트모더니즘 철학)

7. 실체적 무의식 공간 (존재-반의지-반인식, 제7 철학 공간): 이곳은 자신의 일곱 번째 현존(現存)이 살고 있는 세계로, 억압적 의식에서 이탈하여 대상과 실체에 접근하는 공간이다. (실재론(현실주의) 철학, 현상학 철학, 유물론 철학, 정신분석 철학)

8. 분열 공간 (반존재-반의지-반인식, 제8 철학 공간): 이곳은 자신의 여덟 번째 현존(現存)이 살고 있는 세계로, 진리도, 분별도, 욕망도, 대상마저 아무것도 없는 공간이다. (중관 철학)

* 논거에 적용한 여덟 개의 철학 공간별 철학 사상 및 철학자

1장. 제1 통합철학사유공간 (존재-의지-인식 공간, 사유 표출 공간)

1-1. 실존주의 철학: 키르케고르, 니체, 하이데거, 사르트르, 카뮈
1-2. 실증주의 철학: 콩트, 마하, 카르납
1-3. 보편주의 철학: 플라톤, 칸트, 스피노자, 소크라테스
1-4. 분석(언어논리) 철학: 프레게, 러셀, 비트겐슈타인
1-5. 계몽주의 철학: 몽테스퀴에, 볼테르, 루소, 디드로, 칸트, 아담 스미스

2장. 제2 통합철학사유공간 ([반존재]-의지-인식 공간, 실체 상실 공간)

2-1. 합리주의 철학: 데카르트, 스피노자, 라이프니츠
2-2. 관념주의 철학: 플라톤, 버클리, 칸트, 피히테, 셸링, 헤겔
2-3. 유교 철학: 공자, 맹자, 순자, 주희, 왕양명
2-4. 사회주의 철학: 마르크스, 엥겔스
2-5. 민주주의 철학: 존 로크, 루소, 밀
2-6. 이상주의 철학: 플라톤, 칸트, 헤겔
2-7. 법치/법가 철학: 한비자, 플라톤, 홉스, 존 로크, 몽테스키외

3장. 제3 통합철학사유공간 (존재-[반의지]-인식 공간, 진리와 가치에 대한 무력 공간)

3-1. 염세주의 철학: 쇼펜하워, 니체, 톨스토이
3-2. 엘레아 철학: 파르메니데스, 제논, 크세노파네스
3-3. 결정론 철학: 스피노자, 라플라스, 쇼펜하워, 제논

4장. 제4 통합철학사유공간 ([반존재]-[반의지]-인식 공간, 허무적 니힐리즘 공간)

4-1. 노장 철학: 노자, 장자
4-2. 불교 철학: 석가, 용수, 세친, 달마, 혜능
4-3. 스토아 철학: 제논, 아우렐리우스, 세네카, 에픽테토스
4-4. 스콜라 철학: 안셀무스, 아퀴나스, 오컴

5장. 제5 통합철학사유공간 (존재-의지-[반인식] 공간, 인식 잠재 공간)

5-1. 경험주의 철학: 존 로크, 버클리, 흄
5-2. 공리주의 철학: 벤담, 존 S밀
5-3. 쾌락주의 철학: 에피쿠로스, 아리스티포스
5-4. 실용주의 철학: 퍼스, 제임스, 존 듀이
5-5. 상대주의 철학: 소피스트(프로타고라스, 고르기아스), 니체, 비트겐슈타인

6장. 제6 통합철학사유공간 ([반존재]-의지-[반인식] 공간, 숨겨진 개별 질서 공간)

6-1. 회의주의 철학: 피론, 엠피리쿠스, 몽테뉴, 장자, 칼 포퍼
6-2. 해체주의 철학: 데리다, 푸코
6-3. 포스트모더니즘 철학: 리오타르, 푸코, 들뢰즈

7장. 제7 통합철학사유공간 (존재-[반의지]-[반인식] 공간, 실체적 무의식 공간)

7-1. 실재론(현실주의) 철학: 아리스토텔레스, 아퀴나스, 존 로크, 러셀
7-2. 현상학 철학: 후설, 하이데거, 메를로 퐁티
7-3. 유물론 철학: 데모크리토스, 에피쿠로스, 루크레티우스, 마르크스, 엥겔스
7-4. 정신분석 철학: 프로이트, 융, 라캉

8장. 제8 통합철학사유공간 ([반존재]-[반의지]-[반인식] 공간, 분열 공간)

8-1. 중관 철학: 용수, 원효, 의상

철학자를 위한 철학

어제는 니체, 오늘은 장자, 내일은 루크레티우스가 되리니.

세상 모든 철학의 통합에 관하여 - 철학자를 위한 철학

1판1쇄 ‖ 2025년 10월 20일
지은이 ‖ 김주호
펴낸곳 ‖ 지성과문학사
등록   ‖ 제251-2012-40호
전화   ‖ 031-707-0190
팩스   ‖ 031-935-0520
이메일 ‖ bookfs@naver.com

ISBN 979-11-94648-47-5 (03100)